中国劳动关系学院精品课系列教材

经管数学

主　编　张　明
副主编　郑红芬　张　奎

上海交通大学出版社
SHANGHAI JIAO TONG UNIVERSITY PRESS

内容提要

本书分 13 章，内容包括微积分、线性代数、概率论与数理统计。本书以基本理论和方法为核心，在此基础上注重应用，从实际问题引入基本概念，选用大量有关的例题与考研习题，具有循序渐进、逻辑清楚、结合实际等特点。

本书可作为高等院校经管类、人文社科类及相关专业的教材、教学参考书和考研用书。

图书在版编目(CIP)数据

经管数学 / 张明主编. —上海：上海交通大学出版社，2017
ISBN 978-7-313-15966-3

Ⅰ.①经… Ⅱ.①张… Ⅲ.①经济管理-经济数学-教材
Ⅳ.①F224.0

中国版本图书馆 CIP 数据核字(2016) 第 244490 号

经管数学

主　　编：张　明
出版发行：上海交通大学出版社
地　　址：上海市番禺路 951 号
邮政编码：200030
电　　话：021-64071208
出 版 人：郑益慧
印　　刷：上海颛辉印刷厂
经　　销：全国新华书店
开　　本：710mm×1000mm　1/16
印　　张：20.25
字　　数：402 千字
版　　次：2017 年 1 月第 1 版
印　　次：2017 年 1 月第 1 次印刷
书　　号：ISBN 978-7-313-15966-3/D
定　　价：59.00 元

前　言

大学数学课程是高等学校本科大多数专业的一门重要的基础课，它具有广泛的实用性。通过对高等数学的学习，能使学生获得大学数学相应的基本知识，掌握大学数学的基本概念，了解它的基本理论和基本方法，进而培养学生运用大学数学的知识去分析和解决实际问题的能力。

本书根据教学大纲和考研大纲在多年教学实践的基础上编写而成，在编写的过程中，我们参照了大量的国内优秀教材及考研辅导资料，力求将现有大学数学教材的先进经验和方法反映出来。本书在保持传统教材优点的基础上，更加注重实用性，同时将历年考研真题作为每一篇章的课后习题，让学生去感受考研题目的难度。

由于经管专业在全国硕士研究生入学考试中需要一定的数学要求，这些专业在大一开始接触大学数学，但是由于培养计划等原因的限制，在大一大二的课堂教学中只能参考教学大纲进行教学，而考研大纲远远高于教学大纲的要求，为了满足在这些专业中具有考研目的的学生的需求，这就急切需要增补与考研相关的内容，而本书将主要着眼于解决这方面的要求。

本书分13章，第1章、第3章由张奎编写，第2章由吴亚凤编写，第4章由王泽宇编写，第5章由李静编写，第6章由王志高编写，第7章由贾屹峰编写，第8章由王泽宇编写，第9—13章由张明编写。全书由张明负责结构安排、统稿定稿，王泽宇对本书进行了审阅。

由于编者水平有限，书中存在的不妥之处，恳请读者批评指正。

目 录

第 1 章 一元函数微分学

高等数学与初等数学的主要区别在于研究对象的不同，初等数学的研究对象是不变的量，而高等数学研究的对象是空间形式及变量关系，即函数关系，其研究方法是极限论的方法，从而高等数学的研究工具是极限，因此本章将在复习函数的基础上，渗透极限的思想，引入极限的概念，再用极限概念讨论一元函数的连续性、可导性与可微性。

1.1 极限

1.1.1 函数

定义 1.1 从实数集的子集 D 到 R 的一个映射 f 称之为**函数**，记作 $y=f(x), x\in D$，称 x 为自变量，y 为因变量。函数的三要素：定义域、解析式和值域（也作二要素：定义域、解析式，因为这两者可以决定值域）。其中，定义域是自变量 x 的取值范围；值域是因变量的取值范围记作 $f(D)$。

注：函数由其解析式和定义域唯一确定，与符号的选取无关，如 $y=f(x)$，$x\in D$ 与 $u=f(t), t\in D$ 是同一个函数。

（1）设 $y=f(u), u\in D_1$ 与 $u=g(x), x\in D_2$ 为两个函数，如果 $g(x)$的值域 $g(D_2)$包含于 $f(u)$的定义域 D_1，则可以定义 $f(u)$与 $g(x)$的**复合函数** $f\circ g$：$y=f(g(x)), x\in D_2$。类似地，还可以定义三个或更多函数的复合函数。

（2）函数在 x 的不同取值范围内有不同的解析式称为**分段函数**。

（3）下列函数统称为**基本初等函数**：

常数函数：$y=c$（c 为常数）

幂函数：$y=x^n$（$n\in \boldsymbol{R}$ 是常数）；

指数函数：$y=a^x$（$a>0$ 且 $a\neq 1$）；

对数函数：$y=\log_a x$（$a>0$ 且 $a\neq 1$），特别当 $a=\mathrm{e}$ 时，记为 $y=\ln x$；

三角函数：$y=\sin x$，$y=\cos x$，

$$y=\tan x=\frac{\sin x}{\cos x}, y=\cot x=\frac{\cos x}{\sin x},$$

$$y=\sec x=\frac{1}{\cos x},y=\csc x=\frac{1}{\sin x};$$

反三角函数：$y=\arcsin x$，$y=\arccos x$，$y=\arctan x$，$y=\text{arccot}x$。

(4) 由常数和基本初等函数经过有限次的四则运算或复合所构成的函数，称为**初等函数**。

(5) 函数在 x 的不同取值范围内有不同的解析式称为**分段函数**。

1.1.2 数列的极限

定义 1.2 $\forall\varepsilon>0$，$\exists N>0$，使得当 $n>N$ 时，有 $|x_n-A|<\varepsilon$ 恒成立，则称 A 为数列 x_n 的极限，记作 $\lim\limits_{n\to\infty}x_n=A$。

1. 数列极限的性质

(1) 唯一性：如果一个数列有极限，则此极限是唯一。

(2) 有界性：收敛数列一定有界，反之不成立；即有界数列不一定收敛。

2. 数列极限的四则运算

设有 $\lim\limits_{n\to\infty}x_n=a$，$\lim\limits_{n\to\infty}y_n=b$，则

(1) $\lim\limits_{n\to\infty}(x_n\pm y_n)=\lim\limits_{n\to\infty}x_n\pm\lim\limits_{n\to\infty}y_n=a\pm b$

(2) $\lim\limits_{n\to\infty}(x_n.y_n)=\lim\limits_{n\to\infty}x_n\cdot\lim\limits_{n\to\infty}y_n=a\cdot b$

(3) $\lim\limits_{n\to\infty}\dfrac{x_n}{y_n}=\dfrac{\lim\limits_{n\to\infty}x_n}{\lim\limits_{n\to\infty}y_n}=\dfrac{a}{b}(b\neq 0)$

3. 数列极限的存在准则

(1) 准则一(两边夹法则)：如果数列 $\{x_n\}$，$\{y_n\}$，$\{z_n\}$ 满足不等式

$x_n\leqslant y_n\leqslant z_n(n=1,2,3,\cdots)$，且 $\lim\limits_{n\to\infty}x_n=\lim\limits_{n\to\infty}z_n=a$，则 $\lim\limits_{n\to\infty}y_n=a$。

(2) 准则二：单调有界数列必有极限。

4. 常见的数列极限

(1) $\lim\limits_{n\to\infty}C=C$($C$ 为常数)

(2) $\lim\limits_{n\to\infty}\dfrac{1}{n}=0$

(3) $\lim\limits_{n\to\infty}q^n=0\quad(|q|<1)$

1.1.3 函数的极限

1. 当 $x\to\infty$ 时函数 $f(x)$ 极限

定义 1.3 $\forall\varepsilon>0$，$\exists M>0$，使得当 $|x|>M$ 时，不等式 $|f(x)-A|<\varepsilon$ 恒成立，则称 A 为函数 $f(x)$ 当 $x\to\infty$ 的极限，记为 $\lim\limits_{x\to\infty}f(x)=A$。

2. 当 $x \to x_0$ 时函数 $f(x)$ 极限

定义 1.4　$\forall \varepsilon > 0$，$\exists \delta > 0$，使得当 $0 < |x - x_0| < \delta$ 时，不等式 $|f(x) - A| < \varepsilon$ 恒成立，则称 A 为函数 $f(x)$ 当 $x \to x_0$ 的极限，记为 $\lim\limits_{x \to x_0} f(x) = A$。

3. 函数 $f(x)$ 有极限的充要条件

函数的极限 $\lim\limits_{x \to x_0} f(x)$ 存在且等于 A 的充分必要条件是：左极限 $\lim\limits_{x \to x_0^-} f(x)$ 与右极限 $\lim\limits_{x \to x_0^+} f(x)$ 都存在且等于 A。

4. 函数极限的性质

(1) 唯一性：如果 $\lim\limits_{x \to x_0} f(x)$ 或者 $\lim\limits_{x \to \infty} f(x)$ 存在，则此极限值必唯一。

(2) 两边夹：设函数 $f(x)$，$g(x)$，$h(x)$ 在 x_0 某一邻域内有定义，如果 $g(x) \leqslant f(x) \leqslant h(x)$，且 $\lim\limits_{x \to x_0} g(x) = \lim\limits_{x \to x_0} h(x) = A$，则 $\lim\limits_{x \to x_0} f(x)$ 存在，且 $\lim\limits_{x \to x_0} f(x) = A$。

(3) 局部有界性：如果 $f(x) \to A(x \to x_0)$，那么存在常数 $M > 0$ 和 δ，使得当 $0 < |x - x_0| < \delta$ 时，有 $|f(x)| \leqslant M$。

(4) 局部保号性：如果 $f(x) \to A(x \to x_0)$，而且 $A > 0$（或 $A < 0$），那么存在常数 $\delta > 0$，使当 $0 < |x - x_0| < \delta$ 时，有 $f(x) > 0$（或 $f(x) < 0$）。

(5) 局部保号性推广 1：如果 $f(x) \to A(x \to x_0)(A \neq 0)$，那么存在点 x_0 的某一去心邻域，在该邻域内，有 $|f(x)| > \dfrac{1}{2}|A|$。

(6) 局部保号性推广 2：如果在 x_0 的某一去心邻域内 $f(x) \geqslant 0$（或 $f(x) \leqslant 0$），而且 $f(x) \to A(x \to x_0)$，那么 $A \geqslant 0$（或 $A \leqslant 0$）。

(7) 函数极限与数列极限的关系：如果当 $x \to x_0$ 时 $f(x)$ 的极限存在，$\{x_n\}$ 为 $f(x)$ 的定义域内任一收敛于 x_0 的数列，且满足 $x_n \neq x_0 (n \in \mathbf{N}^+)$，那么相应的函数值数列 $\{f(x_n)\}$ 必收敛，且 $\lim\limits_{n \to \infty} f(x_n) = \lim\limits_{x \to x_0} f(x)$。

5. 函数极限的四则运算

设有 $\lim f(x) = A$，$\lim g(x) = B$，则

(1) $\lim[f(x) \pm g(x)] = \lim f(x) \pm \lim g(x) = A \pm B$；

(2) $\lim[f(x) \cdot g(x)] = \lim f(x) \cdot \lim g(x) = A \cdot B$；

(3) $\lim \dfrac{f(x)}{g(x)} = \dfrac{\lim f(x)}{\lim g(x)} = \dfrac{A}{B}$；

(4) $\lim[f(x)]^n = [\lim f(x)]^n$　（其中 n 为常数）。

6. 两个重要极限

(1) 第一重要极限：$\lim\limits_{x \to 0} \dfrac{\sin x}{x} = 1$，

其推广形式：$\lim\limits_{\varphi(x) \to 0} \dfrac{\sin \varphi(x)}{\varphi(x)} = 1$；

(2) 第二重要极限：$\lim\limits_{x\to 0}(1+x)^{\frac{1}{x}}=\mathrm{e}$，或者 $\lim\limits_{x\to\infty}\left(1+\dfrac{1}{x}\right)^{x}=\mathrm{e}$，

其推广形式：$\lim\limits_{\varphi(x)\to 0}(1+\varphi(x))^{\frac{1}{\varphi(x)}}=\mathrm{e}$，或者 $\lim\limits_{\varphi(x)\to\infty}\left(1+\dfrac{1}{\varphi(x)}\right)^{\varphi(x)}=\mathrm{e}$。

7. 关于函数极限的几点说明

(1)由于数列 $y_1,y_2,y_3,\cdots,y_n,\cdots$ 可以看作是正整数 n 的函数，$y_n=f(n)$，所以数列 y_n 的极限可看作是函数 $f(x)$ 当 $x\to\infty$ 时极限的特例。

(2) 函数 $f(x)$(或数列 y_n)是一个变量，而它的极限是一个常量，二者之间有本质区别。

(3) $f(x)$ 的极限是否存在，与自变量 x 的变化趋势有关，例如：

$$\lim_{x\to 1}(2x+1)=3,\quad \lim_{x\to\infty}(2x+1)\text{不存在；}$$

(4) 极限 $\lim\limits_{x\to x_0}f(x)$ 是否存在，与函数 $f(x)$ 在点 x_0 有无定义无关；

(5) 当 $x\to x_0(x\to\infty)$ 时，$f(x)$ 不无限趋近于一个定数 A，则称当 $x\to x_0(x\to\infty)$ 时，$f(x)$ 极限不存在；

(6) 极限 $\lim\limits_{x\to x_0}f(x)=A$ 存在的充要条件是：左、右极限存在且相等。即：

$$\lim_{x\to x_0^-}f(x)=\lim_{x\to x_0^+}f(x)=A$$

主要适用于分段函数的分段点或者区间端点。

1.1.4 典型例题

【例 1】 $\lim\limits_{x\to 0}\dfrac{\mathrm{e}^{\tan x}-\mathrm{e}^{\sin x}}{x-\sin x}$。

解：**方法一**：由拉格朗日中值定理得

$\mathrm{e}^{\tan x}-\mathrm{e}^{\sin x}=\mathrm{e}^{\xi}(\tan x-\sin x)$，其中 ξ 在 $\sin x$ 与 $\tan x$ 之间，当 $x\to 0$ 时 $\xi\to 0$，$\mathrm{e}^{\xi}\to 1$

$$\text{故}\lim_{x\to 0}\frac{\mathrm{e}^{\tan x}-\mathrm{e}^{\sin x}}{x-\sin x}=\lim_{x\to 0}\frac{\mathrm{e}^{\xi}(\tan x-\sin x)}{x-\sin x}=\lim_{x\to 0}\frac{\sec^2 x-\cos x}{1-\cos x}$$

$$=\lim_{x\to 0}\sec^2 x\lim_{x\to 0}\frac{1-\cos^3 x}{1-\cos x}=\lim_{x\to 0}(1+\cos x+\cos^2 x)=3$$

方法二：先处理一下，再使用等价无穷小和洛必达法则

$$\lim_{x\to 0}\frac{\mathrm{e}^{\tan x}-\mathrm{e}^{\sin x}}{x-\sin x}=\lim_{x\to 0}\frac{\mathrm{e}^{\sin x}(\mathrm{e}^{\tan x-\sin x}-1)}{x-\sin x}=\lim_{x\to 0}\frac{\tan x-\sin x}{x-\sin x}=3$$

【例 2】 求极限 $\lim\limits_{n\to\infty}\sum\limits_{k=1}^{n}(n+1-k)[nC_n^k]^{-1}$。

解：当 $k\leqslant n-1$ 时，有 $\dfrac{n+1-k}{nC_n^k}=\dfrac{1}{n^2}\cdot\dfrac{k(k-1)(k-2)\cdots 2}{(n-1)(n-2)(n-3)\cdots(n-k)}\leqslant\dfrac{1}{n^2}$

故 $0\leqslant\dfrac{n+1-k}{nC_n^k}\leqslant\dfrac{1}{n^2}(k\leqslant n-1)$

故 $0\leqslant\sum\limits_{k=1}^{n}(n+1-k)[nC_n^k]^{-1}\leqslant\dfrac{n-1}{n^2}+\dfrac{1}{n}=\dfrac{2n-1}{n^2}$

即 $0<\sum\limits_{k=1}^{n}(n+1-k)[nC_n^k]^{-1}\leqslant\dfrac{2n-1}{n^2}$，又 $\lim\limits_{n\to\infty}\dfrac{2n-1}{n^2}=0$，

由夹逼定理得 $\lim\limits_{n\to\infty}\sum\limits_{k=1}^{n}(n+1-k)[nC_n^k]^{-1}=0$

【例 3】 证明：数列 $\sqrt{7}$，$\sqrt{7-\sqrt{7}}$，$\sqrt{7-\sqrt{7+\sqrt{7}}}$，$\sqrt{7-\sqrt{7+\sqrt{7-\sqrt{7}}}}$，… 收敛，并求其极限。

证明：设该数列通项为 x_n，则 $x_{n+2}=\sqrt{7-\sqrt{7+x_n}}$，令 $f(x)=\sqrt{7-\sqrt{7+x}}$，则 $f(2)=2$，$x_{n+2}=f(x_n)$，$x_{n+2}-2=f(x_n)-f(2)$，由拉格朗日中值定理得：

存在 ξ 介于 x，2 之间，使得 $f(x)-f(2)=f'(\xi)(x-2)$

由 $f'(x)=-\dfrac{1}{4\sqrt{7+x}\sqrt{7-\sqrt{7+x}}}$

得 $|x_{n+2}-2|=|f(x_n)-f(2)|=|f'(\xi_n)|\cdot|x_n-2|$，由题意得 $0<x_n<7$

故 $0<\xi_n<7$，$|f'(\xi_n)|=\dfrac{1}{4\sqrt{7+\xi_n}\sqrt{7-\sqrt{7+\xi_n}}}<\dfrac{1}{4\sqrt{7}\sqrt{7-\sqrt{14}}}<1$

即 $\alpha=|f'(\xi_n)|$，则 $|x_{n+2}-2|=\alpha|x_n-2|$，$0<\alpha<1$

所以 $|x_{2k}-2|=\alpha^{k-1}|x_2-2|$

由 $0\leqslant|x_{2k}-2|=\alpha^{k-1}|x_2-2|$ 且 $\lim\limits_{k\to\infty}\alpha^{k-1}|x_2-2|=0$，由夹逼定理得

$\lim\limits_{k\to\infty}|x_{2k}-2|=0$，即 $\lim\limits_{n\to\infty}x_{2n}=2$，同理可得 $\lim\limits_{n\to\infty}x_{2n-1}=2$，

所以，$\lim\limits_{n\to\infty}x_n=2$，即原数列的极限为 2。

【例 4】 求 $\lim\limits_{n\to\infty}\left(\dfrac{\sqrt[n]{a}+\sqrt[n]{b}}{2}\right)^n$

解：$\lim\limits_{n\to\infty}\left(\dfrac{\sqrt[n]{a}+\sqrt[n]{b}}{2}\right)^n=\lim\limits_{n\to\infty}\left(1+\dfrac{\sqrt[n]{a}+\sqrt[n]{b}-2}{2}\right)^{n\left[\frac{2}{\sqrt[n]{a}+\sqrt[n]{b}-2}\right]\left[\frac{\sqrt[n]{a}+\sqrt[n]{b}-2}{2}\right]}$

$=\exp\left[\lim\limits_{n\to\infty}n\left(\dfrac{\sqrt[n]{a}+\sqrt[n]{b}-2}{2}\right)\right]=\exp\left[\dfrac{1}{2}\lim\limits_{n\to\infty}\left(\dfrac{a^{\frac{1}{n}}-1}{\frac{1}{n}}+\dfrac{b^{\frac{1}{n}}-1}{\frac{1}{n}}\right)\right]$

$=e^{\frac{1}{2}\ln a+\frac{1}{2}\ln b}=\sqrt{ab}$

1.2 函数的连续性

1.2.1 函数的改变量

定义 1.5 设函数 $y=f(x)$ 的自变量 x 由值 x_1 变到值 x_2，则 x_2 与 x_1 之差 x_2-x_1，就叫做**自变量 x 的改变量**，记作：$\Delta x=x_2-x_1$。而当自变量 x 由 x_0 时变到 $x_0+\Delta x$ 时，函数 y 相应的改变量为 Δy，记作：$\Delta y=f(x_0+\Delta x)-f(x_0)$。

注：自变量的改变量 Δx 可以是正的，也可以是负的。

1.2.2 连续函数的定义

定义 1.6 设函数 $f(x)$ 在点 x_0 的某邻域内有定义，若当自变量 x 在点 x_0 处的改变量 $\Delta x\to 0$ 时，函数 y 相应的改变量 $\Delta y\to 0$，即

$$\lim_{\Delta x\to 0}\Delta y=\lim_{\Delta x\to 0}[f(x_0+\Delta x)-f(x_0)]=0$$

则称函数 $y=f(x)$ 在点 x_0 处**连续**，称 x_0 为该函数的连续点。

定义 1.7 设函数 $f(x)$ 在点 x_0 的某邻域内有定义，若当 $x\to x_0$ 时，函数 $f(x)$ 的极限存在且等于它在点 x_0 处的函数值 $f(x_0)$，即

$$\lim_{x\to x_0}f(x)=f(x_0)$$

则称函数 $y=f(x)$ 在点 x_0 处**连续**。

定义 1.8 设函数 $f(x)$ 在点 x_0 的某邻域范围内有定义，若 $\lim\limits_{x\to x_0^-}f(x)=f(x_0)$，则称函数 $f(x)$ 在 $x=x_0$ 处**左连续**；若 $\lim\limits_{x\to x_0^+}f(x)=f(x_0)$，则称函数 $f(x)$ 在 $x=x_0$ 处**右连续**。

定义 1.9 若函数 $f(x)$ 在区间 I 上每一点都连续，则函数 $f(x)$ 在区间 I 上连续，或称 $f(x)$ 为 I 区间上的**连续函数**，区间 I 叫做函数 $f(x)$ 的连续区间。

关于函数连续的几点说明

(1) 当 $x\to x_0$ 时，函数 $f(x)$ 连续时，$f(x)$ 一定在点 x_0 处有定义，且当 $x\to x_0$ 时，$f(x)$ 的极限值要等于函数值 $f(x_0)$。

(2) 函数 $y=f(x)$ 在点 x_0 处连续的充要条件是 $y=f(x)$ 在点 x_0 处既右连续，又左连续。即

$$\lim_{x\to x_0}f(x)=f(x_0)\Leftrightarrow\lim_{x\to x_0^-}f(x)=\lim_{x\to x_0^+}f(x)=f(x_0)$$

(3) 函数 $f(x)$ 在闭区间 $[a,b]$ 上连续指的是：函数 $f(x)$ 在闭区间 $[a,b]$ 上有定义，在开区间 (a,b) 内连续，且在区间左端点 $x=a$ 处右连续，在区间右端点 $x=b$ 处左连续。

(4) 一切基本初等函数在其定义域内都是连续的；一切初等函数在其有定义的区间都是连续的。

1.2.3 连续函数的性质

1. 连续函数的四则运算

定理1.1 如果函数 $f(x)$ 和 $g(x)$ 在点 x_0 处连续，则 $f(x)\pm g(x)$，$f(x)\cdot g(x)$，$\dfrac{f(x)}{g(x)}(g(x_0)\neq 0)$ 都在点 x_0 处连续。

2. 复合函数的连续性

定理1.2 设函数 $u=\varphi(x)$ 在点 x_0 处连续，且 $u_0=\varphi(x_0)$，而函数 $y=f(u)$ 在点 u_0 处连续，则复合函数 $y=f[\varphi(x)]$ 在点 x_0 处也是连续的。

3. 闭区间上连续函数的性质

定理1.3(有界性定理) 如果函数 $y=f(x)$ 在闭区间 $[a,b]$ 上连续，则 $f(x)$ 在这个区间上有界，即存在正数 $M>0$，使得对任意的 $x\in[a,b]$ 都有 $|f(x)|\leqslant M$。

定理1.4(最值定理) 设函数 $f(x)$ 在 $[a,b]$ 上连续，则 $f(x)$ 在 $[a,b]$ 上能够取到最大值与最小值，即 $\exists\xi,\eta\in[a,b]$，使得 $f(\xi)=\max\limits_{a\leqslant x\leqslant b}\{f(x)\}$，$f(\eta)=\min\limits_{a\leqslant x\leqslant b}\{f(x)\}$。

定理1.5(介值定理) $\exists\xi\in(a,b)$，使得 $f(\xi)=C$，设函数 $f(x)$ 在 $[a,b]$ 上连续，M 和 m 分别为 $f(x)$ 在 $[a,b]$ 上的最大值与最小值，则对于介于 m 与 M 之间的任一实数 $C(m<C<M)$，至少存在一点 $\xi\in(a,b)$，使得 $f(\xi)=C$。

定理1.6(零点定理) 设函数 $f(x)$ 在 $[a,b]$ 上连续，且有 $f(a)f(b)<0$，则 $\exists\xi\in(a,b)$，使得 $f(\xi)=0$。

1.2.4 函数的间断点

1. 间断点 x_0 的定义

定义1.10 由函数在点 x_0 处连续的定义可知，判断函数在某点 x_0 处连续需要同时满足下列三个条件：

(1) $f(x)$ 在点 x_0 的某邻域内有定义。

(2) $\lim\limits_{x\to x_0}f(x)$ 存在。

(3) $\lim\limits_{x\to x_0}f(x)=f(x_0)$，即极限值等于该点函数值。

以上三条中若有一条不成立，则 $x=x_0$ 为函数 $y=f(x)$ 的**间断点(不连续点)**。

2. 间断点的分类

(1) **第一类间断点**：左极限 $\lim\limits_{x\to x_0^-}f(x)$、右极限 $\lim\limits_{x\to x_0^+}f(x)$ 都存在的间断点。

若左、右极限相等但不等于函数值，即 $f(x_0-0)=f(x_0+0)\neq f(x_0)$，则为可去间断点；

若左、右极限相等但 $f(x_0)$ 没有意义，即仅有 $f(x_0-0)=f(x_0+0)$，亦为可去间断点；

若左、右极限不相等 $f(x_0-0)\neq f(x_0+0)$，则为跳跃间断点。

(2) **第二类间断点**：左极限 $\lim\limits_{x\to x_0^-}f(x)$、右极限 $\lim\limits_{x\to x_0^+}f(x)$ 至少有一个不存在的间断点。

1.2.5 典型例题

【例 1】 设函数 $f(x)=\begin{cases}\dfrac{\int_0^x \sin t^2\,dt}{x^3}, & x\neq 0\\ a, & x=0\end{cases}$ 在 $x=0$ 处连续，求 a 的值。

解：$\lim\limits_{x\to 0}f(x)=\lim\limits_{x\to 0}\dfrac{\int_0^x \sin t^2\,dt}{x^3}=\lim\limits_{x\to 0}\dfrac{\sin x^2}{3x^2}=\dfrac{1}{3}$，因此 $a=\dfrac{1}{3}$。

【例 2】 设 $f(x)=\dfrac{1}{\pi x}+\dfrac{1}{\sin\pi x}-\dfrac{1}{\pi(1-x)}$，$x\in\left[\dfrac{1}{2},1\right)$ 试补充定义 $f(1)$，使得 $f(x)$ 在区间 $\left[\dfrac{1}{2},1\right]$ 上连续。

解：显然：仅需让函数在 $x=1$ 处左连续，也即 $f(1)=\lim\limits_{x\to 1^-}f(x)$。

而 $\lim\limits_{x\to 1^-}f(x)=\lim\limits_{x\to 1^-}\left[\dfrac{1}{\pi x}+\dfrac{1}{\sin\pi x}-\dfrac{1}{\pi(1-x)}\right]=\dfrac{1}{\pi}+\lim\limits_{x\to 1^-}\dfrac{\pi(1-x)-\sin\pi x}{\pi(1-x)\sin\pi x}$

对于后一个极限式，令 $t=1-x$ 可得 $\lim\limits_{t\to 0^+}\dfrac{\pi t-\sin\pi t}{\pi t\sin\pi t}=\lim\limits_{t\to 0^+}\dfrac{\frac{1}{6}(\pi t)^3}{(\pi t)^2}=0$。

可知 $f(1)=\dfrac{1}{\pi}$。

【例 3】 设函数 $f(x)=\begin{cases}\dfrac{\ln(1+ax^3)}{x-\arcsin x}, x>0\\ 6, \quad x=0\\ \dfrac{e^{ax}+x^2-ax-1}{x\sin\frac{x}{4}}, x\leqslant 0\end{cases}$，问 a 为何值的时候，$f(x)$ 在 $x=0$ 处连续；a 为何值的时候，$x=0$ 是 $f(x)$ 的可去间断点？

解：$\lim\limits_{x\to 0^+}f(x)=\lim\limits_{x\to 0^+}\dfrac{\ln(1+ax^3)}{x-\arcsin x}\arcsin x=t\lim\limits_{t\to 0^+}\dfrac{\ln(1+a\sin t^3)}{\sin t-t}=\lim\limits_{t\to 0^+}\dfrac{at^3}{-\frac{1}{6}t^3}$

$=-6a$；

$$\lim_{x\to0^-}f(x)=\lim_{x\to0^-}\frac{e^{ax}+x^2-ax-1}{x\sin\frac{x}{4}}=4\lim_{t\to0^+}\frac{e^{ax}+x^2-ax-1}{x^2}$$

$$=2\lim_{t\to0^+}\frac{ae^{ax}+2x-a}{x}=2a^2+4。$$

如果由 $\lim\limits_{x\to0^+}f(x)=\lim\limits_{x\to0^-}f(x)$ 可得 $-6a=2a^2+4$，解得 $a=-1$ 或 $a=-2$。

又由于当 $a=-1$ 时，$\lim\limits_{x\to0^+}f(x)=\lim\limits_{x\to0^-}f(x)=6=f(0)$。

因此 $a=-1$ 时，$f(x)$ 在 $x=0$ 处连续。

当 $a=-2$ 时，$\lim\limits_{x\to0^+}f(x)=\lim\limits_{x\to0^-}f(x)=12\neq f(0)$。

因此 $a=-1$ 时，$x=0$ 是 $f(x)$ 的可去间断点。

【例 4】　设函数 $f(x)$ 在 $[0,1]$ 上连续，且 $f(0)=0$，$f(1)=1$，证明：存在常数 $\xi\in(0,1)$ 使得 $f(\xi)=1-\xi$。

证明：令 $F(x)=f(x)+x-1$，则 $F(x)$ 是闭区间 $[0,1]$ 上的连续函数。

由已知条件可知 $F(0)=-1<0$，$F(1)=1>0$。

由闭区间上连续函数的介值定理可知，存在常数 $\xi\in(0,1)$ 使得 $F(\xi)=0$，也即 $f(\xi)=1-\xi$。

【例 5】　证明：方程 $\cos x-\frac{1}{x}=0$ 有无穷多个正根。

证明：令 $F(x)=\cos x-\frac{1}{x}$，则 $F(x)$ 是 $(0,+\infty)$ 上的连续函数。

易知，对任意的正整数 k，有 $F(2k\pi)=1-\frac{1}{2k\pi}>0$，$F\left(2k\pi+\frac{\pi}{2}\right)=-\frac{1}{2k\pi+\frac{\pi}{2}}<0$。

又由于 $F(x)$ 在闭区间 $\left[2k\pi,2k\pi+\frac{\pi}{2}\right]$ 上连续，则由闭区间上连续函数的介值定理可知，存在常数 $\xi_k\in\left(2k\pi,2k\pi+\frac{\pi}{2}\right)$ 使得 $F(\xi_k)=0$，也即 ξ_k 为 $\cos x-\frac{1}{x}=0$ 的正根。

又由于 k 可以为任意正整数，因此方程 $\cos x-\frac{1}{x}=0$ 有无穷多个正根。

1.3 导数与微分

1.3.1 导数的概念

1. 导数的定义

定义 1.11 设函数 $y=f(x)$ 在 $U(x_0)$ 内有定义，如果极限

$$\lim_{\Delta x\to 0}\frac{\Delta y}{\Delta x}=\lim_{\Delta x\to 0}\frac{f(x_0+\Delta x)-f(x_0)}{\Delta x}$$

存在，则称函数 $y=f(x)$ 在 x_0 处**可导**，x_0 称为函数 $f(x)$ 的可导点，且上述极限值称为函数 $y=f(x)$ 在 x_0 处的**导数**，记为：$y'|_{x=x_0}$，或 $f'(x_0)$，或 $\frac{\mathrm{d}y}{\mathrm{d}x}|_{x=x_0}$，或 $\frac{\mathrm{d}f}{\mathrm{d}x}|_{x=x_0}$。即

$$f'(x_0)=\lim_{\Delta x\to 0}\frac{f(x_0+\Delta x)-f(x_0)}{\Delta x}$$

如果极限 $\lim_{\Delta x\to 0}\frac{f(x_0+\Delta x)-f(x_0)}{\Delta x}$ 不存在，则称函数 $f(x)$ 在 x_0 处**不可导**。

定义 1.12（导数的等价定义） 设函数 $y=f(x)$ 在 $U(x_0)$ 内有定义，令 $x=x_0+\Delta x$，如果极限 $\lim_{x\to x_0}\frac{f(x)-f(x_0)}{x-x_0}$ 存在，则称函数 $y=f(x)$ 在 x_0 处**可导**，x_0 称为函数 $f(x)$ 的可导点，且上述极限值称为函数 $y=f(x)$ 在 x_0 处的**导数**。即

$$f'(x_0)=\lim_{x\to x_0}\frac{f(x)-f(x_0)}{x-x_0}$$

如果极限 $\lim_{x\to x_0}\frac{f(x)-f(x_0)}{x-x_0}$ 不存在，则称函数 $f(x)$ 在 x_0 处**不可导**。

2. 左、右导数

若设函数 $y=f(x)$ 在 $U_-(x_0)$ 内有定义，如果极限 $\lim_{x\to x_0^-}\frac{f(x)-f(x_0)}{x-x_0}$ 存在，则称 $y=f(x)$ 在 x_0 处左可导，称上述极限值为函数 $f(x)$ 在 x_0 处的左导数，记为 $f'_-(x_0)$；

若设函数 $y=f(x)$ 在 $U_+(x_0)$ 内有定义，如果极限 $\lim_{x\to x_0^+}\frac{f(x)-f(x_0)}{x-x_0}$ 存在，则称 $y=f(x)$ 在 x_0 处右可导，称上述极限值为函数 $f(x)$ 在 x_0 处的右导数，记为 $f'_+(x_0)$。

定理 1.7 函数 $f(x)$ 在点 x_0 处可导的**充分必要条件**是左导数 $f'_-(x_0)$ 和

右导数 $f'_+(x_0)$都存在且相等。

3. 导函数

定义 1.13　如果函数 $y=f(x)$在区间(a,b)内的每一点都可导，就说函数 $y=f(x)$在区间(a,b)**内可导**。此时，对于区间(a,b)内的每一个确定的 x 值，都有唯一确定的导数值 $f'(x)$与之对应，这就构成了一种函数关系，这种函数关系称为函数 $y=f(x)$的**导函数**（在不引起混淆的前提下称为**导数**），记作 y'，$f'(x)$，$\frac{dy}{dx}$，或$\frac{df(x)}{dx}$，即

$$y'=\lim_{\Delta x\to 0}\frac{\Delta y}{\Delta x}=\lim_{\Delta x\to 0}\frac{f(x+\Delta x)-f(x)}{\Delta x}$$

显然，函数 $y=f(x)$在点 x_0 处的导数 $f'(x_0)$就是导函数 $f'(x)$在点 $x=x_0$ 处的函数值，即

$$f'(x_0)=f'(x)\big|_{x=x_0}$$

4. 导数的几何意义

函数 $y=f(x)$在点 x_0 处的导数 $f'(x_0)$在几何上表示曲线 $y=f(x)$在点 $M(x_0,f(x_0))$处的切线的斜率。因此，曲线 $y=f(x)$在点 $M(x_0,f(x_0))$处的切线方程为

$$y-y_0=f'(x_0)(x-x_0)$$

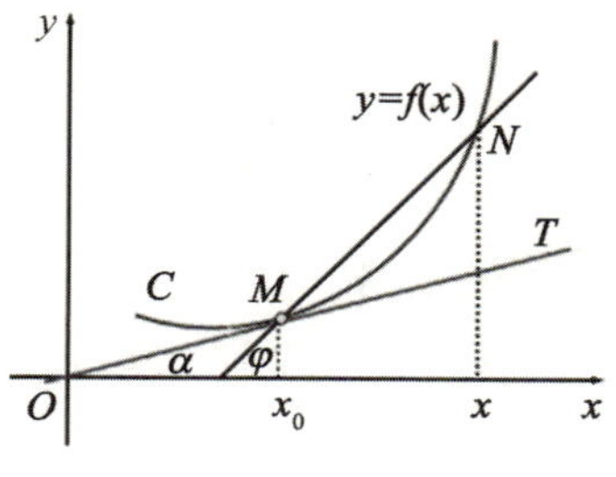

图 1.1

在图 1.1 中，根据法线的定义：过点 $M(x_0,f(x_0))$且垂直于曲线 $y=f(x)$在该点处的切线的直线叫做曲线 $y=f(x)$在点 $M(x_0,f(x_0))$处的法线。如果 $f(x_0)\neq 0$，根据解析几何的知识可知，切线与法线的斜率互为负倒数，则可得点 M 处法线方程为

$$y-y_0=-\frac{1}{f'(x_0)}(x-x_0)$$

5. 函数可导与连续的关系

定理 1.8　如果函数 $y=f(x)$在点 x_0 处可导，则 $f(x)$在点 x_0 处连续；反

之不成立。

证明 因为 $y=f(x)$ 在点 x_0 处可导，所以有 $\lim\limits_{\Delta x\to 0}\dfrac{\Delta y}{\Delta x}=f'(x_0)$，

于是有 $$\lim_{\Delta x\to 0}\Delta y=\lim_{\Delta x\to 0}\frac{\Delta y}{\Delta x}\cdot\Delta x=\lim_{\Delta x\to 0}\frac{\Delta y}{\Delta x}\cdot\lim_{\Delta x\to 0}\Delta x=f'(x_0)\cdot 0=0。$$

所以函数 $y=f(x)$ 在点 x_0 处连续。

反之，函数 $y=|x|=\begin{cases}x, & x\geqslant 0,\\ -x, & x<0.\end{cases}$ 在点 $x=0$ 处是连续的，但不具有可导性。

因为

$$\lim_{x\to 0}y=\lim_{x\to 0}|x|=0=f(0)$$

所以 $y=|x|$ 在点 $x=0$ 处连续。但是由于 $\dfrac{\Delta y}{\Delta x}=\dfrac{|\Delta x|}{\Delta x}=\begin{cases}1, & \Delta x>0,\\ -1, & \Delta x<0.\end{cases}$

$$\lim_{\Delta x\to 0^+}\frac{\Delta y}{\Delta x}=1，\lim_{\Delta x\to 0^-}\frac{\Delta y}{\Delta x}=-1，$$

所以 $\lim\limits_{\Delta x\to 0}\dfrac{\Delta y}{\Delta x}$ 不存在，即 $y=|x|$ 在点 $x=0$ 处不可导。

这在图形中的表现为 $y=|x|$ 在点 $x=0$ 处没有切线。

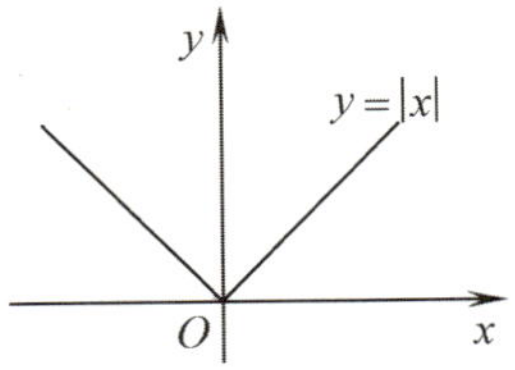

图 1.2

1.3.2 求导法则

1. 四则运算法则

定理 1.9 若函数 $u(x)$，$v(x)$ 均在点 x 处可导，则

(1) 函数 $u(x)\pm v(x)$ 在 x 处也可导，且 $[u(x)\pm v(x)]'=u'(x)\pm v'(x)$；

(2) 函数 $u(x)v(x)$ 在 x 处也可导，且 $[u(x)v(x)]'=u'(x)v(x)+v'(x)u(x)$；

(3) 函数 $\dfrac{u(x)}{v(x)}$ 在 x 处也可导，且 $\left[\dfrac{u(x)}{v(x)}\right]'=\dfrac{u'(x)v(x)-u(x)v'(x)}{v^2(x)}$。

2. 反函数求导法则

定理 1.10 如果函数 $y=f(x)$ 在区间 (a,b) 内单调且连续，并在该区间内处处有不等于 0 的导数 $f'(x)$，那么它的反函数 $x=f^{-1}(y)$ 在相应区间内也处

处可导，并且

$$y'_x=\frac{1}{x'_y}$$

即，反函数的导数等于原来函数的导数的倒数。

3. 复合函数求导法则

定理 1.11　设函数 $u=\varphi(x)$ 在点 x 处有导数 $u'_x=\varphi'(x)$，函数 $y=f(u)$ 在对应点 u 处有导数 $y'_u=f'(u)$，则复合函数 $y=f[\varphi(x)]$ 在点 x 处也有导数，且

$$(f[\varphi(x)])'=f'(u)\cdot\varphi'(x)$$

简记为 $\frac{dy}{dx}=\frac{dy}{du}\cdot\frac{du}{dx}$，或者 $y'_x=y'_u\cdot u'_x$。

4. 对数求导法及隐函数求导法则

在方程两边同时对自变量 x 求导，对与只含 x 的项，按通常的方法求导，对于含有 y 以及 y 的函数的项求导时，则分别作为 x 的函数和 x 的复合函数求导。这样求导后，就得到一个含有 x,y,y' 的等式，从等式中解出 y'，即得**隐函数的导数**。

对于某些类型的函数，可以采用先两边取对数 $\ln x$，变成隐函数，利用隐函数的求导方法：对 x 求导，解出 y' 的方法求导，即所谓的**对数求导法**。

对数求导法对幂指函数 $y=[f(x)]^{g(x)}$ 或者多个函数乘积与商的形式特别方便。它可以使积、商导数的运算化为和、差的导数运算。

1.3.3　高阶导数

1. n 阶导数的定义

如果函数 $y=f(x)$ 的导数 $y'=f'(x)$ 仍然是可导函数，则把导数 $y'=f'(x)$ 的导数叫做函数 $y=f(x)$ 的**二阶导数**，记作

$$y'',f''(x),\frac{d^2f(x)}{dx^2}\text{或}\frac{d^2y}{dx^2}。$$

即

$$y''=(y')',f''(x)=[f'(x)]',\frac{d^2f(x)}{dx^2}=\frac{d}{dx}\left(\frac{df(x)}{dx}\right)\text{或}\frac{d^2y}{dx^2}=\frac{d}{dx}\left(\frac{dy}{dx}\right)。$$

即 $y''=f''(x)=\lim\limits_{\Delta x\to 0}\frac{f'(x+\Delta x)-f'(x)}{\Delta x}$。

类似地，函数 $y=f(x)$ 的二阶导数的导数称为函数 $y=f(x)$ 的三阶导数，记作 $y''',f'''(x),\frac{d^3f(x)}{dx^3}$ 或 $\frac{d^3y}{dx^3}$。即 $y'''=f'''(x)=\lim\limits_{\Delta x\to 0}\frac{f''(x+\Delta x)-f''(x)}{\Delta x}$。

依次类推，函数 $y=f(x)$ 的 $n-1$ 阶导数的导数称为函数 $y=f(x)$ 的 n **阶**

导数,记作 $y^{(n)}$,$f^{(n)}(x)$,$\frac{\mathrm{d}^n f(x)}{\mathrm{d}x^n}$或$\frac{\mathrm{d}^n y}{\mathrm{d}x^n}$。

二阶及二阶以上的导数统称为**高阶导数**。

2. 莱布尼兹公式

定理 1.12 设函数 $u(x)$,$v(x)$均在点 x 处 n 阶可导,则 $u(x)v(x)$也在 x 处n 阶可导,且有

$$[u(x)v(x)]^{(n)}=\sum_{k=0}^{n} c_n^k[u(x)]^{(k)}[v(x)]^{(n-k)}$$

1.3.4 微分及其运算

1. 微分的定义

定义 1.14 设函数 $y=f(x)$在某区间内有定义,x 及 $x+\Delta x$ 在这区间内,如果因变量的增量 $\Delta y=f(x+\Delta x)-f(x)$可以表示为

$$\Delta y=A\cdot\Delta x+o(\Delta x)$$

其中 A 是不依赖 Δx 的常数,而 $o(\Delta x)$是 Δx 的高阶无穷小量。则称函数 $y=f(x)$在点 x 处可微,并称 $A\cdot\Delta x$ 为函数 $y=f(x)$在点 x 处的微分,符号为 $\mathrm{d}y$ 或 $\mathrm{d}f(x)$,即

$$\mathrm{d}y=A\cdot\Delta x \text{ 或 } \mathrm{d}f(x)=A\cdot\Delta x$$

定理 1.13(函数可微的充要条件) 函数 $y=f(x)$在 x 可微的充要条件是函数 $y=f(x)$在 x 可导,且 $A=f'(x)$。

特别地,对函数 $y=x$ 而言,$\mathrm{d}y=y'\Delta x=\Delta x$。即,自变量的微分 $\mathrm{d}x$ 等于自变量的增量,从而有 $\mathrm{d}x=\Delta x$。

在计算函数的微分时,为规范起见,建议大家统一用 $\mathrm{d}y=y'\mathrm{d}x$ 来表示。这也表明,函数 y 的微分 $\mathrm{d}y$ 与自变量 x 的微分 $\mathrm{d}x$ 之商等于该函数的导数,因此,导数又称为**微商**。

2. 微分的几何意义

由图 1.3 及微分的定义可知,函数的微分 $\mathrm{d}y$ 与函数的增量 Δy 相差的量在图中以 PN 表示,当 $\Delta x\to 0$ 时,变动的 PN 是 Δx 的高阶无穷小量.因此,在点 M 的邻近,可以用切线段来近似代替曲线段,简称为"以直代曲"。

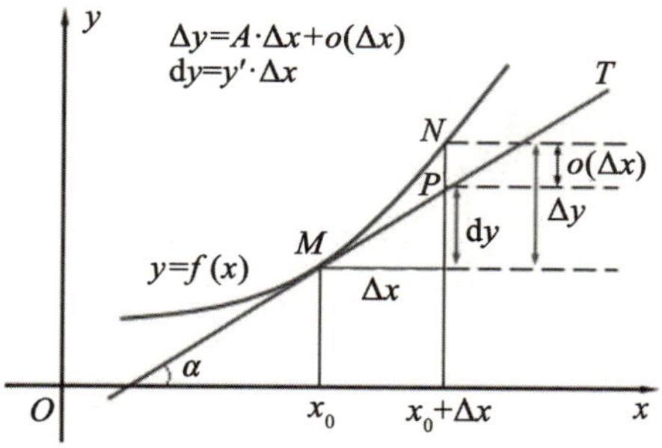

图 1.3

3. 微分的运算法则

定理 1.14 设函数 $u(x)$，$v(x)$在点 x 处均可微，则

(1) $d[u(x)\pm v(x)]=du(x)\pm dv(x)$；

(2) $d[u(x)v(x)]=v(x)du(x)+u(x)dv(x)$；

(3) $d\left[\frac{u(x)}{v(x)}\right]=\frac{v(x)du(x)-u(x)dv(x)}{[v(x)]^2}$。

4. 一阶微分形式不变性

定理 1.15 设 $y=f(u)$，$u=\varphi(x)$，则复合函数 $y=f[\varphi(x)]$的微分为

$$dy=y'_x dx=y'_u\cdot u'_x\cdot dx=f'(u)\varphi'(x)dx$$

由于 $\varphi'(x)dx=d\varphi(x)=du$，所以复合函数 $y=f[\varphi(x)]$的微分公式也可以写成

$$dy=f'(u)du$$

也就是说，无论 u 是自变量还是中间变量，$y=f(u)$的微分总可以写成 $dy=f'(u)du$ 的形式。这一性质称为**微分形式的不变性**，利用这一性质求复合函数的微分非常便捷。

5. 微分的近似计算

如果函数 $y=f(x)$在点 x_0 处的导数 $f'(x_0)\neq 0$，且当$|\Delta x|$很小时，函数微分可作为函数增量的近似值，即

$$\Delta y\approx dy=f'(x_0)\Delta x$$

用 $\Delta y=f(x_0+\Delta x)-f(x_0)$代入上式，可得

$$f(x_0+\Delta x)\approx f(x_0)+f'(x_0)\Delta x$$

上面两个式子可以分别求出函数增量 Δy 的近似值和函数 $f(x)$在 x_0 附近某点 $x_0+\Delta x$ 处的函数值的近似值。

1.3.5 典型例题

【例 1】 讨论函数 $f(x)=\begin{cases}2, & x\leqslant 0\\ 3x+1, & 0<x\leqslant 1\\ x^3+3, & x>1\end{cases}$，在 $x=0$ 和 $x=1$ 处的连续性与可导性。

解：在 $x=0$ 处，$\lim\limits_{x\to 0^-}f(x)=\lim\limits_{x\to 0^-}2=2$，$\lim\limits_{x\to 0^+}f(x)=\lim\limits_{x\to 0^+}(3x+1)=1$，

由于 $\lim\limits_{x\to 0^-}f(x)\neq\lim\limits_{x\to 0^+}f(x)$，所以不连续，根据可导与连续的关系知，也不可导。

在 $x=1$ 处，$\lim\limits_{x\to 1^-}f(x)=\lim\limits_{x\to 1^-}(3x+1)=4$，$\lim\limits_{x\to 1^+}f(x)=\lim\limits_{x\to 1^+}(x^3+3)=4$，$f(1)=4$，所以连续。

又 $f'_-(1)=\lim\limits_{\Delta x\to 0^-}\dfrac{f(1+\Delta x)-f(1)}{\Delta x}=\lim\limits_{\Delta x\to 0^-}\dfrac{3\Delta x}{\Delta x}=3$

$f'_+(1)=\lim\limits_{\Delta x\to 0^+}\dfrac{f(1+\Delta x)-f(1)}{\Delta x}=\lim\limits_{\Delta x\to 0^+}\dfrac{3\Delta x+3\,(\Delta x)^2+(\Delta x)^3}{\Delta x}=3$

所以可导。

【例 2】 设 $y=\sqrt[3]{\dfrac{(x+1)(x+2)}{(x+3)(x+4)}}$，求 $\dfrac{\mathrm{d}y}{\mathrm{d}x}$。

解：对 $y=\sqrt[3]{\dfrac{(x+1)(x+2)}{(x+3)(x+4)}}$ 两边取对数，得

$$\ln y=\frac{1}{3}[\ln(x+1)+\ln(x+2)-\ln(x+3)-\ln(x+4)]$$

两边对 x 求导，得

$$\frac{1}{y}y'=\frac{1}{3}\left(\frac{1}{x+1}+\frac{1}{x+2}-\frac{1}{x+3}-\frac{1}{x+4}\right)$$

所以

$$y'=\frac{1}{3}\sqrt[3]{\frac{(x+1)(x+2)}{(x+3)(x+4)}}\left(\frac{1}{x+1}+\frac{1}{x+2}-\frac{1}{x+3}-\frac{1}{x+4}\right)$$

【例 3】 设 $f(x)=\begin{cases}x^2, & x\leqslant 1\\ ax+b, & x>1\end{cases}$，试确定 a，b 的值，使 $f(x)$ 在 $x=1$ 处可导。

解：若 $f(x)$ 在 $x=1$ 处可导，则必在 $x=1$ 处连续.

$\lim\limits_{x\to 1^-}f(x)=1$，$\lim\limits_{x\to 1^+}f(x)=a+b$

$\lim\limits_{x\to 1^-}f(x)=\lim\limits_{x\to 1^+}f(x)$，即 $a+b=1$

又 $f'_-(1)=\lim\limits_{x\to1^-}\dfrac{f(x)-f(1)}{x-1}=\lim\limits_{x\to1^-}\dfrac{x^2-1}{x-1}=\lim\limits_{x\to1^-}(x+1)=2$

$f'_+(1)=\lim\limits_{x\to1^+}\dfrac{f(x)-f(1)}{x-1}=\lim\limits_{x\to1^+}\dfrac{ax+b-1}{x-1}=\lim\limits_{x\to1^-}\dfrac{a(x-1)}{x-1}=a$

所以　$a=2,b=-1$。

【例 4】 求由方程 $\arctan\dfrac{y}{x}=\ln\sqrt{x^2+y^2}$ 所确定的隐函数的导数。

解:方程两边对 x 求导,得

$$\frac{1}{1+\left(\dfrac{y}{x}\right)^2}\cdot\frac{xy'-y}{x^2}=\frac{1}{2}\cdot\frac{2x+2yy'}{x^2+y^2}$$

从中解出 y',得

$$y'=\frac{x+y}{x-y}$$

【例 5】 求函数 $e^{\frac{x}{y}}-xy=0$ 的微分。

解:方程两边同时取微分,得

$$d(e^{\frac{x}{y}})-d(xy)=0$$

$$e^{\frac{x}{y}}\cdot\frac{y\,dx-x\,dy}{y^2}-(y\,dx+x\,dy)=0$$

整理得

$$dy=\frac{xy-y^2}{x^2+xy}dx$$

1.4　微分中值定理

1.4.1　费马(Fermat)引理

定理 1.16　设函数 $f(x)$在点 x_0 的某邻域$U(x_0)$内有定义,并且在 x_0 处可导,如果对任意的 $x\in U(x_0)$,有 $f(x)\leqslant f(x_0)$(或 $f(x)\geqslant f(x_0)$),那么 $f'(x_0)=0$。

证:不妨设当 $x\in U(x_0)$时,$f(x)\leqslant f(x_0)$,且 $x_0+\Delta x\in U(x_0)$,有 $f(x_0+\Delta x)\leqslant f(x_0)$,故

当 $\Delta x>0$ 时,有$\dfrac{f(x_0+\Delta x)-f(x_0)}{\Delta x}\leqslant0$,

当 $\Delta x<0$ 时，有 $\dfrac{f(x_0+\Delta x)-f(x_0)}{\Delta x}\geqslant 0$，

由极限的保号性，得

$$f'(x_0)=f'_+(x_0)=\lim_{\Delta x\to 0^+}\frac{f(x_0+\Delta x)-f(x_0)}{\Delta x}\leqslant 0$$

$$f'(x_0)=f'_-(x_0)=\lim_{x\to 0^-}\frac{f(x_0+\Delta x)-f(x_0)}{\Delta x}\geqslant 0$$

故 $f'(x_0)=0$。

1.4.2 罗尔(Rolle)中值定理

定理 1.17 如果函数 $y=f(x)$ 满足：

(1) 在闭区间 $[a,b]$ 上连续；

(2) 在开区间 (a,b) 内可导；

(3) $f(a)=f(b)$。

则至少存在一点 $\xi\in(a,b)$，使得 $f'(\xi)=0$。

罗尔定理的几何解释：如图 1.4 所示，如果连续曲线 $y=f(x)$ 在开区间 (a,b) 内的每一点处都存在不垂直于 x 轴的切线，并且两个端点 A、B 处的纵坐标相等，即连结两端点的直线 AB 平行于 x 轴，则在此曲线上至少存在一点 $C(\xi,f(\xi))$，使得曲线 $y=f(x)$ 在点 C 处的切线与 x 轴平行。

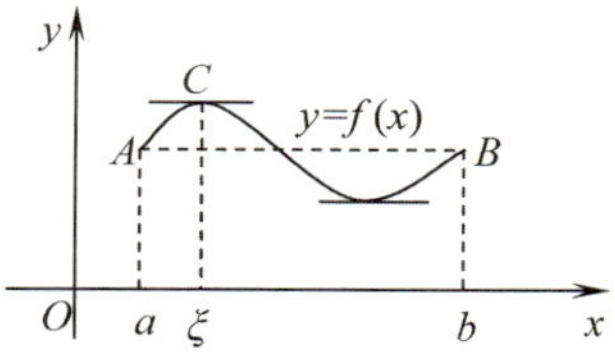

图 1.4

1.4.3 拉格朗日(Lagrange)中值定理

定理 1.18 如果函数 $y=f(x)$ 满足：

(1) 在闭区间 $[a,b]$ 上连续；

(2) 在开区间 (a,b) 内可导。

那么，在 (a,b) 内，至少存在一点 ξ，使得 $f'(\xi)=\dfrac{f(b)-f(a)}{b-a}$。

拉格朗日中值定理的几何解释：如图 1.5 所示，若 $y=f(x)$ 是闭区间 $[a,b]$ 上的连续曲线弧段 $\overset{\frown}{AB}$，连接点 $A(a,f(a))$ 和点 $B(b,f(b))$ 的弦 AB 的斜率为 $\dfrac{f(b)-f(a)}{b-a}$，而弧 $\overset{\frown}{AB}$ 上某点 $C(\xi,f(\xi))$ 的斜率为 $f'(\xi)$。拉格朗日中值定理

意味着在曲线弧段$\overset{\frown}{AB}$上至少存在一点$C(\xi,f(\xi))$，使得曲线在点 C 处的切线与曲线的两个端点连线 AB 平行。

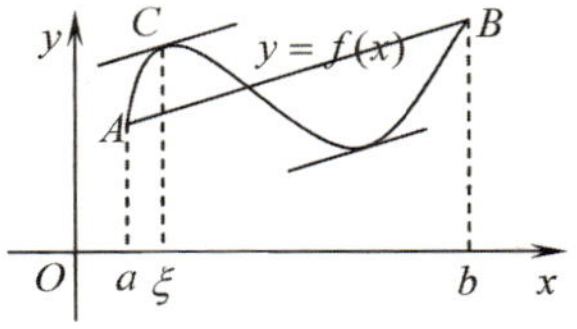

图 1.5

注：拉格朗日的推论

(1) 如果在区间(a,b)内，函数 $y=f(x)$的导数 $f'(x)$恒等于零，那么在区间(a,b)内，函数 $y=f(x)$是一个常数。

证明　在区间(a,b)内任取两点 $x_1,x_2(x_1<x_2)$，在$[x_1,x_2]$上，由拉格朗日中值定理，有

$$f(x_2)-f(x_1)=f'(\xi)(x_2-x_1)\quad (x_1<\xi<x_2)$$

由于函数 $y=f(x)$的导数 $f'(x)$恒等于零，所以 $f(x_2)=f(x_1)$。

这说明在区间(a,b)内，函数 $y=f(x)$的在任何两点处的函数值都相等，故在区间(a,b)内，函数 $y=f(x)$是一个常数。

(2) 如果在区间(a,b)内，$f'(x)\equiv g'(x)$，则在区间(a,b)内，$f(x)$与 $g(x)$只相差一个常数，即

$$f(x)=g(x)+C\ (C\ 为常数)$$

证明　令 $h(x)=f(x)-g(x)$，则

$$h'(x)=f'(x)-g'(x)=0$$

由推论 1 知，$h(x)$为一常数，于是有

$$f(x)=g(x)+C\ (C\ 为常数)$$

(3) 在此定理中，若 $f(a)=f(b)$，则其就变成了罗尔中值定理，说明罗尔中值定理是拉格朗日中值定理的特殊情况。

1.4.4　柯西(Cauchy)中值定理

定理 1.19　设函数 $f(x)$与函数 $g(x)$满足：

(1) 在闭区间$[a,b]$上连续；

(2) 在开区间(a,b)内可导；

(3) 在区间(a,b)内 $g'(x)\neq 0$。

那么，在(a,b)内，至少存在一点 ξ，使得$\dfrac{f(b)-f(a)}{g(b)-g(a)}=\dfrac{f'(\xi)}{g'(\xi)}$。

注：在此定理中，若 $g(x)=x$，则其就变成了拉格朗日中值定理，说明拉格

朗日中值定理是柯西中值定理的特殊情况。

1.4.5 泰勒(Taylor)中值定理

定理 1.20 如果函数 $f(x)$ 在含有 x_0 的某个开区间 (a,b) 内具有直到 $(n+1)$ 阶的导数，则对 $\forall x\in(a,b)$ 时，$f(x)$ 可以表示为 $(x-x_0)$ 的一个 n 次多项式与一个余项 $R_n(x)$ 之和，即

$$f(x)=f(x_0)+f'(x_0)(x-x_0)+\frac{f''(x_0)}{2!}(x-x_0)^2+\cdots+\frac{f^{(n)}(x_0)}{n!}(x-x_0)^n+R_n(x)$$

且该式称为 $f(x)$ 按 $(x-x_0)$ 的幂展开的 n 阶泰勒公式。

其中，若 $R_n(x)=\frac{f^{(n+1)}(\xi)}{(n+1)!}(x-x_0)^{n+1}$（$\xi$ 在 x_0 与 x 之间），其称为 Lagrange 型余项；

若 $R_n(x)=o[(x-x_0)^n]$，其称为佩亚诺(Peano)型余项。

注：(1) 当 $n=0$ 时，泰勒公式变为拉格朗日中值定理。

(2) 当 $x_0=0$，则 Taylor 公式可称为麦克劳林(Maclaurin)公式，即

$$f(x)=f(0)+f'(0)+\frac{f'(0)}{2!}x^2+\cdots+\frac{f^{(n)}(0)}{n!}x^n+\frac{f^{(n+1)}(\theta x)}{(n+1)!}x^{n+1}\quad(0<\theta<1)$$

或

$$f(x)=f(0)+f'(0)x+\cdots+\frac{f^{(n)}(0)}{n!}x^n+o(x^n)$$

(3) 常用初等函数的麦克劳林公式：

$$e^x=1+x+\frac{x^2}{2!}+\cdots+\frac{x^n}{n!}+\frac{e^{\theta x}}{(n+1)!}x^{n+1}\quad(0<\theta<1)$$

$$\sin x=x-\frac{x^3}{3!}+\frac{x^5}{5!}-\cdots+(-1)^n\frac{x^{2n+1}}{(2n+1)!}+o(x^{2n+2})$$

$$\cos x=1-\frac{x^2}{2!}+\frac{x^4}{4!}-\frac{x^6}{6!}+\cdots+(-1)^n\frac{x^{2n}}{(2n)!}+o(x^{2n})$$

$$\ln(1+x)=x-\frac{x^2}{2}+\frac{x^3}{3}-\cdots+(-1)^n\frac{x^{n+1}}{n+1}+o(x^{n+1})$$

$$\frac{1}{1-x}=1+x+x^2+\cdots+x^n+o(x^n)$$

$$(1+x)^\alpha=1+\alpha x+\frac{\alpha(\alpha-1)}{2!}x^2+\cdots+\frac{\alpha(\alpha-1)\cdots(\alpha-n+1)}{n!}o(x^n)$$

1.4.6 典型例题

【例1】 若 $0<a<b$,证明 $\frac{b-a}{b}<\ln\frac{b}{a}<\frac{b-a}{a}$。

证明:设 $f(x)=\ln x, x\in[a,b]$.因为 $f(x)=\ln x$ 在区间 $[a,b]$ 上连续,在 (a,b) 内可导,所以满足拉格朗日中值定理的条件,于是

$$f(b)-f(a)=f'(\xi)(b-a),\text{而}$$

$$f(a)=\ln a, f(b)=\ln b, f'(x)=\frac{1}{x}$$

代入上式为

$$\ln b-\ln a=\ln\frac{b}{a}=\frac{1}{\xi}(b-a)\quad(a<\xi<b)$$

又因为

$$\frac{1}{b}<\frac{1}{\xi}<\frac{1}{a}$$

所以

$$\frac{b-a}{b}<\ln\frac{b}{a}<\frac{b-a}{a}$$

【例2】 设 $f(x)$ 在 $[a,b]$ 上连续,在 (a,b) 内二阶可导,连接点 $(a,f(a))$, $(b,f(b))$ 的直线和曲线 $y=f(x)$ 交于点 $(c,f(c))$, $a<c<b$,证明在 (a,b) 内至少存在一点 ξ,使 $f''(\xi)=0$。

证明:因 $f(x)$ 在 $[a,b]$ 上连续,在 (a,b) 内可导,又因为 $a<c<b$,

所以至少存在一点 $\xi_1\in(a,c)$,使 $f'(\xi_1)=\frac{f(c)-f(a)}{c-a}$,

至少存在一点 $\xi_2\in(c,b)$,使 $f'(\xi_2)=\frac{f(b)-f(c)}{b-c}$,

因为点 $(a,f(a))$, $(b,f(b))$, $(c,f(c))$ 在同一直线上,所以 $f'(\xi_1)=f'(\xi_2)$。

又因为 $y'=f'(x)$ 在 (a,b) 内可导,故在 (ξ_1,ξ_2) 内可导,且在 $[\xi_1,\xi_2]$ 上连续,由 Rolle 定理,至少有一点 ξ,使 $[f'(x)]'|_{x=\xi}=f''(\xi)=0$, $\xi\in[\xi_1,\xi_2]\subset(a,b)$。

【例3】 设函数 $f(x)$ 在 $[0,+\infty]$ 上可导, $f(0)=0$ 且 $\lim\limits_{x\to+\infty}f(x)=2$,证明:

(1) 存在 $a>0$,使得 $f(a)=1$;

(2) 对(1)中的 a,存在 $\xi\in(0,a)$,使得 $f'(\xi)=\frac{1}{a}$。

证明:(1) 因为 $\lim\limits_{x\to+\infty}f(x)=2$,对于 $\varepsilon=\frac{1}{2}$,存在 $A>0$,使得当 $x\geqslant A$ 时,

$|f(x)-2|<\frac{1}{2}$，因此 $f(A)>\frac{3}{2}$，由连续函数的介值性，存在 $a\in(0,A)$，使得 $f(a)=1$。

(2) 由拉格朗日中值定理，存在 $\xi\in(0,a)$，使得 $f'(\xi)=\frac{f(a)-f(0)}{a-0}=\frac{1}{a}$。

1.5 导数的应用

1.5.1 洛必达(L'Hospital)法则

在计算极限时，经常会遇到形如当 $x\to x_0$(或 $x\to\infty$)时，函数 $\frac{f(x)}{g(x)}$ 的分子、分母都趋近于零或都趋近于无穷大的情况。对于这种情形是不能直接利用商的极限运算法则去求其极限的。而此极限可能存在，也可能不存在。通常把这种分式极限叫做未定式，分别简记为"$\frac{0}{0}$"或"$\frac{\infty}{\infty}$"型。未定式极限除了上述两种以外，还有 $0\cdot\infty,\infty-\infty,1^{\infty},0^0,\infty^0$ 等类型。

法则 1 $\left(\frac{0}{0}\text{型未定式}\right)$

如果函数 $f(x)$ 与函数 $g(x)$ 满足：

(1) $\lim\limits_{x\to x_0}f(x)=\lim\limits_{x\to x_0}g(x)=0$；

(2) 函数 $f(x)$ 与 $g(x)$ 在点 x_0 的邻域内均可导，且 $g'(x)\neq 0$；

(3) $\lim\limits_{x\to x_0}\frac{f'(x)}{g'(x)}=A$(或为无穷大)。

那么 $\lim\limits_{x\to x_0}\frac{f(x)}{g(x)}=\lim\limits_{x\to x_0}\frac{f'(x)}{g'(x)}=A$。

法则 2 $\left(\frac{\infty}{\infty}\text{型未定式}\right)$

如果函数 $f(x)$ 与函数 $g(x)$ 满足：

(1) $\lim\limits_{x\to x_0}f(x)=\lim\limits_{x\to x_0}g(x)=\infty$；

(2) 函数 $f(x)$ 与 $g(x)$ 在点 x_0 的邻域内均可导，且 $g'(x)\neq 0$；

(3) $\lim\limits_{x\to x_0}\frac{f'(x)}{g'(x)}=A$(或为无穷大)。

那么 $\lim\limits_{x\to x_0}\frac{f(x)}{g(x)}=\lim\limits_{x\to x_0}\frac{f'(x)}{g'(x)}=A$。

注：(1) 法则中 $x\to x_0$ 可换为下列过程之一：$x\to x_0^+$，$x\to x_0^-$，$x\to\infty$，$x\to+\infty$，$x\to-\infty$，法则均有效。

(2) 在使用洛必达法则的过程中只要满足所有的条件，那么可以继续连续使用洛必达法则。

(3) 对于 $0\cdot\infty$ 型，$\infty-\infty$ 型，0^0，1^∞，∞^0 型的未定式，可以利用相应的技巧转化为 $\frac{0}{0}$ 或 $\frac{\infty}{\infty}$ 型未定式来计算。比如，对于 $0\cdot\infty$ 型，可将乘积化为除的形式，即可化为 $\frac{0}{0}$ 或 $\frac{\infty}{\infty}$ 型的未定式；对于 $\infty-\infty$ 型，可利用通分化为 $\frac{0}{0}$ 型的未定式；对于 0^0，1^∞，∞^0 型，可利用幂指函数的性质 $f(x)^{g(x)}=e^{g(x)\ln f(x)}$ 化成指数函数的极限，再利用指数函数的连续性，化为直接求指数的极限，而指数的极限为 $0\cdot\infty$ 型的形式，再化为 $\frac{0}{0}$ 或 $\frac{\infty}{\infty}$ 型的未定式来计算。

(4) 求未定式极限时，最好将洛必达法则与其他求极限方法结合使用，能化简时尽可能化简，能应用等价无穷小或重要极限时，亦可使用第一或者第二重要极限，总之，尽可能应用简化。

1.5.2　函数的单调性、极值与最值

1. 函数的单调性

定理 1.21　设函数 $y=f(x)$ 在 (a,b) 内可导，则

(1) 如果在 (a,b) 内 $f'(x)>0$，那么函数 $y=f(x)$ 在 (a,b) 内单调增加；

(2) 如果在 (a,b) 内 $f'(x)<0$，那么函数 $y=f(x)$ 在 (a,b) 内单调减少。

注：(1) 在区间内个别点处导数等于零，不影响函数的单调性。如函数 $y=x^3$，其导数 $y=3x^2$ 在原点处为 0，但它在其定义域 $(-\infty,+\infty)$ 内是单调增加的。

(2) 此区间换成闭区间，半开半闭区间或无穷区间，结论仍成立，因单调增加或单调减少都在区间上，与端点无关。

2. 函数的极值

定义 1.15　设函数 $f(x)$ 在点 x_0 的某邻域 $U(x_0)$ 内有定义，如果对于去心邻域 $\mathring{U}(x_0)$ 中的任一点 x，有 $f(x)<f(x_0)$（或 $f(x)>f(x_0)$），称 $f(x_0)$ 是 $f(x)$ 的一个极大值（或极小值），点 x_0 称为极大值点（或极小值点）。极大值和极小值统称为极值，极大值点和极小值点统称为极值点。

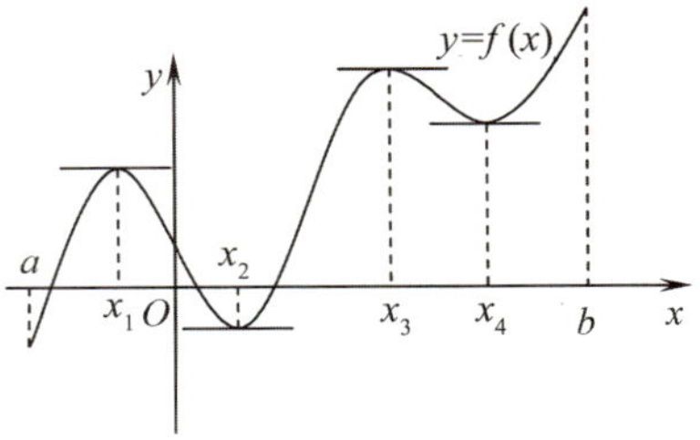

图 1.6

如图 1.6 所示，x_1 和 x_3 是函数 $f(x)$的极大值点，$f(x_1)$和 $f(x_3)$是函数 $f(x)$的极大值；x_2 和 x_4 是函数 $f(x)$的极小值点，$f(x_2)$和 $f(x_4)$是函数 $f(x)$的极小值。

注：极大值、极小值是局部的概念，是 x 在 x_0 附近一局部范围内时，$f(x_0)$为最大值，但整个定义域内未必是最大值。

定理 1.22 函数取得极值的必要条件：

设函数 $f(x)$在点 x_0 处可导，且在 x_0 处取得极值，那么 $f'(x_0)=0$。

注：(1) 使 $f'(x_0)=0$ 的点 x_0 称为函数 $f(x)$的驻点。

(2) 可导函数的极值点必定是它的驻点，但函数的驻点却不一定是极值点。

(3) 一个函数可能的极值点为它的驻点或者不可导点。

定理 1.23 函数取得极值的第一充分条件：

设在 $f(x)$在点 x_0 处连续，且在 x_0 的某一个邻域内可导，$f'(x_0)=0$。

若在点 x_0 附近时，

(1) 当 $x<x_0$ 时，$f'(x)>0$，当 $x>x_0$ 时，$f'(x)<0$，则 $f(x)$在 x_0 处取得极大值。

(2) 当 $x<x_0$ 时，$f'(x)<0$，当 $x>x_0$ 时，$f'(x)>0$，则 $f(x)$在 x_0 处取得极小值。

(3) 当 $x<x_0$ 及 $x>x_0$ 时，都有 $f'(x)>0$ 或 $f'(x)<0$，则 $f(x)$在 x_0 处无极值。

定理 1.24 函数取得极值的第二充分条件：

设 $f(x)$在点 x_0 处具有二阶导数，且 $f'(x_0)=0$，$f''(x_0)\neq 0$，那么：

(1) 当 $f''(x_0)<0$ 时，$f(x)$在 x_0 处取极大值。

(2) 当 $f''(x_0)>0$ 时，$f(x)$在 x_0 处取极小值。

求函数的极值点和极值的步骤：

(1) 确定函数 $f(x)$的定义域，并求其导数 $f'(x)$。

(2) 解方程 $f'(x)=0$ 求出 $f(x)$的全部驻点与不可导点。

(3) 列表讨论 $f'(x)$在驻点和不可导点的左、右两侧邻近符号变化的情况，确定函数的极值点。

(4) 求出各极值点的函数值，就得到函数 $f(x)$的全部极值。

3. 函数的最值

在实际应用中，常常会遇到求最大值和最小值的问题。如用料最省、容量最大、花钱最少、效率最高、利润最大等。此类问题在数学上往往可归结为求某一函数(通常称为目标函数)的最大值或最小值问题。

求函数最值的方法：

情形一：计算函数 $f(x)$在一切可能极值点 $x_1, x_2, \cdots, x_m$ 的函数值，并将它们与 $f(a), f(b)$相比较，这些值中最大的就是最大值，最小的就是最小值。即 $M=\max\{f(x_1), f(x_2), \cdots, f(x_m), f(a), f(b)\}$，$m=\min\{f(x_1), f(x_2), \cdots, f(x_m), f(a), f(b)\}$。

情形二：当 $f(x)$在$[a, b]$上单调时，最值一定在区间端点处取得。

情形三：$f(x)$在某一区间内可导且只有一个驻点 x_0，且 x_0 是 $f(x)$的极值点，那么该极值就为最值(即 $f(x_0)$)；若 $f(x_0)$是极大值，则 $f(x_0)$即为最大值。

情形四：在实际应用问题中，相应的可导函数一定有最大(小)值，且一定在区间内取得，则此区间内 $f(x)$的唯一驻点即为最大(小)值点，不必讨论 $f(x_0)$是否是极值。

1.5.3　曲线的凹凸性、拐点与渐近线

1. 曲线的凹凸性与拐点

定义 1.16　设 $f(x)$在区间 I 上连续，如果对 I 上任意两点 x_1, x_2，恒有

$$f\left(\frac{x_1+x_2}{2}\right)<\frac{f(x_1)+f(x_2)}{2}$$

那么称 $f(x)$在 I 上的图形是凹的；如果恒有

$$f\left(\frac{x_1+x_2}{2}\right)>\frac{f(x_1)+f(x_2)}{2}$$

那么称 $f(x)$在 I 上的图形是凸的。

定义 1.17(曲线的凹凸性的等价定义)　如图 1.7 所示，如果在某区间内，曲线弧段上任一点处的切线都在曲线 $y=f(x)$的下方，那么称此曲线弧段为**凹曲线**；曲线弧段上任一点处的切线都在曲线 $y=f(x)$的上方，那么称此曲线弧段为**凸曲线**。连续曲线 $y=f(x)$上凹弧与凸弧的分界点称为这曲线 $y=f(x)$的拐点。

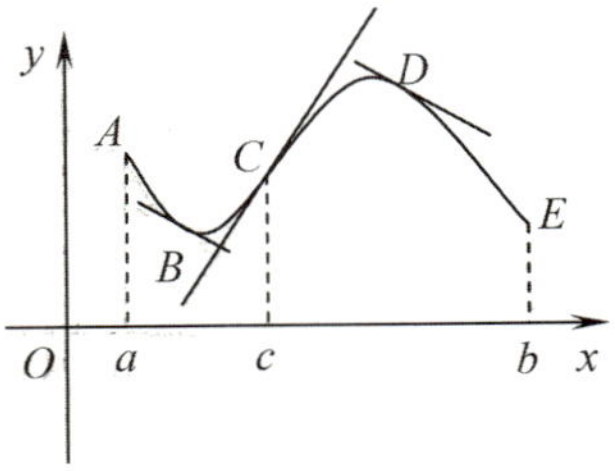

图 1.7

定理 1.25 设函数 $f(x)$在区间(a,b)内具有二阶导数。

(1) 如果当 $x\in(a,b)$时,恒有 $f''(x)>0$,则曲线 $f(x)$在区间(a,b)内是凹的;

(2) 如果当 $x\in(a,b)$时,恒有 $f''(x)<0$,则曲线 $f(x)$在区间(a,b)内是凸的。

曲线拐点的判定方法:

第一充分条件:先求 $f''(x)$,若 $f''(x_0)=0$ 或 $f''(x_0)$不存在(但 $f(x)$在 x_0 处连续)而在 x_0 左右两侧邻近 $f''(x)$异号,则点$(x_0,f(x_0))$为 $f(x)$的拐点。

第二充分条件:若 $f(x)$在 x_0 邻近有连续的二阶导数,且 $f''(x_0)=0$,而 $f'''(x_0)$存在且不为零,则点$(x_0,f(x_0))$为 $f(x)$的拐点。

2. 曲线的渐近线

定义 1.18 如果动点沿某一曲线 $y=f(x)$无限远离原点时,动点到某一条定直线的距离趋于 0,称此直线为该曲线 $y=f(x)$的一条渐近线。

水平渐近线:$\lim\limits_{x\to+\infty}f(x)=b$(或 $\lim\limits_{x\to+\infty}f(x)=b$, $\lim\limits_{x\to-\infty}f(x)=b$),称直线 $y=b$ 为水平渐近线。

铅直渐近线:$\lim\limits_{x\to x_0}f(x)=\infty$(或$\lim\limits_{x\to x_0^+}f(x)=\infty$, $\lim\limits_{x\to x_0^-}f(x)=\infty$),称直线 $x=x_0$ 为铅垂(垂直)渐近线,即在曲线 $y=f(x)$间断点处。

斜渐近线: $\lim\limits_{\substack{x\to+\infty\\(x\to-\infty)}}\dfrac{f(x)}{x}=a(a\neq0)$, $\lim\limits_{\substack{x\to+\infty\\(x\to-\infty)}}[f(x)-ax]=b$,则直线 $y=ax+b$ 为斜渐近线。

1.5.4 导数在经济学中的应用

1. 边际与边际分析

1) 函数的变化率与边际函数

在经济学中,常常用到平均变化率与边际这两个概念。设函数 $y=f(x)$可导,在数量关系上,有

(1) **平均变化率**指的是函数值的改变量与自变量的改变量的比值,如果用

函数形式来表示的话，就是$\frac{\Delta y}{\Delta x}=\frac{f(x_0+\Delta x)-f(x_0)}{\Delta x}$，它表示在$(x_0, x_0+\Delta x)$内 $f(x)$的平均变化速度。

(2) 而**边际**则是自变量的改变量 Δx 趋于零时，$\frac{\Delta y}{\Delta x}$的极限，即 $f'(x)$，从而，导数应用在经济学上就是边际。$f(x)$在点 $x=x_0$ 的导数 $f'(x_0)$称为 $f(x)$在点 $x=x_0$ 的**边际函数值**，$f'(x_0)$表示 $f(x)$在点 $x=x_0$ 处的变化速度。

注：对于经济函数 $f(x)$，经济变量 x 在 x_0 有一个改变量 Δx，则经济变量 y 的值也有一个相应的改变量为

$$\Delta y=f(x_0+\Delta x)-f(x_0)\approx f'(x_0)\Delta x$$

特别是，当 $\Delta x=1$ 时，则 $\Delta y\approx f'(x_0)$。这就说明当 x 在 x_0 改变“一个单位”时，y 相应地近似改变 $f'(x_0)$个单位。

在实际应用中，经济学家常常略去“近似”而直接说 y 改变 $f'(x_0)$个单位，这就是**边际函数值的含义**。

2）边际成本

设某产品生产 q 个单位时的总成本为$C=C(q)$，当产量达到 q 个单位时，任给产量一个增量 Δq，相应的总成本将增加 $\Delta C=C(q+\Delta q)-C(q)$，于是再生产 Δq 个单位时的平均成本为(总成本在产量从 q 变到 $q+\Delta q$ 时的平均变化率)：

$$\overline{C}=\frac{\Delta C}{\Delta q}=\frac{C(q+\Delta q)-C(q)}{\Delta q}$$

如果总成本为 $C=C(q)$在 q 可导，那么，

$$C'(q)=\lim_{\Delta q\to 0}\frac{C(q+\Delta q)-C(q)}{\Delta q}$$

称为产量为 q 个单位时的**边际成本**，一般记为：$C_M(q)=C'(q)$。

边际成本的经济意义是：当产量达到 q 个单位时，再增加一个单位的产量，即 $\Delta q=1$ 时，总成本将增加 $C'(q)$个单位(近似值)。

3）边际收益

设某商品销售量为 q 个单位时的总收入函数为 $R=R(q)$，当销量达到 q 个单位时，再给销量一个增量 Δq，其相应的总收入将增加 $\Delta R=R(q+\Delta q)-R(q)$，于是再多销售 Δq 个单位时的平均收益为

$$\overline{R}=\frac{\Delta R}{\Delta q}=\frac{R(q+\Delta q)-R(q)}{\Delta q}$$

如果总收入函数 $R=R(q)$在 q 处可导，那么，

$$R'(q)=\lim_{\Delta q\to 0}\frac{R(q+\Delta q)-R(q)}{\Delta q}$$

称为销售量为 q 个单位时的**边际收入**，一般记为 $R_M(q)=R'(q)$。

边际收入的经济意义是：销售量达到 q 个单位的时候，再增加一个单位的销量，即 $\Delta q=1$ 时，相应的总收入增加 $R'(q)$ 个单位。

4）边际利润

设某商品销售量为 q 个单位时的总利润函数为 $L=L(q)$，当销量达到 q 个单位时，再给销量一个增量 Δq，其相应的总利润将增加 $\Delta L=L(q+\Delta q)-L(q)$，于是再多销售 Δq 个单位时的平均利润为

$$\bar{L}=\frac{L(q+\Delta q)-L(q)}{\Delta q}$$

如果总利润函数在 q 处可导，那么，

$$L'(q)=\lim_{\Delta q\to 0}\frac{L(q+\Delta q)-L(q)}{\Delta q}$$

称为销售量为 q 个单位时的**边际利润**，一般记为 $L_M(q)=L'(q)$。

边际利润的经济意义是：销售量达到 q 个单位的时候，再增加一个单位的销量，即 $\Delta q=1$ 时，相应的总利润增加 $L'(q)$ 个单位。

由于总利润、总收入和总成本有如下关系：

$$L(q)=R(q)-C(q)$$

因此，边际利润又可表示成：$L'(q)=R'(q)-C'(q)$

2. 弹性与弹性分析

1）弹性函数

设 $y=f(x)$ 在 x_0 处可导，函数的相对改变量 $\frac{\Delta y}{y_0}=\frac{f(x_0+\Delta x)-f(x_0)}{f(x_0)}$ 与自变量的相对改变量 $\frac{\Delta x}{x_0}$ 的比值：$\frac{\Delta y}{y_0}/\frac{\Delta x}{x_0}$，称为函数 $y=f(x)$ 从 x_0 到 $x_0+\Delta x$ 之间的**弧弹性**，令 $\Delta x\to 0$，$\frac{\Delta y}{y_0}/\frac{\Delta x}{x_0}$ 的极限称为 $y=f(x)$ 在 x_0 的**点弹性**，一般就称为弹性，并记为 $\left.\frac{E_y}{E_x}\right|_{x=x_0}$。即，$\left.\frac{E_y}{E_x}\right|_{x=x_0}=\lim_{\Delta x\to 0}\frac{\Delta y}{\Delta x}\frac{x_0}{f(x_0)}=f'(x_0)\frac{x_0}{f(x_0)}$。

$y=f(x)$ 在任一点 x 的弹性记为 $\frac{E_y}{E_x}=f'(x)\frac{x}{f(x)}$，并称其为**弹性函数**。

一般来说，$\frac{\Delta y}{y}\approx\frac{E_y}{E_x}\cdot\frac{\Delta x}{x}$，因此函数的弹性 $\frac{E_y}{E_x}$ 反映了自变量相对改变量对相应函数值的相对改变量影响的灵敏程度。即，$\left.\frac{E_y}{E_x}\right|_{x=x_0}$ 表示当自变量在点 $x=$

x_0 处变化 1%时，函数 $f(x)$ 近似地变化$\left.\frac{E_y}{E_x}\right|_{x=x_0}$%，在实际应用问题中解释弹性的具体意义时，略去“近似”二字。

2）需求弹性

设某种商品的需求量 Q，销售价格 p，若需求函数为 $Q=f(p)$在 p_0 处可导，称$\frac{\Delta Q/Q_0}{\Delta p/p_0}$为该商品在 p_0 到 $p_0+\Delta p$ 两点间的**需求弹性**，记为

$$\bar{\eta}(p_0,p_0+\Delta p)=\frac{\Delta Q/Q_0}{\Delta p/p_0}=\frac{\Delta Q}{\Delta p}\cdot\frac{p_0}{Q_0}$$

而极限$\lim\limits_{\Delta p\to 0}\frac{\Delta Q/Q_0}{\Delta p/p_0}=\lim\limits_{\Delta p\to 0}\frac{\Delta Q}{\Delta p}\cdot\frac{p_0}{Q_0}=f'(p_0)\cdot\frac{p_0}{f(p_0)}$，称为该商品在 p_0 处的**需求弹性**，记为 $\eta|_{p=p_0}=\lim\limits_{\Delta p\to 0}\frac{\Delta Q/Q_0}{\Delta p/p_0}=f'(p_0)\cdot\frac{p_0}{f(p_0)}$。

一般地，若需求函数 $Q=f(p)$可导，任意一点的需求弹性为：$f'(p)\cdot\frac{p}{f(p)}$，称其为**需求弹性函数**，记为

$$\eta=f'(p)\cdot\frac{p}{f(p)}$$

一般情况下，$Q=f(p)$是减函数，价格高了，需求量反而会降低，为此 $\eta<0$。另外，$\frac{\Delta Q}{Q}\approx\eta\frac{\Delta p}{p}$，其经济解释为：在销售价格为 p 的基础上，价格上涨 1%，相应的需求量将下降$|\eta|$%。

3）供给弹性

设某种商品的供给量为 Q，供给价格为 p，若供给函数为 $Q=\varphi(p)$在 p_0 处可导，称$\frac{\Delta Q/Q_0}{\Delta p/p_0}$为该商品在 p_0 到 $p_0+\Delta p$ 两点间的供给弹性，记为

$$\bar{\varepsilon}(p_0,p_0+\Delta p)=\frac{\Delta Q/Q_0}{\Delta p/p_0}=\frac{\Delta Q}{\Delta p}\cdot\frac{p_0}{Q_0}$$

而极限$\lim\limits_{\Delta p\to 0}\frac{\Delta Q/Q_0}{\Delta p/p_0}=\lim\limits_{\Delta p\to 0}\frac{\Delta Q}{\Delta p}\cdot\frac{p_0}{Q_0}=\varphi'(p_0)\cdot\frac{p_0}{f(p_0)}$称为该商品在 p_0 处的供给弹性，记为 $\varepsilon|_{p=p_0}=\lim\limits_{\Delta p\to 0}\frac{\Delta Q/Q_0}{\Delta p/p_0}=\varphi'(p_0)\cdot\frac{p_0}{f(p_0)}$。

一般地，若供给函数 $Q=\varphi(p)$可导，任意一点的供给弹性为：$\varphi'(p)\cdot\frac{p}{f(p)}$，称其为供给弹性函数，记为

$$\varepsilon=\varphi'(p)\cdot\frac{p}{f(p)}$$

一般情况下，供给函数 $Q=f(p)$ 是增函数，价格高了，供给量会增加，为此 $\varepsilon<0$。

另外，$\dfrac{\Delta Q}{Q}\approx\varepsilon\dfrac{\Delta p}{p}$，其经济解释为：在供给价格为 p 的基础上，价格上涨 1%，相应的供给量将增加 $|\varepsilon|$%。

1.5.5 典型例题

【例 1】 求极限 $\lim\limits_{x\to 0}\dfrac{\ln\cos 2x-\ln(1+\sin^2 x)}{x^2}$。

解：$\lim\limits_{x\to 0}\dfrac{\ln\cos 2x-\ln(1+\sin^2 x)}{x^2}=\lim\limits_{x\to 0}\dfrac{\dfrac{-2\sin 2x}{\cos 2x}-\dfrac{\sin 2x}{1+\sin^2 x}}{2x}$

$=\lim\limits_{x\to 0}\dfrac{\sin 2x}{2x}\left(\dfrac{-2}{\cos 2x}-\dfrac{1}{1+\sin^2 x}\right)$

$=-3$

【例 2】 求极限 $\lim\limits_{x\to 0}\dfrac{(1-\cos x)[x-\ln(1+\tan x)]}{\sin^4 x}$。

解：$\lim\limits_{x\to 0}\dfrac{(1-\cos x)[x-\ln(1+\tan x)]}{\sin^4 x}=\lim\limits_{x\to 0}\dfrac{\dfrac{1}{2}x^2[x-\ln(1+\tan x)]}{\sin^4 x}$

$=\dfrac{1}{2}\lim\limits_{x\to 0}\dfrac{x^2}{\sin^2 x}\dfrac{x-\ln(1+\tan x)}{\sin^2 x}$

$=\dfrac{1}{2}\lim\limits_{x\to 0}\dfrac{x-\ln(1+\tan x)}{\sin^2 x}$

$=\dfrac{1}{4}$

【例 3】 求极限 $\lim\limits_{x\to 0}\dfrac{\cos x-\mathrm{e}^{-\frac{x^2}{2}}}{x^2[x+\ln(1-x)]}$。

解：$\lim\limits_{x\to 0}\dfrac{\cos x-\mathrm{e}^{-\frac{x^2}{2}}}{x^2[x+\ln(1-x)]}$

$=\lim\limits_{x\to 0}\dfrac{1-\dfrac{x^2}{2}+\dfrac{x^4}{24}-\left[1-\dfrac{x^2}{2}+\dfrac{x^4}{4}\right]+o(x^4)}{x^2\left[x-x-\dfrac{x^2}{2}+o(x^3)\right]}$

$$=\lim_{x\to 0}\frac{-\frac{5x^4}{24}+o(x^4)}{-\frac{x^4}{2}+o(x^5)}$$

$$=\frac{5}{12}$$

【例 4】 证明:当 $0<a<b<\pi$ 时,$b\sin b+2\cos b+\pi b>a\sin a+2\cos a+\pi a$。

证明:令 $f(x)=x\sin x+2\cos x+\pi x$,从而只需证明 $0<a<x<\pi$ 时,$f(x)$ 严格单调递增。

$f'(x)=\sin x+x\cos x-2\sin x+\pi=x\cos x-\sin x+\pi$

$f''(x)=\cos x-x\sin x-\cos x=-x\sin x<0$

故 $f'(x)$ 严格单调减少

又 $f'(\pi)=\pi\cos\pi+\pi=0$

故 $0<a<x<\pi$ 时 $f'(x)>0$,则 $f(x)$ 单调增加(严格),

由 $b>a$,则 $f(b)>f(a)$,得证。

【例 5】 铁路线上 AB 段的距离为 100km,工厂 C 距 A 处为 20km,$AC\perp AB$,为运输需要,要在 AB 段上选定一点 D 向工厂修筑一条公路。已知铁路运费与公路运费之比为 3∶5,为使货物从供应站 B 运到工厂 C 的运费最省,问 D 点应选在何处?

解:设 $AD=x$(km),则 $DB=100-x$。

单位铁路运费为 $3k$,单位公路运费为 $5k$,则总运费 y。

$y=3k\cdot(100-x)+5k\sqrt{20^2+x^2}\quad(0\leqslant x\leqslant 100)$,

因 $y'=-3k+\dfrac{5kx}{\sqrt{400+x^2}}$

因 $y'=0$ 时,$x=15$(km)

比较 $y|_{x=15}=380k$,$y|_{x=0}=400k$,$y|_{x=100}=500k\sqrt{1+\dfrac{1}{5^2}}$

所以当 $AD=15$km 时,总费用最省。

习题 1

1. 设函数 $f(x)$具有 2 阶导数,$g(x)=f(0)(1-x)+f(1)x$,证明在区间上$[0,1]$上有 $f''(x)\geqslant 0$,$f(x)\leqslant g(x)$。

2. 设函数 $f(x)=\begin{cases}\ln\sqrt{x}, & x\geqslant 1\\ 2x-1, & x<1\end{cases}$,$y=f(f(x))$,求$\left.\dfrac{\mathrm{d}y}{\mathrm{d}x}\right|_{x=0}$。

3. 函数 $z=f(x,y)$,满足$\lim\limits_{\substack{x\to 0\\ y\to 0}}\dfrac{f(x,y)-2x+y-2}{\sqrt{x^2+(y-1)^2}}=0$,求 $\mathrm{d}z|_{(0,1)}$。

4. 若曲线 $y=x^3+ax^2+bx+1$ 有拐点$(-1,0)$,求 a,b 的值。

5. 求函数 $f(x)=\dfrac{x-x^3}{\sin\pi x}$的可去间断点。

6. 当 $x\to 0$ 时,$f(x)=x-\sin ax$ 与 $g(x)=x^2\ln(1-bx)g(x)=x^2\ln(1-bx)$是等价无穷小,求 a,b。

7. (1) 证明拉格朗日中值定理。

(2) 证明:若函数 $f(x)$在 $x=0$ 处连续,在$(0,\sigma)$,$(\sigma>0)$内可导,且$\lim\limits_{x\to 0^+}f'(x)=A$,则 $f'_+(0)$存在,且 $f'_+(0)=A$。

8. 已知某企业的总收入函数为 $R=26x-2x^2-4x^3$,总成本函数为 $C=8x+x^2$,其中 x 表示产品的产量。求利润函数,边际收入函数,以及企业获得最大利润时的产量和最大利润。

9. 若 $f(x)=\begin{cases}\dfrac{\sin 2x+\mathrm{e}^{2ax}-1}{x}, & x\neq 0\\ a, & x=0\end{cases}$在$(-\infty,+\infty)$上连续,求 a。

10. 假设:(1) 函数 $y=f(x)(0\leqslant x<\infty)$满足条件 $f(0)=0$ 和 $0\leqslant f(x)\leqslant \mathrm{e}^x-1$;

(2) 平行于 y 轴的动直线 MN 与曲线 $y=f(x)$和 $y=\mathrm{e}^x-1$ 分别交于点 P_1 和 P_2;

(3) 曲线 $y=f(x)$、直线 MN 与 x 轴所围封闭图形的面积 S 恒等于线段 P_1P_2 的长度。

求函数 $f(x)$的表达式。

11. 已知 $z=\arctan\dfrac{x+y}{x-y}$,求 $\mathrm{d}z$。

12. 求下列极限

(1) $\lim\limits_{x\to 1}\dfrac{x^x-1}{x\ln x}$

(2) $\lim\limits_{n\to\infty}\ln\left[\dfrac{n-2na+1}{n(1-2a)}\right]^n\left(a\neq\dfrac{1}{2}\right)$

(3) $\lim\limits_{x\to\infty}\dfrac{3x^2+5}{5x+3}\sin\left(\dfrac{2}{x}\right)$　　(4) $\lim\limits_{x\to 0}(1+xe^x)^{\frac{1}{x}}$

(5) $\lim\limits_{x\to\infty}x\left[\sin\ln\left(1+\dfrac{3}{x}\right)-\sin\ln\left(1+\dfrac{1}{x}\right)\right]$

(6) $\lim\limits_{x\to+\infty}(x+e^x)^{\frac{1}{x}}$　　(7) $\lim\limits_{x\to\infty}\left(\sin\dfrac{1}{x}+\cos\dfrac{1}{x}\right)^x$

(8) $\lim\limits_{x\to 0}(2\sin x+\cos x)^{\frac{1}{x}}$　　(9) $\lim\limits_{x\to 0}\dfrac{e-e^{\cos x}}{\sqrt[3]{1+x^2}-1}$

(10) $\lim\limits_{x\to\infty}\left[x-x^2\ln\left(1+\dfrac{1}{x}\right)\right]$　　(11) $\lim\limits_{x\to 0^+}\dfrac{1-e^{\frac{1}{x}}}{x+e^{\frac{1}{x}}}$

(12) $\lim\limits_{x\to+0}(\cos\sqrt{x})^{\frac{\pi}{x}}$　　(13) $\lim\limits_{x\to 0}\dfrac{e^x-\sin x-1}{1-\sqrt{1-x^2}}$

(14) $\lim\limits_{n\to\infty}(\sqrt{n+3\sqrt{n}}-\sqrt{n-\sqrt{n}})$

(15) $\lim\limits_{x\to-\infty}x(\sqrt{x^2+100}+x)$　　(16) $\lim\limits_{x\to\infty}\left(\dfrac{3+x}{6+x}\right)^{\frac{x-1}{2}}$

(17) $\lim\limits_{x\to 0}\left(\dfrac{1}{\sin^2 x}-\dfrac{\cos^2 x}{x^2}\right)$　　(18) $\lim\limits_{x\to 0}\dfrac{1-\sqrt{1-x^2}}{e^x-\cos x}$

(19) $\lim\limits_{x\to+\infty}(x+\sqrt{1+x^2})^{\frac{1}{x}}$　　(20) $\lim\limits_{x\to\infty}\dfrac{1}{x}\int_0^x(1+t^2)e^{t^2-x^2}\,dt$

13. 已知 $y=f\left(\dfrac{3x-2}{3x+2}\right)$，$f'(x)=\arctan x^2$，求$\left.\dfrac{dy}{dx}\right|_{x=0}$。

14. 某厂家生产的一种产品同时在两个市场销售，售价分别为 p_1 和 p_2，销量分别为 q_1 和 q_2，需求函数分别为 $q_1=24-0.2p_1$ 和 $q_2=10-0.05p_2$，总成本函数为 $c=35+40(q_1+q_2)$，试问：厂家如何确定两个市场的售价，能使其获得的总利润最大？最大总利润为多少？

15. 设(x_0,y_0)是抛物线 $y=ax^2+bx+c$ 上的一点，若在该点的切线过原点，则系数 a,b,c 应满足怎样的关系？

16. 设$\lim\limits_{x\to\infty}\left(\dfrac{x+2a}{x-a}\right)^x=8$，则 $a=$？

17. 证明 $4\arctan x-x+\dfrac{4\pi}{3}-\sqrt{3}=0$ 恰有两实根。

18. 若 $f(-x)=f(x)(-\infty<x<+\infty)$，在$(-\infty,0)$内 $f'(x)>0$，且$f''(x)<0$，证明：在$(0,+\infty)$内有 $f'(x)<0$，$f''(x)<0$。

19. $f(x)=\frac{1}{\pi x}+\frac{1}{\sin\pi x}-\frac{1}{\pi(1-x)}, x\in\left[\frac{1}{2},1\right)$，补充定义 $f(1)$ 使 $f(x)$ 在 $\left[\frac{1}{2},1\right]$ 连续。

20. 设 $p(x)=a+bx+cx^2+dx^3$，当 $x\to 0$ 时，若 $p(x)-\tan x$ 是比 x^3 高阶无穷小，求 a,b,c,d。

21. 设 $f(x)=\ln^{10}x, g(x)=x, h(x)=e^{\frac{x}{10}}$，当 x 充分大时，比较 $f(x),g(x),h(x)$ 的大小。

22. 设函数 $f(x)$ 在 $[0,+\infty]$ 上可导，$f(0)=0$ 且 $\lim\limits_{x\to+\infty}f(x)=2$，证明：存在 $a>0$，使得 $f(a)=1$。

23. 求证：当 $x\geqslant 1$ 时，$\arctan x-\frac{1}{2}\arccos\frac{2x}{1+x^2}=\frac{\pi}{4}$。

24. 设 $f(x)$ 为可导函数，且满足条件 $\lim\limits_{x\to 0}\frac{f(1)-f(1-x)}{2x}=-1$，则计算曲线 $y=f(x)$ 在点 $(1,f(1))$ 处的切线斜率。

25. 求证：方程 $x+p+q\cos x=0$ 恰有一个实根，其中 p,q 为常数，且 $0<q<1$。

26. 证明不等式 $1+x\ln(x+\sqrt{1+x^2})\geqslant\sqrt{1+x^2}$，$(-\infty<x<+\infty)$。

27. 设 $f(t)=\lim\limits_{x\to\infty}t\left(\frac{x+t}{x-t}\right)^t$，求 $f'(t)$。

28. 求方程 $xyz+\sqrt{x^2+y^2+z^2}=\sqrt{2}$ 所确定的函数 $z=(x,y)$ 在点 $(1,0,-1)$ 处的全微分。

29. 设 $f(x)$ 在 $[0,1]$ 上具有二阶导数，且满足条件 $|f(x)|\leqslant a$，$|f''(x)\leqslant b|$，其中 a,b 都是非负常数，c 是 $(0,1)$ 内的任意一点。证明 $|f'(c)|\leqslant 2a+\frac{b}{2}$。

30. 设函数 $f(x)$ 在 $[0,3]$ 上连续，在 $(0,3)$ 内存在二阶导数，且 $2f(0)=\int_0^2 f(x)dx=f(2)+f(3)$。

(1) 证明：存在 $\eta\in(0,2)$，使 $f(\eta)=f(0)$。

(2) 证明：存在 $\xi\in(0,3)$，使 $f''(\xi)=0$。

31. 设 $y=f(\ln x)e^{f(x)}$，其中 f 可微，则 dy 等于多少？

32. 设 $z=(x+e^y)^x$，求 $\left.\frac{\partial z}{\partial x}\right|_{(1,0)}$。

33. 若 $f(x)=\begin{cases}e^2(\sin x+\cos x), & x>0\\ 2x+\alpha, & x\leqslant 0\end{cases}$ 是 $(-\infty,\infty)$ 上连续的函数，求 α。

34. 求函数 $f(x)=\dfrac{|x|^x-1}{x(x+1)\cdot\ln|x|}$ 的可去间断点。

35. 设当 $x>0$ 时，方程 $kx+\dfrac{1}{x}=1$ 有且仅有一个解，求 k 的取值范围。

36. 某养殖场饲养两种鱼，若甲种鱼放养 x（万尾），乙种鱼放养 y（万尾），收获时两种鱼的收获量分别为 $(3-\alpha x-\beta y)x$ 和 $(4-\beta x-2\alpha y)y$，且 $\alpha>\beta>0$。求使产鱼总量最大的放养数。

37. 设函数 $f(x)$ 在 $[a,b]$ 上连续，在 (a,b) 内可导，且 $f'(x)\neq 0$。试证存在 ξ，$\eta\in(a,b)$，使得 $\dfrac{f'(\xi)}{f'(\eta)}=\dfrac{e^b-e^a}{b-a}\cdot e^{-\eta}$。

38. 讨论函数 $y=\dfrac{x}{\ln x}$ 的单调区间、极值、凹凸区间（凹向）、拐点与渐近线。

39. 设 $x_1=10$，$x_{n+1}=\sqrt{6+x_n}$，$(n=1,2,\cdots)$，试证数列 $\{x_n\}$ 极限存在，并求此极限。

40. 在 xOy 坐标平面上，连续曲线 L 过点 $M(1,0)$，其上任意点 $P(x,y)(x\neq 0)$ 处的切线斜率与直线 OP 的斜率之差等于 ax（常数 $a>0$）。

(1) 求 L 的方程；

(2) 当 L 与直线 $y=ax$ 所围成平面图形的面积为 $\dfrac{8}{3}$ 时，确定 a 的值。

第 2 章 一元函数积分学

在微分学中，我们讨论了求已知函数的导数与微分问题。但是，在科学、技术和经济的许多问题中，常常还需要解决相反的问题，也就是要由一个函数的已知导数（或微分），求出这个函数。这种由函数的已知导数（或微分）去求原来的函数的运算，称为不定积分，这是积分学的基本问题之一，本章将讨论一元函数的积分学。

2.1 不定积分

2.1.1 不定积分的概念

1. 不定积分的定义

定义 2.1 如果对任意的 $x\in I$，都有

$$F'(x)=f(x)\text{或 } \mathrm{d}F(x)=f(x)\mathrm{d}x$$

则称 $F(x)$是 $f(x)$的一个原函数。

注 1：如果 $f(x)$有一个原函数，则 $f(x)$就有无穷多个原函数。

设 $F(x)$是 $f(x)$的一个原函数，则$[F(x)+C]'=f(x)$，即 $F(x)+C$ 也为 $f(x)$的原函数，其中 C 为任意常数。

注 2：如果 $F(x)$与 $G(x)$都为 $f(x)$在区间 I 上的原函数，则 $F(x)$与 $G(x)$之间仅差一个常数，即

$$F(x)-G(x)=C\ (C\text{ 为常数})$$

注 3：如果 $F(x)$为 $f(x)$在区间 I 上的一个原函数，则 $F(x)+C$（C 为任意常数）可表达 $f(x)$的任意一个原函数。

定义 2.2 函数 $f(x)$在区间 I 内的全体原函数称为 $f(x)$在该区间内的不定积分，记为

$$\int f(x)\mathrm{d}x$$

其中记号$\int$称为积分号，$f(x)$称为被积函数，$f(x)\mathrm{d}x$ 称为被积表达式，x 称为积分变量。

即
$$\int f(x)\mathrm{d}x = F(x) + C$$

注：不定积分的定义意味着计算函数的不定积分，只需求出它的一个原函数，再加上任意常数 C 就可以了。

2. 不定积分的几何意义

若 $F(x)$是 $f(x)$的一个原函数，则称 $y=F(x)$的图像为 $f(x)$的一条积分曲线。于是，$f(x)$的不定积分 $F(x)+C$ 在几何上表示 $f(x)$的某一条积分曲线沿纵轴方向任意平移所得一组积分曲线组成的曲线族。若在每一条积分曲线 $F(x)+C$ 上横坐标相同的点处作切线，则这些切线互相平行，其斜率都是 $f(x)$，如图 2.1 所示。

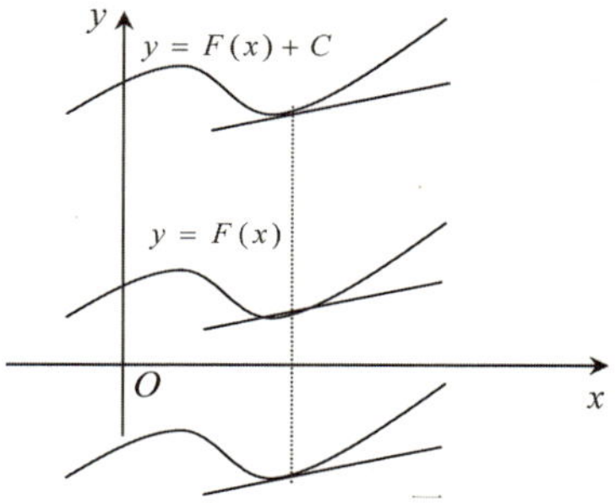

图 2.1

2.1.2 不定积分的性质

性质 1. $\int kf(x)\mathrm{d}x = k\int f(x)\mathrm{d}x \quad (k \text{ 为常数})$

性质 2. $\int (f(x) \pm g(x))\mathrm{d}x = \int f(x)\mathrm{d}x \pm \int g(x)\mathrm{d}x$

性质 3. $(\int f(x)\mathrm{d}x)' = f(x)$，或 $\mathrm{d}(\int f(x)\mathrm{d}x) = f(x)\mathrm{d}x$

性质 4. $\int F'(x)\mathrm{d}x = F(x) + C$，或 $\int \mathrm{d}F(x) = F(x) + C$

2.1.3 基本积分公式

(1) $\int k\,\mathrm{d}x = kx + C \quad (k \text{ 是常数})$

(2) $\int x^u\,\mathrm{d}x = \frac{1}{u+1}x^{u+1} + C \quad (u \neq -1)$

(3) $\int \frac{1}{x}\mathrm{d}x = \ln|x| + C$

(4) $\int a^x\,dx=\frac{1}{\ln a}a^x+C \quad (a>0, a\neq -1)$

(5) $\int e^x\,dx=e^x+C$

(6) $\int \sin x\,dx=-\cos x+C$

(7) $\int \cos x\,dx=\sin x+C$

(8) $\int \frac{1}{\cos^2 x}dx=\int \sec^2 x\,dx=\tan x+C$

(9) $\int \frac{1}{\sin^2 x}dx=\int \csc^2 x\,dx=-\cot x+C$

(10) $\int \frac{1}{\sqrt{1-x^2}}dx=\arcsin x+C$

(11) $\int \frac{1}{1+x^2}dx=\arctan x+C$

(12) $\int \sec x\tan x\,dx=\sec x+C$

(13) $\int \csc x\cot x\,dx=-\csc x+C$

2.1.4 不定积分的计算方法

1. 第一类换元积分法(凑微分法)

$$\begin{aligned}\int f[\varphi(x)]\varphi'(x)\,dx &= \int f[\varphi(x)]d[\varphi(x)] \quad (\text{凑微分})\\ &= \int f(u)\,du \qquad (\text{令 } u=\varphi(x))\\ &= F(u)+C \qquad (\text{积分公式})\\ &= F[\varphi(x)]+C \quad (\text{将 } u=\varphi(x)\text{回代})\end{aligned}$$

该方法称为第一类换元法或凑微分法。

2. 第二类换元积分法

设函数 $f(x)$在某区间 I 上连续,又 $x=\varphi(t)$是单调的可导函数,且 $\varphi'(t)\neq 0$,则有

$$\int f(x)\,dx=\left[\int f[\varphi(t)]\varphi'(t)\,dt\right]_{t=\varphi^{-1}(x)}$$

其中 $t=\varphi^{-1}(x)$是 $x=\varphi(t)$的反函数。

该方法称为第二类换元积分法。

注 1:对于被积函数中含有$\sqrt[n]{ax+b}$的不定积分,可令$\sqrt[n]{ax+b}=t$,即作变换

$x=\frac{1}{a}(t^n-b)$，$(a\neq 0)$，$\mathrm{d}x=\frac{n}{a}t^{n-1}\mathrm{d}t$，以简化计算。

注 2：如果被积函数中含有二次根式$\sqrt{a^2-x^2}$，$\sqrt{a^2+x^2}$，$\sqrt{x^2-a^2}$ $(a>0)$时，通常采用三角函数换元的方法去掉根号：

含$\sqrt{a^2-x^2}$时，设 $x=a\sin t$；

含$\sqrt{a^2+x^2}$时，设 $x=a\tan t$；

含$\sqrt{x^2-a^2}$时，设 $x=a\sec t$。

注 3：在使用三角换元 $x=a\sin t$，$x=a\tan t$，$x=a\sec t$ 时，可作辅助直角三角形如下，然后利用直角三角形的边角关系，即可将积分结果中新变量 t 的三角函数还原为原积分变量 x 的关系式。

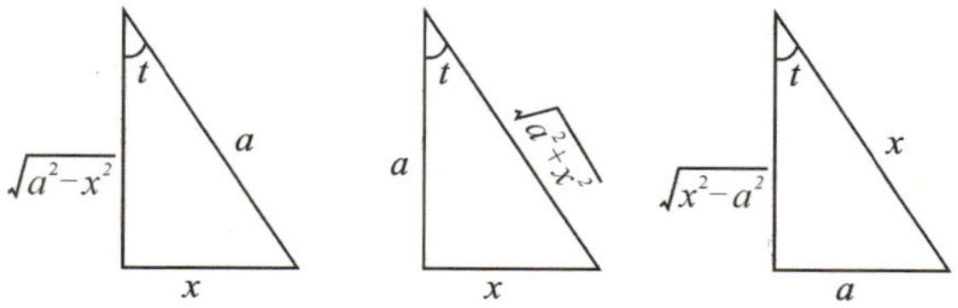

注 4："倒代换"$x=\frac{1}{t}$在使用第二类换元积分法的时候也是一个不错的选择。

3. 分部积分法

设 $u=u(x)$，$v=v(x)$具有连续导数，则由函数求导法则得：$(uv)'=u'v+uv'$，

移项得：$uv'=(uv)'-u'v$，

所以有　$\int u\mathrm{d}v=uv-\int v\mathrm{d}u$，或者$\int uv'\mathrm{d}x=uv-\int u'v\mathrm{d}x$

上述两个式子统称为分部积分公式。

注 1：$v(x)$要容易求，这是使用分部积分公式的前提；$\int v\mathrm{d}u$ 要比$\int u\mathrm{d}v$ 容易求出，这是使用分部积分公式的目的。

注 2：在分部积分法中，u 与 $\mathrm{d}v$ 的选择有一定规律的：**"反对幂指三，谁在前谁做 u"**。

注 3：有时求一个不定积分，需要将换元积分法和分部积分法结合起来反复使用。

2.1.5 有理函数的积分

形如

$$\frac{P(x)}{Q(x)}=\frac{a_0x^n+a_1x^{n-1}+\cdots+a_{n-1}x+a_n}{b_0x^m+b_1x^{m-1}+\cdots+b_{m-1}x+b_m}$$

的表达式称为有理函数。其中 $a_0,a_1,a_2,\cdots,a_n$ 及 $b_0,b_1,b_2,\cdots,b_m$ 为常数，且 $a_0\neq0,b_0\neq0$。

如果分子多项式 $P(x)$ 的次数 n 小于分母多项式 $Q(x)$ 的次数 m，称分式为真分式；反之，称分式为假分式。利用多项式除法可得，假分式可转化为多项式与真分式之和。如：$\frac{x^3+x+1}{x^2+1}=x+\frac{1}{x^2+1}$。因此，我们仅讨论真分式的积分。

根据多项式理论，任一多项式 $Q(x)$ 在实数范围内能分解为一次因式和二次质因式的乘积，即

$$Q(x)=b_0(x-a)^\alpha\cdots(x-b)^\beta(x^2+px+q)^\lambda\cdots(x^2+rx+s)^\mu$$

其中 $p^2-4q<0,\cdots,r^2-4s<0$。

则 $\frac{P(x)}{Q(x)}=\frac{a_0x^n+a_1x^{n-1}+\cdots+a_{n-1}x+a_n}{b_0x^m+b_1x^{m-1}+\cdots+b_{m-1}x+b_m}$ 可分解为

$$\frac{P(x)}{Q(x)}=\frac{A_1}{(x-a)^\alpha}+\frac{A_2}{(x-a)^{\alpha-1}}+\cdots+\frac{A_\alpha}{(x-a)}$$

$$\cdots\ \cdots$$

$$+\frac{B_1}{(x-b)^\beta}+\frac{B_2}{(x-b)^{\beta-1}}+\cdots+\frac{B_\beta}{(x-b)}$$

$$+\frac{M_1x+N_1}{(x^2+px+q)^\lambda}+\frac{M_2x+N_2}{(x^2+px+q)^{\lambda-1}}+\cdots+\frac{M_\lambda x+N_\lambda}{(x^2+px+q)}$$

$$\cdots\ \cdots$$

$$+\frac{R_1x+NS_1}{(x^2+rx+s)^\mu}+\frac{R_2x+S_2}{(x^2+rx+s)^{\mu-1}}+\cdots+\frac{R_\mu x+S_\mu}{(x^2+rx+s)}$$

然后利用不定积分的性质以及其他求解不定积分的方法得出最后的结果。

2.1.6 典型例题

【例 1】 求 $\int\left[\frac{1}{x(1+2\ln x)}+\frac{1}{\sqrt{x}}e^{3\sqrt{x}}\right]dx$。

解：$\int\left[\frac{1}{x(1+2\ln x)}+\frac{1}{\sqrt{x}}e^{3\sqrt{x}}\right]dx=\int\frac{1}{x(1+2\ln x)}dx+\int\frac{1}{\sqrt{x}}e^{3\sqrt{x}}dx$

$=\frac{1}{2}\int\frac{1}{1+2\ln x}d(1+2\ln x)+\frac{2}{3}\int e^{3\sqrt{x}}d3\sqrt{x}$

$=\frac{1}{2}\ln|1+2\ln x|+\frac{2}{3}e^{3\sqrt{x}}+C$

【例 2】 求 $\int\frac{dx}{\sqrt{a^2+x^2}}$　$(a>0)$。

解：令 $x=a\tan t,-\frac{\pi}{2}\leqslant t\leqslant\frac{\pi}{2}$，则 $\sqrt{a^2+x^2}=a\sec t,dx=a\sec^2 t\,dt$，因此有

$\int\frac{dx}{\sqrt{a^2+x^2}}=\int\frac{1}{a\sec t}a\sec^2 t\,dt$

$=\int\sec t\,dt$

$=\ln|\sec t+\tan t|+C$

$=\ln\left|\frac{\sqrt{a^2+x^2}}{a}+\frac{x}{a}\right|+C=\ln|x+\sqrt{x^2+a^2}|+C_1$，其中 $C_1=C-\ln a$。

【例 3】 求 $\int e^x\sin x\,dx$。

解：$\int e^x\sin x\,dx=\int\sin x\,de^x$

$=e^x\sin x-\int e^x\,d\sin x$

$=e^x\sin x-\int e^x\cos x\,dx$

$=e^x\sin x-\int\cos x\,de^x$

$=e^x\sin x-(e^x\cos x-\int e^x\,d\cos x)$

$=e^x\sin x-e^x\cos x-\int e^x\sin x\,dx$

因此得

$$2\int e^x\sin x\,dx=e^x(\sin x-\cos x)$$

即

$$\int e^x\sin x\,dx=\frac{1}{2}e^x(\sin x-\cos x)+C$$

【例 4】 求 $\int\frac{1}{\sin^2\frac{x}{2}\cos^2\frac{x}{2}}dx$。

解：$\int \frac{1}{\sin^2 \frac{x}{2} \cos^2 \frac{x}{2}} dx$

$= 4\int \frac{1}{\sin^2 x} dx$

$= -4\cot x + C$

【例 5】 求 $\int \frac{1}{x^2 - a^2} dx$。

解：$\int \frac{1}{x^2 - a^2} dx = \frac{1}{2a} \int \left(\frac{1}{x-a} - \frac{1}{x+a} \right) dx$

$= \frac{1}{2a} \left[\int \frac{1}{x-a} dx - \int \frac{1}{x+a} dx \right]$

$= \frac{1}{2a} \left[\int \frac{1}{x-a} d(x-a) - \int \frac{1}{x+a} d(x+a) \right]$

$= \frac{1}{2a} [\ln|x-a| - \ln|x+a|] + C$

$= \frac{1}{2a} \ln\left| \frac{x-a}{x+a} \right| + C$

【例 6】 求 $\int \csc x \, dx$。

解：$\int \csc x \, dx = \int \frac{1}{\sin x} dx$

$= \int \frac{1}{2\sin \frac{x}{2} \cos \frac{x}{2}} dx$

$= \int \frac{d \frac{x}{2}}{\tan \frac{x}{2} \cos^2 \frac{x}{2}} = \int \frac{d \tan \frac{x}{2}}{\tan \frac{x}{2}}$

$= \ln\left| \tan \frac{x}{2} \right| + C$

$= \ln|\csc x - \cot x| + C$

【例 7】 求 $\int \frac{dx}{\sqrt{x^2 + a^2}} (a > 0)$。

解：设 $x = a\tan t$，$-\frac{\pi}{2} < t < \frac{\pi}{2}$，那么

$\sqrt{x^2+a^2}=\sqrt{a^2+a^2\tan^2 t}=a\sqrt{1+\tan^2 t}=a\sec t$，$dx=a\sec^2 t\,dt$，于是

$$\int\frac{dx}{\sqrt{x^2+a^2}}=\int\frac{a\sec^2 t}{a\sec t}dt=\int\sec t\,dt=\ln|\sec t+\tan t|+C$$

因为 $\sec t=\dfrac{\sqrt{x^2+a^2}}{a}$，$\tan t=\dfrac{x}{a}$，所以

$$\int\frac{dx}{\sqrt{x^2+a^2}}=\ln|\sec t+\tan t|+C=\ln\left(\frac{x}{a}+\frac{\sqrt{x^2+a^2}}{a}\right)+C=\ln(x+\sqrt{x^2+a^2})+$$

C_1，其中 $C_1=C-\ln a$。

【例 8】 求 $I_n=\displaystyle\int\frac{dx}{(x^2+a^2)^n}$，其中 n 为正整数。

解：$I_1=\displaystyle\int\frac{dx}{x^2+a^2}=\frac{1}{a}\arctan\frac{x}{a}+C$

当 $n>1$ 时，用分部积分法，有

$$\int\frac{dx}{(x^2+a^2)^{n-1}}=\frac{x}{(x^2+a^2)^{n-1}}+2(n-1)\int\frac{x^2}{(x^2+a^2)^n}dx$$

$$=\frac{x}{(x^2+a^2)^{n-1}}+2(n-1)\int\left[\frac{1}{(x^2+a^2)^{n-1}}-\frac{a^2}{(x^2+a^2)^n}\right]dx$$

即　$I_{n-1}=\dfrac{x}{(x^2+a^2)^{n-1}}+2(n-1)(I_{n-1}-a^2I_n)$

于是　$I_n=\dfrac{1}{2a^2(n-1)}\left[\dfrac{x}{(x^2+a^2)^{n-1}}+(2n-3)I_{n-1}\right]$

以此作为递推公式，并由 $I_1=\dfrac{1}{a}\arctan\dfrac{x}{a}+C$ 即可得 I_n。

【例 9】 求 $\displaystyle\int\frac{x-2}{x^2+2x+3}dx$。

解：$$\int\frac{x-2}{x^2+2x+3}dx=\int\left(\frac{1}{2}\frac{2x+2}{x^2+2x+3}-3\frac{1}{x^2+2x+3}\right)dx$$

$$=\frac{1}{2}\int\frac{2x+2}{x^2+2x+3}dx-3\int\frac{1}{x^2+2x+3}dx$$

$$=\frac{1}{2}\int\frac{d(x^2+2x+3)}{x^2+2x+3}-3\int\frac{d(x+1)}{(x+1)^2+(\sqrt{2})^2}$$

$$=\frac{1}{2}\ln(x^2+2x+3)-\frac{3}{\sqrt{2}}\arctan\frac{x+1}{\sqrt{2}}+C$$

【例 10】 求 $\displaystyle\int\frac{1+\sin x}{\sin x(1+\cos x)}dx$。

解：令 $u=\tan\frac{x}{2}$，则 $\sin x=\frac{2u}{1+u^2}$，$\cos x=\frac{1-u^2}{1+u^2}$，$x=2\arctan u$，$\mathrm{d}x=\frac{2}{1+u^2}\mathrm{d}u$。

于是 $$\int\frac{1+\sin x}{\sin x(1+\cos x)}\mathrm{d}x=\int\frac{\left(1+\frac{2u}{1+u^2}\right)}{\frac{2u}{1+u^2}\left(1+\frac{1-u^2}{1+u^2}\right)}\frac{2}{1+u^2}\mathrm{d}u$$

$$=\frac{1}{2}\int\left(u+2+\frac{1}{u}\right)\mathrm{d}u$$

$$=\frac{1}{2}\left(\frac{u^2}{2}+2u+\ln|u|\right)+C$$

$$=\frac{1}{4}\tan^2\frac{x}{2}+\tan\frac{x}{2}+\frac{1}{2}\ln\left|\tan\frac{x}{2}\right|+C$$

2.2 定积分

2.2.1 定积分的概念

1. 定积分的定义

定义 2.3 设函数 $y=f(x)$在区间$[a,b]$上有界，在$[a,b]$中任意插入 $n-1$ 个分点：$a=x_0<x_1<x_2<\cdots<x_n=b$，把区间$[a,b]$分成 n 个小区间 $\Delta x_i=[x_{i-1},x_i](i=1,2,\cdots,n)$。在每一个小区间 Δx_i 上任取一点 ξ_i，做乘积 $f(\xi_i)\cdot\Delta x_i$，求和 $\sum_{i=1}^{n}f(\xi_i)\Delta x_i$，令 $\lambda=\max\{\Delta x_i\}$。如果当 $\lambda\to 0$ 时，无论对$[a,b]$如何划分，也无论 $\xi_i\in\Delta x_i$ 如何选取，$I=\lim_{\lambda\to 0}\sum_{i=1}^{n}f(\xi_i)\Delta x_i$ 总存在而且相等，则称函数 $f(x)$在区间$[a,b]$上是可积的，并称极限值 $I=\lim_{\lambda\to 0}\sum_{i=1}^{n}f(\xi_i)\Delta x_i$ 为 $f(x)$在$[a,b]$上的定积分，记为 $\int_a^b f(x)\mathrm{d}x$。其中，a 与 b 分别叫作积分上限与积分下限，区间$[a,b]$叫作积分区间，函数 $f(x)$叫作被积函数，x 叫作积分变量，$f(x)\mathrm{d}x$叫作被积表达式。

注 1：闭区间上的连续函数是可积的；闭区间上只有有限个间断点的有界函数也是可积的。

注 2：定积分是一个确定的常数，它取决于被积函数 $f(x)$和积分区间$[a,b]$，而与积分变量所用的字母的选取无关，即有 $\int_a^b f(x)\mathrm{d}x=\int_a^b f(t)\mathrm{d}t=$

$\int_a^b f(u)\mathrm{d}u$ 。

注 3:在定积分的定义中,有 $a<b$,为了今后计算方便,我们规定:

$$\int_b^a f(x)\mathrm{d}x=-\int_a^b f(x)\mathrm{d}x。$$

注 4:由定积分的定义,显然有 $\int_a^a f(x)\mathrm{d}x=0$。

2. 定积分的几何意义

设 $f(x)$ 是 $[a,b]$ 上的连续函数,由曲线 $y=f(x)$ 及直线 $x=a,x=b,y=0$ 所围成的曲边梯形的面积记为 A。则定积分有如下几何意义:

(1) 当 $f(x)\geqslant 0$ 时,$\int_a^b f(x)\mathrm{d}x=A$;

(2) 当 $f(x)\leqslant 0$ 时,$\int_a^b f(x)\mathrm{d}x=-A$;

(3) 如果 $f(x)$ 在 $[a,b]$ 上有时取正值,有时取负值时,那么以 $[a,b]$ 为底边,以曲线 $y=f(x)$ 为曲边的曲边梯形可分成几个部分,使得每一部分都位于 x 轴的上方或下方。这时定积分在几何上表示上述这些部分曲边梯形面积的代数和。

2.2.2　定积分的性质

性质 1. $\int_a^b [f(x)\pm g(x)]\mathrm{d}x=\int_a^b f(x)\mathrm{d}x\pm\int_a^b g(x)\mathrm{d}x$。

性质 2. $\int_a^b kf(x)\mathrm{d}x=k\int_a^b f(x)\mathrm{d}x$。

性质 3.(区间可加性) 设任意的实数 a,b,c,有

$$\int_a^b f(x)\mathrm{d}x=\int_a^c f(x)\mathrm{d}x+\int_c^b f(x)\mathrm{d}x。$$

性质 4. $\int_a^b 1\mathrm{d}x=\int_a^b \mathrm{d}x=b-a$。

性质 5.(比较性质) 如果在区间 $[a,b]$ 上有 $f(x)\geqslant 0$,则 $\int_a^b f(x)\mathrm{d}x\geqslant 0$。

推论 1. 如果在区间 $[a,b]$ 上有 $f(x)\geqslant g(x)$,则 $\int_a^b f(x)\mathrm{d}x\geqslant\int_a^b g(x)\mathrm{d}x$。

推论 2. $\left|\int_a^b f(x)\mathrm{d}x\right|\leqslant\int_a^b |f(x)|\mathrm{d}x$。

性质 6.(估值定理) 设 M,m 分别是函数 $f(x)$ 在区间 $[a,b]$ 上的最大值与最小值,则

$$m(b-a)\leqslant\int_a^b f(x)\mathrm{d}x\leqslant M(b-a)$$

性质 7.(积分中值定理)如 $f(x)$在区间$[a,b]$上连续,则在$[a,b]$上至少有一点 ξ,使得

$$\int_a^b f(x)\mathrm{d}x=f(\xi)(b-a)$$

证明:因为 $f(x)$在区间$[a,b]$上连续,所以 $f(x)$必可在区间$[a,b]$上取到最小值 m 及最大值M。由性质 6,有:$m(b-a)\leqslant\int_a^b f(x)\mathrm{d}x\leqslant M(b-a)$

上式两边同除以 $b-a$ 得:

$$m\leqslant\frac{1}{b-a}\int_a^b f(x)\mathrm{d}x\leqslant M$$

所以,由闭区间上连续函数的介值定理,得

在$[a,b]$上至少有一点 ξ,使得 $f(\xi)=\dfrac{1}{b-a}\displaystyle\int_a^b f(x)\mathrm{d}x$,

即,$\int_a^b f(x)\mathrm{d}x=f(\xi)(b-a)$。

注 1:积分中值定理的几何意义是:在$[a,b]$上至少有一点 ξ,使得以曲线 $y=f(x)$为顶、以$[a,b]$为底的曲边梯形的面积等于同底而高为 $f(\xi)$的矩形的面积(见图 2.2)。

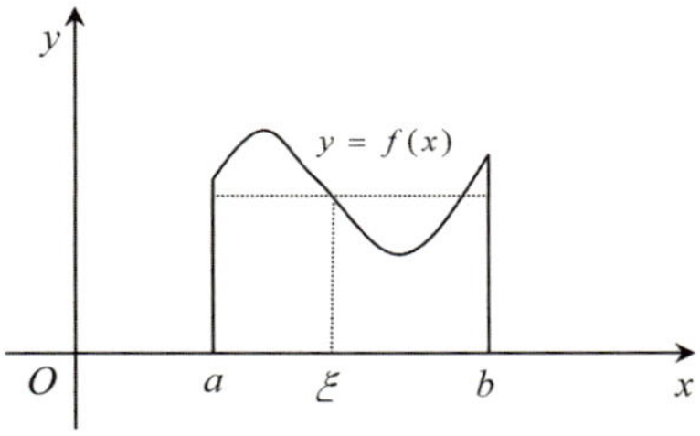

图 2.2

注 2:称$\dfrac{1}{b-a}\displaystyle\int_a^b f(x)\mathrm{d}x$ 为函数 $f(x)$在区间$[a,b]$上的**积分平均值**。

注 3:**(推广的积分中值定理)**设 $f(x)$,$g(x)$在区间$[a,b]$上连续,且 $g(x)$在区间$[a,b]$上不变号,则在$[a,b]$上至少有一点 ξ,使得

$$\int_a^b f(x)g(x)\mathrm{d}x=f(\xi)\int_a^b g(x)\mathrm{d}x$$

性质 8.(对称区间上奇偶函数的积分性质)设 $f(x)$ 在对称区间$[-a,a]$上连续,则有

(1) 如果 $f(x)$ 为奇函数,则$\int_{-a}^a f(x)\mathrm{d}x=0$;

(2) 如果 $f(x)$ 为偶函数，则 $\int_{-a}^{a} f(x)\mathrm{d}x = 2\int_{0}^{a} f(x)\mathrm{d}x$。

注：本性质可简单概括为“奇零偶倍”。

2.2.3　微积分学基本定理

1. 积分上限函数

定义 2.4　设函数 $f(x)$ 在区间 $[a,b]$ 上连续，对于任意 $x \in [a,b]$，$f(x)$ 在区间 $[a,x]$ 上也连续，所以函数 $f(x)$ 在 $[a,x]$ 上也可积。显然对于 $[a,b]$ 上的每一个 x 的取值，都有唯一对应的定积分 $\int_{a}^{x} f(t)\mathrm{d}t$ 与 x 相对应，因此 $\int_{a}^{x} f(t)\mathrm{d}t$ 是定义在 $[a,b]$ 上的函数。记为

$$p(x) = \int_{a}^{x} f(t)\mathrm{d}t, x \in [a,b]。$$

称 $p(x)$ 叫做变上限定积分，或者称为积分上限函数。

定理 2.1（原函数存在性定理）　如果函数 $f(x)$ 在区间 $[a,b]$ 上连续，则积分上限函数 $p(x)$ 在区间 $[a,b]$ 上具有导数，且 $p'(x) = \frac{\mathrm{d}}{\mathrm{d}x}\int_{a}^{x} f(t)\mathrm{d}t = f(x)$，$x \in (a,b)$。即，$p(x)$ 是 $f(x)$ 在区间 $[a,b]$ 上的一个原函数。

证明：给定函数 $p(x)$ 的自变量 x 的改变量 Δx，函数 $p(x)$ 有相应的改变量 Δp。则

$$\Delta p = p(x+\Delta x) - p(x) = \int_{a}^{x+\Delta x} f(t)\mathrm{d}t - \int_{a}^{x} f(t)\mathrm{d}t = \int_{x}^{x+\Delta x} f(t)\mathrm{d}t$$

由定积分的中值定理，存在 ξ 介于 x 与 $x+\Delta x$ 之间，使 $\int_{x}^{x+\Delta x} f(t)\mathrm{d}t = f(\xi)\Delta x$ 成立。

故有

$$p'(x) = \lim_{\Delta x \to 0} \frac{\Delta p}{\Delta x} = \lim_{\Delta x \to 0} \frac{f(\xi)\Delta x}{\Delta x} = \lim_{\Delta x \to 0} f(\xi) = \lim_{\xi \to x} f(\xi) \xlongequal{f(x)\text{连续}} f(x)$$

推论：设 $f(x)$ 为连续函数，且存在复合 $f[\varphi(x)]$ 与 $f[\psi(x)]$，其中 $\varphi(x)$ 与 $\psi(x)$ 均为可导函数，则有

$$\frac{\mathrm{d}}{\mathrm{d}x}\int_{\psi(x)}^{\varphi(x)} f(t)\mathrm{d}t = f[\varphi(x)]\varphi'(x) - f[\psi(x)]\psi'(x)$$

2. 牛顿-莱布尼兹公式（微积分基本公式）

定理 2.2　如果函数 $f(x)$ 在区间 $[a,b]$ 上连续，且 $F(x)$ 是 $f(x)$ 的任意一个原函数，则

$$\int_{a}^{b} f(x)\mathrm{d}x = F(b) - F(a)$$

牛顿-莱布尼兹公式，简称 N－L 公式，揭示了定积分与被积函数的原函数之间的内在联系，它把求定积分的问题转化为求原函数的问题，或者说转化为求 $f(x)$ 的不定积分。从而，如果求连续函数 $f(x)$ 在 $[a,b]$ 上的定积分，只需要求出 $f(x)$ 在区间 $[a,b]$ 上的一个原函数 $F(x)$，然后计算 $F(b)-F(a)$ 就可以了。

2.2.4 定积分的积分方法

1. 定积分的换元积分法

定理 2.3 设函数 $y=f(x)$ 在 $[a,b]$ 上连续，且满足条件：

(1) $x=\varphi(t)$ 在 $[\alpha,\beta]$ 或 $[\beta,\alpha]$ 上是单调且有连续导数 $\varphi'(t)$；

(2) 当 t 在 $[\alpha,\beta]$ 或 $[\beta,\alpha]$ 上变化时，x 在 $[a,b]$ 上变化；

(3) $\varphi(\alpha)=a,\varphi(\beta)=b$。

则有：$\int_a^b f(x)\mathrm{d}x=\int_\alpha^\beta f[\varphi(t)]\varphi'(t)\mathrm{d}t$。

上述公式称为定积分的换元积分公式。

注 1：从左到右应用公式，相当于不定积分的第二换元法。计算时，用 $x=\varphi(t)$ 把原积分变量 x 换成新变量 $\varphi(t)$，积分限也必须由原来的积分限 a 和 b 相应地换为新变量 t 的积分限 α 和 β，而不必代回原来的变量 x，因为这次换元必须换积分限。

注 2：从右到左应用公式，相当于不定积分的第一换元法(凑微分法)。一般不用设出新的积分变量，这时，原积分的上、下限不需改变，只需求出被积函数的一个原函数，就可以直接利用牛顿-莱布尼兹公式求出定积分的值。

注 3：设函数 $f(x)$ 是以 T 为周期的函数，则

$$\int_a^{a+T} f(x)\mathrm{d}x=\int_0^T f(x)\mathrm{d}x \text{（结果与 } a \text{ 无关）}$$

注 4：两个重要的结论：

(1) $\int_0^{\frac{\pi}{2}} f(\sin x,\cos x)\mathrm{d}x=\int_0^{\frac{\pi}{2}} f(\cos x,\sin x)\mathrm{d}x$；

(2) $\int_0^{\pi} x f(\sin x)\mathrm{d}x=\frac{\pi}{2}\int_0^{\pi} f(\sin x)\mathrm{d}x$。

2. 定积分的分部积分法

定理 2.4 若 $u(x),v(x)$ 在 $[a,b]$ 上有连续的导数，则

$$\int_a^b u(x)v'(x)\mathrm{d}x=u(x)v(x)\Big|_a^b-\int_a^b v(x)u'(x)\mathrm{d}x$$

上述公式称为定积分的分部积分公式。其中，选取 $u(x)$ 的方式、方法与不定积分的分部积分法完全一样。

2.2.5　定积分的应用

1. 定积分的微元法

定义 2.5　一般说来，用定积分解决实际问题时，比如求量 U，通常按以下步骤来进行：

(1) 确定积分变量 x，并求出量 U 所依赖的区间 $[a,b]$；

(2) 在区间 $[a,b]$ 上任取一个小区间 $[x,x+\mathrm{d}x]$，并在小区间上找出所求量 U 的元素 $\mathrm{d}F=f(x)\mathrm{d}x$；

(3) 以求量 U 的元素为被积表达式，以量 U 所依赖的区间 $[a,b]$ 为积分区间，写出所求量 U 的积分表达式 $F=\int_a^b f(x)\mathrm{d}x$，然后计算它的值。

利用定积分按上述步骤解决实际问题的方法叫做**定积分的微元法**。

2. 定积分求平面图形的面积

(1) **以 x 为积分变量**：一般地，若函数 $f_1(x)$ 和 $f_2(x)$ 在 $[a,b]$ 上连续且总有 $f_1(x)\leqslant f_2(x)$，则由两条连续曲线 $y=f_1(x)$，$y=f_2(x)$ 与两条直线 $x=a$，$x=b$ 所围的平面图形如图 2.3 所示：

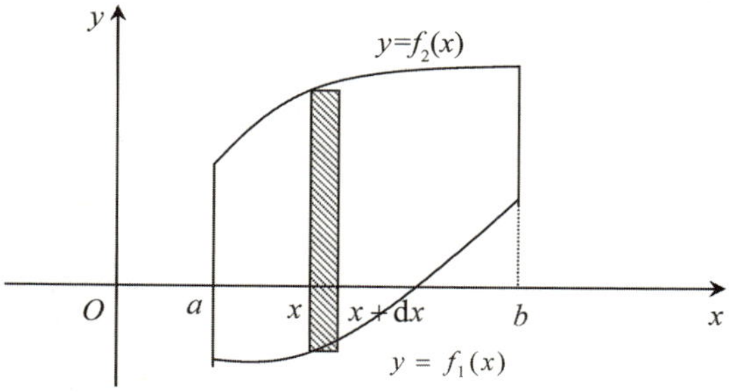

图 2.3

其面积元素为

$$\mathrm{d}A=[f_2(x)-f_1(x)]\mathrm{d}x$$

所以所围平面图形的面积是

$$A=\int_a^b[f_2(x)-f_1(x)]\mathrm{d}x$$

(2) **以 y 为积分变量**：求由两条曲线 $x=\psi(y)$，$x=\varphi(y)$，$(\psi(y)\leqslant\varphi(y))$ 及直线 $y=c$，$y=d$ 所围成平面图形（见图 2.4）：

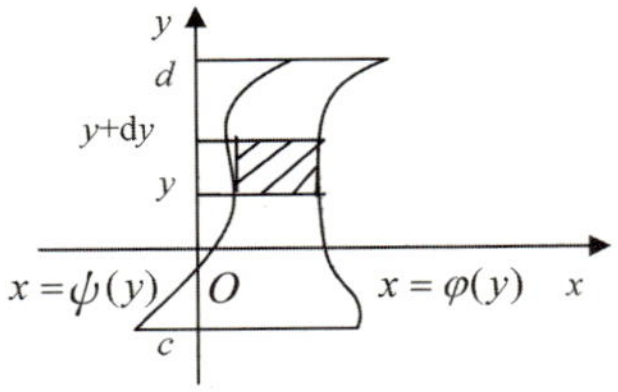

图 2.4

这里取 y 为积分变量，$y \in [c, d]$，用类似（1）的方法可以推出：

$$A = \int_c^d [\varphi(y) - \psi(y)] \mathrm{d}y$$

3. 定积分求体积

1）平行截面面积为已知的立体体积

某立体夹在两平面 $x = a, x = b (a < b)$ 之间，如图 2.5 所示。

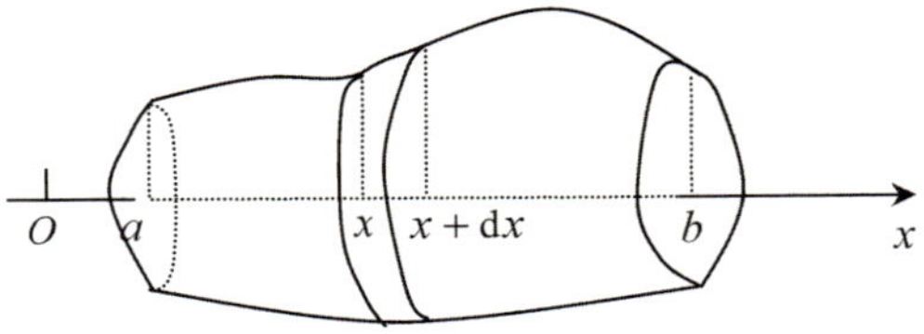

图 2.5

以 $A(x)$ 表示过点 $x (a < x < b)$，且垂直于 x 轴的截面面积。若 $A(x)$ 为已知的连续函数，则相应于$[a, b]$的任一子区间$[x, x + \mathrm{d}x]$上的薄片的体积近似于底面积为 $A(x)$，高为 $\mathrm{d}x$ 的柱体体积。从而得这立体的体积元素

$$\mathrm{d}V = A(x) \mathrm{d}x$$

所求体积为

$$V = \int_a^b A(x) \mathrm{d}x$$

2）旋转体的体积

某平面图形绕所在平面内的一条直线旋转而成的立体称为**旋转体**。

设旋转体是由连续曲线 $y = f(x)$ $(f(x) \geqslant 0)$ 和直线 $x = a, x = b$ 及 x 轴所围成的曲边梯形绕 x 轴旋转一周而成。

取 x 为积分变量，它的变化区间为$[a, b]$，在$[a, b]$上任取一小区间$[x, x + \mathrm{d}x]$，相应薄片的体积近似于以 $f(x)$ 为底面圆半径，$\mathrm{d}x$ 为高的小圆柱体的体积，从而得到体积元素为

$$\mathrm{d}V = \pi [f(x)]^2 \mathrm{d}x$$

于是，所求旋转体体积为：

$$V_x=\pi\int_a^b[f(x)]^2\mathrm{d}x$$

类似地，由曲线 $x=\varphi(y)$ 和直线 $y=c$，$y=d$ 及 y 轴所围成的曲边梯形绕 y 轴旋转一周而成，所得旋转体的体积为

$$V_y=\pi\int_c^d[\varphi(y)]^2\mathrm{d}y$$

4. 定积分在经济中的应用

在前面章节，我们研究了导数在经济问题的应用，可以对经济函数进行边际分析和弹性分析，但在实际中往往还要涉及已知边际函数或弹性函数，来求原函数的问题，就需要利用定积分或不定积分来完成，根据导数与积分的关系有：

(1) 已知边际成本 $MC(Q)$，求总成本 $C(Q)$。

有 $C(Q)=\int_0^Q MC(x)\mathrm{d}x+C(0)$，其中 $C(0)$ 是固定成本，一般不为零。

(2) 已知边际收益 $MR(Q)$，求总收益 $R(Q)$。

有 $R(Q)=\int_0^Q MR(x)\mathrm{d}x+R(0)=\int_0^Q MR(x)\mathrm{d}x$。其中 $R(0)=0$ 被称为自然条件，意指当销售量为 0 时，自然收益为 0。

2.2.6 典型例题

【例 1】 求 $\lim\limits_{n\to\infty}\int_n^{n+1}x^2\mathrm{e}^{-x^2}\mathrm{d}x$。

解：$\lim\limits_{n\to\infty}\int_n^{n+1}x^2\mathrm{e}^{-x^2}\mathrm{d}x=\lim\limits_{\xi\to+\infty}\xi^2\mathrm{e}^{-\xi^2}=\lim\limits_{\xi\to+\infty}\dfrac{\xi^2}{\mathrm{e}^{\xi^2}}=\lim\limits_{\xi\to+\infty}\dfrac{2\xi}{2\xi\,\mathrm{e}^{\xi^2}}=0$

【例 2】 求 $\lim\limits_{x\to+\infty}\dfrac{\int_0^x\arctan t\,\mathrm{d}t}{\sqrt{1+x^2}}$。

解：$\lim\limits_{x\to+\infty}\dfrac{\int_0^x\arctan t\,\mathrm{d}t}{\sqrt{1+x^2}}=\lim\limits_{x\to 0}\dfrac{\arctan^2 x}{\dfrac{x}{\sqrt{1+x^2}}}=\dfrac{\pi^2}{4}$

【例 3】 假设对于所有的实数 x，连续函数满足方程

$\int_0^x f(t)\mathrm{d}t=\int_x^1 t^2 f(t)\mathrm{d}t+\dfrac{x^2}{2}+C$，求 $f(x)$ 及常数 C。

解：方程两边对 x 求导：

$f(x)=-x^2f(x)+x\Rightarrow f(x)=\dfrac{x}{1+x^2}$

在原方程中，令 $x=1$，则$\int_0^1 f(t)\mathrm{d}t=\frac{1}{2}+C$，

所以 $C=\int_0^1 \frac{x}{1+x^2}\mathrm{d}x-\frac{1}{2}=\frac{\ln 2-1}{2}$。

【例 4】 设 $f(x)$ 在$[a,b]$上连续，在(a,b)内可导，且 $f'(x)\leqslant 0$，$F(x)=\frac{1}{x-a}\int_a^x f(t)\mathrm{d}t$。试证：$F'(x)\leqslant 0$，$x\in(a,b)$。

证明：$F'(x)=\dfrac{f(x)(x-a)-\int_a^x f(t)\mathrm{d}t}{(x-a)^2}$ (1)

上式(1)中的分子$=f(x)(x-a)-f(\xi)(x-a)=[f(x)-f(\xi)](x-a)$

又因为 $f'(x)\leqslant 0$，所以 $f(x)$ 在$[a,b]$上单调减少，故 $f(\xi)\geqslant f(x)$，

所以，$F'(x)\leqslant 0$，$x\in(a,b)$。

【例 5】 设函数 $f(x)$ 在$[0,1]$上可微分，$0<f'(x)<1$，$f(0)=0$。

证明：$\left(\int_0^1 f(x)\mathrm{d}x\right)^2>\int_0^1 f^3(x)\mathrm{d}x$

证明：令 $F(x)=\left(\int_0^x f(t)\mathrm{d}t\right)^2>\int_0^t f^3(t)\mathrm{d}t$，$x\in[0,1]$，则

$F'(x)=2\left(\int_0^x f(t)\mathrm{d}t\right)\cdot f(x)-f^3(x)=f(x)\left[2\int_0^x f(t)\mathrm{d}t-f^2(x)\right]$，$x\in(0,1)$

注意到，由 $0<f'(x)$，$f(0)=0$，知 $f(x)>f(0)=0$。

又令

$g(x)=2\int_0^x f(t)\mathrm{d}t-f^2(x)$，$x\in[0,1]$，

因为 $g'(x)=2f(x)-2f(x)f'(x)=2f(x)[1-f'(x)]$，$x\in(0,1)$

故 $g(x)>g(0)=0$，$x\in(0,1)$，

所以 $F'(x)>0$，$x\in(0,1)$，因此 $F(x)$ 在$[0,1]$上单调增加，$F(1)>F(0)=0$。即$\left(\int_0^1 f(x)\mathrm{d}x\right)^2-\int_0^1 f^3(x)\mathrm{d}x>0$。

也就是说，$\left(\int_0^1 f(x)\mathrm{d}x\right)^2>\int_0^1 f^3(x)\mathrm{d}x$。

【例 6】 证明一个重要的递推公式

$I_n=\int_0^{\frac{\pi}{2}}\sin^n x\,\mathrm{d}x\ (=\int_0^{\frac{\pi}{2}}\cos^n x\,\mathrm{d}x)$

$$=\begin{cases}\dfrac{n-1}{n}\cdot\dfrac{n-3}{n-2}\cdots\dfrac{3}{4}\cdot\dfrac{1}{2}\cdot\dfrac{\pi}{2}, n\text{ 为偶}\\ \dfrac{n-1}{n}\cdot\dfrac{n-3}{n-2}\cdots\dfrac{4}{5}\cdot\dfrac{2}{3}, n\text{ 为奇}\end{cases}\quad(n\geqslant 2)$$

证明：$I_n=\int_0^{\frac{\pi}{2}}\sin^n x\,\mathrm{d}x=-\int_0^{\frac{\pi}{2}}\sin^{n-1}x\,\mathrm{d}\cos x$

$$=-\sin^{n-1}x\cdot\cos x\,\Big|_0^{\frac{\pi}{2}}+\int_0^{\frac{\pi}{2}}\cos x\,\mathrm{d}(\sin^{n-1}x)$$

$$=(n-1)\int_0^{\frac{\pi}{2}}\cos x\ \sin^{n-2}x\cos x\,\mathrm{d}x$$

$$=(n-1)\int_0^{\frac{\pi}{2}}\sin^{n-2}x(1-\cos^2 x)\,\mathrm{d}x$$

$$=(n-1)I_{n-2}-(n-1)I_n$$

所以，$I_n=\dfrac{n-1}{n}I_{n-2}$

故 $I_n=\dfrac{n-1}{n}I_{n-2}=\dfrac{n-1}{n}\cdot\dfrac{n-3}{n-2}\cdot I_{n-4}=\cdots=\dfrac{n-1}{n}\cdot\dfrac{n-3}{n-2}\cdot\cdots\cdot\dfrac{1}{2}I_0$（$n$ 为偶）

而 $I_0=\int_0^{\frac{\pi}{2}}\sin^0 x\,\mathrm{d}x=\dfrac{\pi}{2}$

$I_n=\dfrac{n-1}{n}I_{n-2}=\dfrac{n-1}{n}\cdot\dfrac{n-3}{n-2}\cdot I_{n-4}=\cdots=\dfrac{n-1}{n}\cdot\dfrac{n-3}{n-2}\cdot\cdots\cdot\dfrac{2}{3}I_1$（$n$ 为奇）

而 $I_1=\int_0^{\frac{\pi}{2}}\sin^1 x\,\mathrm{d}x=-\cos x\,\Big|_0^{\frac{\pi}{2}}=1$

所以：$I_n=\begin{cases}\dfrac{n-1}{n}\cdot\dfrac{n-3}{n-2}\cdots\dfrac{3}{4}\cdot\dfrac{1}{2}\cdot\dfrac{\pi}{2}, n\text{ 为偶}\\ \dfrac{n-1}{n}\cdot\dfrac{n-3}{n-2}\cdots\dfrac{4}{5}\cdot\dfrac{2}{3}, n\text{ 为奇}\end{cases}\quad(n\geqslant 2)$

【例 7】　求 $\int_0^{\frac{\pi}{2}}\dfrac{\sin x}{\sin x+\cos x}\mathrm{d}x$。

解：$\int_0^{\frac{\pi}{2}}\dfrac{\sin x}{\sin x+\cos x}\mathrm{d}x=\dfrac{1}{2}\left[\int_0^{\frac{\pi}{2}}\dfrac{\sin x+\cos x}{\sin x+\cos x}\mathrm{d}x\right]=\dfrac{\pi}{4}$。

$\left[\int_0^{\frac{\pi}{2}}f(\sin x,\cos)\mathrm{d}x=\int_0^{\frac{\pi}{2}}f(\cos x,\sin x)\mathrm{d}x\quad\left(\text{令 } x=\dfrac{\pi}{2}-t\text{ 即可}\right)\right]$

【例 8】　设函数 $y=f(x)$ 在$[0,1]$上具有三阶连续导数，且有 $f'(0)=1$，

$f'(1)=2, f(0)=f(1)=0$，求$\int_0^1 f(x)f'''(x)\mathrm{d}x$。

解：$\int_0^1 f(x)f'''(x)\mathrm{d}x=\int_0^1 f(x)\mathrm{d}f''(x)$

$=f(x)f''(x)\Big|_0^1-\int_0^1 f''(x)f'(x)\mathrm{d}x$

$=-\int_0^1 f'(x)\mathrm{d}f'(x)=-\dfrac{[f'(x)]^2}{2}\Big|_0^1=-\dfrac{3}{2}$。

【例9】 求曲线$y=\sqrt{x}$的一条切线L，使该曲线与切线L及直线$x=0, x=2$围成的平面图形的面积最小。

解：设$y=\sqrt{x}$上任意一点$M(t,\sqrt{t})$，则过M点的切线方程为

$y-\sqrt{t}=\dfrac{1}{2\sqrt{t}}(x-t)$，即$y=\dfrac{x+t}{2\sqrt{t}}$。

则$A(t)=\int_0^2\left(\dfrac{x+t}{2\sqrt{t}}-\sqrt{x}\right)\mathrm{d}x=\dfrac{1}{\sqrt{t}}+\sqrt{t}-\dfrac{4\sqrt{2}}{3}$

令$A'(t)=-\dfrac{1}{2t\sqrt{t}}+\dfrac{1}{2\sqrt{t}}=\dfrac{t-1}{2t\sqrt{t}}=0$，得$t=1$。

当$0<t<1$时，$A'(t)<0$；当$t>1$时，$A'(t)>0$。所以，当$t=1$时，$A(t)$为最小值。

此时，所求切线方程为$y=\dfrac{x}{2}+\dfrac{1}{2}$

【例10】 设抛物线$y=ax^2+bx+c$过原点，当$0\leqslant x\leqslant 1$时，$y\geqslant 0$。又已知该抛物线与x轴及直线$x=1$所围图形的面积为$\dfrac{1}{3}$，确定a,b,c，使此图形绕x轴旋转一周而成的旋转体的体积最小。

解：抛物线过原点，则$c=0$。又由题意，有

$A=\int_0^1(ax^2+bx+c)\mathrm{d}x=\dfrac{a}{3}+\dfrac{b}{2}=\dfrac{1}{3}$，即$b=\dfrac{2}{3}(1-a)$。

$$V=\pi\int_0^1(ax^2+bx)^2\mathrm{d}x=\pi\left(\frac{a^2}{5}+\frac{ab}{2}+\frac{b^2}{3}\right)=\pi\left[\frac{a^2}{5}+\frac{a(1-a)}{3}+\frac{4}{27}(1-a)^2\right]$$

令$\dfrac{\mathrm{d}V}{\mathrm{d}a}=\pi\left[\dfrac{2}{5}a+\dfrac{1}{3}(1-2a)+\dfrac{8}{27}(a-1)\right]=\dfrac{4}{135}\left(a+\dfrac{5}{4}\right)=0$，得$a=-\dfrac{5}{4}$。

当$a<-\dfrac{5}{4}$时，$\dfrac{\mathrm{d}V}{\mathrm{d}a}<0$；当$a>-\dfrac{5}{4}$时，$\dfrac{\mathrm{d}V}{\mathrm{d}a}>0$。所以，$a=-\dfrac{5}{4}$是唯一的极小值点。

所以，$a=-\dfrac{5}{4}$，$b=\dfrac{3}{2}$，$c=0$，旋转体的体积最小。

【例 11】　证明：若函数 $f(x)$，$g(x)$ 在区间 $[a,b]$ 上都可积，则有柯西不等式

$$\left|\int_a^b f(x)g(x)\mathrm{d}x\right| \leqslant \sqrt{\int_a^b f^2(x)\mathrm{d}x}\sqrt{\int_a^b g^2(x)\mathrm{d}x}$$

证明：令 $F(t)=\int_a^b [f(x)+tg(x)]^2\mathrm{d}x$，$t\in(-\infty,+\infty)$，则

$$0\leqslant F(t)=t^2\int_a^b g^2(x)\mathrm{d}x+2t\int_a^b f(x)g(x)\mathrm{d}x+\int_a^b f^2(x)\mathrm{d}x$$

所以，$0\leqslant\Delta=4\left[\int_a^b f(x)g(x)\mathrm{d}x\right]^2-4\left[\int_a^b f^2(x)\mathrm{d}x\right]\cdot\left[\int_a^b g^2(x)\mathrm{d}x\right]$

即：$\left[\int_a^b f(x)g(x)\mathrm{d}x\right]^2\leqslant\left[\int_a^b f^2(x)\mathrm{d}x\right]\cdot\left[\int_a^b g^2(x)\mathrm{d}x\right]$。

也就是 $\left|\int_a^b f(x)g(x)\mathrm{d}x\right|\leqslant\sqrt{\int_a^b f^2(x)\mathrm{d}x}\sqrt{\int_a^b g^2(x)\mathrm{d}x}$。

【例 12】　设函数 $f(x)$ 在区间 $[0,+\infty)$ 上连续，若 $f(x)$ 是非负的增函数，证明函数

$$F(x)=\begin{cases}\dfrac{1}{x}\displaystyle\int_0^x tf(t)\mathrm{d}t, & x\neq 0\\ 0, & x=0\end{cases}$$

在区间 $[0,+\infty)$ 也是非负的增函数。

证明：首先，在 $x=0$ 处，

因为 $\lim\limits_{x\to0^+}F(x)=\lim\limits_{x\to0^+}\dfrac{\int_0^x tf(t)\mathrm{d}t}{x}=\lim\limits_{\xi\to0^+}\dfrac{\xi f(\xi)\cdot x}{x}=0=F(0)$，故 $F(x)$ 在 $x=0$ 处右连续。

其次，当 $x\in(0,+\infty)$ 时，

$$F'(x)=\left(-\frac{1}{x^2}\right)\int_0^x tf(t)\mathrm{d}t+\frac{1}{x}(xf(x))=\frac{x^2f(x)-\int_0^x tf(t)\mathrm{d}t}{x^2}$$（由积分中值定理）

$$=\frac{x^2f(x)-\xi f(\xi)\cdot x}{x^2}=f(x)-\frac{\xi}{x}f(\xi)\quad\left(0<\xi<x\Rightarrow\frac{\xi}{x}<1\right)\qquad(1)$$

因为 $0<\xi<x$，且 $f(x)$ 是非负的增函数，故

$$F'(x)=f(x)-\frac{\xi}{x}f(\xi)>f(x)-1\cdot f(x)=0\quad x\in(0,+\infty)\qquad(2)$$

(2) 式表明 $F(x)$ 在区间$[0,+\infty)$ 也是增函数。

又,当 $x\in(0,+\infty)$ 时,有 $F(x)>F(0)=0$。

所以 $F(x)$ 在区间$[0,+\infty)$ 也是非负增函数。

2.3 广义积分

2.3.1 无穷区间上的广义积分

1. 单侧无穷区间上的广义积分

定义 2.6 设函数 $f(x)$ 在区间$[a,+\infty)$ 上连续,令 $b>a$,如果极限 $\lim\limits_{b\to+\infty}\int_a^b f(x)\mathrm{d}x$ 存在,则称此极限为函数 $f(x)$ 在区间$[a,+\infty)$ 上的广义积分,记作$\int_a^{+\infty} f(x)\mathrm{d}x$。

即:$\int_a^{+\infty} f(x)\mathrm{d}x=\lim\limits_{b\to+\infty}\int_a^b f(x)\mathrm{d}x$

此时,也称广义积分$\int_a^{+\infty} f(x)\mathrm{d}x$ 收敛。

如果上述极限不存在,函数 $f(x)$ 在区间$[a,+\infty)$ 上的广义积分就没有意义,习惯上称为广义积分$\int_a^{+\infty} f(x)\mathrm{d}x$ 发散。

同理,可定义函数 $f(x)$ 在区间$[a,+\infty)$ 上的广义积分,即

$$\int_{-\infty}^b f(x)\mathrm{d}x=\lim_{a\to-\infty}\int_a^b f(x)\mathrm{d}x$$

2. 双侧无穷区间上的广义积分

定义 2.7 设函数 $f(x)$ 在区间$(-\infty,+\infty)$ 上连续,如果广义积$\int_{-\infty}^0 f(x)\mathrm{d}x$ 和$\int_0^{+\infty} f(x)\mathrm{d}x$ 都收敛,则称上述两个广义积分之和为函数 $f(x)$ 在区间$(-\infty,+\infty)$ 上的广义积分,记作:

$$\int_{-\infty}^{+\infty} f(x)\mathrm{d}x=\int_{-\infty}^0 f(x)\mathrm{d}x+\int_0^{+\infty} f(x)\mathrm{d}x$$

此时,也称广义积分$\int_{-\infty}^{+\infty} f(x)\mathrm{d}x$ 收敛;否则,称$\int_{-\infty}^{+\infty} f(x)\mathrm{d}x$ 发散。

注 1:广义积分$\int_a^{+\infty}\frac{1}{x^p}\mathrm{d}x$($p$ 积分)($a>0$),当 $p\leqslant 1$ 时,是发散的;当 $p>1$ 时,是收敛的。即

$$\int_a^{+\infty}\frac{1}{x^p}\mathrm{d}x=\begin{cases}\dfrac{a^{1-p}}{p-1}, & p>1\\ +\infty, & p\leqslant 1\end{cases}$$

注 2:在广义积分的讨论中,我们也引用定积分中 N-L 公式的记法。比如:

$$\int_{-\infty}^{+\infty}\frac{\mathrm{d}x}{1+x^2}=\arctan x\Big|_{-\infty}^{+\infty}=\frac{\pi}{2}-\left(-\frac{\pi}{2}\right)=\pi$$

2.3.2 无界函数的广义积分(瑕积分)

1. 瑕点在区间端点

定义 2.8 设 $f(x)$ 在 $(a,b]$ 上有定义,而在 a 的右邻域内无界。若对任意正数 ε,$f(x)$ 在 $[a+\varepsilon,b]$ 上可积,则称

$$\int_a^b f(x)\mathrm{d}x$$

为 $f(x)$ 在 $(a,b]$ 上的广义积分。若极限

$$\lim_{\varepsilon\to 0^+}\int_{a+\varepsilon}^b f(x)\mathrm{d}x$$

存在,则称该广义积分收敛,并以这极限值为它的值,即

$$\int_a^b f(x)\mathrm{d}x=\lim_{\varepsilon\to 0^+}\int_{a+\varepsilon}^b f(x)\mathrm{d}x$$

若极限不存在,则称广义积分发散。

同样地,可定义 $f(x)$ 在 $[a,b)$ 上的广义积分 $\int_a^b f(x)\mathrm{d}x$,即

$$\int_a^b f(x)\mathrm{d}x=\lim_{\varepsilon\to 0^+}\int_a^{b-\varepsilon} f(x)\mathrm{d}x$$

2. 瑕点在区间内

若 $f(x)$ 的瑕点 c 在闭区间 $[a,b]$ 的内部,即 $a<c<b$,则广义积分 $\int_a^b f(x)\mathrm{d}x$ 定义为

$$\int_a^b f(x)\mathrm{d}x=\int_a^c f(x)\mathrm{d}x+\int_c^b f(x)\mathrm{d}x$$

它当且仅当右边两个积分都收敛时才收敛,否则左边的广义积分发散。

注:广义积分 $\int_0^1\frac{\mathrm{d}x}{x^q}$ 当 $q<1$ 时收敛,当 $q\geqslant 1$ 时发散。即

$$\int_0^1\frac{1}{x^q}\mathrm{d}x=\begin{cases}\dfrac{1}{1-q}, & q<1\\ +\infty, & q\geqslant 1\end{cases}$$

2.3.3 典型例题

【例 1】 求$\int_a^{+\infty}\frac{1}{x^p}dx\ (a>0)$。

解：(1) 当 $p=1$ 时，$\int_a^{+\infty}\frac{1}{x}dx=\ln|x|\Big|_a^{+\infty}=+\infty$

(2) 当 $p<1$ 时，$\int_a^{+\infty}\frac{1}{x^p}dx=\frac{1}{1-p}x^{1-p}\Big|_a^{+\infty}=+\infty$

(3) 当 $p>1$ 时，$\int_a^{+\infty}\frac{1}{x^p}dx=\frac{1}{1-p}x^{1-p}\Big|_a^{+\infty}=\frac{a^{1-p}}{p-1}$

总之，$\int_a^{+\infty}\frac{1}{x^p}dx=\begin{cases}\frac{a^{1-p}}{p-1}, & p>1\\ +\infty, & p\leqslant 1\end{cases}$

【例 2】 讨论$\int_a^b\frac{1}{(x-a)^q}dx$ 的敛、散性(其中 $q>0$，为常数)。

解：(1) 当 $q=1$ 时

$\int_a^b\frac{1}{x-a}dx=\lim\limits_{\varepsilon\to0^+}\int_{a+\varepsilon}^b\frac{1}{x-a}dx=\lim\limits_{\varepsilon\to0^+}\ln|x-a|\Big|_{a+\varepsilon}^b=\lim\limits_{\varepsilon\to0^+}[\ln(b-a)-\ln\varepsilon]$
$=+\infty$；

(2) 当 $q<1$ 时，$\int_a^b\frac{1}{(x-a)^q}dx=\lim\limits_{\varepsilon\to0^+}\int_{a+\varepsilon}^b\frac{1}{(x-a)^q}dx$

$=\lim\limits_{\varepsilon\to0^+}\frac{1}{1-q}(x-a)^{1-q}\Big|_{a+\varepsilon}^b$

$=\lim\limits_{\varepsilon\to0^+}\frac{1}{1-q}[(b-a)^{1-q}-\varepsilon^{1-q}]=\frac{1}{1-q}(b-a)^{1-q}$；

(3) 当 $q>1$ 时，$\int_a^b\frac{1}{(x-a)^q}dx=\lim\limits_{\varepsilon\to0^+}\int_{a+\varepsilon}^b\frac{1}{(x-a)^q}dx$

$=\lim\limits_{\varepsilon\to0^+}\frac{1}{1-q}(x-a)^{1-q}\Big|_{a+\varepsilon}^b$

$=\lim\limits_{\varepsilon\to0^+}\frac{1}{1-q}[(b-a)^{1-q}-\varepsilon^{1-q}]=+\infty$；

总之，$\int_a^b\frac{1}{(x-a)^q}dx=\begin{cases}\frac{(b-a)^{1-q}}{1-q}, & 0<q<1\\ +\infty, & q>1\end{cases}$

【例 3】 讨论下列广义积分的敛散性.

(1) $\int_0^1\frac{1}{x\sqrt{1-x}}dx$；(2) $\int_0^1\frac{\ln x}{\sqrt{x}}dx$；(3) $\int_0^{+\infty}e^{-x}\cos x\,dx$。

解：(1) 将积分分成$\int_{0}^{1}\frac{1}{x\sqrt{1-x}}\mathrm{d}x=\int_{0}^{\frac{1}{2}}\frac{1}{x\sqrt{1-x}}\mathrm{d}x+\int_{\frac{1}{2}}^{1}\frac{1}{x\sqrt{1-x}}\mathrm{d}x$

对于积分$\int_{0}^{\frac{1}{2}}\frac{1}{x\sqrt{1-x}}\mathrm{d}x$，由于

$$\int_{0+\varepsilon}^{\frac{1}{2}}\frac{1}{x\sqrt{1-x}}\mathrm{d}x\overset{t=\sqrt{1-x}}{=}2\int_{\sqrt{1-\varepsilon}}^{\frac{\sqrt{2}}{2}}\frac{1}{t^{2}-1}\mathrm{d}t=\ln\left|\frac{t-1}{t+1}\right|\Bigg|_{\sqrt{1-\varepsilon}}^{\frac{\sqrt{2}}{2}}$$

$$=\ln\left|\frac{\frac{\sqrt{2}}{2}-1}{\frac{\sqrt{2}}{2}+1}\right|-\ln\left|\frac{\sqrt{1-\varepsilon}-1}{\sqrt{1-\varepsilon}+1}\right|$$

所以，$\lim\limits_{\varepsilon\to 0^{+}}\int_{0+\varepsilon}^{\frac{1}{2}}\frac{1}{x\sqrt{1-x}}\mathrm{d}x=\ln\left|\frac{\frac{\sqrt{2}}{2}-1}{\frac{\sqrt{2}}{2}+1}\right|-\lim\limits_{\varepsilon\to 0^{+}}\ln\left|\frac{\sqrt{1-\varepsilon}-1}{\sqrt{1-\varepsilon}+1}\right|$

$$=\ln\left|\frac{\frac{\sqrt{2}}{2}-1}{\frac{\sqrt{2}}{2}+1}\right|-\lim_{\varepsilon\to 0^{+}}\ln\left|\frac{\sqrt{1-\varepsilon}-1}{\sqrt{1-\varepsilon}+1}\right|=\infty$$

故$\int_{0}^{\frac{1}{2}}\frac{1}{x\sqrt{1-x}}\mathrm{d}x$ 发散；

对于积分$\int_{\frac{1}{2}}^{1}\frac{1}{x\sqrt{1-x}}\mathrm{d}x$，由于

$$\int_{\frac{1}{2}}^{1-\varepsilon}\frac{1}{x\sqrt{1-x}}\mathrm{d}x\overset{t=\sqrt{1-x}}{=}2\int_{\frac{\sqrt{2}}{2}}^{\sqrt{\varepsilon}}\frac{1}{t^{2}-1}\mathrm{d}t=\ln\left|\frac{t-1}{t+1}\right|\Bigg|_{\frac{\sqrt{2}}{2}}^{\sqrt{\varepsilon}}$$

$$=\ln\left|\frac{\sqrt{\varepsilon}-1}{\sqrt{\varepsilon}+1}\right|-\ln\left|\frac{\frac{\sqrt{2}}{2}-1}{\frac{\sqrt{2}}{2}+1}\right|$$

所以，$\lim\limits_{\varepsilon\to 0^{+}}\int_{\frac{1}{2}}^{1-\varepsilon}\frac{1}{x\sqrt{1-x}}\mathrm{d}x=\lim\limits_{\varepsilon\to 0^{+}}\ln\left|\frac{\sqrt{\varepsilon}-1}{\sqrt{\varepsilon}+1}\right|-\ln\left|\frac{\frac{\sqrt{2}}{2}-1}{\frac{\sqrt{2}}{2}+1}\right|=-\ln\left|\frac{\frac{\sqrt{2}}{2}-1}{\frac{\sqrt{2}}{2}+1}\right|$

故$\int_{\frac{1}{2}}^{1}\frac{1}{x\sqrt{1-x}}\mathrm{d}x$ 收敛；

综上，知$\int_{0}^{1}\frac{1}{x\sqrt{1-x}}\mathrm{d}x$ 发散。

（2）$\int_{0}^{1}\frac{\ln x}{\sqrt{x}}\mathrm{d}x$

由于$\lim\limits_{x\to 0^{+}}\frac{\ln x}{\sqrt{x}}=\lim\limits_{x\to 0^{+}}\ln x\cdot\frac{1}{\sqrt{x}}=\infty$，故 $x=0$ 是瑕点。

又由于$\lim\limits_{\varepsilon\to 0^{+}}\int_{0+\varepsilon}^{1}\frac{\ln x}{\sqrt{x}}\mathrm{d}x=2\lim\limits_{\varepsilon\to 0^{+}}\int_{\varepsilon}^{1}\ln x\,\mathrm{d}\sqrt{x}=2\lim\limits_{\varepsilon\to 0^{+}}\left[\sqrt{x}\ln x-2\sqrt{x}\right]\Big|_{\varepsilon}^{1}$

$=2\lim\limits_{\varepsilon\to 0^{+}}(-2-\sqrt{\varepsilon}\ln\varepsilon+2\sqrt{\varepsilon})=-4$

所以$\int_{0}^{1}\frac{\ln x}{\sqrt{x}}\mathrm{d}x=-4$。

（3）$\int_{0}^{+\infty}\mathrm{e}^{-x}\cos x\,\mathrm{d}x=-\int_{0}^{+\infty}\cos x\,\mathrm{d}(\mathrm{e}^{-x})=-\mathrm{e}^{-x}\cos x\Big|_{0}^{+\infty}-\int_{0}^{+\infty}\mathrm{e}^{-x}\sin x\,\mathrm{d}x$

$=1+\int_{0}^{+\infty}\sin x\,\mathrm{d}(\mathrm{e}^{-x})=1+\left[\mathrm{e}^{-x}\sin x\Big|_{0}^{+\infty}-\int_{0}^{+\infty}\mathrm{e}^{-x}\cos x\,\mathrm{d}x\right]=1-\int_{0}^{+\infty}\mathrm{e}^{-x}\cos x\,\mathrm{d}x$

所以，$\int_{0}^{+\infty}\mathrm{e}^{-x}\cos x\,\mathrm{d}x=\frac{1}{2}$。

习题 2

1. 计算下列不定积分

(1) $\int \frac{x+\ln(1-x)}{x^2}\mathrm{d}x$　　(2) $\int \frac{\arctan x}{x^2(1+x^2)}\mathrm{d}x$

(3) $\int \frac{\ln x}{(1-x)^2}\mathrm{d}x$　　(4) $\ln\left(1+\sqrt{\frac{1+x}{x}}\right)\mathrm{d}x\ (x>0)$

(5) $\int \mathrm{e}^{\sqrt{2x-1}}\mathrm{d}x$　　(6) $\int \frac{\operatorname{arccot}\mathrm{e}^x}{\mathrm{e}^x}\mathrm{d}x$

(7) $\int \frac{x\mathrm{e}^x}{\sqrt{\mathrm{e}^x-1}}\mathrm{d}x$　　(8) $\int \frac{\ln x-1}{x^2}\mathrm{d}x$

(9) $\int \frac{x\cos^4\frac{x}{2}}{\sin^3 x}\mathrm{d}x$　　(10) $\int \frac{\mathrm{d}x}{(2-x)\sqrt{1-x}}$

2. 计算下列定积分

(1) $\int_{-\infty}^{1} \frac{1}{x^2+2x+5}\mathrm{d}x$　　(2) $\int_{-2}^{2}(|x|+x)\mathrm{e}^{-|x|}\mathrm{d}x$

(3) $\int_{-1}^{x}(1-|t|)\mathrm{d}t\ (x\geqslant -1)$　　(4) $\int_{-1}^{1}(x+\sqrt{1-x^2})^2\mathrm{d}x$

(5) $\int_{1}^{+\infty}\frac{\ln x}{x^2}\mathrm{d}x$　　(6) $\int_0^1 x\arcsin x\,\mathrm{d}x$

(7) $\int_0^{\ln 2}\sqrt{1-\mathrm{e}^{-2x}}\,\mathrm{d}x$　　(8) $\int_0^{\pi}\sqrt{1-\sin x}\,\mathrm{d}x$

(9) $\int_{-2}^{2}\frac{x+|x|}{2+x^2}\mathrm{d}x$　　(10) $\int_0^1 x(1-x^4)^{\frac{3}{2}}\mathrm{d}x$

(11) $\int_1^{+\infty}\frac{\mathrm{d}x}{x(x^2+1)}$　　(12) $\int_0^{+\infty}\frac{x\mathrm{e}^{-x}}{(1+\mathrm{e}^{-x})^2}\mathrm{d}x$

(13) $\int_0^1\frac{\ln(1+x)}{(2-x)^2}\mathrm{d}x$

3. 求下列平面图形或旋转体的体积

(1) 设 D 是曲线 $y=\sin x+1$ 与三条直线 $x=0, x=\pi, y=0$ 围成的曲边梯形，求 D 绕 x 轴旋转一周所生成的旋转体。

(2) 由曲线 $y=\frac{4}{x}$ 和直线 $y=x$ 及 $y=4x$ 在第一象限中所围图形。

(3) 曲线 $y=\sin^{\frac{3}{2}}x\,(0\leqslant x\leqslant\pi)$ 与轴围成的图形绕 x 轴旋转所形成的旋转体。

(4) 由曲线 $y=x+\dfrac{1}{x}$, $x=2$ 及 $y=2$ 所围图形。

(5) 过点 $P(1,0)$ 作抛物线 $y=\sqrt{x-2}$ 的切线与上述抛物线及 x 轴围成一个平面图形,此图形绕 x 轴旋转一周所围成旋转体。

4. 设函数 $f(x)$ 在 $(-\infty,+\infty)$ 内满足 $f(x)=f(x-\pi)+\sin x$,且 $f(x)=x$,$x\in[0,\pi)$,计算 $\int_{\pi}^{3\pi}f(x)\mathrm{d}x$。

5. 设 $a>0$,$f(x)=g(x)=\begin{cases}a, & 若\ 0\leqslant x\leqslant 1\\ 0, & 其他\end{cases}$,而 D 表示全平面,则 $I=\iint\limits_{D}f(x)g(y-x)\mathrm{d}x\mathrm{d}y$。

6. 设 $f(x)$ 为已知连续函数,$I=t\int_{0}^{\frac{s}{t}}f(tx)\mathrm{d}x$,$s>0$,$t>0$,证明:$I$ 的值依赖于 s,不依赖于 t。

7. 已知 $\dfrac{\sin x}{x}$ 是函数 $f(x)$ 的一个原函数,求 $\int x^3 f'(x)\mathrm{d}x$。

8. 设 $f(x)$ 是连续函数,且 $f(x)=x+2\int_{0}^{1}f(t)\mathrm{d}t$,求 $f(x)$。

9. 设函数 $f(x)$ 在 $[0,1]$ 上连续,$(0,1)$ 内可导,且 $3\int_{\frac{2}{3}}^{1}f(x)\mathrm{d}x=f(0)$,证明:在 $(0,1)$ 内存在一点 c,使 $f'(c)=0$。

10. 若连续函数 $f(x)$ 满足关系式 $f(x)=\int_{0}^{2x}f\left(\dfrac{t}{2}\right)\mathrm{d}t+\ln 2$,则求 $f(x)$。

11. (1) 比较 $\int_{0}^{1}|\ln t|[\ln(1+t)]^n\mathrm{d}t$ 与 $\int_{0}^{1}t^n|\ln t|\mathrm{d}t\,(n=1,2,\cdots)$ 的大小,说明理由。

(2) 设 $u_n=\int_{0}^{1}|\ln t|[\ln(1+t)]^n\mathrm{d}t\,(n=1,2,\cdots)$,求极限 $\lim\limits_{n\to\infty}u_n$。

12. 在曲线 $y=x^2\,(x\geqslant 0)$ 上某点 A 处作一切线,使之与曲线以及 x 轴所围图形的面积为 $\dfrac{1}{12}$,试求:

(1) 切点 A 的坐标;

(2) 过切点 A 的切线方程;

(3) 由上述所围平面图形绕 x 轴旋转一周所成旋转体的体积。

13. 设 $f(x)$ 在 $(-\infty,\infty)$ 上有连续导数，且 $m \leqslant f(x) \leqslant M$。

(1) 求 $\lim\limits_{a\to\infty}\dfrac{1}{4a^2}\int_{-a}^{a}[f(t+a)-f(t-a)]\mathrm{d}t$；

(2) 证 $\left|\dfrac{1}{2a}\int_{-a}^{a}f(t)\mathrm{d}t-f(x)\right| \leqslant M-m\ (a>0)$。

14. 设 D_1 是抛物线 $y=2x^2$ 和 $x=a$，$x=2$ 及 $y=0$ 所围成的平面区域；D_2 是由抛物线 $y=2x^2$ 和直线 $y=0$，$x=a$ 所围成的平面区域，其中 $0<a<2$。

(1) 试求 D_1 绕 x 轴旋转而成的旋转体体积 V_1，D_2 绕 y 轴旋转而成的旋转体体积 V_2；

(2) 问当 a 为何值时，V_1+V_2 取得最大值？试求此最大值。

15. 求连续函数 $f(x)$，使它满足 $\int_0^1 f(tx)\mathrm{d}t=f(x)+x\sin x$。

16. 设 $f(x)=\begin{cases} x\mathrm{e}^{x^2}, & -\dfrac{1}{2}\leqslant x<\dfrac{1}{2} \\ -1, & x\geqslant\dfrac{1}{2} \end{cases}$，则 $\int_{\frac{1}{2}}^{2}f(x-1)\mathrm{d}x$。

17. 设 $f(x)$，$g(x)$ 在 $[a,b]$ 上连续，且满足 $\int_a^x f(t)\mathrm{d}t \geqslant \int_a^x g(t)\mathrm{d}t$，$x\in[a,b)$，$\int_a^b f(t)\mathrm{d}t=\int_a^b g(t)\mathrm{d}t$。证明：$\int_a^b xf(x)\mathrm{d}x \leqslant \int_a^b xg(x)\mathrm{d}x$。

18. 设 $f'(x)$ 在 $[0,a]$ 上连续，且 $f(0)=0$，证明：$\left|\int_0^a f'(x)\mathrm{d}x\right| \leqslant \dfrac{Ma^2}{2}$，其中 $M=\max\limits_{0\leqslant x\leqslant a}|f'(x)|$。

19. 设 $f(x)$ 是周期为 2 的连续函数，

(1) 证明对任意函数的实数 t，有 $\int_t^{t+2}f(x)\mathrm{d}x=\int_0^2 f(x)\mathrm{d}x$；

(2) 证明 $G(x)=\int_0^x\left[2f(t)-\int_t^{t+2}f(s)\mathrm{d}s\right]\mathrm{d}t$ 是周期为 2 的周期函数。

20. 设 $f(x)$ 在区间 $[0,1]$ 上可微，且满足条件 $f(1)=2\int_0^{\frac{1}{2}}xf(x)\mathrm{d}x$，求证：存在 $\xi\in(0,1)$，使得 $f(\xi)+\xi f'(\xi)=0$。

21. 已知 $\lim\limits_{x\to\infty}\left(\dfrac{x-a}{x+a}\right)^x=\int_a^{+\infty}4x^2\mathrm{e}^{-2x}\mathrm{d}x$，求常数 a 的值。

22. 设函数 $f(x)$ 连续，且 $\int_0^x tf(2x-t)\mathrm{d}t=\dfrac{1}{2}\arctan x^2$。已知 $f(1)=1$，求 $\int_1^2 f(x)\mathrm{d}x$。

23. 已知连续函数 $f(x)$ 满足条件 $f(x)=\int_0^{3x} f\left(\frac{t}{3}\right)\mathrm{d}t+\mathrm{e}^{2x}$，求 $f(x)$。

24. 设函数 $f(x)=\begin{cases}x^2, & 0\leqslant x\leqslant 1\\ 2-x, & 1<x\leqslant 2\end{cases}$，记 $F(x)=\int_0^x f(t)\mathrm{d}t$，$0\leqslant x\leqslant 2$，求 $F(x)$。

第 3 章 多元函数微积分

一般地说，研究自然现象总离不开时间和空间，确定空间的点需要三个坐标，所以一般的物理量常常依赖于四个变量，在有些问题中还需要考虑更多的变量，这样就有必要研究多元函数的微分学。

多元函数微分学是一元函数的微分学的推广，所以多元函数微分学与一元函数微分学有许多相似的地方，但也有许多不同的地方，在学习这部分内容时，应特别注意它们的不同之处。

3.1 二元函数的极限与连续

3.1.1 多元函数的概念

1. 邻域

定义 3.1 设 $P_0(x_0,y_0)$ 是 xOy 平面上的一个点，δ 是某一正数。与点 $P_0(x_0,y_0)$ 距离小于 δ 的点 $P(x,y)$ 的全体，称为点 P_0 的 δ 邻域，记为 $U(P_0,\delta)$，即

$$U(P_0,\delta)=\{P \mid |PP_0|<\delta\} \text{ 或}$$

$$U(P_0,\delta)=\{(x,y) \mid \sqrt{(x-x_0)^2+(y-y_0)^2}<\delta\}$$

邻域的几何意义：$U(P_0,\delta)$ 表示 xOy 平面上以点 $P_0(x_0,y_0)$ 为中心、$\delta>0$ 为半径的圆的内部的点 $P(x,y)$ 的全体。

点 P_0 的去心 δ 邻域，记作 $\mathring{U}(P_0,\delta)$，即

$$\mathring{U}(P_0,\delta)=\{P \mid 0<|P_0P|<\delta\}。$$

注：如果不需要强调邻域的半径 δ，则用 $U(P_0)$ 表示点 P_0 的某个邻域，点 P_0 的去心邻域记作 $\mathring{U}(P_0)$。

2. 区域

如果对于任意给定的 $\delta>0$，点 P 的去心邻域 $\mathring{U}(P,\delta)$ 内总有 E 中的点，则称点 P 是 E 的聚点。

由聚点的定义可知，点集 E 的聚点 P 本身，可以属于 E，也可能不属于 E。

开集：如果点集 E 的点都是内点，则称 E 为开集。

闭集：如果点集的余集 E^c 为开集，则称 E 为闭集。

连通性：如果点集 E 内任何两点，都可用折线连结起来，且该折线上的点都属于 E，则称 E 为连通集。

区域（或开区域）：连通的开集称为区域或开区域。

闭区域：开区域连同它的边界一起所构成的点集称为闭区域。

有界集：对于平面点集 E，如果存在某一正数 r，使得 $E \subset U(O,r)$，其中 O 是坐标原点，则称 E 为有界点集。

无界集：一个集合如果不是有界集，就称这集合为无界集。

3. n 元函数的定义

定义 3.2　设 D 是 $\mathbf{R}^n$ 中的一个非空点集，如果存在一个对应规则 f，使得对于 D 中的每一个点 $P(x_1,x_2,\cdots,x_n)$，都能由 f 唯一地确定一个实数 y，则称 f 为定义在 D 上的 n 元函数，记为

$$y=f(x_1,x_2,\cdots,x_n),(x_1,x_2,\cdots,x_n)\in D$$

其中 $x_1,x_2,\cdots,x_n$ 叫做自变量，y 叫做因变量，点集 D 叫做函数的定义域，常记作 $D(f)$。

取定 $(x_1,x_2,\cdots,x_n)\in D$，对应的 $f(x_1,x_2,\cdots,x_n)$ 叫做 $(x_1,x_2,\cdots,x_n)$ 所对应的函数值。全体函数值的集合叫做函数 f 的值域，常记为 $f(D)$。

关于函数定义域的约定：在一般地讨论用算式表达的多元函数 $u=f(x)$ 时。就以使这个算式有意义的自变量 x 的值所组成的点集为这个多元函数的自然定义域。

二元函数的图形：点集 $\{(x,y,z)\mid z=f(x,y),(x,y)\in D\}$ 称为二元函数 $z=f(x,y)$ 的图形，二元函数的图形是一张曲面。

3.1.2　二元函数的极限

定义 3.2　设二元函数 $z=f(P)$ 的定义域是某平面区域 D，P_0 为 D 的一个聚点，当 D 中的点 P 以任何方式无限趋于 P_0 时，函数值 $f(P)$ 无限趋于某一常数 A，则称 A 是函数 $f(P)$ 当 P 趋于 P_0 时的(二重)极限。记为

$$\lim_{P\to P_0} f(P)=A，或\ f(P)\to A(P\to P_0)$$

此时也称当 $P\to P_0$ 时二元函数 $f(P)$ 的极限存在，否则称 $f(P)$ 的极限不存在。

若 P_0 点的坐标为 (x_0,y_0)，P 点的坐标为 (x,y)，则上式又可写为

$$\lim_{\substack{x\to x_0\\ y\to y_0}} f(x,y)=A，或\ f(x,y)\to A(x\to x_0,y\to y_0)$$

类似于一元函数，$f(P)$ 无限趋于 A 可用 $|f(P)-A|<\varepsilon$ 来刻画，点

$P(x,y)$无限趋于$P_0(x_0,y_0)$可用$|P_0P|=\sqrt{(x-x_0)^2+(y-y_0)^2}<\delta$来刻画，故，二元函数的极限也可如下定义。

定义3.3 设二元函数$z=f(P)=f(x,y)$的定义域为D，$P_0(x_0,y_0)$是D的一个聚点，A为常数。若对任给的正数ε，不论ε多小，总存在$\delta>0$，当$P(x,y)\in D$，且$|P_0P|=\sqrt{(x-x_0)^2+(y-y_0)^2}<\delta$时，总有

$$|f(P)-A|<\varepsilon$$

则称A为$z=f(P)$当$P\to P_0$时的(二重)极限。

称$\lim\limits_{x\to x_0}(\lim\limits_{y\to y_0}f(x,y))$和$\lim\limits_{y\to y_0}(\lim\limits_{x\to x_0}f(x,y))$为函数$f(x,y)$在点$(x_0,y_0)$的二次极限。

注：二次极限存在不一定二重极限存在；同理，二重极限存在不一定二次极限存在。

比如：$\lim\limits_{\substack{x\to 0\\y\to 0}}\left(x\sin\dfrac{1}{y}+y\sin\dfrac{1}{x}\right)=0+0=0$，但是二次极限不存在；

$f(x,y)=\begin{cases}\dfrac{xy}{x^2+y^2}, & x^2+y^2\neq 0\\ 0 & x^2+y^2=0\end{cases}$在$(0,0)$处的二重极限不存在。但是其二次极限$\lim\limits_{x\to 0}(\lim\limits_{y\to 0}f(x,y))=\lim\limits_{y\to 0}(\lim\limits_{x\to 0}f(x,y))=0$。

3.1.3 二元函数的连续

1. 二元函数连续的定义

定义3.4 设二元函数$f(P)=f(x,y)$的定义域为D，$P_0(x_0,y_0)$为D的聚点，且$P_0\in D$。如果

$$\lim_{(x,y)\to(x_0,y_0)}f(x,y)=f(x_0,y_0)$$

则称函数$f(x,y)$在点$P_0(x_0,y_0)$连续。

如果函数$f(x,y)$在D的每一点都连续，那么就称函数$f(x,y)$在D上连续，或者称$f(x,y)$是D上的连续函数。

可以证明，多元连续函数的和、差、积仍为连续函数；连续函数的商在分母不为零处仍连续；多元连续函数的复合函数也是连续函数。

2. 二元连续函数的性质

与闭区间上一元连续函数的性质相类似，有界闭区域上的连续函数有如下性质。

性质1（有界性与最大值最小值定理） 在有界闭区域D上的多元连续函数，必定在D上有界，且能取得它的最大值和最小值。

性质2（介值定理） 在有界闭区域D上的多元连续函数必取得介于最大值

和最小值之间的任何值。

3.1.4 典型例题

【例 1】 设 $f(x,y)=\begin{cases}\dfrac{xy}{x^2+y^2}, & x^2+y^2\neq 0\\ 0, & x^2+y^2=0\end{cases}$,判断极限 $\lim\limits_{\substack{x\to 0\\ y\to 0}}f(x,y)$ 是否存在?

解:当点 $P(x,y)$ 沿 x 轴趋于(0,0)时,有 $y=0$,于是

$$\lim_{\substack{x\to 0\\ y\to 0}}f(x,y)=\lim_{x\to 0}\frac{0}{x^2+0^2}=0$$

当 $P(x,y)$ 沿 y 轴趋于(0,0)时,有 $x=0$,于是

$$\lim_{\substack{x\to 0\\ y\to 0}}f(x,y)=\lim_{y\to 0}\frac{0}{0^2+y^2}=0$$

当 $P(x,y)$ 沿直线 $y=kx\,(k\neq 0)$ 趋于(0,0)时,有

$$\lim_{\substack{x\to 0\\ y=kx}}f(x,y)=\lim_{x\to 0}\frac{kx^2}{(1+k)^2x^2}=\frac{k}{1+k^2}$$

这个极限值随 k 不同而变化,故极限 $\lim\limits_{\substack{x\to 0\\ y\to 0}}f(x,y)$ 不存在。

【例 2】 求函数 $\lim\limits_{\substack{x\to 0\\ y\to 0}}\dfrac{2-\sqrt{xy+4}}{xy}$ 的极限。

解:
$$\lim_{\substack{x\to 0\\ y\to 0}}\frac{2-\sqrt{xy+4}}{xy}=\lim_{\substack{x\to 0\\ y\to 0}}\frac{-xy}{xy(2+\sqrt{xy+4})}$$
$$=-\lim_{\substack{x\to 0\\ y\to 0}}\frac{1}{2+\sqrt{xy+4}}$$
$$=-\frac{1}{4}$$

3.2 偏导数与全微分

3.2.1 偏导数

1. 偏增量

设函数 $z=f(x,y)$ 在点 (x_0,y_0) 的某邻域内有定义,当 x 在 x_0 有一改变量 $\Delta x\,(\Delta x\neq 0)$,而 y 在 y_0 保持不变,这时函数的改变量为

$$\Delta_x z=f(x_0+\Delta x,y_0)-f(x_0,y_0)$$

$\Delta_x z$ 称为函数 $f(x,y)$ 在点 (x_0,y_0) 处关于 x 的偏改变量(或偏增量)。

类似地可定义 $f(x,y)$ 关于 y 的偏增量为

$$\Delta_y z = f(x_0,y_0+\Delta y) - f(x_0,y_0)$$

有了偏增量的概念,下面就可以得到偏导数的定义。

2. 偏导数的定义

定义 3.5　设函数 $z=f(x,y)$ 在 (x_0,y_0) 的某邻域内有定义,如果

$$\lim_{\Delta x\to 0}\frac{\Delta_x z}{\Delta x}=\lim_{\Delta x\to 0}\frac{f(x_0+\Delta x,y_0)-f(x_0,y_0)}{\Delta x}$$

存在,则称此极限值为函数 $z=f(x,y)$ 在点 (x_0,y_0) 处关于 x 的偏导数。记作

$$\left.\frac{\partial z}{\partial x}\right|_{\substack{x=x_0\\y=y_0}},\left.\frac{\partial f}{\partial x}\right|_{\substack{x=x_0\\y=y_0}},\left.z'_x\right|_{\substack{x=x_0\\y=y_0}},f'_x(x_0,y_0)。$$

类似地,可定义函数 $z=f(x,y)$ 在点 (x_0,y_0) 处关于自变量 y 的偏导数为

$$\lim_{\Delta y\to 0}\frac{\Delta_y z}{\Delta y}=\lim_{\Delta y\to 0}\frac{f(x_0,y_0+\Delta y)-f(x_0,y_0)}{\Delta y}$$

记作

$$\left.\frac{\partial z}{\partial y}\right|_{\substack{x=x_0\\y=y_0}},\left.\frac{\partial f}{\partial y}\right|_{\substack{x=x_0\\y=y_0}},\left.z'_y\right|_{\substack{x=x_0\\y=y_0}},f'_y(x_0,y_0)。$$

如果函数 $z=f(x,y)$ 在区域 D 内每一点 (x,y) 处的偏导数都存在,即

$$f_x(x,y)=\lim_{\Delta x\to 0}\frac{f(x+\Delta x,y)-f(x,y)}{\Delta x}$$

$$f_y(x,y)=\lim_{\Delta y\to 0}\frac{f(x,y+\Delta y)-f(x,y)}{\Delta y}$$

都存在,则上述两个偏导数还是关于 x,y 的二元函数,分别称为 z 对 x,y 的偏导函数(简称为偏导数)。并记作

$$\frac{\partial z}{\partial x},\frac{\partial z}{\partial y},或\frac{\partial f}{\partial x},\frac{\partial f}{\partial y},或\ z'_x,z'_y,或\ f'_x(x,y),f'_y(x,y)$$

不难看出,$f(x,y)$ 在 (x_0,y_0) 处关于 x 的偏导数 $f'_x(x_0,y_0)$ 就是偏导函数 $f'_x(x,y)$ 在点 (x_0,y_0) 处的函数值,而 $f'_y(x_0,y_0)$ 就是偏导函数 $f'_y(x,y)$ 在点 (x_0,y_0) 处的函数值。

由于偏导数是将二元函数中的一个自变量固定不变,只让另一个自变量变化,相应的偏增量与另一个自变量的增量的比值的极限。因此,求偏导数问题仍然是求一元函数的导数问题。即,在求 $\frac{\partial f}{\partial x}$ 时,把 y 看做常量,将 $z=f(x,y)$ 看做 x 的一元函数对 x 求导;求 $\frac{\partial f}{\partial y}$ 时,把 x 看做常量,将 $z=f(x,y)$ 看做 y 的一元函

数对 y 求导。

三元及三元以上的多元函数的偏导数，完全可以类似地定义和计算，比如：对三元函数 $u=f(x,y,z)$ 而言，有：

$$u_x(x,y,z)=\lim_{\Delta x\to 0}\frac{u(x+\Delta x,y,z)-u(x,y,z)}{\Delta x}$$

$$u_y(x,y,z)=\lim_{\Delta x\to 0}\frac{u(x,y+\Delta y,z)-u(x,y,z)}{\Delta y}$$

$$u_z(x,y,z)=\lim_{\Delta x\to 0}\frac{u(x,y,z+\Delta z)-u(x,y,z)}{\Delta z}$$

注：二元函数的偏导数与连续性的关系完全不同于一元函数。对于多元函数来说，即使各偏导数在某点都存在，也不能保证函数在该点连续。例如可以很容易地证明

$$f(x,y)=\begin{cases}\dfrac{xy}{x^2+y^2}, & x^2+y^2\neq 0\\ 0, & x^2+y^2=0\end{cases}$$

在点(0,0)有 $f_x(0,0)=0$，$f_y(0,0)=0$，但函数在点(0,0)并不连续。

3. 偏导数的几何意义

由于一元函数的导数的几何意义为函数曲线的切线斜率。同样，对二元函数而言，由于在几何上，$z=f(x,y)$ 表示一张空间曲面 Σ，设 $M_0(x_0,y_0,u_0)\in\Sigma$，$z_0=f(x_0,y_0)$，考察 $z_x(x_0,y_0)$，$z_y(x_0,y_0)$，由定义 $z_x(x_0,y_0)=\left[\dfrac{\mathrm{d}}{\mathrm{d}x}f(x,y_0)\right]\Big|_{x=x_0}$，若记一元函数 $g(x)=f(x,y_0)$，几何意义为曲面 Σ 与平面 $y=y_0$ 的交线，则由于 $u_x(x_0,y_0)=\left[\dfrac{\mathrm{d}}{\mathrm{d}x}g(x)\right]\Big|_{x_0}=g'(x_0)$

因而，$z_x(x_0,y_0)$ 表示曲线 $z=g(x)$ 在 x_0 的斜率，注意到曲线 $z=g(x)$ 为 $\begin{cases}z=f(x,y)\\ y=y_0\end{cases}$ 的交线 C。故，偏导数 $z_x(x_0,y_0)$ 的几何意义为曲线 C 在点 (x_0,y_0,z_0) 处对 x 轴的切线斜率。

同样地，$z_y(x_0,y_0)$ 的几何意义类似。

4. 高阶偏导数

若函数 $z=f(x,y)$ 的偏导数 $\dfrac{\partial z}{\partial x}$ 与 $\dfrac{\partial z}{\partial y}$ 关于 x 和 y 的偏导数仍然存在，则称其为 $z=f(x,y)$ 的二阶偏导数，分别记作

$$\frac{\partial^2 z}{\partial x^2}=f''_{xx}(x,y)=z''_{xx}$$

$$\frac{\partial^2 z}{\partial x \partial y} = f''_{xy}(x, y) = z''_{xy}$$

$$\frac{\partial^2 z}{\partial y^2} = f''_{yy}(x, y) = z''_{yy}$$

$$\frac{\partial^2 z}{\partial y \partial x} = f''_{yx}(x, y) = z''_{yx}$$

其中 $f''_{xy}(x, y)$ 与 $f''_{yx}(x, y)$ 称为二阶混合偏导数。

类似地，可定义三阶导函数：$z_{x^3}, z_{x^2y}, z_{yx^2}, z_{xy^2}, z_{y^2x}, z_{y^3}, z_{xyx}, z_{yxy}$。

同样地，还可定义 n 元函数的高阶导数，如：$u = f(x, y, z)$，其二阶导数有如下 9 种形式：$u_{xx}, u_{xy}, u_{xz}, u_{yy}, u_{yx}, u_{yz}, u_{zz}, u_{zx}, u_{zy}$。

二阶及二阶以上的偏导数统称为**高阶偏导数**。

注：对高阶混合偏导数，与求偏导的顺序有关。如：z_{yx}, z_{xy} 是两个不同的函数，不一定具有相等的关系。

定理 3.1 设 f_{xy}, f_{yx} 在点 $p_0(x_0, y_0)$ 连续，则 $f_{xy}(x_0, y_0) = f_{yx}(x_0, y_0)$。

5. 偏导数的经济意义

在一元函数的微分学中，我们通过导数研究了经济学中的边际概念，如边际成本、边际收益、边际利润等。多元函数的偏导数，无非是对某一个自变量求导数，而将其他的自变量视作常量，它也反映了某一经济变量随另一经济变量的变化率，因此在经济学中同样也叫“边际”函数。

1）边际需求

假设对某一商品的市场需求受到商品的价格 P 与企业的广告投入 A 这两个因素的影响，其需求函数为

$$Q = Q(P, A)$$

企业在决策时要研究商品价格的变化和企业广告投入的变化会对商品的需求产生怎样的影响。为了解决这问题，其做法是假定其他变量不变，考虑一个变量变化时函数所受到的影响，这就要研究经济函数的偏导数。

价格变化对需求的边际影响为

$$\frac{\partial Q}{\partial P}$$

广告投入变化对需求的边际影响为

$$\frac{\partial Q}{\partial A}$$

$\frac{\partial Q}{\partial P}$ 和 $\frac{\partial Q}{\partial A}$ 分别称为价格的边际需求和广告投入的边际需求。

2）边际成本

设某企业生产甲、乙两种产品，产量分别为 x ，y，总成本函数为

$$C=C(x,y)$$

则甲产品的边际成本为

$$\frac{\partial C}{\partial x}$$

乙产品的边际成本为

$$\frac{\partial C}{\partial y}$$

3）需求的价格偏弹性

在经济活动中，商品的需求量 Q 受商品的价格 P_1、消费者的收入 M 以及相关商品的价格 P_2 等因素的影响。假设

$$Q=f(P_1,M,P_2)$$

若消费者收入 M 及相关商品的价格 P_2 不变时，商品需求量 Q 将随价格 P_1 的变化而变化。当 $\frac{\partial Q}{\partial P_1}$ 存在时，则可定义需求的价格偏弹性为

$$e_{P_1}=\lim_{\Delta P_1\to 0}\frac{\Delta_1 Q/Q}{\Delta P_1/P_1}=\frac{P_1}{Q}\cdot\frac{\partial Q}{\partial P_1}=\frac{\partial(\ln Q)}{\partial(\ln P_1)}$$

其中　$\Delta_1 Q=f(P_1+\Delta P_1,M,P_2)-f(P_1,M,P_2)$

4）需求的交叉价格偏弹性

需求的交叉价格偏弹性表示一种商品的需求量的变化相对另一种商品的价格变化的反应程度，在需求函数

$$Q=f(P_1,M,P_2)$$

中，需求的交叉价格偏弹性定义为

$$e_{P_2}=\lim_{\Delta P_2\to 0}\frac{\Delta_2 Q/Q}{\Delta P_2/P_2}=\frac{P_2}{Q}\cdot\frac{\partial Q}{\partial P_2}=\frac{\partial(\ln Q)}{\partial(\ln P_2)}$$

其中　$\Delta_2 Q=f(P_1,M,P_2+\Delta P_2)-f(P_1,M,P_2)$

5）需求的收入价格偏弹性

在需求函数 $Q=f(P_1,M,P_2)$ 中，需求的收入价格偏弹性定义为

$$e_M=\lim_{\Delta M\to 0}\frac{\Delta_3 Q/Q}{\Delta M/M}=\frac{M}{Q}\cdot\frac{\partial Q}{\partial M}=\frac{\partial(\ln Q)}{\partial(\ln M)}$$

其中　$\Delta_3 Q=f(P_1,M+\Delta M,P_2)-f(P_1,M,P_2)$

需求的收入价格偏弹性表示需求量的变化相对于消费者收入的变化的反应程度。

3.2.2　全微分

1. 全微分的定义

定义 3.6　设 $z=f(x,y)$ 在 $P(x,y)$ 的某邻域 U 内有定义，若 $z=f(x,y)$ 在该点的全增量 $\Delta z=f(x+\Delta x,y+\Delta y)-f(x,y)$ 可表示为

$$\Delta z=f(x_0+\Delta x,y_0+\Delta y)-f(x_0,y_0)=A\Delta x+B\Delta Y+o(\rho)$$

其中 A,B 与 $\Delta x,\Delta y$ 无关，$\rho=\sqrt{(\Delta x)^2+(\Delta y)^2}$，则称函数 $z=f(x,y)$ 在点 (x,y) 处可微，并称 $A\cdot\Delta x+B\cdot\Delta y$ 为函数 $z=f(x,y)$ 在点 $P(x,y)$ 处的全微分，记作

$$\mathrm{d}z=A\Delta x+B\Delta y$$

同一元函数类似，在这里规定或者可以证明，$\mathrm{d}x=\Delta x$，$\mathrm{d}y=\Delta y$，即

$$\mathrm{d}z=A\mathrm{d}x+B\mathrm{d}y$$

如果函数在区域 D 内各点处都可微分，那么称这函数在 D 内可微分。

注：二元函数可微与连续的关系：可微必连续。

这是因为：

如果 $z=f(x,y)$ 在点 (x,y) 可微，则

$$\Delta z=f(x+\Delta x,y+\Delta y)-f(x,y)=A\Delta x+B\Delta y+o(\rho)$$

于是　$\lim\limits_{\rho\to 0}\Delta z=0$，

从而　$\lim\limits_{(\Delta x,\Delta y)\to(0,0)}f(x+\Delta x,y+\Delta y)=\lim\limits_{\rho\to 0}[f(x,y)+\Delta z]=f(x,y)$

因此函数 $z=f(x,y)$ 在点 (x,y) 处连续。

2. 可微的条件

定理 3.2　（可微的必要条件）

如果函数 $z=f(x,y)$ 在点 (x,y) 可微分，则函数在该点的偏导数 $\dfrac{\partial z}{\partial x}$、$\dfrac{\partial z}{\partial y}$ 必定存在，且函数 $z=f(x,y)$ 在点 (x,y) 的全微分为

$$\mathrm{d}z=\frac{\partial z}{\partial x}\Delta x+\frac{\partial z}{\partial y}\Delta y$$

注：偏导数 $\dfrac{\partial z}{\partial x}$、$\dfrac{\partial z}{\partial y}$ 存在是可微分的必要条件，但不是充分条件。

例如，

函数 $f(x,y)=\begin{cases}\dfrac{xy}{\sqrt{x^2+y^2}}, & x^2+y^2\neq 0\\ 0, & x^2+y^2=0\end{cases}$ 在点 $(0,0)$ 处虽然有 $f_x(0,0)=0$ 及 $f_y(0,0)=0$。但函数在 $(0,0)$ 不可微分，因为当 $(\Delta x,\Delta y)$ 沿直线 $y=x$ 趋于 $(0,0)$ 时

$$\frac{\Delta z-[f_x(0,0)\cdot\Delta x+f_y(0,0)\cdot\Delta y]}{\rho}=\frac{\Delta x\cdot\Delta y}{(\Delta x)^2+(\Delta y)^2}$$

$$=\frac{\Delta x\cdot\Delta x}{(\Delta x)^2+(\Delta x)^2}=\frac{1}{2}\neq 0$$

即 $\Delta z-[f_x(0,0)\Delta x+f_y(0,0)\Delta y]$ 不是较 ρ 高阶的无穷小。

定理3.3 如果函数 $z=f(x,y)$ 的偏导数$\frac{\partial z}{\partial x}$、$\frac{\partial z}{\partial y}$在点$(x,y)$连续，则函数在该点可微分。

综上，函数 $z=f(x,y)$ 在点 $P(x,y)$ 处的全微分可写作

$$dz=\frac{\partial z}{\partial x}dx+\frac{\partial z}{\partial y}dy$$

同样地，三元函数 $u=f(x,y,z)$ 的全微分为

$$du=\frac{\partial u}{\partial x}dx+\frac{\partial u}{\partial y}dy+\frac{\partial u}{\partial z}dz$$

注：关于二元函数的偏导数、可微与连续，我们有下列关系图示(见图 3.1)：

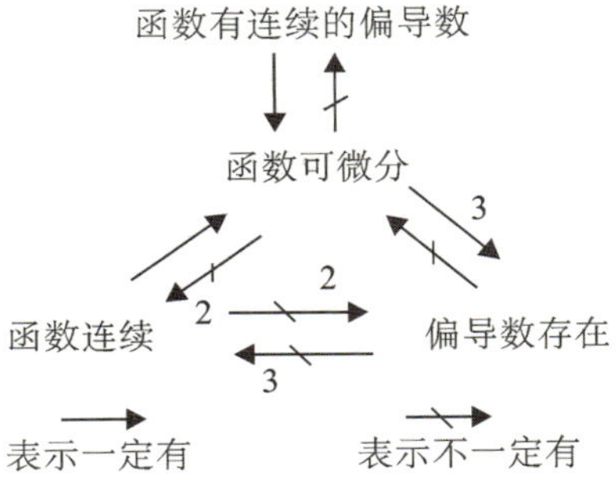

图 3.1

3. 全微分的应用 —— 近似计算

当二元函数 $z=f(x,y)$ 在点 $P(x,y)$ 的两个偏导数 $f_x(x,y)$，$f_y(x,y)$ 连续，并且 $|\Delta x|$，$|\Delta y|$ 都较小时，有近似等式

$$\Delta z\approx dz=f_x(x,y)\Delta x+f_y(x,y)\Delta y$$

即 $$f(x+\Delta x,y+\Delta y)\approx f(x,y)+f_x(x,y)\Delta x+f_y(x,y)\Delta y$$

我们可以利用上述近似等式对二元函数作近似计算。

3.2.3 典型例题

【例 1】 讨论函数

$$z=f(x,y)=\begin{cases}\frac{xy}{x^2+y^2}, & x^2+y^2\neq 0\\ 0, & x^2+y^2=0\end{cases}$$

在点(0,0)处的两个偏导数是否存在。

$$解:f'_x(0,0)=\lim_{\Delta x\to 0}\frac{f(0+\Delta x,0)-f(0,0)}{\Delta x}$$

$$=\lim_{\Delta x\to 0}\frac{\dfrac{(0+\Delta x)\cdot 0}{(0+\Delta x)^2+0^2}-0}{\Delta x}=0$$

同理,有 $f'_y(0,0)=0$。

这表明 $f(x,y)$ 在(0,0)处对 x 和对 y 的偏导数存在。

【例 2】 求函数 $z=\sin(x+y)e^{xy}$ 在点(1,−1)处的偏导数。

$$解:\frac{\partial z}{\partial x}\bigg|_{\substack{x=1\\y=-1}}=\frac{d}{dx}[\sin(x-1)e^{-x}]\bigg|_{x=1}$$

$$=e^{-x}[\cos(x-1)-\sin(x-1)]\bigg|_{x=1}=e^{-1}$$

$$\frac{\partial z}{\partial y}\bigg|_{\substack{x=1\\y=-1}}=\frac{d}{dy}[\sin(1+y)e^{y}]\bigg|_{y=-1}$$

$$=e^{y}[\cos(1+y)+\sin(1+y)]\bigg|_{y=-1}=e^{-1}$$

或者

将 y 看成常量,对 x 求导得

$$\frac{\partial z}{\partial x}=e^{xy}[\cos(x+y)+y\sin(x+y)]$$

将 x 看成常量,对 y 求导得

$$\frac{\partial z}{\partial y}=e^{xy}[\cos(x+y)+x\sin(x+y)]$$

再将 $x=1,y=-1$ 代入上式得

$$\frac{\partial z}{\partial x}\bigg|_{\substack{x=1\\y=-1}}=e^{-1},\frac{\partial z}{\partial y}\bigg|_{\substack{x=1\\y=-1}}=e^{-1}。$$

【例 3】 设 $z=x^y(x>0,x\neq 1)$,求证:

$$\frac{x}{y}\cdot\frac{\partial z}{\partial x}+\frac{1}{\ln x}\cdot\frac{\partial z}{\partial y}=2z$$

证明:因为 $\dfrac{\partial z}{\partial x}=yx^{y-1},\dfrac{\partial z}{\partial y}=x^y\ln x$,所以

$$\frac{x}{y}\cdot\frac{\partial z}{\partial x}+\frac{1}{\ln x}\cdot\frac{\partial z}{\partial y}=\frac{x}{y}\cdot yx^{y-1}+\frac{1}{\ln x}\cdot x^y\ln x=x^y+x^y=2z$$

【例 4】 求 $z=e^x\sin y+\dfrac{y}{x}$ 的全微分。

解：$dz = d(e^x \sin y) + d\left(\frac{y}{x}\right)$

$= \sin y\, de^x + e^x d\sin y + \frac{x\,dy - y\,dx}{x^2}$

$= e^x \sin y\, dx + e^x \cos y\, dy + \frac{1}{x}dy - \frac{y}{x^2}dx$

$= \left(e^x \sin y - \frac{y}{x^2}\right)dx + \left(e^x \cos y + \frac{1}{x}\right)dy$

【例 5】 设 $z = f(x, y) = e^{-x}\sin\frac{x}{y}$，求 $\left.\frac{\partial^2 z}{\partial x \partial y}\right|_{(2,\frac{1}{\pi})}$。

解：$\frac{\partial z}{\partial x} = -e^{-x}\sin\frac{x}{y} + e^{-x}\cos\frac{x}{y}\cdot\frac{1}{y}$

$\frac{\partial^2 z}{\partial x \partial y} = -e^{-x}\cos\frac{x}{y}\cdot\left(-\frac{x}{y^2}\right) + e^{-x} - \frac{1}{y^2}\cos\frac{x}{y} + e^{-x}\left(-\sin\frac{x}{y}\right)\cdot\left(-\frac{x}{y^3}\right)$

代入，得 $\left.\frac{\partial^2 z}{\partial x \partial y}\right|_{(2,\frac{1}{\pi})} = \frac{\pi^2}{e^2}$。

【例 6】 讨论 $f(x, y) = \begin{cases} \frac{xy}{x^2 + y^2}, & x^2 + y^2 \neq 0 \\ 0 & x^2 + y^2 = 0 \end{cases}$ 在(0,0)处是否可微分。

解：由前面可知：$f_x(x, y) = f_y(x, y) = 0$。

$\Delta z - f_x(0,0)\Delta x - f_y(0,0)\Delta y = \frac{\Delta x \Delta y}{\Delta x^2 + \Delta y^2}$

故 $\lim\limits_{\substack{\Delta x \to 0 \\ \Delta y \to 0}} \frac{\Delta z - z_x \Delta x - z_y \Delta y}{\sqrt{\Delta x^2 + \Delta y^2}} = \lim\limits_{\substack{\Delta x \to 0 \\ \Delta y \to 0}} \frac{\Delta x \Delta y}{(\Delta x^2 + \Delta y^2)^{\frac{3}{2}}} = \infty$，该极限不存在。

所以 $z = f(x, y)$ 在(0,0)处不可微。

【例 7】 设某市场牛肉的需求函数为

$$Q = 4\ 850 - 5P_1 + 0.1M + 1.5P_2$$

其中消费者收入 $M = 10\ 000$，牛肉价格 $P_1 = 10$，相关商品猪肉的价格 $P_2 = 8$。求：

(1) 牛肉需求的价格偏弹性；

(2) 牛肉需求的收入价格偏弹性；

(3) 牛肉需求的交叉价格偏弹性；

(4) 若猪肉价格增加 10%，求牛肉需求量的变化率。

解：当 $M = 10\ 000, P_1 = 10, P_2 = 8$ 时，

$$Q = 4\ 850 - 5 \times 10 + 0.1 \times 10\ 000 + 1.5 \times 8 = 5\ 812$$

(1) 牛肉需求的价格偏弹性为

$$e_{P_1}=\frac{\partial Q}{\partial P_1}\cdot\frac{P_1}{Q}=-5\times\frac{10}{5\ 812}\approx-0.009$$

（2）牛肉需求的收入价格偏弹性为

$$e_M=\frac{\partial Q}{\partial M}\cdot\frac{M}{Q}=0.1\times\frac{10\ 000}{5\ 812}\approx0.172$$

（3）牛肉需求的交叉价格偏弹性为

$$e_{P_2}=\frac{\partial Q}{\partial P_2}\cdot\frac{P_2}{Q}=1.5\times\frac{8}{5\ 812}\approx0.002$$

（4）由需求的交叉价格偏弹性 $e_{P_2}=\frac{\partial Q}{\partial P_2}\cdot\frac{P_2}{Q}$ 得

$$\frac{\partial Q}{Q}=e_{P_2}\cdot\frac{\partial P_2}{P_2}=0.002\times10\%=0.0002=0.02\%$$

即当相关商品猪肉的价格增加 10%，而牛肉价格不变时，牛肉的市场需求量将增加 0.02%。

3.3　多元复合函数与隐函数的微分法

3.3.1　多元复合函数求导法则——链式法则

1. 复合函数的中间变量均为一元函数的情形

定理 3.4　设有函数 $z=f(u,v)$，$u=\varphi(x)$，$v=\psi(x)$。如果函数 $u=\varphi(x)$ 和 $v=\psi(x)$ 都在点 x 处可导，函数 $z=f(u,v)$ 在对应的点 (u,v) 处可微，则复合函数 $z=f(\varphi(x),\psi(x))$ 在点 x 处可导，且

$$\frac{\mathrm{d}z}{\mathrm{d}x}=\frac{\partial f}{\partial u}\frac{\mathrm{d}u}{\mathrm{d}x}+\frac{\partial f}{\partial v}\frac{\mathrm{d}v}{\mathrm{d}x}$$

同样地，可以得到中间变量多于两个的复合函数的求导法则。比如对三元函数 $z=f(u,v,w)$，

而 $u=\varphi(x)$，$v=\psi(x)$，$w=\omega(x)$，则

$$\frac{\mathrm{d}z}{\mathrm{d}x}=\frac{\partial f}{\partial u}\frac{\mathrm{d}u}{\mathrm{d}x}+\frac{\partial f}{\partial v}\frac{\mathrm{d}v}{\mathrm{d}x}+\frac{\partial f}{\partial w}\frac{\mathrm{d}w}{\mathrm{d}x}。$$

注：上述公式称为多元复合函数求导的链式法则。该法则可以借助下面的复合关系图来理解和记忆。

图 3.2

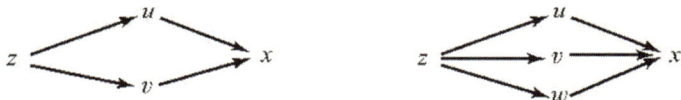

2. 复合函数的中间变量均为多元函数的情形

定理 3.5 设 $z=f(u,v)$，$u=\varphi(x,y)$，$v=\psi(x,y)$，则 $z=f[\varphi(x,y),\psi(x,y)]$，且

$$\frac{\partial z}{\partial x}=\frac{\partial z}{\partial u}\frac{\partial u}{\partial x}+\frac{\partial z}{\partial v}\frac{\partial v}{\partial x}$$

$$\frac{\partial z}{\partial y}=\frac{\partial z}{\partial u}\frac{\partial u}{\partial y}+\frac{\partial z}{\partial v}\frac{\partial v}{\partial y}$$

同样地，若 $u=\varphi(x,y)$，$v=\psi(x,y)$，$w=\omega(x,y)$ 的偏导数都存在，函数 $z=f(u,v,w)$ 可微，则复合函数

$$z=f(\varphi(x,y),\psi(x,y),\omega(x,y))$$

对 x 和 y 的偏导数都存在，且有如下链式法则

$$\begin{cases}\dfrac{\partial z}{\partial x}=\dfrac{\partial z}{\partial u}\dfrac{\partial u}{\partial x}+\dfrac{\partial z}{\partial v}\dfrac{\partial v}{\partial x}+\dfrac{\partial z}{\partial w}\dfrac{\partial w}{\partial x}\\[2ex]\dfrac{\partial z}{\partial y}=\dfrac{\partial z}{\partial u}\dfrac{\partial u}{\partial y}+\dfrac{\partial z}{\partial v}\dfrac{\partial v}{\partial y}+\dfrac{\partial z}{\partial w}\dfrac{\partial w}{\partial y}\end{cases}$$

特别地，若 $z=f(u,x,y)$ 可微，而 $u=\varphi(x,y)$ 的偏导数存在，则复合函数

$$z=f(\varphi(x,y),x,y)$$

对 x 及 y 的偏导数都存在，且有如下链式法则

$$\begin{cases}\dfrac{\partial z}{\partial x}=\dfrac{\partial f}{\partial x}+\dfrac{\partial f}{\partial u}\cdot\dfrac{\partial u}{\partial x}\\[2ex]\dfrac{\partial z}{\partial y}=\dfrac{\partial f}{\partial y}+\dfrac{\partial f}{\partial u}\cdot\dfrac{\partial u}{\partial y}\end{cases}$$

注：此种情形下的链式法则可以借助下面的复合关系图来理解和记忆（见图 3.3）：

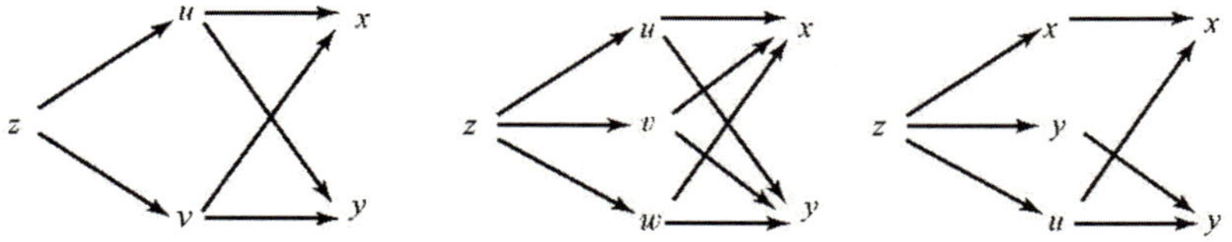

图 3.3

3. 复合函数的中间变量既有一元函数，又有多元函数的情形

定理 3.6 设 $z=f(u,v)$，$u=\varphi(x,y)$，$v=\psi(y)$，则 $z=f[\varphi(x,y),\psi(y)]$，且

$$\frac{\partial z}{\partial x}=\frac{\partial z}{\partial u}\frac{\partial u}{\partial x}$$

$$\frac{\partial z}{\partial y}=\frac{\partial z}{\partial u}\frac{\partial u}{\partial y}+\frac{\partial z}{\partial v}\frac{\mathrm{d}v}{\mathrm{d}y}$$

4. 全微分的形式不变性

我们知道一元函数的一阶微分形式具有不变性，多元函数的一阶全微分形式也具有不变性。

设 $z=f(u,v)$，当 u,v 为自变量时，则有

$$\mathrm{d}z=\frac{\partial f}{\partial u}\mathrm{d}u+\frac{\partial f}{\partial v}\mathrm{d}v$$

如果 u,v 是中间变量，即 $u=\varphi(x,y)$，$v=\psi(x,y)$，则复合函数 $z=f(\varphi(x,y),\psi(x,y))$ 的全微分为

$$\begin{aligned}\mathrm{d}z&=\frac{\partial z}{\partial x}\mathrm{d}x+\frac{\partial z}{\partial y}\mathrm{d}y\\&=\left(\frac{\partial z}{\partial u}\frac{\partial u}{\partial x}+\frac{\partial z}{\partial v}\frac{\partial v}{\partial x}\right)\mathrm{d}x+\left(\frac{\partial z}{\partial u}\frac{\partial u}{\partial y}+\frac{\partial z}{\partial v}\frac{\partial v}{\partial y}\right)\mathrm{d}y\\&=\frac{\partial z}{\partial u}\left(\frac{\partial u}{\partial x}\mathrm{d}x+\frac{\partial u}{\partial y}\mathrm{d}y\right)+\frac{\partial z}{\partial v}\left(\frac{\partial v}{\partial x}\mathrm{d}x+\frac{\partial v}{\partial y}\mathrm{d}y\right)\\&=\frac{\partial z}{\partial u}\mathrm{d}u+\frac{\partial z}{\partial v}\mathrm{d}v\end{aligned}$$

故，无论 z 是自变量 u,v 的函数还是中间变量 u,v 的函数，它的全微分形式都是一样的，这种性质叫做多元函数的一阶全微分形式的不变性。

3.3.2　隐函数的求导法则

1. 一个方程的情形

定理 3.7（隐函数存在定理 1）　设函数 $F(x,y)$ 在点 $P(x_0,y_0)$ 的某一邻域内具有连续偏导数，$F_x(x_0,y_0)=0$，$F_y(x_0,y_0)\neq 0$，则方程 $F(x,y)=0$ 在点 (x_0,y_0) 的某一邻域内恒能唯一确定一个连续且具有连续导数的函数 $y=f(x)$，它满足条件 $y_0=f(x_0)$，并有

$$\frac{\mathrm{d}y}{\mathrm{d}x}=-\frac{F_x}{F_y}$$

2. 方程组的情形

定理 3.8（隐函数存在定理 2）　设函数 $F(x,y,z)$ 在点 $P(x_0,y_0,z_0)$ 的某一邻域内具有连续的偏导数，且 $F(x_0,y_0,z_0)=0$，$F_z(x_0,y_0,z_0)\neq 0$，则方程 $F(x,y,z)=0$ 在点 (x_0,y_0,z_0) 的某一邻域内恒能唯一确定一个连续且具有连续偏导数的函数 $z=f(x,y)$，它满足条件 $z_0=f(x_0,y_0)$，并有

$$\frac{\partial z}{\partial x}=-\frac{F_x}{F_z},\frac{\partial z}{\partial y}=-\frac{F_y}{F_z}$$

3.3.3 典型例题

【例 1】 设 $z=f\left(x,\dfrac{y}{x}\right)$,求$\dfrac{\partial z}{\partial x}$,$\dfrac{\partial z}{\partial y}$。

解:$\dfrac{\partial z}{\partial x}=f_1+f_2\left(-\dfrac{y}{x^2}\right)=f_1-\dfrac{y}{x^2}f_2$

同理:$\dfrac{\partial z}{\partial y}=\dfrac{1}{x}f_2$

【例 2】 设 $u=f(x,y,z)$,$z=g(x,y)$,求$\dfrac{\partial^2 u}{\partial x\partial y}$。

解:$\dfrac{\partial u}{\partial x}=f_1\dfrac{\mathrm{d}x}{\mathrm{d}x}+f_2\dfrac{\mathrm{d}y}{\mathrm{d}x}+f_3\dfrac{\partial z}{\partial x}=f_1\cdot 1+f_2\cdot 0+f_3\dfrac{\partial z}{\partial x}$

$=f_1+f_3\left[\dfrac{\partial g}{\partial x}\dfrac{\mathrm{d}x}{\mathrm{d}x}+\dfrac{\partial g}{\partial y}\dfrac{\mathrm{d}y}{\mathrm{d}x}\right]=f_1+f_3[g_1+g_2\cdot 0]=f_1+f_3g_1$

$$\begin{aligned}\frac{\partial^2 u}{\partial x\partial y}&=\frac{\partial}{\partial y}[f_1(x,y,z)+f_3(x,y,z)g_1(x,y,z)]\\&=f_{12}+f_{13}g_2+g_1f_{32}g_2+f_3g_2\\&=f_{12}+g_2f_{13}+g_1g_2f_{32}+g_{12}f_3\end{aligned}$$

【例 3】 设函数 $z=f(2x-y)+g(x,xy)$,其中函数 $f(t)$ 二阶可导,$g(u,v)$ 具有二阶偏导数,求$\dfrac{\partial^2 z}{\partial x\partial y}$。

解:$\dfrac{\partial z}{\partial x}=2f'(2x-y)+g_1(x,xy)+yg_2(x,xy)$

$$\begin{aligned}\frac{\partial^2 z}{\partial x\partial y}&=\frac{\partial}{\partial y}[2f'(2x-y)+g_1(x,xy)+yg_2(x,xy)]\\&=-2f''(2x-y)+xg_{12}(x,xy)+g_2(x,xy)+xyg_{22}(x,xy)\end{aligned}$$

【例 4】 设 $u=f(x,y,z)$ 具有连续的二阶偏导数,且 $z=z(x,y)$ 由方程:$x\mathrm{e}^x-y\mathrm{e}^y=z\mathrm{e}^z$ 所确定,求 $\mathrm{d}u$。

解:令 $F(x,y,z)=z\mathrm{e}^z-x\mathrm{e}^x+y\mathrm{e}^y$

则$\dfrac{\partial z}{\partial x}=-\dfrac{F_x}{F_z}=-\dfrac{(\mathrm{e}^x+x\mathrm{e}^x)}{\mathrm{e}^z+z\mathrm{e}^z}=\mathrm{e}^{(x-z)}\dfrac{x+1}{z+1}$

$\dfrac{\partial z}{\partial y}=-\dfrac{F_y}{F_z}=-\mathrm{e}^{(x-z)}\dfrac{y+1}{z+1}$

则 $\mathrm{d}u=\left(f_1+f_3\dfrac{\partial z}{\partial x}\right)\mathrm{d}x+\left(f_2+f_3\dfrac{\partial z}{\partial y}\right)\mathrm{d}y$

代入,得 $\mathrm{d}u=\left(f_1+f_3\mathrm{e}^{(x-z)}\dfrac{x+1}{z+1}\right)\mathrm{d}x+\left(f_2-f_3\mathrm{e}^{(y-z)}\dfrac{y+1}{z+1}\right)\mathrm{d}y$

【例 5】　设 $x^2+z^2=y\varphi\left(\frac{z}{y}\right)$,其中 φ 为可微函数,求$\frac{\partial z}{\partial y}$。

解:方程两边同时对 y 求导,得

$$2z\frac{\partial z}{\partial y}=\varphi\left(\frac{z}{y}\right)+y\varphi'\left(\frac{z}{y}\right)\frac{y\cdot\frac{\partial z}{\partial y}-z}{y^2}$$

解得

$$\frac{\partial z}{\partial y}=\frac{y\varphi\left(\frac{z}{y}\right)-z\varphi'\left(\frac{z}{y}\right)}{2yz-y\varphi'\left(\frac{z}{y}\right)}$$

或者　设 $F(x,y,z)=x^2+z^2-y\varphi\left(\frac{z}{y}\right)$,则

$$F'_y=-\varphi-y\varphi\cdot\left(-\frac{x}{y^2}\right)=-\varphi+\frac{z}{y}\varphi'$$

$$F'_z=2z-y\cdot\varphi'\cdot\frac{1}{y}=2z-\varphi'$$

故　$$\frac{\partial z}{\partial y}=-\frac{F'_y}{F'_z}=-\frac{-\varphi+\frac{z}{y}\varphi'}{2z-\varphi'}=\frac{y\varphi-z\varphi'}{2yz-y\varphi'}$$

3.4　多元函数极值

3.4.1　多元函数的极值与最值

1. 极值的定义

定义 3.7　设函数 $z=f(x,y)$ 在点(x_0,y_0)的某个邻域内有定义,如果对于该邻域内任何异于(x_0,y_0)的点(x,y),都有

$$f(x,y)<f(x_0,y_0)\ (\text{或 } f(x,y)>f(x_0,y_0))$$

则称函数在点(x_0,y_0)有极大值(或极小值)$f(x_0,y_0)$。

极大值、极小值统称为极值。使函数取得极值的点称为极值点。

2. 极值存在的条件与步骤

定理 3.9(极值存在的必要条件)　设函数 $z=f(x,y)$ 在点(x_0,y_0)具有偏导数,且在点(x_0,y_0)处有极值,则有

$$f_x(x_0,y_0)=0,f_y(x_0,y_0)=0$$

类似于一元函数,使得 $f_x(x,y)=0$,$f_y(x,y)=0$ 同时成立的点(x_0,y_0)称

为二元函数 $z=f(x,y)$ 的驻点。

定理 3.10(极值存在的充分条件) 设函数 $z=f(x,y)$ 在点(x_0,y_0)的某邻域内连续且有一阶及二阶连续偏导数，又 $f_x(x_0,y_0)=0$，$f_y(x_0,y_0)=0$，令

$$f_{xx}(x_0,y_0)=A,\ f_{xy}(x_0,y_0)=B,\ f_{yy}(x_0,y_0)=C,$$

则 $f(x,y)$ 在(x_0,y_0)处是否取得极值的条件如下：

(1) $AC-B^2>0$ 时具有极值，且当 $A<0$ 时有极大值，当 $A>0$ 时有极小值；

(2) $AC-B^2<0$ 时没有极值；

(3) $AC-B^2=0$ 时可能有极值，也可能没有极值。

从而，求极值的步骤如下：

第一步，解方程组

$$f_x(x,y)=0,\ f_y(x,y)=0$$

求得一切实数解，即可得一切驻点；

第二步，对于每一个驻点(x_0,y_0)，求出二阶偏导数的值 A、B 和 C；

第三步，定出 $AC-B^2$ 的符号，根据结论判定 $f(x_0,y_0)$ 是否是极值。

3. 最值问题

如果 $f(x,y)$ 在有界闭区域 D 上连续，则 $f(x,y)$ 在 D 上必定能取得最大值和最小值。这种使函数取得最大值或最小值的点既可能在 D 的内部，也可能在 D 的边界上。

求最大值和最小值的一般方法是：将函数 $f(x,y)$ 在 D 内的所有驻点处的函数值及在 D 的边界上的最大值和最小值相互比较，其中最大的就是最大值，最小的就是最小值。

在通常遇到的实际问题中，如果根据问题的性质，知道函数 $f(x,y)$ 的最大值(最小值)一定在 D 的内部取得，而函数在 D 内只有一个驻点，那么可以肯定该驻点处的函数值就是函数 $f(x,y)$ 在 D 上的最大值(最小值)。

3.4.2 条件极值——拉格朗日乘数法

定理 3.11(拉格朗日乘数法) 要找函数 $z=f(x,y)$ 在条件 $\varphi(x,y)=0$ 下的可能极值点，可构造辅助函数(**拉格朗日函数**)

$$F(x,y)=f(x,y)+\lambda\varphi(x,y)$$

其中 λ 为某一常数(**拉格朗日乘数**)。然后解方程组

$$\begin{cases}F_x(x,y)=f_x(x,y)+\lambda\varphi_x(x,y)=0\\F_y(x,y)=f_y(x,y)+\lambda\varphi_y(x,y)=0\\\varphi(x,y)=0\end{cases}$$

由这方程组解出 x，y 及 λ，则(x,y)就是所要求的可能的极值点。

3.4.3　典型例题

【例 1】　求 $f(x,y)=x^3-y^3+3x^2+3y^2-9x$ 的极值。

解：由方程组

$$\begin{cases}f'_x(x,y)=3x^2+6x-9=0\\ f'_y(x,y)=-3y^2+6y=0\end{cases}$$

得驻点 $(1,0)$，$(1,2)$，$(-3,0)$，$(-3,2)$。

又 $$f''_{xx}=6x+6,f''_{xy}=0,f''_{yy}=-6y+6,$$

在点 $(1,0)$ 处，$B^2-AC=-72<0$，又 $A=12>0$，所以函数取得极小值 $f(1,0)=-5$；

在点 $(1,2)$ 处，$B^2-AC=72>0$，函数在该点不取得极值；

在点 $(-3,0)$ 处，$B^2-AC=72>0$，该点不是极值点；

在点 $(-3,2)$ 处，$B^2-AC=-72<0$，又 $A=-12<0$，所以函数取得极大值 $f(-3,2)=31$。

【例 2】　某厂要用钢板制造一个容积为 $2\mathrm{m}^3$ 的有盖长方形水箱，问长、宽、高各为多少时能使用料最省？

解：要使得用料最省，即要使得长方体的表面积最小，设水箱的长为 x，宽为 y，则高为 $\frac{2}{xy}$，表面积

$$S=2\left(xy+y\cdot\frac{2}{xy}+x\frac{2}{xy}\right)=2\left(xy+\frac{2}{x}+\frac{2}{y}\right)\quad(x>0,y>0)$$

由 $\begin{cases}S'_x=2\left(y-\dfrac{2}{x^2}\right)=0\\ S'_y=2\left(x-\dfrac{2}{y^2}\right)=0\end{cases}$，得驻点 $(\sqrt[3]{2},\sqrt[3]{2})$。

由题意知，表面积的最小值一定存在，且在开区域 $x>0,y>0$ 的内部取得，故可断定当长为 $\sqrt[3]{2}$，宽为 $\sqrt[3]{2}$，高为 $\frac{2}{\sqrt[3]{2}\sqrt[3]{2}}=\sqrt[3]{2}$ 时，表面积最小，即用料最省的水箱是正方形水箱。

【例 3】　求表面积为 a^2 而体积为最大的长方体的体积。

解：设长方体的三棱的长为 x,y,z，则问题就是在条件

$$2(xy+yz+xz)=a^2$$

下求函数 $V=xyz$ 的最大值。

构成辅助函数

$$F(x,y,z)=xyz+l(2xy+2yz+2xz-a^2)$$

解方程组

$$\begin{cases} F_x(x,y,z)=yz+2\lambda(y+z)=0 \\ F_y(x,y,z)=xz+2\lambda(x+z)=0 \\ F_z(x,y,z)=xy+2\lambda(y+x)=0 \\ 2xy+2yz+2xz=a^2 \end{cases}$$

得 $x=y=z=\dfrac{\sqrt{6}}{6}a$，这是唯一可能的极值点，因为由问题本身可知最大值一定存在。

所以最大值就在这个可能的值点处取得，$V=\dfrac{\sqrt{6}}{36}a^3$。

3.5 二重积分的概念与性质

3.5.1 二重积分的概念

1. 曲顶柱体的体积

设有一空间立体 Ω，它的底是 xOy 面上的有界区域 D，它的侧面是以 D 的边界曲线为准线，而母线平行于 z 轴的柱面，它的顶是曲面 $z=f(x,y)$。

当 $(x,y)\in D$ 时，$f(x,y)$ 在 D 上连续且 $f(x,y)\geqslant 0$，以后称这种立体为曲顶柱体。

曲顶柱体的体积 V 可以这样来计算：

(1) 用任意一组曲线网将区域 D 分成 n 个小区域 $\Delta\sigma_1,\Delta\sigma_2,\cdots,\Delta\sigma_n$，以这些小区域的边界曲线为准线，作母线平行于 z 轴的柱面，这些柱面将原来的曲顶柱体 Ω 分划成 n 个小曲顶柱体 $\Delta\Omega_1,\Delta\Omega_2,\cdots,\Delta\Omega_n$。 如图 3.4 所示。

（假设 $\Delta\sigma_i$ 所对应的小曲顶柱体为 $\Delta\Omega_i$，这里 $\Delta\sigma_i$ 既代表第 i 个小区域，又表示它的面积值，$\Delta\Omega_i$ 既代表第 i 个小曲顶柱体，又代表它的体积值。）

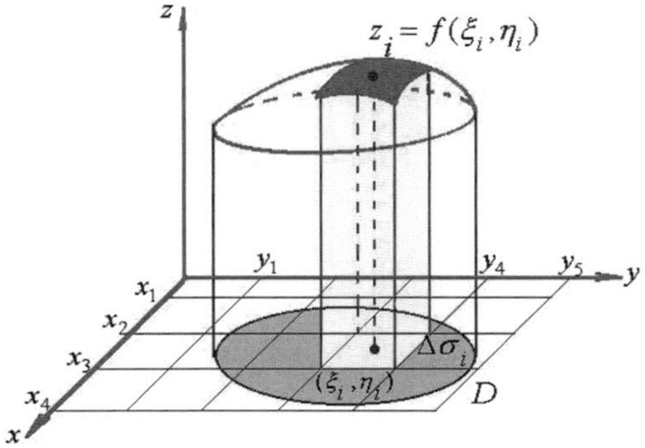

图 3.4

从而 $V=\sum_{i=1}^{n}\Delta\Omega_i$

（将 Ω 化整为零）

（2）由于 $f(x,y)$ 连续，对于同一个小区域来说，函数值的变化不大。因此，可以将小曲顶柱体近似地看作小平顶柱体，于是

$\Delta\Omega_i\approx f(\xi_i\eta_i)\Delta\sigma_i\quad(\forall(\xi_i,\eta_i)\in\Delta\sigma_i)$

（以不变之高代替变高，求 $\Delta\Omega_i$ 的近似值）

（3）整个曲顶柱体的体积近似值为

$$V\approx\sum_{i=1}^{n}f(\xi_i,\eta_i)\Delta\sigma_i$$

（4）为得到 V 的精确值，只需让这 n 个小区域越来越小，即让每个小区域向某点收缩。为此，我们引入区域直径的概念：

一个闭区域的直径是指区域上任意两点距离的最大者。

所谓让区域向一点收缩性地变小，意指让区域的直径趋向于零。

设 n 个小区域直径中的最大者为 λ，则

$$V=\lim_{\lambda\to 0}\sum_{i=1}^{n}f(\xi_i,\eta_i)\Delta\sigma_i$$

2. 二重积分的定义

设 $f(x,y)$ 是闭区域 D 上的有界函数，将区域 D 分成 n 个小区域

$$\Delta\sigma_i,\Delta\sigma_2,\cdots,\Delta\sigma_n$$

其中，$\Delta\sigma_i$ 既表示第 i 个小区域的面积，又表示该区域的直径 d。令

$$\lambda=\max\{d_1,d_2,\cdots,d_n\}$$

作乘积 $f(\xi_i,\eta_i)\Delta\sigma_i\quad(i=1,2,\cdots,n)$，求和式 $\sum_{i=1}^{n}f(\xi_i,\eta_i)\Delta\sigma_i$。若极限 $\lim_{\lambda\to 0}\sum_{i=1}^{n}f(\xi_i,\eta_i)\Delta\sigma_i$ 存在，则称此极限值为函数 $f(x,y)$ 在区域 D 上的二重积分，记作

$$\iint_D f(x,y)\mathrm{d}\sigma$$

即
$$\iint_D f(x,y)\mathrm{d}\sigma=\lim_{\lambda\to 0}\sum_{i=1}^{n}f(x_i,y_i)\Delta\sigma_i$$

其中，$f(x,y)$ 称为被积函数，$f(x,y)\mathrm{d}\sigma$ 称为被积表达式，$\mathrm{d}\sigma$ 称为面积元素，x，y 称为积分变量，D 称为积分区域，$\sum_{i=1}^{n}f(\xi_i,\eta_i)\Delta\sigma_i$ 称为积分和式。

注 1：若 $f(x,y)$ 在闭区域 D 上连续，则 $f(x,y)$ 在 D 上的二重积分存在。

在以后的讨论中(除非特别说明),否则我们总假定在闭区域上的二重积分存在。

注 2:$\iint\limits_D f(x,y)\mathrm{d}\sigma$ 中的面积元素 $\mathrm{d}\sigma$ 象征着积分和式中的 $\Delta\sigma_i$(见图 3.5)。

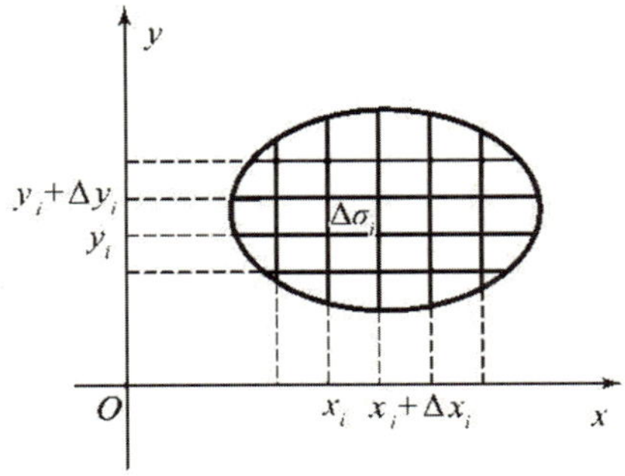

图 3.5

另外,由于二重积分的定义中对区域 D 的划分是任意的,若用一组平行于坐标轴的直线来划分区域 D,那么除了靠近边界曲线的一些小区域之外,绝大多数的小区域都是矩形。因此,可以将 $\mathrm{d}\sigma$ 记作 $\mathrm{d}x\mathrm{d}y$(并称 $\mathrm{d}x\mathrm{d}y$ 为直角坐标系下的面积元素),二重积分也可表示成为 $\iint\limits_D f(x,y)\mathrm{d}x\mathrm{d}y$。

注 3:当 $f(x,y)\geqslant 0$ 且连续时,二重积分 $\iint\limits_D f(x,y)\mathrm{d}\sigma$ 在数值上等于以区域 D 为底,以曲面 $z=f(x,y)$ 为顶的曲顶柱体的体积;当 $f(x,y)\leqslant 0$ 时,二重积分 $\iint\limits_D f(x,y)\mathrm{d}\sigma$ 表示该柱体体积的相反数;当 $f(x,y)$ 有正有负时,二重积分 $\iint\limits_D f(x,y)\mathrm{d}\sigma$ 表示以曲面 $z=f(x,y)$ 为顶,以 D 为底的被 xOy 面分成的上方和下方的曲顶柱体体积的代数和。

3.5.2 二重积分的性质

二重积分与定积分有相类似的性质:

(1)(**线性性质**)若 α,β 为常数,则

$$\iint\limits_D [\alpha f(x,y)+\beta g(x,y)]\mathrm{d}\sigma=\alpha\iint\limits_D f(x,y)\mathrm{d}\sigma+\beta\iint\limits_D g(x,y)\mathrm{d}\sigma$$

(2)(**区域可加性**)若区域 D 分为两个部分区域 D_1,D_2,则

$$\iint\limits_D f(x,y)\mathrm{d}\sigma=\iint\limits_{D_1} f(x,y)\mathrm{d}\sigma+\iint\limits_{D_2} f(x,y)\mathrm{d}\sigma$$

(3) 若在 D 上，$f(x,y)\equiv 1$，σ 为区域 D 的面积，则

$$\iint_D \mathrm{d}x\,\mathrm{d}y=\sigma$$

几何意义：高为 1 的平顶柱体的体积在数值上等于柱体的底面积。

(4)（**保号性**）若在 D 上，$f(x,y)\leqslant\varphi(x,y)$，则有不等式

$$\iint_D f(x,y)\mathrm{d}\sigma\leqslant\iint_D\varphi(x,y)\mathrm{d}\sigma$$

特别地，由于 $-|f(x,y)|\leqslant f(x,y)\leqslant|f(x,y)|$，有

$$\left|\iint_D f(x,y)\mathrm{d}\sigma\right|\leqslant\iint_D|f(x,y)|\mathrm{d}\sigma$$

(5)（**估值不等式**）设 M 与 m 分别是 $f(x,y)$ 在闭区域 D 上最大值和最小值，σ 是 D 的面积，则

$$m\sigma\leqslant\iint_D f(x,y)\mathrm{d}\sigma\leqslant M\sigma$$

(6)（**二重积分的积分中值定理**）设函数 $f(x,y)$ 在闭区域 D 上连续，σ 是 D 的面积，则在 D 上至少存在一点 (ξ,η)，使得

$$\iint_D f(x,y)\mathrm{d}\sigma=f(\xi,\eta)\cdot\sigma$$

3.6　二重积分的计算

3.6.1　直角坐标系下二重积分的计算

1. 若 D 为 X-型区域

设积分区域 D 由曲线 $y=\varphi_1(x)$，$y=\varphi_2(x)$ 及直线 $x=a$，$x=b$ 围成，其中 $a<b$，$\varphi_1(x)$，$\varphi_2(x)$ 在区间 $[a,b]$ 上连续，且 $\varphi_1(x)<\varphi_2(x)$，从而区域 D 可表示为

$$D=\{(x,y)\mid a\leqslant x\leqslant b,\varphi_1(x)\leqslant y\leqslant\varphi_2(x)\}$$

我们称 D 为 X-型区域。这种区域的特点是：穿过 D 内部且平行于 y 轴的直线与 D 的边界的交点不多于两个（见图 3.6）。

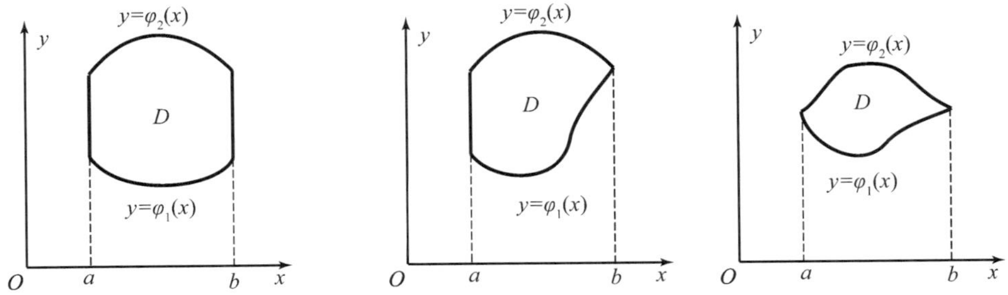

图 3.6

由二重积分的几何意义，$\iint\limits_{D} f(x,y)\mathrm{d}\sigma$ 的值等于以 D 为底，以曲面 $z=f(x,y)$ 为顶的曲顶柱体的体积(见图 3.7)。

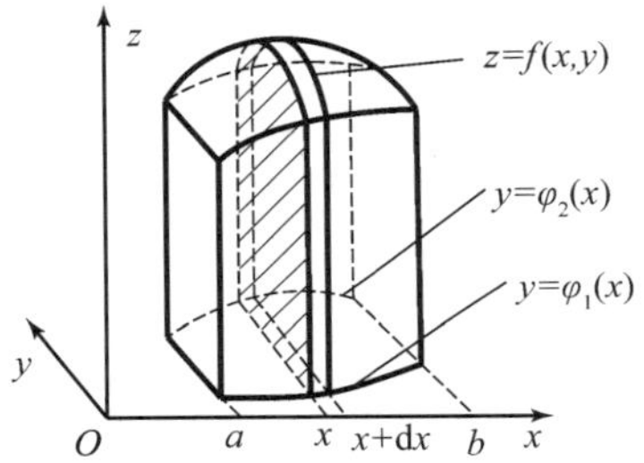

图 3.7

我们用“切片法”来求这个体积。如图 3.7 所示，首先在区间 $[a,b]$ 上任取一子区间 $[x,x+\mathrm{d}x]$，用过点 $(x,0,0)$ 且平行于 yOz 坐标面的平面去截曲顶柱体，截得的截面是以空间曲线 $z=f(x,y)$ 为曲边，以 $[\varphi_1(x),\varphi_2(x)]$ 为底边的曲边梯形。其面积为

$$A(x)=\int_{\varphi_1(x)}^{\varphi_2(x)} f(x,y)\mathrm{d}y$$

再用过点 $[x+\mathrm{d}x,0,0]$ 且平行于 yOz 坐标面的平面去截曲顶柱体，得一夹在两平行平面之间的小曲顶柱体。它们可近似看做以截面面积 $A(x)$ 为底面积，$\mathrm{d}x$ 为高的薄柱体，其体积元素为

$$\mathrm{d}V=A(x)\mathrm{d}x$$

所以曲顶柱体的体积为

$$V=\int_a^b A(x)\mathrm{d}x=\int_a^b\left[\int_{\varphi_1(x)}^{\varphi_2(x)} f(x,y)\mathrm{d}y\right]\mathrm{d}x$$

或记为

$$V=\int_a^b \mathrm{d}x \int_{\varphi_1(x)}^{\varphi_2(x)} f(x,y)\mathrm{d}y$$

于是得到二重积分的计算公式

$$\iint_D f(x,y)\mathrm{d}x\mathrm{d}y=\int_a^b \mathrm{d}x \int_{\varphi_1(x)}^{\varphi_2(x)} f(x,y)\mathrm{d}y$$

上式右端是一个先对 y,后对 x 的累次积分。求内层积分时,将 x 看做常数,y 是积分变量,积分上、下限可以是随 x 变化的函数,积分的结果是 x 的函数。然后再对 x 求外层积分,这时积分上、下限为常数。

2. 若 D 为 Y-型区域

类似地,有

$$\iint_D f(x,y)\mathrm{d}\sigma=\int_c^d \mathrm{d}y \int_{\psi_1(y)}^{\psi_2(y)} f(x,y)\mathrm{d}x$$

3. D 既非 X-型,又非 Y-型区域

则应将 D 划分为若干个无公共内点的小区域,并使每个小区域能表示成 X-型区域或 Y-型区域,再利用二重积分的区域可加性,区域 D 上的二重积分就是这些小区域上的二重积分之和(见图 3.8)。

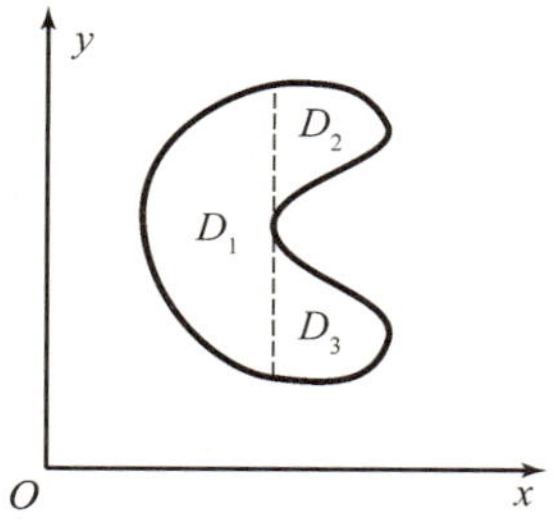

图 3.8

3.6.2　极坐标下计算二重积分

有些二重积分,积分区域 D 的边界曲线用极坐标方程来表示比较方便,且被积函数用极坐标变量 r,θ 表达比较简单。这时我们就可以考虑利用极坐标来计算二重积分 $\iint_D f(x,y)\mathrm{d}\sigma$。

利用二重积分的定义 $\iint_D f(x,y)\mathrm{d}\sigma=\lim_{\lambda\to 0}\sum_{i=1}^{n} f(\xi_i,\eta_i)\Delta\sigma_i$ 来研究这个和的极限在极坐标系下的形式。

以从极点 O 出发的一族射线及以极点为中心的一族同心圆构成的网将区域 D 分为 n 个小闭区域,如图 3.9 所示。

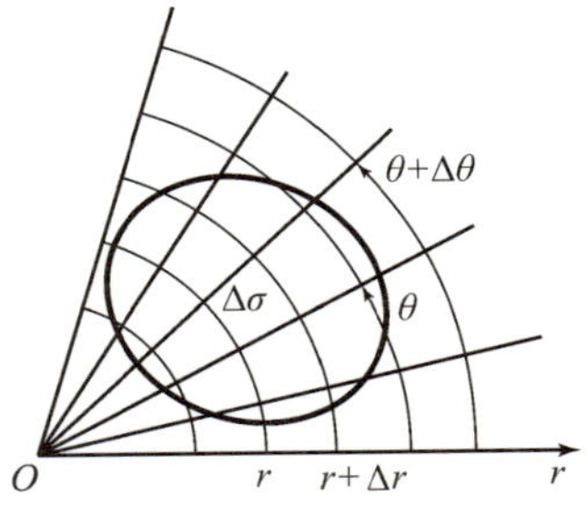

图 3.9

小闭区域的面积为：

$$\Delta\sigma_i=\frac{1}{2}(r_i+\Delta r_i)^2\cdot\Delta\theta_i-\frac{1}{2}\cdot r_i^2\cdot\Delta\theta_i=\frac{1}{2}(2r_i+\Delta r_i)\Delta r_i\cdot\Delta\theta_i$$

$$=\frac{r_i+(r_i+\Delta r_i)}{2}\cdot\Delta r_i\cdot\Delta\theta_i=\bar{r}_i\Delta r_i\Delta\theta_i$$

其中$\bar{r}_i$表示相邻两圆弧的半径的平均值。

在 $\Delta\sigma_i$ 内取点$(\bar{r}_i,\bar{\theta}_i)$，设其直角坐标为$(\xi_i,\eta_i)$，则有 $\xi_i=\bar{r}_i\cos\bar{\theta}_i,\eta_i=\bar{r}_i\sin\bar{\theta}_i$。

于是 $\lim\limits_{\lambda\to 0}\sum\limits_{i=1}^{n}f(\xi_i,\eta_i)\Delta\sigma_i=\lim\limits_{\lambda\to 0}\sum\limits_{i=1}^{n}f(\bar{r}_i\cos\bar{\theta}_i,\bar{r}_i\sin\bar{\theta}_i)\,\bar{r}_i\Delta r_i\Delta\theta_i$

即 $\iint\limits_D f(x,y)\mathrm{d}\sigma=\iint\limits_D f(r\cos\theta,r\sin\theta)r\,\mathrm{d}r\,\mathrm{d}\theta$。

若积分区域 D 可表示为$\varphi_1(\theta)\leqslant\rho\leqslant\varphi_2(\theta),\alpha\leqslant\theta\leqslant\beta$，

则 $\iint\limits_D f(r\cos\theta,r\sin\theta)r\,\mathrm{d}r\,\mathrm{d}\theta=\int_\alpha^\beta\mathrm{d}\theta\int_{\varphi_1(\theta)}^{\varphi_2(\theta)}f(r\cos\theta,r\sin\theta)r\,\mathrm{d}r$

(1) 极点 O 在区域 D 之外，且 D 由射线 $\theta=\alpha,\theta=\beta$ 和两条连续曲线 $r=r_1(\theta),r=r_2(\theta)$ 围成。此时

$$\iint\limits_D f(r\cos\theta,r\sin\theta)r\,\mathrm{d}r\,\mathrm{d}\theta=\int_\alpha^\beta\mathrm{d}\theta\int_{r_1(\theta)}^{r_2(\theta)}f(r\cos\theta,r\sin\theta)r\,\mathrm{d}r$$

(2) 极点O在区域D的边界上，且D由射线$\theta=\alpha,\theta=\beta$和连续曲线$r=r(\theta)$所围成，我们有

$$\iint\limits_{D^{\cdot}} f(r\cos\theta,r\sin\theta)r\,\mathrm{d}r\,\mathrm{d}\theta=\int_\alpha^\beta\mathrm{d}\theta\int_0^{r(\theta)}f(r\cos\theta,r\sin\theta)r\,\mathrm{d}r$$

(3) 极点O在区域D内，且D的边界曲线为连续封闭曲线$r=r(\theta)(0\leqslant\theta\leqslant 2\pi)$，有

$$\iint_{D^*} f(r\cos\theta, r\sin\theta) r\,\mathrm{d}r\,\mathrm{d}\theta = \int_0^{2\pi}\mathrm{d}\theta\int_0^{r(\theta)} f(r\cos\theta, r\sin\theta) r\,\mathrm{d}r$$

3.6.3　典型例题

【例 1】　计算$\iint_D xy^2\,\mathrm{d}x\,\mathrm{d}y$，其中 D 是由直线 $y=x$，$x=1$，$y=0$ 围成的区域。

解：区域 D 如图 3.10 所示。

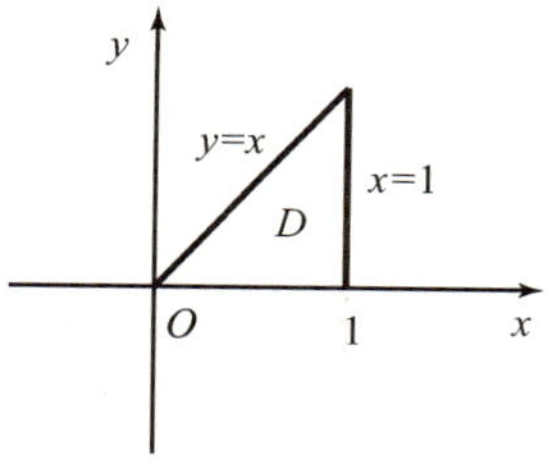

图 3.10

$$\iint_D xy^2\,\mathrm{d}x\,\mathrm{d}y = \int_0^1\mathrm{d}x\int_0^x xy^2\,\mathrm{d}y = \int_0^1 x\cdot\left(\frac{y^3}{3}\bigg|_0^x\right)\mathrm{d}x = \int_0^1\frac{1}{3}x^4\,\mathrm{d}x = \frac{1}{15}$$

或者

$$\iint_D xy^2\,\mathrm{d}x\,\mathrm{d}y = \int_0^1\mathrm{d}y\int_y^1 xy^2\,\mathrm{d}x = \int_0^1 y^2\cdot\left(\frac{x^2}{2}\bigg|_y^1\right)\mathrm{d}y = \int_0^1\left(\frac{y^2}{2}-\frac{y^4}{2}\right)\mathrm{d}y = \frac{1}{15}$$

【例 2】　计算二重积分$\iint_D \frac{\sin y}{y}\mathrm{d}x\,\mathrm{d}y$，其中 D 由直线 $y=1$，$y=x$，$x=0$ 围成。

解：区域 D 如图 3.11 所示。

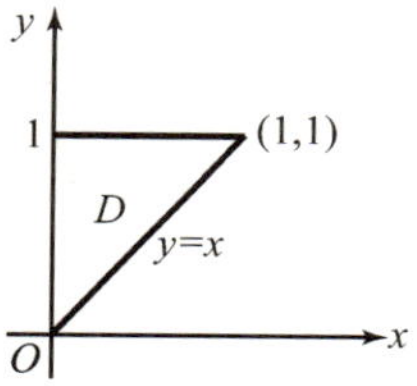

图 3.11

$$\iint_D \frac{\sin y}{y}\mathrm{d}x\,\mathrm{d}y = \int_0^1\mathrm{d}y\int_0^y\frac{\sin y}{y}\mathrm{d}x = \int_0^1\frac{\sin y}{y}\left(x\bigg|_0^y\right)\mathrm{d}y = \int_0^1\sin y\,\mathrm{d}y = 1-\cos 1$$

【例 3】　计算二重积分$\iint_D |y-x^2|\,\mathrm{d}\sigma$，其中 D 为矩形区域：$-1\leqslant x\leqslant 1$，$0\leqslant y\leqslant 1$。

解：积分区域 D 划分为 D_1 与 D_2，如图 3.12 所示。

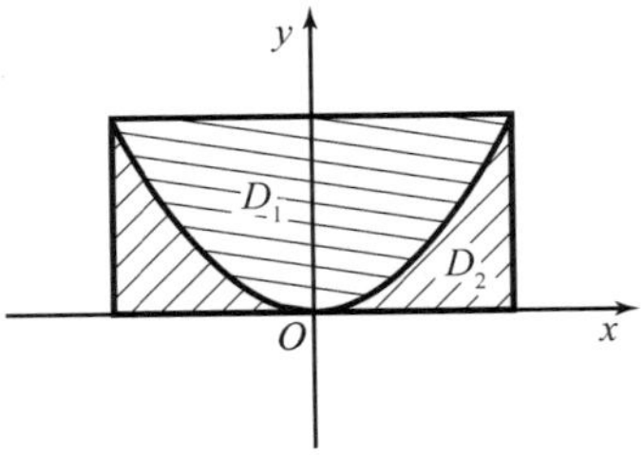

图 3.12

$$\iint_D |y-x^2|\,d\sigma=\iint_{D_1}(y-x^2)\,dx\,dy+\iint_{D_2}(x^2-y)\,dx\,dy$$
$$=\int_{-1}^{1}dx\int_{x^2}^{1}(y-x^2)\,dy+\int_{-1}^{1}dx\int_{0}^{x^2}(x^2-y)\,dy$$
$$=\int_{-1}^{1}\left(\frac{y^2}{2}-x^2y\right)\Big|_{x^2}^{1}dx+\int_{-1}^{1}\left(x^2y-\frac{y^2}{2}\right)\Big|_{0}^{x^2}dx$$
$$=\int_{-1}^{1}\left(\frac{1}{2}-x^2+x^4\right)dx=\frac{11}{15}$$

【例 4】 求$\iint_D(\sqrt{x^2+y^2}+y)\,d\sigma$，其中 D 是由圆 $x^2+y^2=4$ 和$(x+1)^2+y^2=1$ 所围成的平面区域。

解：积分区域 D 如图 3.13 所示。

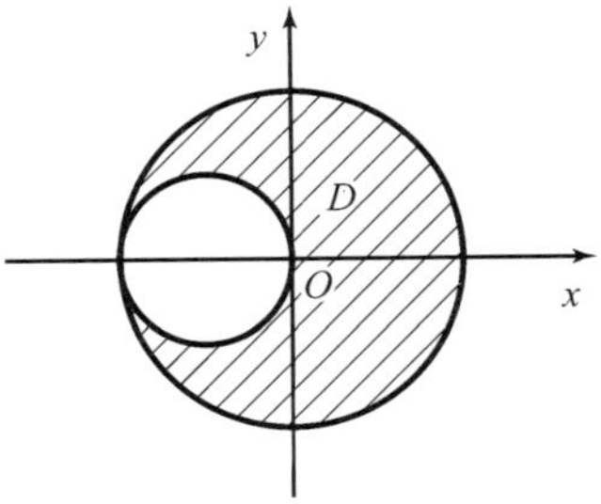

图 3.13

$$\iint_D(\sqrt{x^2+y^2}+y)\,d\sigma=\iint_D\sqrt{x^2+y^2}\,d\sigma$$
$$=\iint_{D_1}\sqrt{x^2+y^2}\,d\sigma-\iint_{D_2}\sqrt{x^2+y^2}\,d\sigma$$
$$=\int_0^{2\pi}d\theta\int_0^2 r^2\,dr-\int_{\frac{\pi}{2}}^{\frac{3\pi}{2}}d\theta\int_0^{-2\cos\theta}r^2\,d\theta$$

$$=\frac{16}{3}\pi-\frac{32}{9}$$

【例 5】　计算二重积分$\iint\limits_D \frac{y}{x}\mathrm{d}\sigma$，其中积分区域 $D=\{(x,y)\mid 1\leqslant x^2+y^2\leqslant -2x\}$。

解：积分区域 D 如图 3.14 所示。

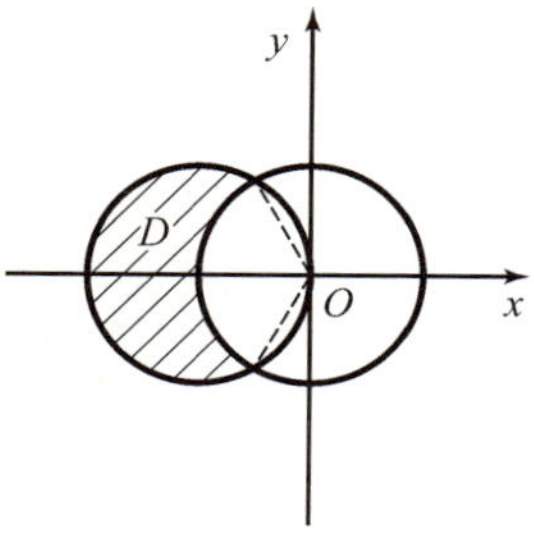

图 3.14

$$\iint\limits_D \frac{y}{x}\mathrm{d}\sigma=\iint\limits_D \tan\theta\cdot r\cdot \mathrm{d}r\mathrm{d}\theta=\int_{\frac{2\pi}{3}}^{\frac{4\pi}{3}}\mathrm{d}\theta\int_1^{-2\cos\theta}\tan\theta\cdot r\mathrm{d}r$$

$$=\int_{\frac{2\pi}{3}}^{\frac{4\pi}{3}}\tan\theta\left(\frac{1}{2}r^2\Big|_1^{-2\cos\theta}\right)\mathrm{d}\theta=\int_{\frac{2\pi}{3}}^{\frac{4\pi}{3}}\tan\theta\left(2\cos^2\theta-\frac{1}{2}\right)\mathrm{d}\theta$$

$$=\left(-\frac{1}{2}\cos 2\theta+\frac{1}{2}\ln|\cos\theta|\right)\Big|_{\frac{2\pi}{3}}^{\frac{4\pi}{3}}$$

$$=-\frac{1}{2}\cos\frac{8\pi}{3}+\frac{1}{2}\cos\frac{4\pi}{3}+\frac{1}{2}\ln\left|\cos\frac{4\pi}{3}\right|-\frac{1}{2}\ln\left|\cos\frac{2\pi}{3}\right|$$

$$=0$$

习题 3

1. 计算下列函数的偏导数

(1) 设 $z=f\left(xy,\dfrac{x}{y}\right)+g\left(\dfrac{y}{x}\right)$，其中 p,q 均可微，求$\dfrac{\partial z}{\partial x}$。

(2) 设函数 $z=f(u,x,y)$，$u=xe^{y}$，其中 f 有二阶连续偏导数，求$\dfrac{\partial^2 z}{\partial x\partial y}$。

(3) 函数 $f(u,v)$ 的值由关系式 $f[xg(y),y]=x+g(y)$ 确定，其中函数 $g(y)$ 可微，且 $g(y)\neq 0$，求$\dfrac{\partial^2 f}{\partial u\partial v}$。

(4) 已知 $f(x,y)=x^2\arctan\dfrac{y}{x}-y^2\arctan\dfrac{x}{y}$，求$\dfrac{\partial^2 y}{\partial x\partial y}$。

(5) 设 $z=x^3 f\left(xy,\dfrac{y}{x}\right)$，$f$ 具有连续二阶偏导数，求$\dfrac{\partial z}{\partial y}$，$\dfrac{\partial^2 z}{\partial y^2}$ 及$\dfrac{\partial^2 z}{\partial x\partial y}$。

(6) 设 $z=(x^2+2y^2)e^{-\arctan\frac{y}{x}}$，求 dz 与$\dfrac{\partial^2 z}{\partial x\partial y}$。

(7) 设 $f(u,v)$ 是二元可微函数，$z=f\left(\dfrac{y}{x},\dfrac{x}{y}\right)$，求 $x\dfrac{\partial z}{\partial x}-y\dfrac{\partial z}{\partial y}$。

(8) 设 $z=\sin(xy)+\varphi\left(x,\dfrac{x}{y}\right)$，求$\dfrac{\partial^2 z}{\partial x\partial y}$。其中 $\varphi(u,v)$ 有二阶偏导数。

(9) 设 $f(x,y)=\int_0^{xy}e^{-t^2}dt$，求$\dfrac{x}{y}\dfrac{\partial^2 f}{\partial x^2}-2\dfrac{\partial^2 f}{\partial x\partial y}+\dfrac{y}{x}\dfrac{\partial^2 f}{\partial y^2}$。

(10) 设 $z=\sin(xy)+\varphi\left(x,\dfrac{x}{y}\right)$，求$\dfrac{\partial^2 z}{\partial x\partial y}$。其中 $\varphi(u,v)$ 有二阶偏导数。

2. 求下列全微分

(1) 函数 $z=f(x,y)$，满足$\lim\limits_{\substack{x\to 0\\ y\to 0}}\dfrac{f(x,y)-2x+y-2}{\sqrt{x^2+(y-1)^2}}=0$，求 $dz\Big|_{(0,1)}$。

(2) 由方程 $xyz+\sqrt{x^2+y^2+z^2}=\sqrt{2}$ 所确定的函数 $z=(x,y)$ 在点$(1,0,-1)$处的全微分。

(3) 设 $z=f(x,y)$ 是由方程 $z-y-x+xe^{z-y-x}=0$ 所确定的二元函数，求 dz。

(4) 设 $z=e^{\sin xy}$，求 dz。

(5) 由方程 $xyz+\sqrt{x^2+y^2+z^2}=\sqrt{2}$ 所确定的函数 $z=(x,y)$ 在点$(1,0,-1)$处的全微分。

3. 计算下列二重积分

(1) 计算二重积分 $I=\iint_D y\mathrm{d}x\mathrm{d}y$，其中 D 是由 x 轴，y 轴与曲线 $\sqrt{\frac{x}{a}}+\sqrt{\frac{y}{b}}=1$ 所围成的区域；$a>0,b>0$。

(2) 设平面内区域 D 由直线 $x=3y,y=3x$ 及 $x+y=8$ 围成，计算 $\iint_D x^2\mathrm{d}x\mathrm{d}y$。

(3) 计算二重积分 $\iint_D (x+y)^3\mathrm{d}x\mathrm{d}y$，其中 D 由曲线 $x=\sqrt{1+y^2}$ 与直线 $x+\sqrt{2}y=0$ 及 $x-\sqrt{2}y=0$ 围成。

(4) 计算二重积分 $\iint_D \mathrm{e}^x xy\mathrm{d}x\mathrm{d}y$，其中 D 为由曲线 $y=\sqrt{x}$ 与 $y=\frac{1}{\sqrt{x}}$ 所围区域。

(5) 设 $D=\{(x,y)\mid x^2+y^2\leqslant 1\}$，则 $\iint_D (x^2-y)\mathrm{d}x\mathrm{d}y$。

(6) 计算二重积分 $\iint_D y\mathrm{d}x\mathrm{d}y$，其中 D 是由 $x=-2,y=0,y=2$ 以及曲线 $x=\sqrt{2y-y^2}$ 所围成的平面区域。

(7) 计算二重积分 $\iint_D (x+y)\mathrm{d}x\mathrm{d}y$，其中 $D=\{(x,y)\mid x^2+y^2\leqslant x+y+1\}$。

(8) 计算 $\iint_D \max(xy,1)\mathrm{d}x\mathrm{d}y$，其中 $D=\{(x,y)\mid 0\leqslant x\leqslant 2,0\leqslant y\leqslant 2\}$。

(9) 计算二重积分 $\iint_D |x^2+y^2-1|\mathrm{d}\sigma$，其中 $D=\{(x,y)\mid 0\leqslant x\leqslant 1,0\leqslant y\leqslant 1\}$。

(10) 求二重积分函数 $\iint_D \frac{1-x^2-y^2}{1+x^2+y^2}\mathrm{d}x\mathrm{d}y$，其中 D 是 $x^2+y^2=1,x=0,y=0$ 所围成的区域在第 Ⅰ 象限部分。

(11) 二重积分 $I=\iint_D \mathrm{e}^{-(x^2+y^2-\pi)}\sin(x^2+y^2)\mathrm{d}x\mathrm{d}y$，其中积分域 $D=\{(x,y)\mid x^2+y^2\leqslant\pi\}$。

4. 已知 $xy=xf(z)+yg(z)$，$xf'(z)+yg'(z)\neq 0$，其中 $z=z(x,y)$ 是 x,y 的函数。求证：$[x-g(z)]\frac{\partial z}{\partial x}=[y-f(z)]\frac{\partial z}{\partial y}$。

5. 设函数 $f(t)$ 在 $[0,+\infty)$ 上连续，且满足方程

$f(t)=\mathrm{e}^{4\pi t^2}+\iint\limits_{x^2+y^2\leqslant 4t^2} f\left(\frac{1}{2}\sqrt{x^2+y^2}\right)\mathrm{d}x\mathrm{d}y$，求 $f(t)$。

6. 设 $f(u,v)$ 具有二阶连续偏导数，且满足 $\frac{\partial^2 f}{\partial u^2}+\frac{\partial^2 f}{\partial v^2}=1$，又 $g(x,y)=f\left[xy,\frac{1}{2}(x^2-y^2)\right]$，求 $\frac{\partial^2 g}{\partial x^2}+\frac{\partial^2 g}{\partial y^2}$。

7. 设 $z=f(2x-y,y\sin x)$，其中 $f(u,v)$ 具有连续的二阶偏导数，求 $\frac{\partial^2 z}{\partial x\partial y}$。

8. 交换下列积分次序

(1) 设函数 $f(t)$ 连续，则二次积分 $\int_0^{\frac{\pi}{2}}\mathrm{d}\theta\int_{2\cos\theta}^{2}f(r^2)r\mathrm{d}r$ 化为先 y 后 x 的二次积分。

(2) 设函数 $f(x,y)$ 连续，则二次积分 $\int_{\frac{\pi}{2}}^{\pi}\mathrm{d}x\int_{\sin x}^{1}f(x,y)\mathrm{d}y$ 交换积分次序。

9. 设函数 $z=f(u)$，方程 $u=\varphi(u)+\int_y^x p(t)\mathrm{d}t$ 确定 u 是 x,y 的函数，其中 $f(u)$，$\varphi(u)$ 可微，$p(t)$，$\varphi'(u)$ 连续，且 $\varphi'(u)\neq 1$，求 $p(y)\frac{\partial z}{\partial x}+p(x)\frac{\partial z}{\partial y}$。

10. 求二元函数 $f(x,y)=x^2(2+y^2)+y\ln y$ 的极值。

11. 设 $u=yf\left(\frac{x}{y}\right)+xg\left(\frac{y}{x}\right)$，其中 f,g 具有二阶连续导数，求 $x\frac{\partial^2 u}{\partial x^2}+y\frac{\partial^2 u}{\partial x\partial y}$。

12. 设 $f(x,y)$ 连续，且 $f(x,y)=xy+\iint\limits_D f(u,v)\mathrm{d}u\mathrm{d}v$，其中 D 是由 $y=0$，$y=x^2$，$x=1$ 所围区域，则求 $f(x,y)$。

13. 设 $I_1=\iint\limits_D\cos\sqrt{x^2+y^2}\,\mathrm{d}\sigma$，$I_2=\iint\limits_D\cos(x^2+y^2)\mathrm{d}\sigma$，$I_3=\iint\limits_D\cos(x^2+y^2)^2\mathrm{d}\sigma$，其中 $D=\{(x,y)\mid x^2+y^2\leqslant 1\}$，则比较 I_3,I_2,I_1 的大小。

14. 设 D_k 是圆域 $D=\{(x,y)\mid x^2+y^2\leqslant 1\}$ 位于第 k 象限的部分，记 $I_k=\iint\limits_{D_k}(y-x)\mathrm{d}x\mathrm{d}y\,(k=1,2,3,4)$，则判断 I_1,I_2,I_3 的正负。

第 4 章 无穷级数

4.1 常数项级数

4.1.1 常数项级数的概念

1. 常数项级数及其收敛

定义 4.1 设有一个无穷数列 $u_1,u_2,\cdots,u_n,\cdots$,则称

$$u_1+u_2+\cdots+u_n+\cdots$$

为常数项级数或无穷级数(也常简称级数),其中 u_n 称为常数项级数的通项。常数项级数也常简写为 $\sum_{n=1}^{\infty}u_n$ 或 $\sum u_n$。

求常数项级数 $\sum_{n=1}^{\infty}u_n$ 的前 n 项之和:

$$S_n=u_1+u_2+\cdots+u_n=\sum_{k=1}^{n}u_k$$

则,S_n 称为级数 $\sum_{n=1}^{\infty}u_n$ 第 n 个部分和,简称部分和。当 n 依次取 1,2,3,… 时,它们构成一个新的数列:

$$S_1=u_1,S_2=u_1+u_2,S_3=u_1+u_2+u_3,\cdots,S_n=u_1+u_2+\cdots+u_n,\cdots$$

定义 4.2 若常数项级数 $\sum_{n=1}^{\infty}u_n$ 的部分和数列 $\{S_n\}$ 收敛于 S,即 $\lim\limits_{n\to\infty}S_n=S$,则称常数项级数 $\sum_{n=1}^{\infty}u_n$ 收敛,称 S 为常数项级数 $\sum_{n=1}^{\infty}u_n$ 的和,即

$$S=u_1+u_2+\cdots+u_n+\cdots=\sum u_n$$

若部分和数列 $\{S_n\}$ 是发散的,则称常数项级数 $\sum_{n=1}^{\infty}u_n$ 发散。

注 1:当级数收敛时,其部分和 S_n 是级数的和 S 的近似值,它们之间的误差

$$r_n=S-S_n=u_{n+1}+u_{n+2}+\cdots$$

叫做级数 $\sum_{n=1}^{\infty}u_n$ 的余项。

注 2:级数$\sum\limits_{n=1}^{\infty}u_n$与数列$\{S_n\}$同时收敛或同时发散,且在收敛时,有$\sum\limits_{n=1}^{\infty}u_n=\lim\limits_{n\to\infty}S_n$,即$\sum\limits_{n=1}^{\infty}u_n=\lim\limits_{n\to\infty}\sum\limits_{k=1}^{n}u_k$。

注 3:几何级数(也称为等比级数)$\sum\limits_{n=0}^{\infty}aq^n=a+aq+aq^2+\cdots+aq^n+\cdots(a\neq 0)$的敛散性:

$$\sum_{n=0}^{\infty}aq^n=\lim_{n\to\infty}S_n=\lim_{n\to\infty}\left(\frac{a}{1-q}-\frac{aq^n}{1-q}\right)=\begin{cases}\dfrac{a}{1-q}, & |q|<1\\ \text{不存在}, & |q|\geqslant 1\end{cases}$$

2. 无穷级数的性质

性质 1. 若级数$\sum u_n$与$\sum v_n$分别收敛于u和v,c,d为常数,则由它们的项的线性组合所得到的级数$\sum(cu_n+dv_n)$也收敛,且

$$\sum(cu_n+dv_n)=c\sum u_n\pm d\sum v_n=cu\pm dv$$

即其和为$cu\pm dv$。

性质 2. 去掉、增加或改变级数$\sum u_n$的有限个项并不改变级数的敛散性。

注:一个级数$\sum u_n$是否收敛与级数前面有限项的取值无关。但是对于收敛级数来说,去掉或增加有限项后,级数的和S一般是发生了变化的。

性质 3. 在收敛级数$\sum u_n$的项中任意加括号,既不改变级数的收敛性,也不改变它的和S。

注:从级数加括号后的收敛性,不能推断它在未加括号前也收敛。例如,$(1-1)+(1-1)+\cdots+(1-1)+\cdots=0+0+\cdots+0+\cdots=0$是收敛,但级数$1-1+1-1+\cdots$却是发散的。

性质 4.(收敛级数的必要条件) 若级数$\sum u_n$收敛,则有$\lim\limits_{n\to\infty}u_n=0$。

注:其逆否命题也是成立的。即,如果$\lim\limits_{n\to\infty}u_n\neq 0$,则$\sum\limits_{n=1}^{\infty}u_n$必定发散,例如,级数$\sum\limits_{n=1}^{\infty}\dfrac{n}{n+1}$,它的通项$\dfrac{n}{n+1}\to 1\neq 0(n\to\infty)$,因此该级数发散。从而该逆否命题常用来直接判断级数$\sum u_n$是发散的。即,级数的一般项趋于零并不是级数收敛的充分条件。

4.1.2 正项级数敛散性判别法

现在我们先讨论各项u_n都是正数或零的级数$\sum u_n$,这种级数称为正项

级数。

定理 4.1　正项级数 $\sum_{n=1}^{\infty} u_n$ 收敛的充分必要条件是它的部分和数列 $\{S_n\}$ 有界。

定理 4.2（比较判别法）　设 $\sum_{n=1}^{\infty} u_n$ 和 $\sum_{n=1}^{\infty} v_n$ 是两个正项级数，如果存在某正数 N，对一切 $n > N$，都有 $u_n \leqslant v_n$，那么：

(1) 若级数 $\sum_{n=1}^{\infty} v_n$ 收敛，则级数 $\sum_{n=1}^{\infty} u_n$ 也收敛；

(2) 若级数 $\sum_{n=1}^{\infty} u_n$ 发散，则级数 $\sum_{n=1}^{\infty} v_n$ 也发散。

注：比较判别法的难点就是要找出合适的用来比较的级数。

p 级数 $1+\frac{1}{2^p}+\frac{1}{3^p}+\cdots+\frac{1}{n^p}+\cdots$ 经常作为比较判别法中的参照级数：当 $p \leqslant 1$ 时，发散；当 $p > 1$ 时，收敛。

定理 4.3（比式判别法）　若 $\sum_{n=1}^{\infty} u_n$ 为正项级数，且 $\lim\limits_{n\to\infty}\frac{u_{n+1}}{u_n}=q$，则：

(1) 当 $q < 1$ 时，级数 $\sum_{n=1}^{\infty} u_n$ 收敛；

(2) 当 $q > 1$ 或 $q = +\infty$ 时，级数 $\sum_{n=1}^{\infty} u_n$ 发散；

(3) 当 $q = 1$ 时，级数 $\sum_{n=1}^{\infty} u_n$ 可能收敛也可能发散。

定理 4.4（根式判别法）　若 $\sum_{n=1}^{\infty} u_n$ 为正项级数，且 $\lim\limits_{n\to\infty}\sqrt[n]{u_n}=q$，则：

(1) 当 $q < 1$ 时，级数 $\sum_{n=1}^{\infty} u_n$ 收敛；

(2) 当 $q > 1$ 或 $q = +\infty$ 时，级数 $\sum_{n=1}^{\infty} u_n$ 发散；

(3) 当 $q = 1$ 时，级数 $\sum_{n=1}^{\infty} u_n$ 可能收敛也可能发散。

注：凡能由比式判别法判别敛散性的级数，它也能用根式判别法判断，因而根式判别法较比式判别法更有效。因为当 $\lim\limits_{n\to\infty}\frac{u_{n+1}}{u_n}=q$ 时，必可推导出 $\lim\limits_{n\to\infty}\sqrt[n]{u_n}=q$。

4.1.3 绝对收敛与条件收敛

1. 交错级数及其敛散性

定义 4.3 若级数的各项符号正负相间,即

$\sum_{n=1}^{\infty}(-1)^{n-1}u_n=u_1-u_2+u_3-u_4+\cdots+(-1)^{n-1}u_n+\cdots(u_n>0,n=1,2,\cdots)$ 则称之为交错级数。

定理 4.5(莱布尼兹判别法) 设交错项级数 $\sum_{n=1}^{\infty}(-1)^{n-1}u_n$ 满足条件:

(1) $u_1\geqslant u_2\geqslant u_3\cdots$,即数列$\{u_n\}$单调递减;

(2) $\lim\limits_{n\to\infty}u_n=0$;

则交错级数 $\sum_{n=1}^{\infty}(-1)^{n-1}u_n$ 是收敛的,且它的和 $S\leqslant u_1$。

2. 绝对收敛、条件收敛

定义 4.4 若级数 $\sum_{n=1}^{\infty}u_n=u_1+u_2+\cdots+u_n+\cdots$ 的各项的绝对值所组成的级数 $\sum_{n=1}^{\infty}|u_n|=|u_1|+|u_2|+\cdots+|u_n|+\cdots$ 收敛,则称原级数 $\sum_{n=1}^{\infty}u_n$ **绝对收敛**。若级数 $\sum_{n=1}^{\infty}u_n$ 收敛,而级数 $\sum_{n=1}^{\infty}|u_n|$ 发散,则称原级数 $\sum_{n=1}^{\infty}u_n$ **条件收敛**。

注 1:由级数的绝对收敛可知:绝对收敛的级数 $\sum_{n=1}^{\infty}u_n$ 也一定收敛。

注 2:由级数的条件收敛可知:若级数 $\sum_{n=1}^{\infty}|u_n|$ 发散,则 $\sum_{n=1}^{\infty}u_n$ 未必发散。

注 3:显然,全体收敛级数可以分为绝对收敛级数与条件收敛级数两大类。

4.1.4 典型例题

【例 1】 讨论等比级数(几何级数)

$$\sum_{n=0}^{\infty}aq^n=a+aq+aq^2+\cdots+aq^n+\cdots$$

的敛散性,其中 $a\neq 0$。

解:如果 $q\neq 1$,则部分和

$$s_n=a+aq+aq^2+\cdots+aq^{n-1}=\frac{a-aq^n}{1-q}=\frac{a}{1-q}-\frac{aq^n}{1-q}$$

当 $|q|<1$ 时,因为 $\lim\limits_{n\to\infty}s_n=\frac{a}{1-q}$,所以此时级数 $\sum_{n=0}^{\infty}aq^n$ 收敛,其和

为$\dfrac{a}{1-q}$。

当$|q|>1$时,因为$\lim\limits_{n\to\infty}s_n=\infty$,所以此时级数$\sum\limits_{n=0}^{\infty}aq^n$发散。

如果$|q|=1$,则当$q=1$时,$s_n=na\to\infty$,因此级数$\sum\limits_{n=0}^{\infty}aq^n$发散;

当$q=-1$时,级数$\sum\limits_{n=0}^{\infty}aq^n$成为$a-a+a-a+\cdots$;

当$|q|=1$时,因为s_n随着n为奇数或偶数而等于a或零,所以s_n的极限不存在,从而这时级数$\sum\limits_{n=0}^{\infty}aq^n$也发散。

综上所述,级数$\sum\limits_{n=0}^{\infty}aq^n=\begin{cases}\dfrac{a}{1-q}, & |q|<1\\ \infty, & |q|\geqslant 1\end{cases}$

【例 2】　证明调和级数

$$\sum_{n=1}^{\infty}\frac{1}{n}=1+\frac{1}{2}+\frac{1}{3}+\cdots+\frac{1}{n}+\cdots$$

是发散的。

证明:假若级数$\sum\limits_{n=1}^{\infty}\dfrac{1}{n}$收敛且其和为$s$,$s_n$是它的部分和。

显然有$\lim\limits_{n\to\infty}s_n=s$及$\lim\limits_{n\to\infty}s_{2n}=s$,于是$\lim\limits_{n\to\infty}(s_{2n}-s_n)=0$。

但另一方面,

$$s_{2n}-s_n=\frac{1}{n+1}+\frac{1}{n+2}+\cdots+\frac{1}{2n}>\frac{1}{2n}+\frac{1}{2n}+\cdots+\frac{1}{2n}=\frac{1}{2}$$

故$\lim\limits_{n\to\infty}(s_{2n}-s_n)\neq 0$,矛盾。

这矛盾说明级数$\sum\limits_{n=1}^{\infty}\dfrac{1}{n}$必定发散。

【例 3】　判别级数$\sum\limits_{n=1}^{\infty}\sin\dfrac{1}{n}$的收敛性。

解:因为$\lim\limits_{n\to\infty}\dfrac{\sin\dfrac{1}{n}}{\dfrac{1}{n}}=1$,而级数$\sum\limits_{n=1}^{\infty}\dfrac{1}{n}$发散,根据比较判别法的极限形式,级数$\sum\limits_{n=1}^{\infty}\sin\dfrac{1}{n}$发散。

【例 4】　判别级数$\sum nx^{n-1}\ (x>0)$的收敛性。

解：由于$\lim\limits_{n\to\infty}\dfrac{u_{n+1}}{u_n}=\lim\limits_{n\to\infty}\dfrac{(n+1)x^n}{nx^{n-1}}=\lim\limits_{n\to\infty}x\cdot\dfrac{n+1}{n}=x$，故由比式判别法知：

当$0<x<1$时，$\sum nx^{n-1}$收敛；

当$x>1$时，$\sum nx^{n-1}$发散；

当$x=1$时，$\sum nx^{n-1}=\sum n$发散。

【例 5】 判别级数$\sum\limits_{n=1}^{\infty}\ln\left(1+\dfrac{1}{n^2}\right)$的收敛性。

解：因为$\lim\limits_{n\to\infty}\dfrac{\ln\left(1+\dfrac{1}{n^2}\right)}{\dfrac{1}{n^2}}=1$，而级数$\sum\limits_{n=1}^{\infty}\dfrac{1}{n^2}$收敛，根据比较判别法的极限形式，级数$\sum\limits_{n=1}^{\infty}\ln\left(1+\dfrac{1}{n^2}\right)$收敛。

【例 6】 判别级数$\sum\limits_{n=1}^{\infty}\dfrac{5^n n!}{n^n}$的收敛性。

解：由于

$$\lim_{n\to\infty}\frac{u_{n+1}}{u_n}=\lim_{n\to\infty}\frac{\dfrac{5^{n+1}(n+1)!}{(n+1)^{n+1}}}{\dfrac{5^n\cdot n!}{n^n}}$$

$$=\lim_{n\to\infty}5\cdot\left(\frac{n}{n+1}\right)^n$$

$$=\lim_{n\to\infty}5\cdot\left[\frac{1}{\left(1+\dfrac{1}{n}\right)^n}\right]=\frac{5}{e}>1$$

故原级数发散。

【例 7】 判别级数$\sum\limits_{n=1}^{\infty}\dfrac{\sin nx}{n^2}$的收敛性。

解：由$u_n=\dfrac{\sin nx}{n^2}$得$|u_n|=\dfrac{|\sin nx|}{n^2}\leqslant\dfrac{1}{n^2}$

而级数$\sum\limits_{n=1}^{\infty}\dfrac{1}{n^2}$收敛，故由比较原则知$\sum\limits_{n=1}^{\infty}|u_n|$收敛，从而原级数$\sum\limits_{n=1}^{\infty}\dfrac{\sin nx}{n^2}$收敛，并且为绝对收敛。

【例 8】 判别级数$1-\dfrac{1}{3}+\dfrac{1}{5}-\dfrac{1}{7}+\cdots$的收敛性。

解：$u_n=\frac{1}{2n-1}$，$\lim\limits_{n\to\infty}u_n=0$，且

$$u_{n+1}-u_n=\frac{1}{2n+1}-\frac{1}{2n-1}=\frac{-2}{(2n+1)(2n-1)}<0$$

故 $u_n\geqslant u_{n+1}$，根据莱布尼兹判别法，知原级数收敛。

又因为 $\left|(-1)^{n-1}\frac{1}{2n-1}\right|=\frac{1}{2n-1}>\frac{1}{2n}$，而级数 $\sum\limits_{n=1}^{\infty}\frac{1}{2n}=\frac{1}{2}\sum\limits_{n=1}^{\infty}\frac{1}{n}$ 发散，由比较原则知级数 $\sum\limits_{n=1}^{\infty}\frac{1}{2n-1}$ 发散。

故原级数为条件收敛。

4.2　幂级数

4.2.1　函数项级数的概念

1. 函数项级数的定义

定义 4.5　给定一个定义在区间 I 上的函数列 $\{u_n(x)\}$，由这函数列构成的表达式

$$u_1(x)+u_2(x)+u_3(x)+\cdots+u_n(x)+\cdots$$

称为定义在区间 I 上的(函数项) 级数，记为 $\sum\limits_{n=1}^{\infty}u_n(x)$。

对于区间 I 内的一定点 x_0，若常数项级数 $\sum\limits_{n=1}^{\infty}u_n(x_0)$ 收敛，则称点 x_0 是级数 $\sum\limits_{n=1}^{\infty}u_n(x)$ 的收敛点；若常数项级数 $\sum\limits_{n=1}^{\infty}u_n(x_0)$ 发散，则称点 x_0 是级数 $\sum\limits_{n=1}^{\infty}u_n(x)$ 的发散点。

函数项级数 $\sum\limits_{n=1}^{\infty}u_n(x)$ 的所有收敛点形成的集合称为 $\sum\limits_{n=1}^{\infty}u_n(x)$ 的收敛域；所有发散点形成的集合称为 $\sum\limits_{n=1}^{\infty}u_n(x)$ 的发散域。

2. 和函数

定义 4.6　在收敛域上，函数项级数 $\sum\limits_{n=1}^{\infty}u_n(x)$ 的和是 x 的函数 $s(x)$，$s(x)$ 称为函数项级数 $\sum\limits_{n=1}^{\infty}u_n(x)$ 的和函数，并写成 $s(x)=\sum\limits_{n=1}^{\infty}u_n(x)$。

函数项级数$\sum_{n=1}^{\infty}u_n(x)$的前$n$项的部分和记作$s_n(x)$，即

$$s_n(x)=u_1(x)+u_2(x)+u_3(x)+\cdots+u_n(x)$$

在收敛域上有$\lim_{n\to\infty}s_n(x)=s(x)$。

函数项级数$\sum_{n=1}^{\infty}u_n(x)$的和函数$s(x)$与部分和$s_n(x)$的差叫做函数项级数$\sum_{n=1}^{\infty}u_n(x)$的余项。在收敛域上有$\lim_{n\to\infty}r_n(x)=0$。

4.2.2 幂级数及其敛散性

1. 幂级数的定义

定义 4.7 形如

$$\sum_{n=1}^{\infty}a_n(x-x_0)^n=a_0+a_1(x-x_0)+a_2(x-x_0)^2+\cdots+a_n(x-x_0)^n+\cdots$$

的函数项级数称为x在x_0处的幂级数。

令$t=x-x_0$，则x在x_0处的幂级数可化为幂级数

$$\sum_{n=0}^{\infty}a_nx^n=a_0+a_1x+\cdots+a_nx^n+\cdots$$

其中$a_0,a_1,\cdots,a_n,\cdots$都是常数，称为幂级数的系数，$a_nx^n$称为幂级数的通项。

注：今后如无特殊说明，我们一律讨论这种形式的幂级数$\sum_{n=0}^{\infty}a_nx^n$。

显然，任何一个幂级数在$x=0$处肯定是收敛的。

对于每一个确定的实数x_0，幂级数$\sum_{n=0}^{\infty}a_nx^n$成为常数项级数：

$$\sum_{n=0}^{\infty}a_nx_0{}^n=a_0+a_1x_0+\cdots+a_nx_0{}^n+\cdots$$

而这个常数项级数如果收敛，则称点x_0是幂级数$\sum_{n=0}^{\infty}a_nx^n$的收敛点；如果$\sum_{n=0}^{\infty}a_nx_0{}^n$发散，则称点$x_0$是幂级数$\sum_{n=0}^{\infty}a_nx^n$的发散点。幂级数$\sum_{n=0}^{\infty}a_nx^n$的所有收敛点所组成的集合称为它的收敛域$I$；所有发散点所组成的集合称为它的发散域。

在收敛域上，幂级数的和是x的函数$S(x)$，也就是幂级数$\sum_{n=0}^{\infty}a_nx^n$的和函数，其定义域就是级数$\sum_{n=0}^{\infty}a_nx^n$的收敛域$I$，并记为$S(x)=\sum_{n=0}^{\infty}a_nx^n$，　$x\in I$。

定理4.6(阿贝尔定理)　如果幂级数 $\sum_{n=0}^{\infty} a_n x^n$ 不是仅在 $x=0$ 处收敛，也不是在整个数轴上都收敛，则必有一个确定的正数 R，使得

(1) 当 $|x|<R$ 时，幂级数收敛；

(2) 当 $|x|>R$ 时，幂级数发散；

(3) 当 $x=R$ 和 $x=-R$ 时，幂级数可能收敛，也可能发散。

注 1：这里的正数 R 通常叫做幂级数 $\sum_{n=0}^{\infty} a_n x^n$ 的收敛半径，开区间 $(-R,R)$ 叫做幂级数 $\sum_{n=0}^{\infty} a_n x^n$ 的收敛区间，再由幂级数在 $x=\pm R$ 处是否收敛来决定它的收敛域 I。

注 2：如果幂级数 $\sum_{n=0}^{\infty} a_n x^n$ 只在 $x=0$ 处收敛，此时收敛域只有一点 $x=0$，为方便起见，规定它的收敛半径为 $R=0$。

注 3：如果幂级数 $\sum_{n=0}^{\infty} a_n x^n$ 对一切 $x\in \mathbf{R}$ 都收敛，则规定收敛半径 $R=+\infty$，此时收敛域是 $(-\infty,+\infty)$。

定理 4.7　如果 $\lim\limits_{n\to\infty}\left|\frac{a_{n+1}}{a_n}\right|=\rho$，其中 a_n, a_{n+1} 是幂级数 $\sum_{n=0}^{\infty} a_n x^n$ 的相邻两项的系数，则这幂级数的收敛半径

$$R=\begin{cases} +\infty, & \rho=0 \\ \dfrac{1}{\rho}, & \rho\neq 0 \\ 0, & \rho=+\infty \end{cases}$$

注：R 的计算一定是利用 $\sum_{n=0}^{\infty} a_n x^n$ 的相邻两项（系数数列的前项与后项）的比值，即 $\lim\limits_{n\to\infty}\left|\frac{a_n}{a_{n+1}}\right|=R$。

2. 幂级数的性质

设幂级数 $\sum_{n=0}^{\infty} a_n x^n$ 和 $\sum_{n=0}^{\infty} b_n x^n$ 的收敛区间分别是 $(-R_1,R_1)$ 和 $(-R_2,R_2)$，和函数分别为 $S_1(x)$ 与 $S_2(x)$，即 $S_1(x)=\sum_{n=0}^{\infty} a_n x^n\ (|x|<R_1)$，$S_2(x)=\sum_{n=0}^{\infty} b_n x^n\ (|x|<R_2)$。

性质 1. 两个幂级数在公共的收敛区域内，其和或差也是收敛的，并且和函

数为相对应的两个和函数的和与差。即

设 $R=\min\{R_1,R_2\}$,则

$$\sum_{n=0}^{\infty}a_nx^n\pm\sum_{n=0}^{\infty}b_nx^n=\sum_{n=0}^{\infty}(a_n\pm b_n)x^n=S_1(x)\pm S_2(x),|x|<R。$$

性质 2. 两个幂级数在其公共的收敛区域内,其积仍为收敛幂级数,并且和函数为对应的两个和函数之积。即

设 $R=\min\{R_1,R_2\}$,则

$$\left(\sum_{n=0}^{\infty}a_nx^n\right)\left(\sum_{n=0}^{\infty}b_nx^n\right)=S_1(x)S_2(x),|x|<R。$$

性质 3. 幂级数 $\sum\limits_{n=0}^{\infty}a_nx^n$ 在其收敛域$(-R_1,R_1)$内可以逐项求导,而且求导后的幂级数的收敛半径与原级数的收敛半径相同,即

$$\left(\sum_{n=0}^{\infty}a_nx^n\right)'=\sum_{n=0}^{\infty}(a_nx^n)'=\sum_{n=0}^{\infty}na_nx^{n-1}=S'_1(x),\ |x|<R_1。$$

性质 4. 幂级数 $\sum\limits_{n=0}^{\infty}a_nx^n$ 在收敛区域$(-R_1,R_1)$内可以逐项积分,而且积分后所得的幂级数的收敛半径与原级数的收敛半径相同,即

$$\int_0^x\left(\sum_{n=0}^{\infty}a_nx^n\right)\mathrm{d}x=\sum_{n=0}^{\infty}\int_0^x a_nx^n\mathrm{d}x=\sum_{n=0}^{\infty}\frac{1}{n+1}a_nx^{n+1}=\int_0^x S(x)\mathrm{d}x,$$

$|x|<R_1$。

4.2.3 典型例题

【例 1】 求幂级数

$$\sum_{n=1}^{\infty}(-1)^{n-1}\frac{x^n}{n}=x-\frac{x^2}{2}+\frac{x^3}{3}-\cdots+(-1)^{n-1}\frac{x^n}{n}+\cdots$$

的收敛半径与收敛域。

解:因为 $\rho=\lim\limits_{n\to\infty}\left|\dfrac{a_{n+1}}{a_n}\right|=\lim\limits_{n\to\infty}\dfrac{\dfrac{1}{n+1}}{\dfrac{1}{n}}=1$,所以收敛半径为 $R=\dfrac{1}{\rho}=1$。

当 $x=1$ 时,幂级数成为$\sum\limits_{n=1}^{\infty}(-1)^{n-1}\dfrac{1}{n}$,是收敛的;

当 $x=-1$ 时,幂级数成为$\sum\limits_{n=1}^{\infty}\left(-\dfrac{1}{n}\right)$,是发散的。因此,收敛域为$(-1,1]$。

【例 2】 求幂级数$\sum\limits_{n=0}^{\infty}\dfrac{(2n)!}{(n!)^2}x^{2n}$ 的收敛半径。

解：级数缺少奇次幂的项，幂级数的一般项记为 $u_n(x)=\frac{(2n)!}{(n!)^2}x^{2n}$

因为 $\lim\limits_{n\to\infty}\left|\frac{u_{n+1}(x)}{u_n(x)}\right|=\lim\limits_{n\to\infty}\frac{u_{n+1}(x)}{u_n(x)}$

$$=\lim_{n\to\infty}\frac{\frac{[2(n+1)]!}{[(n+1)!]^2}x^{2(n+1)}}{\frac{(2n)!}{(n!)^2}x^{2n}}$$

$$=\lim_{n\to\infty}\frac{(2n+2)(2n+1)}{(n+1)^2}x^2=4|x|^2$$

当 $4|x|^2<1$，即 $|x|<\frac{1}{2}$ 时级数收敛；当 $4|x|^2>1$，即 $|x|>\frac{1}{2}$ 时级数发散；所以收敛半径为 $R=\frac{1}{2}$。

【例 3】　求幂级数 $\sum\limits_{n=1}^{\infty}\frac{(x-1)^n}{2^n n}$ 的收敛域。

解：令 $t=x-1$，上述级数变为 $\sum\limits_{n=1}^{\infty}\frac{t^n}{2^n n}$

因为 $\rho=\lim\limits_{n\to\infty}\left|\frac{a_{n+1}}{a_n}\right|=\frac{2^n\cdot n}{2^{n+1}\cdot(n+1)}=\frac{1}{2}$

所以收敛半径 $R=2$。

当 $t=2$ 时，级数成为 $\sum\limits_{n=1}^{\infty}\frac{1}{n}$，此级数发散；

当 $t=-2$ 时，级数成为 $\sum\limits_{n=1}^{\infty}\frac{(-1)}{n}$，此级数收敛；因此，级数 $\sum\limits_{n=1}^{\infty}\frac{t^n}{2^n n}$ 的收敛域为 $-2\leqslant t<2$。因为 $t=x-1$，即 $-2\leqslant x-1<2$，$-1\leqslant x<3$，所以原级数的收敛域为 $[-1,3)$。

【例 4】　求幂级数 $\sum\limits_{n=0}^{\infty}\frac{1}{n+1}x^n$ 的和函数。

解：求得幂级数的收敛域为 $[-1,1)$。设和函数为 $s(x)$，即 $s(x)=\sum\limits_{n=0}^{\infty}\frac{1}{n+1}x^n$，$x\in[-1,1)$，显然 $s(0)=1$。

在 $xs(x)=\sum\limits_{n=0}^{\infty}\frac{1}{n+1}x^{n+1}$ 的两边求导得

$$[xs(x)]'=\sum_{n=0}^{\infty}\left(\frac{1}{n+1}x^{n+1}\right)'=\sum_{n=0}^{\infty}x^n=\frac{1}{1-x}$$

对上式从 0 到 x 积分，得

$$xs(x)=\int_0^x \frac{1}{1-x}dx=-\ln(1-x)$$

于是，当 $x\neq 0$ 时，有 $s(x)=-\frac{1}{x}\ln(1-x)$。从而

$$s(x)=\begin{cases}-\frac{1}{x}\ln(1-x), & 0<|x|<1\\ 1, & x=0\end{cases}$$

因为 $xs(x)=\sum_{n=0}^{\infty}\frac{1}{n+1}x^{n+1}=\int_0^x\left[\sum_{n=0}^{\infty}\frac{1}{n+1}x^{n+1}\right]'dx$

$$=\int_0^x\sum_{n=0}^{\infty}x^n dx=\int_0^x\frac{1}{1-x}dx=-\ln(1-x)$$

所以，当 $x\neq 0$ 时，有 $s(x)=-\frac{1}{x}\ln(1-x)$，从而

$$s(x)=\begin{cases}-\frac{1}{x}\ln(1-x), & 0<|x|<1\\ 1, & x=0\end{cases}$$

4.3 函数的幂级数展开

4.3.1 泰勒级数

在前面导数应用部分的泰勒(Tayor)中值定理中知道：

若函数 $f(x)$ 在点 x_0 的某邻域内存在直到 $n+1$ 阶的连续导数，则 $f(x)=f(x_0)+f'(x_0)(x-x_0)+\frac{f''(x_0)}{2!}(x-x_0)^2+\cdots+\frac{f^{(n)}(x_0)}{n!}(x-x_0)^n+\cdots$

在 x_0 的某邻域内，$f(x)$ 可以用 n 次多项式：

$f(x)=f(x_0)+f'(x_0)(x-x_0)+\cdots+\frac{f^{(n)}(x_0)}{n!}(x-x_0)^n$ 来近似。

定理 4.8 如果函数 $f(x)$ 在 $x=x_0$ 处存在任意阶的导数，这时称形如 $f(x_0)+f'(x_0)(x-x_0)+\frac{f''(x_0)}{2!}(x-x_0)^2+\cdots+\frac{f^{(n)}(x_0)}{n!}(x-x_0)^n+\cdots$ 的级数为函数 $f(x)$ 在点 x_0 的泰勒级数。也称为函数 $f(x)$ 在 $x=x_0$ 处的泰勒展开式，或称幂级数展开式。

特别地，当 $x_0=0$ 时，我们称级数 $f(0)+f'(0)+\frac{f''(0)}{2!}(x)^2+\cdots+\frac{f^{(n)}(0)}{n!}(x)^n+\cdots$

为函数 $f(x)$ 的麦克劳林级数或者麦克劳林展开式。

注 1：设函数 $f(x)$ 在点 x_0 的某个邻域内可以展开成幂级数，则幂级数是唯一的。

注 2：若 $f(x)$ 为幂级数 $\sum\limits_{n=0}^{\infty}a_nx^n$ 在收敛区间 $(-R,R)$ 上的和函数，则 $\sum a_nx^n$ 就是 $f(x)$ 在 $(-R,R)$ 上的泰勒展开式。

4.3.2　初等函数的幂级数展开式

1. *直接方法*

求解步骤:

第一步，求出 $f(x)$ 的各阶导数：$f'(x),f''(x),\cdots,f^{(n)}(x),\cdots$；

第二步，求函数及其各阶导数在 $x=0$ 处的值：$f(0),f'(0),f''(0),\cdots,f^{(n)}(0),\cdots$；

第三步，写出幂级数：$f(0)+f'(0)x+\frac{f''(0)}{2!}x^2+\cdots+\frac{f^{(n)}(0)}{n!}x^n+\cdots$，并求出收敛半径 R；

第四步，考察在区间 $(-R,R)$ 内时是否 $R_n(x)\to 0, n\to\infty$，即

$$\lim_{n\to\infty}R_n(x)=\lim_{n\to\infty}\frac{f^{(n+1)}(\xi)}{(n+1)!}x^{n+1}$$

是否为零。如果 $R_n(x)\to 0, n\to\infty$，则 $f(x)$ 在 $(-R,R)$ 内有幂级数展开式。

注：常见的幂级数展开式：

(1) $e^x=1+x+\frac{x^2}{2!}+\cdots+\frac{x^n}{n!}+\cdots\quad(|x|<\infty)$

(2) $\sin x=x-\frac{x^3}{3!}+\frac{x^5}{5!}+\cdots+(-1)^{n+1}\frac{x^{2n-1}}{(2n-1)!}+\cdots\quad(|x|<\infty)$

(3) $\cos x=1-\frac{x^2}{2!}+\frac{x^4}{4!}+\cdots+(-1)^n\frac{x^{2n}}{(2n)!}+\cdots\quad(|x|<\infty)$

(4) $(1+x)^\alpha=1+\alpha x+\frac{\alpha(\alpha-1)}{2!}x^2+\cdots+\frac{\alpha(\alpha-1)\cdots(\alpha-n+1)}{n!}x^n+\cdots$

(5) $\frac{1}{1+x}=1-x+x^2+\cdots+(-1)^nx^n+\cdots\quad x\in(-1,1)$

(6) $\dfrac{1}{\sqrt{1+x}}=1-\dfrac{1}{2}x+\dfrac{1\cdot 3}{2\cdot 4}x^2-\dfrac{1\cdot 3\cdot 5}{2\cdot 4\cdot 6}x^3\cdots \quad x\in(-1,1]$

(7) $\ln(1+x)=x-\dfrac{x^2}{2}+\dfrac{x^3}{3}-\dfrac{x^4}{4}+\cdots+(-1)^n\dfrac{x^{n+1}}{n+1}+\cdots \ (-1<x\leqslant 1)$

2. 间接方法

求解步骤：利用常见函数的幂级数展开式以及幂级数的逐项可导或者逐项可积来转化计算。例如：

由常见函数的幂级数展开式：

$$\frac{1}{1+x}=1-x+x^2+\cdots+(-1)^n x^n+\cdots, x\in(-1,1)$$

令 $x=t^2$，得

$$\frac{1}{1+x^2}=1-x^2+x^4+\cdots+(-1)^n x^{2n}+\cdots, x\in(-1,1)$$

从而，有

$$\arctan x=\int_0^x\frac{dt}{1+t^2}=x-\frac{1}{3}x^3+\frac{1}{5}x^5+\cdots+(-1)^n\frac{x^{2x+1}}{2n+1}+\cdots, x\in(-1,1)$$

或者，求函数 $f(x)=\dfrac{1}{x^2+4x+3}$ 展开成 $(x-1)$ 的幂级数：

$$f(x)=\frac{1}{x^2+4x+3}=\frac{1}{(x+1)(x+3)}=\frac{1}{2(x+1)}-\frac{1}{2(x+3)}$$

$$=\frac{1}{2}\left(\frac{1}{x+1}-\frac{1}{x+3}\right)=\frac{1}{2}\left[\frac{1}{2+(x-1)}-\frac{1}{4+(x-1)}\right]$$

$$=\frac{1}{2}\left(\frac{1}{2}\cdot\frac{1}{1+\frac{x-1}{2}}-\frac{1}{4}\cdot\frac{1}{1+\frac{x-1}{4}}\right)$$

$$=\frac{1}{4\left(1+\frac{x-1}{2}\right)}-\frac{1}{8\left(1+\frac{x-1}{4}\right)}$$

而 $\dfrac{1}{4\left(1+\frac{x-1}{2}\right)}=\dfrac{1}{4}\sum\limits_{n=0}^{\infty}\dfrac{(-1)^n}{2^n}(x-1)^n \quad (-1<x<3)$

$$\frac{1}{8\left(1+\frac{x-1}{4}\right)}=\frac{1}{8}\sum_{n=0}^{\infty}\frac{(-1)^n}{4^n}(x-1)^n \quad (-3<x<5)$$

故 $f(x)=\dfrac{1}{x^2+4x+3}$

$$=\sum_{n=0}^{\infty}(-1)^n\left(\frac{1}{2^{n+2}}-\frac{1}{2^{2n+3}}\right)(x-1)^n\quad(-1<x<3)。$$

4.3.3　典型例题

【例 1】　将函数 $f(x)=\sin x$ 展开成 x 的幂级数。

解：$f^{(n)}(x)=\sin\left(x+\frac{n\pi}{2}\right),(n=1,2,\cdots)$

令 $x_0=0$，知 $f^{(2n)}(0)=0,f^{(2n-1)}(0)=(-1)^{n+1}$。

则 $\sin x=x-\frac{x^3}{3!}+\frac{x^5}{5!}+\cdots+(-1)^{n+1}\frac{x^{2n-1}}{(2n-1)!}+\cdots\quad(|x|<\infty)$

同理可得：在$(-\infty,+\infty)$内，有

$\cos x=1-\frac{x^2}{2!}+\frac{x^4}{4!}+\cdots+(-1)^n\frac{x^{2n}}{(2n)!}+\cdots\quad(|x|<\infty)$

【例 2】　将函数 $f(x)=\ln(1+x)$ 展开成 x 的幂级数。

解：因为 $f'(x)=\frac{1}{1+x}$，而$\frac{1}{1+x}$是收敛的等比级数$\sum_{n=0}^{\infty}(-1)^n x^n(-1<x<1)$的和函数：

$$\frac{1}{1+x}=1-x+x^2-x^3+\cdots+(-1)^n x^n+\cdots$$

所以将上式从 0 到 x 逐项积分，得

$$\ln(1+x)=x-\frac{x^2}{2}+\frac{x^3}{3}-\frac{x^4}{4}+\cdots+(-1)^n\frac{x^{n+1}}{n+1}+\cdots\quad(-1<x\leqslant 1)$$

【例 3】　将函数 $\sin x$ 展开成$\left(x-\frac{\pi}{4}\right)$的幂级数。

解：由于 $\sin x=\sin\left[\frac{\pi}{4}+\left(x-\frac{\pi}{4}\right)\right]$

$$=\sin\frac{\pi}{4}\cos\left(x-\frac{\pi}{4}\right)+\cos\frac{\pi}{4}\sin\left(x-\frac{\pi}{4}\right)$$

$$=\frac{1}{\sqrt{2}}\left[\cos\left(x-\frac{\pi}{4}\right)+\sin\left(x-\frac{\pi}{4}\right)\right]$$

且有

$$\cos\left(x-\frac{\pi}{4}\right)=1-\frac{\left(x-\frac{\pi}{4}\right)^2}{2!}+\frac{\left(x-\frac{\pi}{4}\right)^2}{4!}+\cdots\quad(-\infty<x<+\infty)$$

$$\sin\left(x-\frac{\pi}{4}\right)=\left(x-\frac{\pi}{4}\right)-\frac{\left(x-\frac{\pi}{4}\right)^3}{3!}+\frac{\left(x-\frac{\pi}{4}\right)^5}{5!}+\cdots\quad(-\infty<x<+\infty)$$

所以

$$\sin x=\frac{1}{\sqrt{2}}\left[1+\left(x-\frac{\pi}{4}\right)-\frac{\left(x-\frac{\pi}{4}\right)^2}{2!}-\frac{\left(x-\frac{\pi}{4}\right)^3}{3!}+\cdots\right]\quad(-\infty<x<+\infty)$$

【例 4】 将函数 $f(x)=\frac{1}{x^2+4x+3}$ 展开成 $(x-1)$ 的幂级数。

解：
$$\begin{aligned}f(x)&=\frac{1}{x^2+4x+3}=\frac{1}{(x+1)(x+3)}\\&=\frac{1}{2(x+1)}-\frac{1}{2(x+3)}=\frac{1}{2}\left(\frac{1}{x+1}-\frac{1}{x+3}\right)\\&=\frac{1}{2}\left[\frac{1}{2+(x-1)}-\frac{1}{4+(x-1)}\right]\\&=\frac{1}{2}\left(\frac{1}{2}\cdot\frac{1}{1+\frac{x-1}{2}}-\frac{1}{4}\cdot\frac{1}{1+\frac{x-1}{4}}\right)\\&=\frac{1}{4\left(1+\frac{x-1}{2}\right)}-\frac{1}{8\left(1+\frac{x-1}{4}\right)}\end{aligned}$$

而 $$\frac{1}{4\left(1+\frac{x-1}{2}\right)}=\frac{1}{4}\sum_{n=0}^{\infty}\frac{(-1)^n}{2^n}(x-1)^n\quad(-1<x<3)$$

$$\frac{1}{8\left(1+\frac{x-1}{4}\right)}=\frac{1}{8}\sum_{n=0}^{\infty}\frac{(-1)^n}{4^n}(x-1)^n\quad(-3<x<5)$$

故 $$\begin{aligned}f(x)&=\frac{1}{x^2+4x+3}\\&=\sum_{n=0}^{\infty}(-1)^n\left(\frac{1}{2^{n+2}}-\frac{1}{2^{2n+3}}\right)(x-1)^n\quad(-1<x<3)\end{aligned}$$

习题 4

1. 求下列级数的收敛域、和函数

(1) 求幂级数 $\sum_{n=1}^{\infty}\frac{1}{n2^n}x^{n+1}$ 的收敛域，并求其和函数。

(2) 求幂函数 $\sum_{n=0}^{\infty}(2n+1)x^n$ 的收敛域，并求其和函数。

(3) 级数 $\sum_{n=0}^{\infty}\frac{(\ln 3)^n}{2^n}$ 的和。

(4) 已知级数 $\sum_{n=1}^{\infty}(-1)^{n-1}a_n=2$，$\sum_{n=1}^{\infty}a_{2n-1}=5$，求级数 $\sum_{n=1}^{\infty}a_n$。

(5) 求幂函数 $\sum_{n=0}^{\infty}(2n+1)x^n$ 的收敛域，并求其和函数。

(6) 设幂函数 $\sum_{n=1}^{n}a_nx^n$ 和 $\sum_{n=1}^{n}b_nx^n$ 的收敛半径分别为 $\frac{\sqrt{5}}{3}$ 与 $\frac{1}{3}$，求幂函数 $\sum_{n=1}^{n}\frac{a_n^2}{b_n^2}x^n$ 的收敛半径。

(7) 求幂级数 $\sum_{n=1}^{\infty}\left(\frac{1}{2n+1}-1\right)x^{2n}$ 在区间 $(-1,1)$ 内的和函数 $s(x)$。

(8) 求级数 $\sum_{n=1}^{\infty}\frac{(x-3)^n}{n^2}$ 与 $\sum_{n=1}^{\infty}\frac{x^n}{\sqrt{n+1}}$ 的收敛域。

(9) 求级数 $\sum_{n=2}^{\infty}\frac{1}{(n^2-1)2^n}$ 与 $\sum_{n=1}^{\infty}n\left(\frac{1}{2}\right)^{n-1}$ 的和。

(10) 求级数 $\sum_{n=1}^{\infty}\frac{(x-2)^{2n}}{n4^n}$ 的收敛域。

(11) 求级数 $\sum_{n=0}^{\infty}\frac{(-1)^n(n^2-n+1)}{2^n}$ 的和。

(12) 求幂函数 $\sum_{n=1}^{\infty}\frac{-1^{n-1}\ x^{2n-1}}{n(2n-1)}$ 的收敛域及和函数 $s(x)$。

2. 判断下列级数的敛散性

(1) 设常数 $k>0$，求级数 $\sum_{n=1}^{\infty}(-1)^n\frac{k+n}{n^2}$ 的敛散性。

(2) 若 $\sum_{n=1}^{\infty}a_n(x-1)^n$ 在 $x=-1$ 处收敛，证明：级数在 $x=2$ 处是绝对收

敛的。

(3) 设常数 $\lambda>0$，且级数 $\sum\limits_{n=1}^{\infty}a_n^2$ 收敛，证明：级数 $\sum\limits_{n=1}^{\infty}(-1)^n\cdot\dfrac{|a_n|}{\sqrt{n^2+\lambda}}$ 绝对收敛。

(4) 级数 $\sum\limits_{n=1}^{\infty}(-1)^n\left(1-\cos\dfrac{\alpha}{n}\right)$ （常数 $\alpha>0$）绝对收敛。

(5) 设 α 为常数，则级数 $\sum\limits_{n=1}^{\infty}\left[\dfrac{\sin(n\alpha)}{n^2}-\dfrac{1}{\sqrt{n}}\right]$ 发散。

3. 将下列函数展开成幂级数

(1) 将函数 $y=\ln(1-x-2x^2)$ 展成 x 幂级数，并指出其收敛区间。

(2) 将函数 $f(x)=\dfrac{1}{x^2-3x+2}$ 展成 x 的级数，并指出收敛区间。

(3) 将函数 $f(x)=\dfrac{1}{x^2-3x-4}$ 展开成 $x-1$ 的幂级数，并指出其收敛区间。

(4) 将函数 $f(x)=\dfrac{1}{4}\ln\dfrac{1+x}{1-x}+\dfrac{1}{2}\arctan x-x$ 展开成 x 的幂级数。

(5) 将函数 $f(x)=\arctan\dfrac{1+x}{1-x}$ 展为 x 的幂级数。

4. 设函数 $f(x)=x^2, 0\leqslant x<1, S(x)=\sum\limits_{n=1}^{\infty}b_n\sin n\pi x, -\alpha<x<+\infty$，其中 $b_n=2\int_0^1 f(x)\sin n\pi x\,\mathrm{d}x, (n=1,2,\cdots)$，则计算 $S\left(-\dfrac{1}{2}\right)$。

5. (1) 验证函数 $y(1)=1+\dfrac{x^3}{3!}+\dfrac{x^6}{6!}+\dfrac{x^9}{9!}+\cdots+\dfrac{x^{3n}}{(3n)!}+\cdots(-\infty<x<+\infty)$ 满足微分方程 $y''+y'+y=\mathrm{e}^x$。

(2) 利用(1)的结果求 $\sum\limits_{n=0}^{\infty}\dfrac{x^{3n}}{(3n)!}$ 的和函数。

6. 设 $f(x)$ 在点 $x=0$ 的某一邻域内具有二阶连续导数，且 $\lim\limits_{x\to0}\dfrac{f(x)}{x}=0$，证明：级数 $\sum\limits_{n=1}^{\infty}f\left(\dfrac{1}{n}\right)$ 绝对收敛。

7. 已知级数 $\sum\limits_{i=1}^{\infty}(-1)^n\sqrt{n}\sin\dfrac{1}{n^{\alpha}}$ 绝对收敛，$\sum\limits_{i=1}^{\infty}\dfrac{(-1)^n}{n^{2-\alpha}}$ 条件收敛，求 α 的范围。

第 5 章 微分方程

函数是客观事物的内部联系在数量方面的反映，利用函数关系又可以对客观事物的规律性进行研究。因此如何寻找出所需要的函数关系，在实践中具有重要意义。在许多问题中，往往不能直接找出所需要的函数关系，但是根据问题所提供的情况，有时可以列出含有要找的函数及其导数的关系式，这样的关系就是所谓微分方程。微分方程建立以后，对它进行研究，找出未知函数来，这就是解微分方程。

5.1 微分方程的基本概念

5.1.1 微分方程的概念

定义 5.1 含有自变量、未知函数以及未知函数的导数或微分的方程称为**微分方程**。当未知函数是一元函数时称为**常微分方程**，未知函数是多元函数时称为**偏微分方程**。

注：本书除非有特殊说明，否则，研究对象均为常微分方程。

定义 5.2 微分方程中出现未知函数的导数（或微分）的最高阶数称为**微分方程的阶**。

阶数大于 1 的微分方程称为高阶微分方程，n 阶微分方程的一般形式为

$$F(x, y, y', \cdots, y^{(n)}) = 0$$

其中，$y^{(n)}$ 的系数不等于零。

定义 5.3 如果 n 阶微分方程可表为如下形式

$$y^{(n)} + a_1(x)y^{(n-1)} + \cdots + a_{n-1}(x)y' + a_n(x)y = f(x)$$

其中 $a_i(x)(i=1,2,\cdots n)$，$f(x)$ 为已知函数，则称其为 n **阶线性微分方程**（简称为**线性方程**）。

5.1.2 微分方程的解

定义 5.4 满足微分方程的函数（把函数代入微分方程能使该方程成为恒等式）叫做该微分方程的解。即，设函数 $y=\varphi(x)$ 在区间 I 上有 n 阶连续导数，如果在区间 I 上，有

$$F(x,\varphi(x),\varphi'(x),\cdots,\varphi^{(n)}(x))\equiv 0$$

那么函数 $y=\varphi(x)$ 就叫做微分方程 $F(x,y,y',\cdots,y^{(n)})=0$ 在区间 I 上的**解**。

定义 5.5 如果 n 阶微分方程 $F(x,y,y',\cdots,y^{(n)})=0$ 的解中含有 n 个独立的任意常数 $C_1,C_2,\cdots,C_n$，即微分方程的解中且任意常数的个数与微分方程的阶数相同 $y=\varphi(x,C_1,C_2,\cdots,C_n)$，则称它为方程的**通解**。如果方程的解中不包含任意常数，则称它为方程的**特解**。

5.1.3 微分方程的初值问题

由于微分方程的通解中含有任意常数，所以它实际上表示的是一族（系列）解。要完全确定地反映客观事物运动的规律性，必须确定这些常数的值。因此要根据问题的实际情况，提出确定这些常数的条件，也就是对微分方程的解附加一定的条件，通常称之为**定解条件**。常见的定解条件为**初值条件**（或**初始条件**），求微分方程满足初始条件的解的问题称为**初值问题**。

一阶微分方程的初值问题记作

$$\begin{cases}\dfrac{\mathrm{d}y}{\mathrm{d}x}=f(x,y)\\ y(x_0)=y_0\end{cases}$$

一般 n 阶微分方程的初值问题可表示为

$$\begin{cases}F(x,y,y',y'',\cdots,y^{(n)})=0\\ y(x_0)=y_0,y'(x_0)=y_1,y''(x_0)=y_2,\cdots,y^{(n-1)}(x_0)=y_{n-1}\end{cases}$$

因为柯西首先研究了微分方程的初值问题，所以初值问题也常称为**柯西问题**。

5.1.4 积分曲线

为了便于研究方程解的性质，我们常常考虑解的图像。满足方程 $F(x,y,y',\cdots,y^{(n)})=0$ 的函数 $y=y(x)$ 在平面 xOy 上画出的是一条通过点 (x_0,y_0) 的曲线，称为方程过点 (x_0,y_0) 的**积分曲线**。而方程 $\dfrac{\mathrm{d}y}{\mathrm{d}x}=f(x,y)$ 的通解 $y=y(x,C)$ 的函数图像是平面上的一族曲线，称为**积分曲线族**。例如方程 $\dfrac{\mathrm{d}y}{\mathrm{d}x}=2x$ 的通解 $y=x^2+C$ 是 xOy 平面上的一族抛物线，而 $y=x^2+1$ 是过点(1,2)的一条积分曲线。

5.1.5 典型例题

【例 1】 一曲线通过点(0,2)，且在该曲线上任一点处的切线斜率为 $3x^2$，求此曲线的方程。

解:设所求曲线的方程为 $y=y(x)$,根据导数的几何意义可得

$$\frac{\mathrm{d}y}{\mathrm{d}x}=3x^2$$

两边积分得

$$y=x^3+C$$

又因为曲线通过点(0,2),因此未知函数 $y=y(x)$ 还应满足条件:

$$x=0 \text{ 时}, y=2。$$

从而,可得

$$2=0+C$$

解得 $C=2$,所求曲线方程为

$$y=x^3+2$$

【例 2】 验证 $y=C_1\cos 3x+C_2\sin 3x$ 是微分方程 $y''+9y=0$ 的解,并求满足初始条件 $y(0)=1, y'(0)=0$ 的特解。

解:$y=C_1\cos 3x+C_2\sin 3x$,则

$$y'=-3C_1\sin 3x+3C_2\cos 3x, y''=-9C_1\cos 3x-9C_2\sin 3x$$

把它们代入所给方程可得

左边 $=y''+9y=-9C_1\cos 3x-9C_2\sin 3x+9(C_1\cos 3x+C_2\sin 3x)=0=$ 右边

所以 $y=C_1\cos 3x+C_2\sin 3x$ 是所给方程的解.把初始条件 $y(0)=1, y'(0)=0$ 代入解 y 及 y' 中可得

$$C_1=1,\ C_2=0,$$

因此满足初始条件 $y(0)=1, y'(0)=0$ 的特解为 $y=\cos 3x$。

5.2　一阶微分方程

5.2.1　变量可分离的微分方程

定义 5.6　形如

$$\frac{\mathrm{d}y}{\mathrm{d}x}=f(x)g(y)$$

或

$$M_1(x)M_2(y)\mathrm{d}x=N_1(x)N_2(y)\mathrm{d}y$$

的微分方程称为**变量可分离方程**。其中 $f(x), g(y), M_1(x), M_2(y), N_1(x), N_2(y)$ 都是 x, y 的连续函数。

变量可分离微分方程 $\frac{\mathrm{d}y}{\mathrm{d}x}=f(x)g(y)$ 的特点是可以把变量 x 与 y 进行分离

后再求解。求解方法如下：

若 $g(y)\neq 0$，用$\dfrac{1}{g(y)}\mathrm{d}x$ 乘以方程两边，即分离变量得

$$\frac{\mathrm{d}y}{g(y)}=f(x)\mathrm{d}x$$

两边积分得

$$\int\frac{\mathrm{d}y}{g(y)}=\int f(x)\mathrm{d}x+C$$

若 $G(y)$ 和 $F(x)$ 分别是$\dfrac{1}{g(y)}$和 $f(x)$ 的某一确定的原函数，则$\dfrac{\mathrm{d}y}{\mathrm{d}x}=f(x)g(y)$ 的通解可记作

$$G(y)=F(x)+C$$

此外，若 $g(y)=0$ 有解，即若存在 y_0 使得 $g(y_0)=0$，则容易验证 $y=y_0$ 也是微分方程$\dfrac{\mathrm{d}y}{\mathrm{d}x}=f(x)g(y)$ 的一个解。一般情况下，这个解往往不包含在通解 $G(y)=F(x)+C$ 的表达式中，解题时不要漏掉。

5.2.2　齐次方程

定义 5.7　形如

$$\frac{\mathrm{d}y}{\mathrm{d}x}=f\left(\frac{y}{x}\right)$$

的方程称为**齐次微分方程**，这里 $f\left(\dfrac{y}{x}\right)$是$\dfrac{y}{x}$ 的连续函数。

齐次方程可通过适当的变量替换化为变量可分离微分方程，其解法如下：

对方程$\dfrac{\mathrm{d}y}{\mathrm{d}x}=f\left(\dfrac{y}{x}\right)$作变量代换，令 $u=\dfrac{y}{x}$，视 u 为新的未知函数，x 仍为自变量。则

$$\frac{\mathrm{d}y}{\mathrm{d}x}=u+x\frac{\mathrm{d}u}{\mathrm{d}x}$$

代入原微分方程，则原方程化为

$$x\frac{\mathrm{d}u}{\mathrm{d}x}=f(u)-u$$

这是变量可分离微分方程，当 $f(u)-u\neq 0$ 时，分离变量并两边积分得

$$\int\frac{\mathrm{d}u}{f(u)-u}=\int\frac{1}{x}\mathrm{d}x+C=\ln|x|+C$$

求出上式左端的原函数 $F(u)$，将 $u=\dfrac{y}{x}$ 代入即得齐次微分方程$\dfrac{\mathrm{d}y}{\mathrm{d}x}=f\left(\dfrac{y}{x}\right)$的通

解为

$$F\left(\frac{y}{x}\right)=\ln|x|+C$$

注:如果存在 $u=u_0$ 使得 $f(u_0)-u_0=0$,则 $y=u_0x$ 也是齐次方程的解。

5.2.3 一阶线性微分方程

定义 5.8 形如

$$\frac{\mathrm{d}y}{\mathrm{d}x}+P(x)y=Q(x)$$

的方程称为**一阶线性微分方程**,其中 $P(x)$,$Q(x)$ 均为 x 的连续函数。

当 $Q(x)\equiv 0$ 时,一阶线性微分方程变为

$$\frac{\mathrm{d}y}{\mathrm{d}x}+P(x)y=0$$

称为**一阶线性齐次微分方程**;如果 $Q(x)$ 不恒等于零,则称为**一阶线性非齐次微分方程**。

$\frac{\mathrm{d}y}{\mathrm{d}x}+P(x)y=0$ 也称为微分方程 $\frac{\mathrm{d}y}{\mathrm{d}x}+P(x)y=Q(x)$ 所对应的线性齐次微分方程。

由于方程 $\frac{\mathrm{d}y}{\mathrm{d}x}+P(x)y=0$ 是变量可分离方程,所以当 $y\neq 0$ 时,方程可化为

$$\frac{\mathrm{d}y}{y}=-P(x)\mathrm{d}x$$

两边积分得

$$\ln|y|=-\int P(x)\mathrm{d}x+C_0,C_0 \text{ 为任意常数}$$

即 $y=\pm e^{C_0}\cdot e^{-\int P(x)\mathrm{d}x}$ 为方程 $\frac{\mathrm{d}y}{\mathrm{d}x}+P(x)y=0$ 的解。又由于 $y=0$ 也是该方程的解,所以方程的通解可记为

$$y=C\mathrm{e}^{-\int P(x)\mathrm{d}x},C \text{ 为任意常数}$$

这就是一阶线性齐次方程的通解公式。

用**常数变易法**可求得非齐次微分方程 $\frac{\mathrm{d}y}{\mathrm{d}x}+P(x)y=Q(x)$ 的通解公式。

定理 5.1 微分方程 $\frac{\mathrm{d}y}{\mathrm{d}x}+P(x)y=Q(x)$ 的通解为

$$y=\mathrm{e}^{-\int P(x)\mathrm{d}x}\left(\int Q(x)\mathrm{e}^{\int P(x)\mathrm{d}x}+C\right)$$

证 将方程$\frac{dy}{dx}+P(x)y=0$的通解$y=Ce^{-\int P(x)dx}$中的常数变易为待定的函数$C(x)$，即令

$$y=C(x)e^{-\int P(x)dx}$$

为方程$\frac{dy}{dx}+P(x)y=Q(x)$的通解，其中$C(x)$待定。

为确定$C(x)$，将$y=C(x)e^{-\int P(x)dx}$代入$\frac{dy}{dx}+P(x)y=Q(x)$得

$$C'(x)e^{-\int P(x)dx}+C(x)(-P(x))e^{-\int P(x)dx}+P(x)C(x)e^{-\int P(x)dx}=Q(x)$$

化简得

$$C'(x)e^{-\int P(x)dx}=Q(x)$$

即

$$C'(x)=Q(x)e^{\int P(x)dx}$$

积分后得

$$C(x)=\int Q(x)e^{\int P(x)dx}dx+C$$

将$C(x)$代入$y=C(x)e^{-\int P(x)dx}$，即得通解公式

$$y=e^{-\int P(x)dx}\left(\int Q(x)e^{\int P(x)dx}+C\right)$$

注 1:有时也可以将y视为自变量，将x视为未知函数得到关于x的一阶线性方程

$$\frac{dx}{dy}+P(y)x=Q(y)$$

与通解公式$y=e^{-\int P(x)dx}\left(\int Q(x)e^{\int P(x)dx}+C\right)$相对应，方程$\frac{dx}{dy}+P(y)x=Q(y)$的通解公式为

$$x=e^{-\int P(y)dy}\left(\int Q(y)e^{\int P(y)dy}+C\right)$$

注 2:$\frac{dy}{dx}+P(x)y=Q(x)y^n(n\neq 0,1)$是可以通过变量代换化为一阶线性方程的。其具体解法如下。

当$y\neq 0$时，将方程两端同除以y^n得

$$y^{-n}\frac{dy}{dx}+P(x)y^{1-n}=Q(x)$$

令$z=y^{1-n}$，有

$$\frac{dz}{dx}=(1-n)y^{-n}\frac{dy}{dx}$$

代入方程得

$$\frac{dz}{dx}+(1-n)P(x)z=(1-n)Q(x)$$

这是个一阶线性微分方程，可直接应用公式 $y=e^{-\int P(x)dx}\left(\int Q(x)e^{\int P(x)dx}+C\right)$ 求解得

$$z=e^{\int(n-1)P(x)dx}\left[\int(1-n)Q(x)e^{\int(1-n)P(x)dx}+C\right]$$

再代回原变量，可得伯努利方程的通积分

$$y^{1-n}=e^{\int(n-1)P(x)dx}\left[\int(1-n)Q(x)e^{\int(1-n)P(x)dx}+C\right]$$

当 $n>0$ 时，方程还有解 $y=0$。

5.2.4 一阶线性微分方程

定义 5.9 形如

$$M(x,y)dx+N(x,y)dy=0$$

的一阶微分方程，如果其左端恰为某二元函数 $u(x,y)$ 的全微分，即有

$$du(x,y)=M(x,y)dx+N(x,y)dy$$

则称该微分方程为**全微分方程**，又称**恰当方程**。显然，该全微分方程通解就是 $u(x,y)=C$。

定理 5.2 如果二元函数 $M(x,y)$，$N(x,y)$ 在矩形区域

$$D=\{(x,y)\mid |x-x^*|\leqslant a,|y-y^*|\leqslant b\}$$

上是 x,y 的连续函数，且具有连续的一阶偏导数，则在 D 上的方程 $M(x,y)dx+N(x,y)dy=0$ 为全微分方程的充要条件是

$$\frac{\partial M}{\partial y}\equiv\frac{\partial N}{\partial x}$$

当方程 $M(x,y)dx+N(x,y)dy=0$ 为全微分方程时，$M(x,y)dx+N(x,y)dy$ 的原函数 $u(x,y)$ 可由

$$u(x,y)=\int_{x_0}^{x}M(x,y_0)dx+\int_{y_0}^{y}N(x,y)dy$$

或

$$u(x,y)=\int_{x_0}^{x}M(x,y)dx+\int_{y_0}^{y}N(x_0,y)dy$$

求得，其中 x_0，y_0 是区域 D 内适当选定的点 M_0 的坐标。

此时全微分方程的通解为

$$u(x,y)=C$$

定义 5.10 如果方程 $M(x,y)\mathrm{d}x+N(x,y)\mathrm{d}y=0$ 不是全微分方程，但存在函数 $\mu(x,y)\neq 0$，使得方程

$$\mu(x,y)M(x,y)\mathrm{d}x+\mu(x,y)N(x,y)\mathrm{d}y=0$$

是一个全微分方程，即存在函数 $\mu(x,y)$ 使得

$$\mathrm{d}u(x,y)=\mu(x,y)M(x,y)\mathrm{d}x+\mu(x,y)N(x,y)\mathrm{d}y$$

则称 $\mu(x,y)$ 为微分方程 $M(x,y)\mathrm{d}x+N(x,y)\mathrm{d}y=0$ 的**积分因子**。

由于积分因子不容易计算，下面只讨论某些特殊情况下的积分因子。

定理 5.3 方程 $M(x,y)\mathrm{d}x+N(x,y)\mathrm{d}y=0$ 有一个只依赖于 x 的积分因子的充分必要条件是

$$\frac{\dfrac{\partial M}{\partial y}-\dfrac{\partial N}{\partial x}}{N}=\varphi(x)$$

成立(即上式左端不依赖于 y)，这时积分因子为

$$\mu(x)=\mathrm{e}^{\int\varphi(x)\mathrm{d}x}$$

方程 $M(x,y)\mathrm{d}x+N(x,y)\mathrm{d}y=0$ 有一个只依赖于 y 的积分因子的充要条件是

$$\frac{\dfrac{\partial M}{\partial y}-\dfrac{\partial N}{\partial x}}{-M}=\varphi(y)$$

成立(即上式左端不依赖于 x)，这时积分因子为

$$\mu(y)=\mathrm{e}^{\int\varphi(y)\mathrm{d}y}$$

5.2.5 典型例题

【例 1】 求微分方程 $\dfrac{\mathrm{d}y}{\mathrm{d}x}=1+x+y^2+xy^2$ 的通解。

解：方程可化为

$$\frac{\mathrm{d}y}{\mathrm{d}x}=(1+x)(1+y^2)$$

分离变量得

$$\frac{1}{1+y^2}\mathrm{d}y=(1+x)\mathrm{d}x$$

两边积分得

$$\int\frac{1}{1+y^2}\mathrm{d}y=\int(1+x)\mathrm{d}x\text{，即 }\arctan y=\frac{1}{2}x^2+x+C$$

于是原方程的通解为 $y=\tan\left(\frac{1}{2}x^2+x+C\right)$。

【例 2】 解方程 $y^2+x^2\frac{dy}{dx}=xy\frac{dy}{dx}$。

解:原方程可写成

$$\frac{dy}{dx}=\frac{y^2}{xy-x^2}=\frac{\left(\frac{y}{x}\right)^2}{\frac{y}{x}-1}$$

因此原方程是齐次方程。令 $\frac{y}{x}=u$,则

$$y=ux,\frac{dy}{dx}=u+x\frac{du}{dx}$$

于是原方程变为

$$u+x\frac{du}{dx}=\frac{u^2}{u-1}$$

即

$$x\frac{du}{dx}=\frac{u}{u-1}$$

分离变量,得

$$\left(1-\frac{1}{u}\right)du=\frac{dx}{x}$$

两边积分,得 $u-\ln|u|+C=\ln|x|$,
或写成 $\ln|xu|=u+C$。

以 $\frac{y}{x}$ 代上式中的 u,便得所给方程的通解

$$\ln|y|=\frac{y}{x}+C$$

【例 3】 求 $y^2+x^2\frac{dy}{dx}=xy\frac{dy}{dx}$ 的通解。

解:原方程变形为 $y^2+(x^2-xy)\frac{dy}{dx}=0$,即

$$\frac{dy}{dx}=\frac{y^2}{xy-x^2}=\frac{\left(\frac{y}{x}\right)^2}{\left(\frac{y}{x}\right)-1}$$

令 $\frac{y}{x}=u$,则 $u+x\frac{du}{dx}=\frac{u^2}{u-1}$,代入上式,从而有

$$u\mathrm{d}x + x(1-u)\mathrm{d}u = 0$$

分离变量,两边同时积分得

$$\int \frac{1-u}{u}\mathrm{d}u + \int \frac{\mathrm{d}x}{x} = C_1$$

即 $\ln|xu| - u = C_1, xu = \mathrm{e}^{C_1+u} = C\mathrm{e}^u$

故 $\quad y = C\mathrm{e}^{\frac{y}{x}}$。

【例 4】 求微分方程$\dfrac{\mathrm{d}y}{\mathrm{d}x} = \dfrac{y}{x+y^4}$ 的通解。

解:把 x 看作未知函数,y 看作自变量,所得微分方程

$$\frac{\mathrm{d}x}{\mathrm{d}y} = \frac{x+y^4}{y} \text{ 即} \frac{\mathrm{d}x}{\mathrm{d}y} - \frac{1}{y}x = y^3$$

是一阶线性方程,其中 $P(y) = -\dfrac{1}{y}, Q(y) = y^3$,由公式得

$$x = \mathrm{e}^{\int \frac{1}{y}\mathrm{d}y}\left[\int y^3 \mathrm{e}^{-\int \frac{1}{y}\mathrm{d}y}\mathrm{d}y + C\right] = \frac{1}{3}y^4 + Cy$$

【例 5】 求方程$\dfrac{\mathrm{d}y}{\mathrm{d}x} - \dfrac{2y}{x+1} = (x+1)^{\frac{5}{2}}$ 的通解。

解:这是一个非齐次线性方程,先求对应的齐次线性方程$\dfrac{\mathrm{d}y}{\mathrm{d}x} - \dfrac{2y}{x+1} = 0$ 的通解。

分离变量得

$$\frac{\mathrm{d}y}{y} = \frac{2\mathrm{d}x}{x+1}$$

两边积分得

$$\ln y = 2\ln(x+1) + \ln C$$

齐次线性方程的通解为

$$y = C(x+1)^2$$

用常数变易法:把 C 换成 u,即令 $y = u(x)(x+1)^2$,代入所给非齐次线性方程,得

$$u' \cdot (x+1)^2 + 2u \cdot (x+1) - \frac{2}{x+1}u \cdot (x+1)^2 = (x+1)^{\frac{5}{2}}$$

两边积分,得

$$u = \frac{2}{3}(x+1)^{\frac{3}{2}} + C$$

再把上式代入 $y = u(x)(x+1)^2$ 中,即得所求方程的通解为

$$y=(x+1)^2\left[\frac{2}{3}(x+1)^{\frac{3}{2}}+C\right]$$

或者，使用公式法

显然，$P(x)=-\frac{2}{x+1}$，$Q(x)=(x+1)^{\frac{5}{2}}$

又 $$\int P(x)\mathrm{d}x=\int\left(-\frac{2}{x+1}\right)\mathrm{d}x=-2\ln(x+1)$$

$$\mathrm{e}^{-\int P(x)\mathrm{d}x}=\mathrm{e}^{2\ln(x+1)}=(x+1)^2$$

$$\int Q(x)\mathrm{e}^{\int P(x)\mathrm{d}x}\mathrm{d}x=\int(x+1)^{\frac{5}{2}}(x+1)^{-2}\mathrm{d}x=\int(x+1)^{\frac{1}{2}}\mathrm{d}x$$

$$=\frac{2}{3}(x+1)^{\frac{3}{2}}$$

所以通解为

$$y=\mathrm{e}^{-\int P(x)\mathrm{d}x}\left[\int Q(x)\mathrm{e}^{\int P(x)\mathrm{d}x}\mathrm{d}x+C\right]=(x+1)^2\left[\frac{2}{3}(x+1)^{\frac{3}{2}}+C\right]$$

【例 6】 求方程$(1+xy)y\mathrm{d}x+(1-xy)x\mathrm{d}y=0$的积分因子并求其通解。

解：方程$(1+xy)y\mathrm{d}x+(1-xy)x\mathrm{d}y=0$不是全微分方程，

将方程的各项重新合并，整理得

$$(y\mathrm{d}x+x\mathrm{d}y)+xy(y\mathrm{d}x-x\mathrm{d}y)=0$$

即

$$\mathrm{d}(xy)+x^2y^2\left(\frac{\mathrm{d}x}{x}-\frac{\mathrm{d}y}{y}\right)=0$$

显然，$\frac{1}{(xy)^2}$为积分因子，乘以该积分因子后，方程就变为

$$\frac{\mathrm{d}(xy)}{(xy)^2}+\frac{\mathrm{d}x}{x}-\frac{\mathrm{d}y}{y}=0$$

积分得通解

$$-\frac{1}{xy}+\ln\left|\frac{x}{y}\right|=\ln C\text{，即}\frac{x}{y}=C\mathrm{e}^{\frac{1}{xy}}$$

5.3 二阶微分方程

5.3.1 常见的可降阶二阶微分方程

1. 形如 $y''=f(x)$ 二阶微分方程

此方程的右端只含有自变量 x，则通过一次积分，便化为一阶微分方程，即

$$y' = \int f(x)\mathrm{d}x + C_1$$

方程两边再积分一次，得原方程的通解：

$$y = \int\left(\int f(x)\mathrm{d}x + C_1\right)\mathrm{d}x = \int\left(\int f(x)\mathrm{d}x\right)\mathrm{d}x + C_1x + C_2$$

这里 C_1, C_2 是两个独立的任意常数。

2. 形如 $y'' = f(x, y')$ 二阶微分方程

这类方程的特点是方程右端不显含未知函数 y。可令 $y' = u$，则 $y'' = u'$，原方程化为一阶微分方程

$$u' = f(x, u)$$

这是一个以 x 为自变量，以 u 为未知函数的一阶微分方程。如能求出其通解

$$u = \varphi(x, C_1)$$

则原方程的通解为

$$y = \int \varphi(x, C_1)\mathrm{d}x + C_2$$

这里 C_1, C_2 是两个独立的任意常数。

3. 形如 $y'' = f(y, y')$ 二阶微分方程

这类方程的特点是方程右端不显含自变量 x。可令 $y' = p$，则

$$y'' = \frac{\mathrm{d}p}{\mathrm{d}x} = \frac{\mathrm{d}p}{\mathrm{d}y} \cdot \frac{\mathrm{d}y}{\mathrm{d}x} = p\,\frac{\mathrm{d}p}{\mathrm{d}y}$$

原方程化为一阶方程

$$p\,\frac{\mathrm{d}p}{\mathrm{d}y} = f(y, p)$$

这是一个以 y 为自变量，以 p 为未知函数的一阶方程。如能求出其通解

$$y' = p = \psi(y, C_1)$$

分离变量并积分可得原方程的通解为

$$\int \frac{\mathrm{d}y}{\psi(y, C_1)} = x + C_2$$

这里 C_1, C_2 是两个独立的任意常数。

5.3.2 二阶线性微分方程解的结构

1. 二阶线性微分方程的定义

定义 5.11 形如

$$y'' + P(x)y' + Q(x)y = f(x)$$

的方程称为**二阶线性微分方程**，其中 $P(x), Q(x)$ 均为 x 的连续函数。

当 $f(x) \equiv 0$ 时，方程 $y'' + P(x)y' + Q(x)y = f(x)$ 变为

$$y''+P(x)y'+Q(x)y=0$$

称为**二阶线性齐次微分方程**。

如果 $f(x)$ 不恒等于零，则 $y''+P(x)y'+Q(x)y=f(x)$ 称为**二阶线性非齐次微分方程**。

方程 $y''+P(x)y'+Q(x)y=0$ 也称为方程 $y''+P(x)y'+Q(x)y=f(x)$ 所对应的线性齐次方程。

注：如果函数 $y_1(x)$ 与 $y_2(x)$ 是方程 $y''+P(x)y'+Q(x)y=0$ 的两个解，那么它们的线性组合

$$y(x)=C_1y_1(x)+C_2y_2(x)$$

仍是方程 $y''+P(x)y'+Q(x)y=0$ 的解，其中 C_1,C_2 是任意常数。

定义 5.12　设 $y_1(x),y_2(x),\cdots,y_n(x)$ 是定义在区间 I 上 n 个函数，如果存在 n 个不全为零的常数 $k_1,k_2,\cdots,k_{n-1},k_n$，使得对任意 $x\in I$，等式

$$k_1y_1(x)+k_2y_2(x)+\cdots+k_{n-1}y_{n-1}(x)+k_ny_n(x)=0$$

恒成立，则称这 n 个函数在区间 I 上**线性相关**；若上述等式成立当且仅当 $k_1=k_2=\cdots=k_n=0$ 时成立，则称这 n 个函数在区间 I 上**线性无关**。

2. 二阶线性齐次微分方程的通解结构

定理 5.4（二阶线性齐次微分方程的通解结构定理） 如果函数 $y_1(x)$ 与 $y_2(x)$ 是二阶线性齐次方程 $y''+P(x)y'+Q(x)y=0$ 的两个线性无关解，则该方程的通解为

$$y(x)=C_1y_1(x)+C_2y_2(x)$$

其中 C_1,C_2 是任意常数。

3. 二阶线性微分非齐次微分方程的通解结构

定理 5.5（二阶线性微分非齐次微分方程的通解结构定理） 如果函数 $y_1(x)$ 与 $y_2(x)$ 是二阶线性齐次方程 $y''+P(x)y'+Q(x)y=0$ 的两个线性无关解，$\tilde{y}(x)$ 是线性非齐次方程 $y''+P(x)y'+Q(x)y=f(x)$ 的一个特解，则线性非齐次方程的通解为

$$y(x)=C_1y_1(x)+C_2y_2(x)+\tilde{y}(x)$$

其中 C_1,C_2 是任意常数。

5.3.3　二阶常系数线性齐次微分方程的解法

1. 二阶常系数线性齐次微分方程 $y''+py'+qy=0$ 的定义

定义 5.13　二阶线性齐次方程 $y''+P(x)y'+Q(x)y=0$ 中，如果 y',y 的系数 $P(x),Q(x)$ 均为常数，即

$$y''+py'+qy=0$$

其中 p,q 为实常数，则称其为**二阶常系数线性齐次微分方程**。

称代数方程$\lambda^2+p\lambda+q=0$是微分方程$y''+py'+qy=0$的**特征方程**，称方程$\lambda^2+p\lambda+q=0$的根为微分方程的**特征根**。

方程$\lambda^2+p\lambda+q=0$为一元二次方程，而其根分为三种情况：两个不同的实根，二个相等的实根和一对共轭复根，下面我们根据这三种不同情形，分别来讨论方程$y''+py'+qy=0$通解。

2. $y''+py'+qy=0$的特征方程具有两个不同的实根λ_1与λ_2

显然，方程$y''+py'+qy=0$有两个解

$$y_1(x)=e^{\lambda_1 x},\ y_2(x)=e^{\lambda_2 x}$$

由于$\lambda_1\neq\lambda_2$，从而$\dfrac{y_1(x)}{y_2(x)}=e^{(\lambda_1-\lambda_2)x}$不是常数，故$y_1(x)$与$y_2(x)$是线性无关的。因此方程$y''+py'+qy=0$的通解为

$$y=C_1e^{\lambda_1 x}+C_2e^{\lambda_2 x}$$

3. $y''+py'+qy=0$的特征方程具有两个相同的实根$\lambda_1=\lambda_2$

显然，方程$y''+py'+qy=0$有解

$$y_1(x)=e^{\lambda_1 x}$$

要想求出微分方程$y''+py'+qy=0$的通解，需要找到另外一个与$y_1(x)$线性无关的解$y_2(x)$，即$y_2(x)$应满足$\dfrac{y_2(x)}{y_1(x)}=C(x)$，其中$C(x)$是一个不为常数的待定函数。

将$y_2(x)=y_1(x)C(x)=e^{\lambda_1 x}C(x)$代入方程$y''+py'+qy=0$，得

$$C''(x)+(2\lambda_1+p)C'(x)+(\lambda_1^2+p\lambda_1+q)C(x)=0$$

由于λ_1是特征方程$\lambda^2+p\lambda+q=0$的根，所以$\lambda_1^2+p\lambda_1+q=0$以及$2\lambda_1+p=0$。

因此可得

$$C''(x)=0$$

取$C(x)=x$，由此得到微分方程$y''+py'+qy=0$的另一个与$y_1(x)=e^{\lambda_1 x}$线性无关的解

$$y_2(x)=xe^{\lambda_1 x}$$

因此微分方程$y''+py'+qy=0$的通解为

$$y=C_1e^{\lambda_1 x}+C_2xe^{\lambda_1 x}$$

4. $y''+py'+qy=0$的特征方程具有一对共轭复根$\lambda_1=\alpha+i\beta$，$\lambda_2=\alpha-i\beta$($\beta\neq 0$)

此时，可利用欧拉公式及线性齐次方程解的性质，得微分方程$y''+py'+qy=0$的通解为

$$y = C_1 e^{\alpha x}\cos\beta x + C_2 e^{\alpha x}\sin\beta x$$

5. 求二阶常系数线性齐次方程 $y'' + py' + qy = 0$ 的通解的步骤

(1) 写出方程的特征方程 $\lambda^2 + p\lambda + q = 0$；

(2) 求出特征方程的两个根 λ_1, λ_2；

(3) 根据特征根 λ_1, λ_2 的不同情形写出方程 $y'' + py' + qy = 0$ 的通解：

当 λ_1, λ_2 是两个不相等的实根时，微分方程 $y'' + py' + qy = 0$ 的通解为

$$y = C_1 e^{\lambda_1 x} + C_2 e^{\lambda_2 x}$$

当 $\lambda_1 = \lambda_2$ 是两个相等实根时，微分方程 $y'' + py' + qy = 0$ 的通解为

$$y = C_1 e^{\lambda_1 x} + C_2 x e^{\lambda_1 x}$$

当 $\lambda_1 = \alpha + i\beta, \lambda_2 = \alpha - i\beta$ 是共轭复根时，微分方程 $y'' + py' + qy = 0$ 的通解为

$$y = C_1 e^{\alpha x}\cos\beta x + C_2 e^{\alpha x}\sin\beta x$$

5.3.4 二阶常系数线性非齐次微分方程的解法

1. 二阶常系数线性非齐次微分方程的定义

定义 5.14 二阶线性非齐次方程 $y'' + P(x)y' + Q(x)y = f(x)$ 中，如果 y', y 的系数 $P(x), Q(x)$ 均为常数，即

$$y'' + py' + qy = f(x)$$

其中 p, q 为实常数，$f(x)$ 为 x 的连续函数，则称其为**二阶常系数线性非齐次微分方程**。

定理 5.6(叠加原理) 如果函数 $y_1(x)$ 和 $y_2(x)$ 分别是二阶线性非齐次方程

$$y'' + P(x)y' + Q(x)y = f_1(x)$$

和

$$y'' + P(x)y' + Q(x)y = f_2(x)$$

的解，则 $y = y_1(x) + y_2(x)$ 是方程

$$y'' + P(x)y' + Q(x)y = f_1(x) + f_2(x)$$

的解。

由前面的定理知，如果能够求得方程 $y'' + P(x)y' + Q(x)y = f(x)$ 的一个特解 $\tilde{y}(x)$，就能得到它的通解。因为二阶常系数非齐次线性微分方程 $y'' + P(x)y' + Q(x)y = f(x)$ 的通解是对应的齐次方程 $y'' + py' + qy = 0$ 的通解与非齐次方程本身的一个特解之和。

2. 待定系数法

下面介绍 $f(x)$ 取两种常见形式时求特解 $\tilde{y}(x)$ 的**待定系数法**。

(1) $f(x) = e^{\lambda x}(p_0 x^m + p_1 x^{m-1} + \cdots + p_{m-1}x + p_m)(m \geqslant 1), p_0, p_1, \cdots, p_m$

为实数：

方程 $y''+P(x)y'+Q(x)y=f(x)$ 具有如下形式的特解：

$$\widetilde{y}(x)=x^k e^{\lambda x}(q_0x^m+q_1x^{m-1}+\cdots+q_{m-1}x+q_m)$$

这里 $q_0,q_1,\cdots,q_m$ 是待定的系数，而 k 是依照下列原则取值：

① 当 λ 不是特征根时，取 $k=0$；

② 当 λ 是单特征根时，取 $k=1$；

③ 当 λ 是二重特征根时，取 $k=2$。

(2) $f(x)=e^{\alpha x}[A(x)\cos\beta x+B(x)\sin\beta x]$，其中 $A(x)$，$B(x)$ 是 x 的实系数多项式，一个是 m 次，另一个是 n 次，且 $n\leqslant m$：

方程 $y''+P(x)y'+Q(x)y=f(x)$ 具有如下形式的特解：

$$\widetilde{y}(x)=x^k e^{\alpha x}[P(x)\cos\beta x+Q(x)\sin\beta x]$$

这里 $P(x)$，$Q(x)$ 分别是 m 次的多项式，其系数待定，而 k 是依照下列原则取值：

① 当 $\alpha+i\beta$ 不是特征方程的特征根时 $k=0$；

② 当 $\alpha+i\beta$ 是特征方程的特征根时 $k=1$。

5.3.5 典型例题

【例 1】 求微分方程 $y''-2y'-3y=0$ 的通解。

解：所给微分方程的特征方程为

$$r^2-2r-3=0，即(r+1)(r-3)=0$$

其根 $r_1=-1$，$r_2=3$ 是两个不相等的实根，因此所求通解为

$$y=C_1e^{-x}+C_2e^{3x}$$

【例 2】 求微分方程 $y''-2y'+5y=0$ 的通解。

解：所给方程的特征方程为

$$r^2-2r+5=0$$

特征方程的根为 $r_1=1+2i$，$r_2=1-2i$，这是一对共轭复根，因此所求通解为

$$y=e^x(C_1\cos 2x+C_2\sin 2x)$$

【例 3】 求微分方程 $y''+2y'-3y=2e^x$ 的通解。

解：先求相应齐次方程 $y''+2y'-3y=0$ 的通解，其特征方程为

$$\lambda^2+2\lambda-3=0$$

特征根为 $\lambda_1=-3$，$\lambda_2=1$，因此齐次方程通解为

$$Y=C_1e^{-3x}+C_2e^x$$

【例 4】 求微分方程 $y''+y'-2y=2\cos 2x$ 的通解。

解：特征根为 $\lambda_1=-2$，$\lambda_2=1$，因此齐次方程的通解为

$$Y=C_1e^{-2x}+C_2e^x$$

由于原方程中 $\alpha=0,\beta=2,\alpha+i\beta=2i$ 不是特征根，因此设非齐次方程的特解

$$\tilde{y}=A\cos2x+B\sin2x$$

代入原方程可得

$$(-2A+2B-4A)\cos2x+(-2B-2A-4B)\sin2x=2\cos2x$$

$$\begin{cases}-6A+2B=2\\-6B-2A=0\end{cases}$$

解联立方程得 $A=-\dfrac{3}{10},B=\dfrac{1}{10}$，因此

$$\tilde{y}=-\frac{3}{10}\cos2x+\frac{1}{10}\sin2x$$

故原方程的通解为

$$y=C_1e^{-2x}+C_2e^{x}-\frac{3}{10}\cos2x+\frac{1}{10}\sin2x$$

【例 5】　已知 $y_1=xe^x+e^{2x}$，$y_2=xe^x+e^{-x}$，$y_3=xe^x+e^{2x}-e^{-x}$ 是某二阶线性非齐次常系数微分方程的三个解，求此微分方程及其通解。

解：由线性微分方程的解的结构定理可得

$$y_1-y_3=e^{-x},y_1-y_2=e^{2x}-e^{-x},(y_1-y_3)+(y_1-y_2)=e^{2x}$$

是该方程对应的齐次方程的解，由解 e^{-x} 与 e^{2x} 的形式，可得齐次方程为 $y''-y'-2y=0$。

设该方程为 $y''-y'-2y=f(x)$，代入 $y_1=xe^x+e^{2x}$，得 $f(x)=(1-2x)e^x$。

所以，该方程为 $y''-y'-2y=(1-2x)e^x$，

其通解为　$C_1e^{-x}+C_2e^{2x}+xe^x+e^{2x}$。

【例 6】　求微分方程 $y''-6y'+8y=(x^2+1)e^{2x}+\cos4x$ 的通解。

解：所给方程对应的齐次方程为 $y''-6y'+8y=0$，

它的特征方程

$$\lambda^2-6\lambda+8=0$$

有两个特征根 $\lambda_1=2,\lambda_2=4$。于是所给方程对应的齐次方程的通解为

$$Y=C_1e^{2x}+C_2e^{4x}$$

注意到 $f(x)$ 是函数 $f_1(x)=(x^2+1)e^{2x}$ 与 $f_2(x)=\cos4x$ 的和，利用线性非齐次方程解的叠加原理，将计算方程特解的问题分解成以下两个方程：

$$y''-6y'+8y=(x^2+1)e^{2x} \tag{1}$$

$$y''-6y'+8y=\cos4x \tag{2}$$

的特解问题来求解。

对于方程(1)，由于 $\lambda=2$ 是特征方程的单根，所以可设其特解为

$$y_1=xe^{2x}(A_1x^2+B_1x+C_1)$$

把它代入方程(1)并整理得

$$-6A_1x^2+(6A_1-4B_1)x+2B_1-2C_1=x^2+1$$

比较系数得

$$\begin{cases}-6A_1=1\\6A_1-4B_1=0\\2B_1-2C_1=1\end{cases}$$

解得 $A_1=-\frac{1}{6}, B_1=-\frac{1}{4}, C_1=-\frac{3}{4}$。

于是方程(1)的一个特解为

$$y_1=-xe^{2x}\left(\frac{1}{6}x^2+\frac{1}{4}x+\frac{3}{4}\right)$$

对于方程(2),由于 $\alpha+i\beta=4i$ 不是特征方程的根,故可设其特解为

$$y_2=A_2\cos4x+B_2\sin4x$$

将其代入方程(2)并整理得

$$(-8A_2-24B_2)\cos4x+(24A_2-8B_2)\sin4x=\cos4x$$

比较等式两端同类项的系数得

$$\begin{cases}-8A_2-24B_2=1\\24A_2-8B_{22}=0\end{cases}$$

解方程组得 $A_2=-\frac{1}{80}, B_2=-\frac{3}{80}$。

于是方程(2)的一个特解为

$$y_2=-\frac{1}{80}(\cos4x+3\sin4x)$$

因此原方程的一个特解为

$$\tilde{y}(x)=y_1+y_2=-xe^{2x}\left(\frac{1}{6}x^2+\frac{1}{4}x+\frac{3}{4}\right)-\frac{1}{80}(\cos4x+3\sin4x)$$

所以原方程的通解为

$$y=C_1e^{2x}+C_2e^{4x}-xe^{2x}\left(\frac{1}{6}x^2+\frac{1}{4}x+\frac{3}{4}\right)-\frac{1}{80}(\cos4x+3\sin4x)$$

5.4 高阶线性微分方程

5.4.1 高阶线性方程解的结构

对于一般的 n 阶线性非齐次方程

$$y^{(n)}+a_1(x)y^{(n-1)}+\cdots+a_{n-1}(x)y'+a_n(x)y=f(x)$$

及其对应的齐次方程

$$y^{(n)}+a_1(x)y^{(n-1)}+\cdots+a_{n-1}(x)y'+a_n(x)y=0$$

类似于二阶线性方程解的结构，我们有下列结论：

定理 5.7　设 $y_1(x),y_2(x),\cdots,y_n(x)$ 是线性齐次方程的 n 个线性无关的解，则方程 $y^{(n)}+a_1(x)y^{(n-1)}+\cdots+a_{n-1}(x)y'+a_n(x)y=0$ 的通解为

$$y=C_1y_1(x)+C_2y_2(x)+\cdots+C_ny_n(x)$$

其中 $C_1,C_2,\cdots C_n$ 是 n 个任意常数。

定理 5.8　设 $y_1(x),y_2(x),\cdots,y_n(x)$ 是线性齐次方程的 n 个线性无关的解，$\widetilde{y}(x)$ 是线性非齐次方程的任一特解，则方程 $y^{(n)}+a_1(x)y^{(n-1)}+\cdots+a_{n-1}(x)y'+a_n(x)y=f(x)$ 的通解为

$$y=C_1y_1(x)+C_2y_2(x)+\cdots+C_ny_n(x)+\widetilde{y}(x)$$

其中 $C_1,C_2,\cdots C_n$ 是 n 个任意常数。

5.4.2 方程 $y^{(n)}=f(x)(n\geqslant 3)$ 的通解

形如

$$y^{(n)}=f(x)\quad (n\geqslant 3)$$

的 n 阶线性微分方程，其特点是左端只出现 y 的 n 阶导数，而右端只含有自变量 x，故把它两边积分即可得

$$y^{(n-1)}=\int f(x)\mathrm{d}x+C_1$$

再依次连续积分 $n-1$ 次即可得方程含有 n 个任意常数的通解。

5.4.3 方程 $F(x,y^{(k)},y^{(k+1)},\cdots,y^{(n)})=0$ 的通解

形如

$$F(x,y^{(k)},y^{(k+1)},\cdots,y^{(n)})=0$$

的 n 阶线性微分方程，其中 $k\geqslant 1,n\geqslant 3,F$ 为连续函数，其特点是不显含 $y,y',\cdots,y^{(k-1)}$。变量代换令 $z=y^{(k)},z$ 为新的未知函数，则原方程化为 $n-k$ 阶微分方程

$$F(x,z,z',\cdots,z^{(n-k)})=0$$

若求得此方程的通解为

$$z=\varphi(x,C_1,\cdots,C_{n-k})$$

则对方程

$$y^{(k)}=\varphi(x,C_1,\cdots,C_{n-k})$$

两边连续积分 k 次,即得方程 $F(x,y^{(k)},y^{(k+1)},\cdots,y^{(n)})=0$ 的通解。

5.4.4 典型例题

【例 1】 解方程 $xy''=y'\ln y'$。

解:此方程不显含 y。令 $y'=u$,则 $y''=u'$,原方程化为

$$xu'=u\ln u$$

这是变量可分离方程。容易求得其通解为

$$u=e^{C_1x}$$

即

$$y'=u=e^{C_1x}$$

在该方程两边积分,便得原方程的通解为

$$y=\int e^{C_1x}\mathrm{d}x+C_2=\frac{1}{C_1}e^{C_1x}+C_2$$

【例 2】 求方程 $yy''=(y')^2$ 满足初始条件 $y(0)=1,y'(0)=2$ 的特解。

解:此方程中不显含 x.令 $y'=p$,则 $y''=p\dfrac{\mathrm{d}p}{\mathrm{d}y}$,原方程化为

$$yp\frac{\mathrm{d}p}{\mathrm{d}y}=p^2$$

由初始条件 $p|_{y=1}=2$,所以 $p\neq 0$,将上式化简并分离变量得

$$\frac{\mathrm{d}p}{p}=\frac{\mathrm{d}y}{y}$$

两边积分得

$$p=C_1y$$

由 $p|_{y=1}=2$ 代入得 $C_1=2$,于是 $p=2y$,即 $y'=2y$。由此解得

$$y=C_2e^{\int 2\mathrm{d}x}=C_2e^{2x}$$

由 $y(0)=1$ 代入得 $C_2=1$,于是所求特解为 $y=e^{2x}$。

【例 3】 求微分方程 $y'''=e^{2x}-\cos x$ 的通解。

解:对所给方程连续积分 3 次,可得方程的通解

$$y''=\frac{1}{2}e^{2x}-\sin x+C$$

$$y'=\frac{1}{4}e^{2x}+\cos x+Cx+C_2$$

$$y=\frac{1}{8}e^{2x}+\sin x+C_1x^2+C_2x+C_3\left(C_1=\frac{C}{2}\right)$$

其中 C_1,C_2,C_3 均为任意常数。

【例 4】　求微分方程 $yy''-y'^2=0$ 的通解。

解：设 $y'=p$，则 $y''=p\dfrac{dp}{dy}$，

代入方程，得

$$yp\frac{dp}{dy}-p^2=0$$

在 $y\neq0$、$p\neq0$ 时，约去 p 并分离变量，得

$$\frac{dp}{p}=\frac{dy}{y}$$

两边积分得

$$\ln|p|=\ln|y|+\ln c$$

即　　$p=Cy$ 或 $y'=Cy$　$(C=\pm c)$。

再分离变量并两边积分，便得原方程的通解为

$$\ln|y|=Cx+\ln c_1$$

或　　$y=C_1e^{Cx}(C_1=\pm c_1)$

习题 5

1. 解下列微分方程

(1) 求微积分方程 $y'+\frac{1}{x}y=\frac{1}{x(x^2+1)}$ 的通解。

(2) 求微分方程 $y''-2y'+2y=e^x$ 的通解。

(3) 求微分方程 $xy'+(1-x)y=e^{2x}(0<x<+\infty)$ 满足 $y(1)=0$ 的解。

(4) 求微分方程 $y''+y'=x^2$ 的通解。

(5) 求微分方程 $y''+2y'+5y=0$ 的通解。

(6) 求微分方程 $x\ln x\,dy+(y-\ln x)dx=0$ 满足条件 $y|_{x=e}=1$ 的特解。

(7) 求微积分方程 $y''+y=x+\cos x$ 的通解。

(8) 求微分方程 $x\frac{dy}{dx}=x-y$ 满足 $y|_{x=\sqrt{2}}=0$ 的特解。

(9) 求微分方程 $x^2y'+xy=y^2$ 满足初始条件 $y|_{x=1}=1$ 的特解。

(10) 求微分方程 $y''+a^2y=\sin x$ 的通解,其中常数 $a>0$。

(11) 求微分方程 $y''-3y'+2y=xe^x$ 的通解。

(12) 求微分方程 $y''+2y'-3y=e^{-3x}$ 的通解。

(13) 微分方程$\frac{dy}{dx}=\frac{y}{x}-\frac{1}{2}\left(\frac{y}{x}\right)^3$ 满足 $y|_{x=1}=1$的特解。

(14) 求微分方程$(x^2-1)dy+(2xy-\cos x)dx=0$ 满足初始条件$y|_{x=0}=1$ 的特解。

(15) 求微分方程 $xy^2+y=xe^x$ 满足 $y(1)=1$ 的特解。

(16) 求微分方程$\frac{dy}{dx}=\frac{y-\sqrt{x^2+y^2}}{x}$ 的通解。

(17) 求微分方程 $y'+y\cos x=(\ln x)e^{-\sin x}$ 的通解。

(18) 求微分方程 $y''+5y'+6y=2e^{-x}$ 的通解。

2. 设函数 $y=y(x)$ 满足微分方程 $y''-3y'+2y=2e^x$,且图形在点(0,1)处的切线与曲线 $y=x^2-x+1$ 在该点的切线重合,求函数 $y=y(x)$。

3. 设 $y=f(x)$ 是满足微分方程 $y''+y'-e^{\sin x}=0$ 的解,且 $f'(x_0)=0$,证明:$f(x)$ 在 x_0 处取得极小值。

4. 设 $f(x)$ 为连续函数

(1) 求初值问题$\begin{cases}y'+ay=f(x)\\ y|_{x=0}=0\end{cases}$ 的解 $y=y(x)$,其中 a 是正常数。

(2) 若 $|f(x)|\leqslant k$(k 为常数),证明:当 $x\geqslant 0$ 时,有 $|y(x)|\leqslant \dfrac{k}{a}(1-e^{-ax})$。

5. 设有微积分方程 $y'-2y=\varphi(x)$,其中 $\varphi(x)=\begin{cases}2, & x<1\\ 0, & x>1\end{cases}$。试求出 $(-\infty,+\infty)$ 内的连续函数 $y=y(x)$,使之在 $(-\infty,1)$ 和 $(1,+\infty)$ 内都满足所给方程,且满足条件 $y(0)=0$。

6. 设 $f(x)$ 具有二阶连续导数,$f(0)=0$,$f'(0)=1$,且 $[xy(x+y)-f(x)y]dx+[f'(x)+x^2y]dy=0$ 为一全微分方程,求 $f(x)$ 及此全微分方程的通解。

第 6 章 行列式与矩阵

6.1 行列式

6.1.1 二阶、三阶行列式

定义 6.1 用记号 $\begin{vmatrix} a_1 & b_1 \\ a_2 & b_2 \end{vmatrix}$ 表示算式 $a_1b_2 - a_2b_1$，即 $\begin{vmatrix} a_1 & b_1 \\ a_2 & b_2 \end{vmatrix} = a_1b_2 - a_2b_1$，其中记号 $\begin{vmatrix} a_1 & b_1 \\ a_2 & b_2 \end{vmatrix}$ 叫做**行列式**，因为它只有两行、两列，故称其为**二阶行列式**。$a_1b_2 - a_2b_1$ 叫做行列式 $\begin{vmatrix} a_1 & b_1 \\ a_2 & b_2 \end{vmatrix}$ 的展开式，其计算结果叫做**行列式的值**。a_1, b_2, a_2, b_1 叫做行列式 $\begin{vmatrix} a_1 & b_1 \\ a_2 & b_2 \end{vmatrix}$ 的**元素**。

定理 6.1（**对角线法则**） 二阶行列式是这样两项的代数和：一个是从左上角到右下角的对角线（又叫行列式的主对角线）上两个元素的乘积，取正号；另一个是从右上角到左下角的对角线（又叫次对角线）上两个元素的乘积，取负号。

同样的方法，我们有三阶行列式及其对角线法则。

$$\begin{vmatrix} a_{11} & a_{12} & a_{13} \\ a_{21} & a_{22} & a_{23} \\ a_{31} & a_{32} & a_{33} \end{vmatrix} = \begin{aligned} & a_{11}a_{22}a_{33} + a_{12}a_{23}a_{31} + a_{13}a_{21}a_{32} \\ & - a_{11}a_{23}a_{32} - a_{12}a_{21}a_{33} - a_{13}a_{22}a_{31} \end{aligned}$$

其中元素 a_{ij} 的第一个下标 i 表示这个元素位于第 i 行，称为行标，第二个下标 j 表示此元素位于第 j 列，称为列标。

注：对角线法则仅适用于二阶和三阶行列式的计算。

6.1.2 排列

定义 6.2 由数码 $1,2,\cdots,n$ 组成一个有序数组称为一个 n 级排列。

定义 6.3 在一个 n 级排列 $i_1i_2\cdots i_n$ 中，如果有较大的数 i_t 排在较小的数 i_s 的前面（$i_s < i_t$），则称 i_t 与 i_s 构成一个逆序，一个 n 级排列中逆序的总数，称为这个排列的逆序数，记作 $N(i_1i_2\cdots i_n)$。若排列 $i_1i_2\cdots i_n$ 的逆序数 $N(i_1i_2\cdots i_n)$ 是

奇数，则称此排列为奇排列，而是偶数的排列称为偶排列。

定义 6.4　在一个 n 级排列 $i_1 i_2 \cdots i_n$ 中，如果其中某两个数 i_t 与 i_s 对调位置，其余各数位置不变，就得到另一个新的 n 级排列 $i_1 \cdots i_t \cdots i_s \cdots i_n$，这样的变换称为一个对换，记作 (i_s, i_t)。

定理 6.2　任一排列经过一次对换后，其奇偶性改变。

定理 6.3　在所有的 n 级排列中 $(n \geqslant 2)$，奇排列与偶排列的个数相等，各为 $\dfrac{n!}{2}$ 个。

6.1.3　*n* 阶行列式

定义 6.5　由排成 n 行 n 列的 n^2 个元素 $a_{ij}(i, j = 1, 2, \cdots, n)$ 组成的符号

$$\begin{vmatrix} a_{11} & a_{12} & \cdots & a_{1n} \\ a_{21} & a_{22} & \cdots & a_{2n} \\ \cdots & \cdots & \cdots & \cdots \\ a_{n1} & a_{n2} & \cdots & a_{nn} \end{vmatrix}$$

称为 n 阶行列式。它是 $n!$ 项的代数和，每一项是取自不同行和不同列的 n 个元素的乘积，各项的符号是：每一项中各元素的行标排成自然序排列，如果列标的排列为偶排列时，则取正号；为奇排列，则取负号。即：

$$\begin{vmatrix} a_{11} & a_{12} & \cdots & a_{1n} \\ a_{21} & a_{22} & \cdots & a_{2n} \\ \cdots & \cdots & \cdots & \cdots \\ a_{n1} & a_{n2} & \cdots & a_{nn} \end{vmatrix} = \sum_{j_1 j_2 \cdots j_n} (-1)^{N(j_1 j_2 \cdots j_n)} a_{1j_1} a_{2j_2} \cdots a_{nj_n}$$

其中 $\sum\limits_{j_1 j_2 \cdots j_n}$ 表示对所有的 n 级排列 $j_1 j_2 \cdots j_n$ 求和。

注：行列式定义又可叙述为

$$\begin{vmatrix} a_{11} & a_{12} & \cdots & a_{1n} \\ a_{21} & a_{22} & \cdots & a_{2n} \\ \cdots & \cdots & \cdots & \cdots \\ a_{n1} & a_{n2} & \cdots & a_{nn} \end{vmatrix} = \sum_{i_1 i_2 \cdots i_n} (-1)^{N(i_1 i_2 \cdots i_n)} a_{i_1 1} a_{i_2 2} \cdots a_{i_n n}$$

6.1.4　行列式的性质

定义 6.6　将行列式 D 的行列互换后得到的行列式称为行列式 D 的转置行列式，记作 D^{T}，即若

$$D=\begin{vmatrix} a_{11} & a_{12} & \cdots & a_{1n} \\ a_{21} & a_{22} & \cdots & a_{2n} \\ \cdots & \cdots & \cdots & \cdots \\ a_{n1} & a_{n2} & \cdots & a_{nn} \end{vmatrix},\text{则 } D^{\mathrm{T}}=\begin{vmatrix} a_{11} & a_{21} & \cdots & a_{n1} \\ a_{12} & a_{22} & \cdots & a_{n2} \\ \cdots & \cdots & \cdots & \cdots \\ a_{1n} & a_{2n} & \cdots & a_{nn} \end{vmatrix}。$$

反之,行列式 D 也是行列式 D^{T} 的转置行列式,即行列式 D 与行列式 D^{T} 互为转置行列式。

性质 1 行列式 D 与它的转置行列式 D^{T} 的值相等.

性质 2 交换行列式的两行(列),行列式变号。即

$$D=\begin{vmatrix} a_{11} & a_{12} & \cdots & a_{1n} \\ \cdots & \cdots & \cdots & \cdots \\ a_{i1} & a_{i2} & \cdots & a_{in} \\ \cdots & \cdots & \cdots & \cdots \\ a_{s1} & a_{s2} & \cdots & a_{sn} \\ \cdots & \cdots & \cdots & \cdots \\ a_{n1} & a_{n2} & \cdots & a_{nn} \end{vmatrix}\begin{matrix} \\ \\ (i\text{ 行}) \\ \\ (s\text{ 行}) \\ \\ \\ \end{matrix}=-\begin{vmatrix} a_{11} & a_{12} & \cdots & a_{1n} \\ \cdots & \cdots & \cdots & \cdots \\ a_{s1} & a_{s2} & \cdots & a_{sn} \\ \cdots & \cdots & \cdots & \cdots \\ a_{i1} & a_{i2} & \cdots & a_{in} \\ \cdots & \cdots & \cdots & \cdots \\ a_{n1} & a_{n2} & \cdots & a_{nn} \end{vmatrix}\begin{matrix} \\ \\ (i\text{ 行}) \\ \\ (s\text{ 行}) \\ \\ \\ \end{matrix}$$

推论 若行列式有两行(列)的对应元素相同,则此行列式的值等于零。

性质 3 行列式某一行(列)所有元素的公因子可以提到行列式符号的外面。即

$$\begin{vmatrix} a_{11} & a_{12} & \cdots & a_{1n} \\ \cdots & \cdots & \cdots & \cdots \\ ka_{i1} & ka_{i2} & \cdots & ka_{in} \\ \cdots & \cdots & \cdots & \cdots \\ a_{n1} & a_{n2} & \cdots & a_{nn} \end{vmatrix}=k\begin{vmatrix} a_{11} & a_{12} & \cdots & a_{1n} \\ \cdots & \cdots & \cdots & \cdots \\ a_{i1} & a_{i2} & \cdots & a_{in} \\ \cdots & \cdots & \cdots & \cdots \\ a_{n1} & a_{n2} & \cdots & a_{nn} \end{vmatrix}$$

推论 如果行列式中有两行(列)的对应元素成比例,则此行列式的值等于零。

性质 4 如果行列式的某一行(列)的各元素都是两个数的和,则此行列式等于两个相应的行列式的和。即

$$\begin{vmatrix} a_{11} & a_{12} & \cdots & a_{1n} \\ \cdots & \cdots & \cdots & \cdots \\ b_{i1}+c_{i1} & b_{i2}+c_{i2} & \cdots & b_{in}+c_{in} \\ \cdots & \cdots & \cdots & \cdots \\ a_{n1} & a_{n2} & \cdots & a_{nn} \end{vmatrix}=\begin{vmatrix} a_{11} & a_{12} & \cdots & a_{1n} \\ \cdots & \cdots & \cdots & \cdots \\ b_{i1} & b_{i2} & \cdots & b_{in} \\ \cdots & \cdots & \cdots & \cdots \\ a_{n1} & a_{n2} & \cdots & a_{nn} \end{vmatrix}+\begin{vmatrix} a_{11} & a_{12} & \cdots & a_{1n} \\ \cdots & \cdots & \cdots & \cdots \\ c_{i1} & c_{i2} & \cdots & c_{in} \\ \cdots & \cdots & \cdots & \cdots \\ a_{n1} & a_{n2} & \cdots & a_{nn} \end{vmatrix}$$

性质 5 把行列式的某一行(列)的所有元素乘以数 k 加到另一行(列)的相应元素上,行列式的值不变。即

$$D=\begin{vmatrix} a_{11} & a_{12} & \cdots & a_{1n} \\ \cdots & \cdots & \cdots & \cdots \\ a_{i1} & a_{i2} & \cdots & a_{in} \\ \cdots & \cdots & \cdots & \cdots \\ a_{s1} & a_{s2} & \cdots & a_{sn} \\ \cdots & \cdots & \cdots & \cdots \\ a_{n1} & a_{n2} & \cdots & a_{nn} \end{vmatrix} \xlongequal[\text{到第 } s \text{ 行}]{i \text{ 行} \times k \text{ 加}} \begin{vmatrix} a_{11} & a_{12} & \cdots & a_{1n} \\ \cdots & \cdots & \cdots & \cdots \\ a_{i1} & a_{i2} & \cdots & a_{in} \\ \cdots & \cdots & \cdots & \cdots \\ ka_{i1}+a_{s1} & ka_{i2}+a_{s2} & \cdots & ka_{in}+a_{sn} \\ \cdots & \cdots & \cdots & \cdots \\ a_{n1} & a_{n2} & \cdots & a_{nn} \end{vmatrix}$$

6.1.5　行列式的按行按列展开

定义 6.7　在 n 阶行列式中，划去元素 a_{ij} 所在的第 i 行和第 j 列后，余下的元素按原来的位置构成一个 $n-1$ 阶行列式，称为元素 a_{ij} 的余子式，记作 M_{ij}。元素 a_{ij} 的余子式 M_{ij} 前面添上符号 $(-1)^{i+j}$ 称为元素 a_{ij} 的代数余子式，记作 A_{ij}. 即 $A_{ij}=(-1)^{i+j}M_{ij}$。

定理 6.4（行列式展开定理）　行列式等于它的任一行（或列）的各个元素与其对应的代数余子式乘积之和，即

$$D=\begin{vmatrix} a_{11} & a_{12} & \cdots & a_{1n} \\ \vdots & \vdots & \vdots & \vdots \\ a_{i1} & a_{i2} & \cdots & a_{in} \\ \vdots & \vdots & \vdots & \vdots \\ a_{n1} & a_{n2} & \cdots & a_{nn} \end{vmatrix}=a_{i1}A_{i1}+a_{i2}A_{i2}+\cdots+a_{in}A_{in}, i=1,2,\cdots,n$$

或

$$D=\begin{vmatrix} a_{11} & \cdots & a_{1j} & \cdots & a_{1n} \\ a_{21} & \cdots & a_{2j} & \cdots & a_{2n} \\ \vdots & \cdots & \vdots & \cdots & \vdots \\ a_{n1} & \cdots & a_{nj} & \cdots & a_{nn} \end{vmatrix}=a_{1j}A_{1j}+a_{2j}A_{2j}+\cdots+a_{nj}A_{nj}, j=1,2,$$

$\cdots,n$

定理 6.5　行列式中的某一行（或列）各个元素与另一行（列）对应元素的代数余子式乘积之和等于零。即

$$a_{i1}A_{j1}+a_{i2}A_{j2}+\cdots+a_{in}A_{jn}=0, i\neq j$$

或

$$a_{1i}A_{1j}+a_{2i}A_{2j}+\cdots+a_{ni}A_{nj}=0, i\neq j$$

6.1.6　典型例题

【例 1】　(1) 求 362154 的逆序数。

(2) $21i4j$ 是一个 5 级排列，试确定 i,j 的值及其逆序数。

解：(1) $\tau(362154)=2+4+1+0+1=8$。

(2) 由于是 5 级排列，因此 i,j 可以取 3 或 5

若$\begin{cases} i=3 \\ j=5 \end{cases}$，则排列为 21345，$\tau(21345)=1$

若$\begin{cases} i=5 \\ j=3 \end{cases}$，则排列为 21543，$\tau(21543)=4$

【例 2】 利用定义计算行列式

(1) $\begin{vmatrix} 0 & a_{12} & 0 & 0 \\ 0 & 0 & 0 & a_{24} \\ a_{31} & 0 & 0 & 0 \\ 0 & 0 & a_{43} & 0 \end{vmatrix}$ (2) $\begin{vmatrix} & & & a_{1n} \\ & & a_{2,n-1} & a_{2n} \\ & \iddots & \vdots & \vdots \\ a_{n1} & \cdots & a_{n,n-1} & a_{nn} \end{vmatrix}$

解：(1) $\begin{vmatrix} 0 & a_{12} & 0 & 0 \\ 0 & 0 & 0 & a_{24} \\ a_{31} & 0 & 0 & 0 \\ 0 & 0 & a_{43} & 0 \end{vmatrix}=(-1)^{\tau(2413)}a_{12}a_{24}a_{31}a_{43}=-a_{12}a_{24}a_{31}a_{43}$

(2) $\begin{vmatrix} & & & a_{1n} \\ & & a_{2,n-1} & a_{2n} \\ & \iddots & \vdots & \vdots \\ a_{n1} & \cdots & a_{n,n-1} & a_{nn} \end{vmatrix}$

$=-1^{\tau[n(n-1)\cdots 21]}a_{1n}a_{2,n-1}\cdots a_{n1}$

$=(-1)^{\frac{n(n-1)}{2}}a_{1n}a_{2,n-1}\cdots a_{n1}$

【例 3】 计算行列式$\begin{vmatrix} a & b & 0 & 0 \\ c & d & 0 & 0 \\ x & y & e & f \\ u & v & g & h \end{vmatrix}$。

解：按行列式的定义，它应有 4！ =24 项，但只有以下四项：$adeh$，$adfg$，$bceh$，$bcfg$ 不为零。与这四项相对应得列标的 4 级排列分别为 1234，1243，2134 和 2143，而其逆序数 $N(1234)=0$，$N(1243)=1$，$N(2134)=1$ 和 $N(2143)=2$，所以第一项和第四项应取正号，第二项和第三项应取负号，即

$$\begin{vmatrix} a & b & 0 & 0 \\ c & d & 0 & 0 \\ x & y & e & f \\ u & v & g & h \end{vmatrix}=adeh-adfg-bceh+bcfg$$

【例 4】 计算行列式 $D=\begin{vmatrix}3&1&-1&2\\-5&1&3&-4\\2&0&1&-1\\1&-5&3&-3\end{vmatrix}$。

解：$D=\begin{vmatrix}3&1&-1&2\\-5&1&3&-4\\2&0&1&-1\\1&-5&3&-3\end{vmatrix}\overset{c_1\leftrightarrow c_2}{=\!=\!=}-\begin{vmatrix}1&3&-1&2\\1&-5&3&-4\\0&2&1&-1\\-5&1&3&-3\end{vmatrix}\overset{\substack{r_2-r_1\\r_4+5r_1}}{=\!=\!=}$

$$-\begin{vmatrix}1&3&-1&2\\0&-8&4&-6\\0&2&1&-1\\0&16&-2&7\end{vmatrix}\overset{r_2\leftrightarrow r_3}{=\!=\!=}\begin{vmatrix}1&3&-1&2\\0&2&1&-1\\0&-8&4&-6\\0&16&-2&7\end{vmatrix}\overset{\substack{r_3+4r_2\\r_4-8r_2}}{=\!=\!=}$$

$$\begin{vmatrix}1&3&-1&2\\0&2&1&-1\\0&0&8&-10\\0&0&-10&15\end{vmatrix}\overset{r_4+\frac{10}{8}r_3}{=\!=\!=}\begin{vmatrix}1&3&-1&2\\0&2&1&-1\\0&0&8&-10\\0&0&0&\frac{20}{8}\end{vmatrix}=40$$

【例 5】 计算行列式 $D=\begin{vmatrix}3&1&1&1\\1&3&1&1\\1&1&3&1\\1&1&1&3\end{vmatrix}$。

解：方法一：

$$\text{原式}\overset{r_1\leftrightarrow r_4}{=\!=\!=}-\begin{vmatrix}1&1&1&3\\1&3&1&1\\1&1&3&1\\3&1&1&1\end{vmatrix}\overset{r_2-r_1}{=\!=\!=}-\begin{vmatrix}1&1&1&3\\0&2&0&-2\\1&1&3&1\\3&1&1&1\end{vmatrix}$$

$$\overset{\substack{r_3-r_1\\r_4-3r_1}}{=\!=\!=}-\begin{vmatrix}1&1&1&3\\0&2&0&-2\\0&0&2&-2\\0&-2&-2&-8\end{vmatrix}$$

$$\overset{r_4+r_2}{=\!=\!=}-\begin{vmatrix}1&1&1&3\\0&2&0&-2\\0&0&2&-2\\0&0&-2&-10\end{vmatrix}\overset{r_4+r_3}{=\!=\!=}-\begin{vmatrix}1&1&1&3\\0&2&0&-2\\0&0&2&-2\\0&0&0&-12\end{vmatrix}=48$$

方法二：

$$原式\xlongequal{r_1+r_2+r_3+r_4}\begin{vmatrix}6&6&6&6\\1&3&1&1\\1&1&3&1\\1&1&1&3\end{vmatrix}\xlongequal{r_1\div 6}\begin{vmatrix}1&1&1&1\\1&3&1&1\\1&1&3&1\\1&1&1&3\end{vmatrix}\times 6$$

$$\xlongequal[i=2,3,4]{r_i-r_1}\begin{vmatrix}1&1&1&1\\0&2&0&0\\0&0&2&0\\0&0&0&2\end{vmatrix}\times 6=48$$

【例 6】 计算行列式 $D=\begin{vmatrix}x&a_1&a_2&\cdots&a_n\\a_1&x&a_2&\cdots&a_n\\a_1&a_2&x&\cdots&a_n\\\cdots&\cdots&\cdots&\cdots&\cdots\\a_1&a_2&a_3&\cdots&x\end{vmatrix}$。

解:将 D 的第 2 列、第 3 列、…、第 $n+1$ 列全加到第 1 列上,然后从第 1 列提取公因子 $x+\sum_{i=1}^{n}a_i$ 得

$$D=\left(x+\sum_{i=1}^{n}a_i\right)\begin{vmatrix}1&a_1&a_2&\cdots&a_n\\1&x&a_2&\cdots&a_n\\1&a_2&x&\cdots&a_n\\\cdots&\cdots&\cdots&\cdots&\cdots\\1&a_2&a_3&\cdots&x\end{vmatrix}$$

$$=\left(x+\sum_{i=1}^{n}a_i\right)\begin{vmatrix}1&0&0&\cdots&0\\1&x-a_1&0&\cdots&0\\1&a_2-a_1&x-a_2&\cdots&0\\\cdots&\cdots&\cdots&\cdots&\cdots\\1&a_2-a_1&a_3-a_2&\cdots&x-a_n\end{vmatrix}$$

$$=\left(x+\sum_{i=1}^{n}a_i\right)(x-a_1)(x-a_2)\cdots(x-a_n)$$

【例 7】 计算行列式 $D=\begin{vmatrix}x&a_2&a_3&\cdots&a_n\\a_1&x&a_3&\cdots&a_n\\a_1&a_2&x&\cdots&a_n\\\cdots&\cdots&\cdots&\cdots&\cdots\\a_1&a_2&a_3&\cdots&x\end{vmatrix}$ $x\neq a_i(i=1,2,\cdots,n)$。

解:将第 1 行乘以(−1)分别加到第 $2,3,\cdots,n$ 行上得

$$D=\begin{vmatrix} x & a_2 & a_3 & \cdots & a_n \\ a_1-x & x-a_2 & 0 & \cdots & 0 \\ a_1-x & 0 & x-a_3 & \cdots & 0 \\ \cdots & \cdots & \cdots & \cdots & \cdots \\ a_1-x & 0 & 0 & \cdots & x-a_n \end{vmatrix}$$

从第一列提出 $x-a_1$，从第二列提出 $x-a_2$，…，从第 n 列提出 $x-a_n$，便得到

$$D=(x-a_1)(x-a_2)\cdots(x-a_n)\begin{vmatrix} \dfrac{x}{x-a_1} & \dfrac{a_2}{x-a_2} & \dfrac{a_3}{x-a_3} & \cdots & \dfrac{a_n}{x-a_n} \\ -1 & 1 & 0 & \cdots & 0 \\ -1 & 0 & 1 & \cdots & 0 \\ \cdots & \cdots & \cdots & \cdots & \cdots \\ -1 & 0 & 0 & \cdots & 1 \end{vmatrix}$$

由 $\dfrac{x}{x-a_1}=1+\dfrac{a_1}{x-a_1}$，并把第 2 列、第 3 列、…、第 n 列都加于第 1 列，有：

$$D=(x-a_1)(x-a_2)\cdots(x-a_n)\begin{vmatrix} 1+\sum\limits_{i=1}^{n}\dfrac{a_i}{x-a_i} & \dfrac{a_2}{x-a_2} & \dfrac{a_3}{x-a_3} & \cdots & \dfrac{a_n}{x-a_n} \\ 0 & 1 & 0 & \cdots & 0 \\ 0 & 0 & 1 & \cdots & 0 \\ \cdots & \cdots & \cdots & \cdots & \cdots \\ 0 & 0 & 0 & \cdots & 1 \end{vmatrix}$$

$$=(x-a_1)(x-a_2)\cdots(x-a_n)\left(1+\sum_{i=1}^{n}\frac{a_i}{x-a_i}\right)$$

【例 8】　计算行列式 $D_n=\begin{vmatrix} x & y & 0 & \cdots & 0 & 0 \\ 0 & x & y & \cdots & 0 & 0 \\ \cdots & \cdots & \cdots & \cdots & \cdots & \cdots \\ 0 & 0 & 0 & \cdots & x & y \\ y & 0 & 0 & \cdots & 0 & x \end{vmatrix}$。

解：对第一列展开可得

$$D_n=\begin{vmatrix} x & y & 0 & \cdots & 0 & 0 \\ 0 & x & y & \cdots & 0 & 0 \\ \cdots & \cdots & \cdots & \cdots & \cdots & \cdots \\ 0 & 0 & 0 & \cdots & x & y \\ y & 0 & 0 & \cdots & 0 & x \end{vmatrix}$$

$$=x\begin{vmatrix} x & y & 0 & \cdots & 0 & 0 \\ 0 & x & y & \cdots & 0 & 0 \\ \cdots & \cdots & \cdots & \cdots & \cdots & \cdots \\ 0 & 0 & 0 & \cdots & x & y \\ 0 & 0 & 0 & \cdots & 0 & x \end{vmatrix}+(-1)^{n+1}y\begin{vmatrix} y & 0 & 0 & \cdots & 0 & 0 \\ x & y & 0 & \cdots & 0 & 0 \\ \cdots & \cdots & \cdots & \cdots & \cdots & \cdots \\ 0 & 0 & 0 & \cdots & y & 0 \\ 0 & 0 & 0 & \cdots & x & y \end{vmatrix}$$

$$=x^n+(-1)^{n+1}y^n$$

【例 9】 证明范德蒙(A.T.Vandermonde)行列式

$$D_n=\begin{vmatrix} 1 & 1 & 1 & \cdots & 1 \\ x_1 & x_2 & x_3 & \cdots & x_n \\ x_1^2 & x_2^2 & x_3^2 & \cdots & x_n^2 \\ \vdots & \vdots & \vdots & & \vdots \\ x_1^{n-1} & x_2^{n-1} & x_3^{n-1} & \cdots & x_n^{n-1} \end{vmatrix}=\prod_{n\geqslant i>j\geqslant 1}(x_i-x_j)。$$

解:用数学归纳法,因为

$$\begin{vmatrix} 1 & 1 \\ x_1 & x_2 \end{vmatrix}=x_2-x_1=\prod_{2\geqslant i>j\geqslant 1}(x_i-x_j)$$

所以当 $n=2$ 时命题成立,现在假设对 $n-1$ 阶范德蒙行列式命题成立,证明对 n 阶范德蒙行列式命题也成立。首先从第 n 行开始依次减去前一行的 x_1 倍,有

$$D_n=\begin{vmatrix} 1 & 1 & 1 & \cdots & 1 \\ 0 & x_2-x_1 & x_3-x_1 & \cdots & x_n-x_1 \\ 0 & x_2(x_2-x_1) & x_3(x_3-x_1) & \cdots & x_n(x_n-x_1) \\ \vdots & \vdots & \vdots & & \vdots \\ 0 & x_2^{n-2}(x_2-x_1) & x_3^{n-2}(x_3-x_1) & \cdots & x_n^{n-2}(x_n-x_1) \end{vmatrix}$$

按第 1 列展开,再把每列的公因子提到外面

$$D_n=(x_2-x_1)(x_3-x_1)\cdots(x_n-x_1)\begin{vmatrix} 1 & 1 & \cdots & 1 \\ x_2 & x_3 & \cdots & x_n \\ \vdots & \vdots & & \vdots \\ x_2^{n-2} & x_3^{n-2} & \cdots & x_n^{n-2} \end{vmatrix}$$

上式右端行列式是 $n-1$ 阶范德蒙行列式,按归纳法假设,它应该等于所有 x_i-x_j 的乘积,其中 $n\geqslant i>j\geqslant 2$,因此

$$D_n=(x_2-x_1)(x_3-x_1)\cdots(x_n-x_1)\prod_{n\geqslant i>j\geqslant 2}(x_i-x_j)=\prod_{n\geqslant i>j\geqslant 1}(x_i-x_j)。$$

6.2 克莱姆法则

6.2.1 线性方程组

定义 6.8 称含有 n 个未知数 $x_1,x_2,\cdots,x_n$ 的 n 个方程

$$\begin{cases} a_{11}x_1+a_{12}x_2+\cdots+a_{1n}x_n=b_1 \\ a_{21}x_1+a_{22}x_2+\cdots+a_{2n}x_n=b_2 \\ \cdots\cdots \\ a_{n1}x_1+a_{n2}x_2+\cdots+a_{nn}x_n=b_n \end{cases}$$

为非齐次线性方程组。在上述非齐次线性方程组中,若右端常数项都为零,即

$$\begin{cases} a_{11}x_1+a_{12}x_2+\cdots+a_{1n}x_n=0 \\ a_{21}x_1+a_{22}x_2+\cdots+a_{2n}x_n=0 \\ \cdots\cdots \\ a_{n1}x_1+a_{n2}x_2+\cdots+a_{nn}x_n=0 \end{cases}$$

称其为齐次线性方程组。

称 $D=\begin{vmatrix} a_{11} & a_{12} & \cdots & a_{1n} \\ a_{21} & a_{22} & \cdots & a_{2n} \\ \vdots & \vdots & \ddots & \vdots \\ a_{n1} & a_{n2} & \cdots & a_{nn} \end{vmatrix}$ 为线性方程组的系数行列式。

6.2.2 克莱姆法则

定理 6.6 如果 n 元非齐次线性方程组的系数行列式 $D\neq 0$,则方程组存在唯一解;且解为

$$x_j=\frac{D_j}{D},j=1,2,\cdots,n$$

其中,

$$D_j=\begin{vmatrix} a_{11} & \cdots & a_{1j-1} & b_1 & a_{1j+1} & \cdots & a_{1n} \\ a_{21} & \cdots & a_{2j-1} & b_2 & a_{2j+1} & \cdots & a_{2n} \\ \cdots & \cdots & \cdots & \cdots & \cdots & \cdots & \cdots \\ a_{n1} & \cdots & a_{nj-1} & b_n & a_{nj+1} & \cdots & a_{nn} \end{vmatrix}$$

定理 6.7 如果齐次线性方程组的系数行列式 $D\neq 0$,则它只有零解。

推论 如果齐次线性方程组有非零解,那么它的系数行列式 $D=0$。

6.2.3 典型例题

【例 1】 利用克莱姆法则解下列线性方程组。

$$\begin{cases} x_1 - x_2 + x_3 - 2x_4 = 2 \\ 2x_1 - x_3 + 4x_4 = 4 \\ 3x_1 + 2x_2 + x_3 = -1 \\ -x_1 + 2x_2 - x_3 + 2x_4 = -4 \end{cases}$$

解:利用克莱姆法则

$$D = \begin{vmatrix} 1 & -1 & 1 & -2 \\ 2 & 0 & -1 & 4 \\ 3 & 2 & 1 & 0 \\ -1 & 2 & -1 & 2 \end{vmatrix} \xlongequal{r_1 + r_4} \begin{vmatrix} 0 & 1 & 0 & 0 \\ 2 & 0 & -1 & 4 \\ 3 & 2 & 1 & 0 \\ -1 & 2 & -1 & 2 \end{vmatrix} = -\begin{vmatrix} 2 & -1 & 4 \\ 3 & 1 & 0 \\ -1 & -1 & 2 \end{vmatrix}$$

$$\xlongequal{r_1 - r_3} -\begin{vmatrix} 4 & 1 & 0 \\ 3 & 1 & 0 \\ -1 & -1 & 2 \end{vmatrix} = -2\begin{vmatrix} 4 & 1 \\ 3 & 1 \end{vmatrix} = -2 \neq 0$$

所以方程组有唯一解。又

$$D_1 = \begin{vmatrix} 2 & -1 & 1 & -2 \\ 4 & 0 & -1 & 4 \\ -1 & 2 & 1 & 0 \\ -4 & 2 & -1 & 2 \end{vmatrix} = -2, D_2 = \begin{vmatrix} 1 & 2 & 1 & -2 \\ 2 & 4 & -1 & 4 \\ 3 & -1 & 1 & 0 \\ -1 & -4 & -1 & 2 \end{vmatrix} = 4,$$

$$D_3 = \begin{vmatrix} 1 & -1 & 2 & -2 \\ 2 & 0 & 4 & 4 \\ 3 & 2 & -1 & 0 \\ -1 & 2 & -4 & 2 \end{vmatrix} = 0, D_4 = \begin{vmatrix} 1 & -1 & 1 & 2 \\ 2 & 0 & -1 & 4 \\ 3 & 2 & 1 & -1 \\ -1 & 2 & -1 & -4 \end{vmatrix} = -1,$$

于是方程组的解是

$$x_1 = \frac{D_1}{D} = 1, x_2 = \frac{D_2}{D} = -2, x_3 = \frac{D_3}{D} = 0, x_4 = \frac{D_4}{D} = \frac{1}{2}。$$

【例 2】 下列齐次方程组中的参数 λ 为何值时,方程组有非零解。

$$\begin{cases} (1-\lambda)x_1 - 2x_2 + 4x_3 = 0 \\ 2x_1 + (3-\lambda)x_2 + x_3 = 0 \\ x_1 + x_2 + (1-\lambda)x_3 = 0 \end{cases}$$

解:设

$$D = \begin{vmatrix} 1-\lambda & -2 & 4 \\ 2 & 3-\lambda & 1 \\ 1 & 1 & 1-\lambda \end{vmatrix} = \begin{vmatrix} 1-\lambda & -3+\lambda & 4 \\ 2 & 1-\lambda & 1 \\ 1 & 0 & 1-\lambda \end{vmatrix}$$

$$= (1-\lambda)^3 + (\lambda - 3) - 4(1-\lambda) - 2(1-\lambda)(-3+\lambda)$$

$$= (1-\lambda)^3 + 2(1-\lambda)^2 + \lambda - 3$$

$=\lambda(2-\lambda)(\lambda-3)$

因为齐次方程组有非零解，则

$$D=0$$

所以，当 $\lambda=0$，$\lambda=2$ 或 $\lambda=3$ 时齐次方程组有非零解。

6.3 矩阵

6.3.1 矩阵的定义与运算

1. 矩阵 A 的定义

定义 6.9　由 $m\times n$ 个数 $a_{ij}(i=1,2,\cdots,m;j=1,2,\cdots,n)$ 排成一个 m 行，n 列的表

$$\begin{pmatrix} a_{11} & a_{12} & \cdots & a_{1n} \\ a_{21} & a_{22} & \cdots & a_{2n} \\ \cdots & \cdots & \cdots & \cdots \\ a_{m1} & a_{m2} & \cdots & a_{mn} \end{pmatrix}$$

称为一个 $m\times n$ 矩阵，a_{ij} 称为第 i 行，第 j 列的元素。

我们用字母 $\boldsymbol{A}$、$\boldsymbol{B}$、$\boldsymbol{C}$ 等表示矩阵，有时为了表明 $\boldsymbol{A}$ 的行数和列数，可记为 $\boldsymbol{A}_{m\times n}$ 或 $(a_{ij})_{m\times n}$。

具有相同行数和相同列数的矩阵，称之为同型矩阵。

定义 6.10　若同型矩阵 $\boldsymbol{A}=(a_{ij})_{m\times n}$ 和 $\boldsymbol{B}=(b_{ij})_{m\times n}$ 在对应位置上的元素都相等，即 $a_{ij}=b_{ij}$，　$i=1,\cdots,m;j=1,\cdots,n$，则称矩阵 $\boldsymbol{A}$ 与 $\boldsymbol{B}$ 相等，记做 $\boldsymbol{A}=\boldsymbol{B}$。

2. 几种特殊矩阵

(1) 方阵：对于 $m\times n$ 矩阵 $\boldsymbol{A}=(a_{ij})_{m\times n}$，当 $m=n$ 时，即

$$\boldsymbol{A}=\begin{pmatrix} a_{11} & a_{12} & \cdots & a_{1n} \\ a_{21} & a_{22} & \cdots & a_{2n} \\ \vdots & \vdots & & \vdots \\ a_{n1} & a_{n2} & \cdots & a_{nn} \end{pmatrix}$$

称为 n 阶方阵，记为 $\boldsymbol{A}_n$。特别地，一阶方阵 $(a)=a$。

方阵中从左上角元素 a_{11} 到右下角元素 a_{nn} 的这条对角线称为方阵的主对角线，从右上角元素 a_{1n} 到左下角元素 a_{n1} 的这条对角线称为方阵的副（次）对角线。

(2) 形如

$$A=\begin{pmatrix} a_{11} & a_{12} & \cdots & a_{1n} \\ 0 & a_{22} & \cdots & a_{2n} \\ \vdots & \vdots & & \vdots \\ 0 & 0 & \cdots & a_{nn} \end{pmatrix}$$

的 n 阶方阵称为上三角矩阵。

（3）形如

$$A=\begin{pmatrix} a_{11} & 0 & \cdots & 0 \\ a_{21} & a_{22} & \cdots & 0 \\ \vdots & \vdots & & \vdots \\ a_{n1} & a_{n2} & \cdots & a_{nn} \end{pmatrix}$$

的 n 阶方阵称为下三角矩阵。

（4）形如

$$A=\begin{pmatrix} \lambda_1 & 0 & \cdots & 0 \\ 0 & \lambda_2 & \cdots & 0 \\ \vdots & \vdots & & \vdots \\ 0 & 0 & \cdots & \lambda_n \end{pmatrix}$$

的 n 阶方阵称为 n 阶对角矩阵，记为 $A=\mathrm{diag}(\lambda_1,\lambda_2,\cdots,\lambda_n)$。

（5）形如

$$A=\begin{pmatrix} \lambda & 0 & \cdots & 0 \\ 0 & \lambda & \cdots & 0 \\ \vdots & \vdots & & \vdots \\ 0 & 0 & \cdots & \lambda \end{pmatrix}$$

的 n 阶方阵称为 n 阶数量（对角）矩阵。

特别地，当 $\lambda=1$ 时，即矩阵

$$\begin{pmatrix} 1 & 0 & \cdots & 0 \\ 0 & 1 & \cdots & 0 \\ \vdots & \vdots & & \vdots \\ 0 & 0 & \cdots & 1 \end{pmatrix}$$

称为 n 阶单位矩阵，记为 E_n 或 I_n。

（6）只有一行的矩阵

$$A_{1\times n}=(a_1 \quad a_2 \quad \cdots \quad a_n)$$

称为行矩阵，又称行向量。为避免元素间的混淆，行矩阵也记作

$$A=(a_1,a_2,\cdots,a_n)$$

（7）只有一列的矩阵

$$\boldsymbol{B}_{n\times 1}=\begin{pmatrix} b_1 \\ b_2 \\ \vdots \\ b_n \end{pmatrix}$$

称为列矩阵，又称列向量。

（8）所有元素均为零的矩阵

$$\boldsymbol{O}=\begin{pmatrix} 0 & 0 & \cdots & 0 \\ 0 & 0 & \cdots & 0 \\ \vdots & \vdots & \vdots & \vdots \\ 0 & 0 & \cdots & 0 \end{pmatrix}$$

称为零矩阵，记为 $\boldsymbol{O}$ 或者 $\boldsymbol{O}_{m\times n}$。

3. 矩阵的运算

1）矩阵的加法

定义 6.11　设有两个 $m\times n$ 矩阵 $\boldsymbol{A}=(a_{ij})$ 和 $\boldsymbol{B}=(b_{ij})$，矩阵 $\boldsymbol{A}$ 与 $\boldsymbol{B}$ 的和记为 $\boldsymbol{A}+\boldsymbol{B}$，规定

$$\boldsymbol{A}+\boldsymbol{B}=(a_{ij}+b_{ij})=\begin{pmatrix} a_{11}+b_{11} & a_{12}+b_{12} & \cdots & a_{1n}+b_{1n} \\ a_{21}+b_{21} & a_{22}+b_{22} & \cdots & a_{2n}+b_{2n} \\ \vdots & \vdots & & \vdots \\ a_{m1}+b_{m1} & a_{m2}+b_{m2} & \cdots & a_{mn}+b_{mn} \end{pmatrix}$$

注：只有两个矩阵是同型矩阵时，才能进行矩阵的加法运算。

矩阵加法满足下列运算规律（设 $\boldsymbol{A}$，$\boldsymbol{B}$，$\boldsymbol{C}$ 都是 $m\times n$ 矩阵）：

（1）$\boldsymbol{A}+\boldsymbol{B}=\boldsymbol{B}+\boldsymbol{A}$。

（2）$(\boldsymbol{A}+\boldsymbol{B})+\boldsymbol{C}=\boldsymbol{A}+(\boldsymbol{B}+\boldsymbol{C})$。

（3）$\boldsymbol{A}+\boldsymbol{O}=\boldsymbol{O}+\boldsymbol{A}=\boldsymbol{A}$。

2）矩阵的数乘

定义 6.12　设有 $m\times n$ 矩阵 $\boldsymbol{A}=(a_{ij})$，k 为任意常数，数 k 与矩阵 $\boldsymbol{A}$ 的乘积称为矩阵的数乘，记作 $k\boldsymbol{A}$ 或 $\boldsymbol{A}k$，规定为

$$k\boldsymbol{A}=\boldsymbol{A}k=\begin{pmatrix} ka_{11} & ka_{12} & \cdots & ka_{1n} \\ ka_{21} & ka_{22} & \cdots & ka_{2n} \\ \vdots & \vdots & & \vdots \\ ka_{m1} & ka_{m2} & \cdots & ka_{mn} \end{pmatrix}$$

即矩阵的数乘就是用这个数乘矩阵的所有元素。

设 $\boldsymbol{A}=(a_{ij})$，记

$$-\boldsymbol{A}=(-a_{ij})$$

$-\boldsymbol{A}$ 称为矩阵 $\boldsymbol{A}$ 的负矩阵。显然有

$$\boldsymbol{A}+(-\boldsymbol{A})=\boldsymbol{O}$$

由此规定矩阵的减法为

$$\boldsymbol{A}-\boldsymbol{B}=\boldsymbol{A}+(-\boldsymbol{B})$$

即两个同型矩阵的减法为对应位置元素相减。

数与矩阵的乘法满足以下运算规律(设 $\boldsymbol{A},\boldsymbol{B}$ 是 $m\times n$ 矩阵,k,l 为数):

(1) $(k+l)\boldsymbol{A}=k\boldsymbol{A}+l\boldsymbol{A}$。

(2) $k(\boldsymbol{A}+\boldsymbol{B})=k\boldsymbol{A}+k\boldsymbol{B}$。

(3) $(kl)\boldsymbol{A}=k(l\boldsymbol{A})=l(k\boldsymbol{A})$。

(4) $1\boldsymbol{A}=\boldsymbol{A},(-1)\boldsymbol{A}=-\boldsymbol{A}$。

(5) 若 $k\boldsymbol{A}=\boldsymbol{O}$,则 $k=0$ 或 $\boldsymbol{A}=\boldsymbol{O}$。

矩阵相加与矩阵数乘结合起来,统称为矩阵的线性运算。

3) 矩阵的乘法

定义 6.13 设 $\boldsymbol{A}=(a_{ij})$ 是 $m\times s$ 矩阵,$\boldsymbol{B}=(b_{ij})$ 是 $s\times n$ 矩阵,规定矩阵 $\boldsymbol{A}$ 与 $\boldsymbol{B}$ 的乘积是一个 $m\times n$ 矩阵 $\boldsymbol{C}=(c_{ij})$,其中

$$c_{ij}=a_{i1}b_{1j}+a_{i2}b_{2j}+\cdots+a_{is}b_{sj}=\sum_{k=1}^{s}a_{ik}b_{kj}\quad(i=1,2,\cdots,m;j=1,2,\cdots,n)$$

即矩阵 $\boldsymbol{C}$ 的第 i 行第 j 列的元素 c_{ij} 是矩阵 $\boldsymbol{A}$ 的第 i 行与矩阵 $\boldsymbol{B}$ 的第 j 列对应元素相乘之和,记作

$$\boldsymbol{C}=\boldsymbol{A}\boldsymbol{B}$$

注 1:只有当左矩阵 $\boldsymbol{A}$ 的列数等于右矩阵 $\boldsymbol{B}$ 的行数时,$\boldsymbol{A},\boldsymbol{B}$ 才能做乘法运算 $\boldsymbol{AB}$;

注 2:两个矩阵的乘积 $\boldsymbol{AB}$ 亦是矩阵,它的行数等于左矩阵 $\boldsymbol{A}$ 的行数,它的列数等于右矩阵 $\boldsymbol{B}$ 的列数;

注 3:乘积矩阵 $\boldsymbol{AB}$ 中的第 i 行第 j 列的元素等于 $\boldsymbol{A}$ 的第 i 行元素与 $\boldsymbol{B}$ 的第 j 列对应元素的乘积之和,故简称行乘列的法则。

矩阵的乘法满足下列运算规律(假设运算都是可行的):

(1) 乘法结合律 $(\boldsymbol{AB})\boldsymbol{C}=\boldsymbol{A}(\boldsymbol{BC})$。

(2) 数乘结合律 $k(\boldsymbol{AB})=(k\boldsymbol{A})\boldsymbol{B}=\boldsymbol{A}(k\boldsymbol{B})$(其中 k 为数)。

(3) 左乘分配律 $\boldsymbol{A}(\boldsymbol{B}+\boldsymbol{C})=\boldsymbol{AB}+\boldsymbol{AC}$,

右乘分配律 $(\boldsymbol{B}+\boldsymbol{C})\boldsymbol{A}=\boldsymbol{BA}+\boldsymbol{CA}$。

注 1:矩阵的乘法不满足交换律,即在一般情况下,$\boldsymbol{AB}\neq\boldsymbol{BA}$。

注 2:两个非零矩阵的乘积可能是零矩阵,即由 $\boldsymbol{AB}=\boldsymbol{O}$,一般不能得出 $\boldsymbol{A}=\boldsymbol{O}$ 或 $\boldsymbol{B}=\boldsymbol{O}$。

注3:矩阵的乘法不满足消去律,即由 $\boldsymbol{AB}=\boldsymbol{AC}$,一般不能从等式两边消去 $\boldsymbol{A}$,得出 $\boldsymbol{B}=\boldsymbol{C}$。

4) 矩阵的转置

定义6.14　把矩阵 $\boldsymbol{A}$ 的行换成同序数的列得到一个新矩阵,叫做 $\boldsymbol{A}$ 的转置矩阵,记作 $\boldsymbol{A}^{\mathrm{T}}$。

$$\boldsymbol{A}=\begin{bmatrix} a_{11} & a_{12} & \cdots & a_{1n} \\ a_{21} & a_{22} & \cdots & a_{2n} \\ \vdots & \vdots & & \vdots \\ a_{m1} & a_{m2} & \cdots & a_{mn} \end{bmatrix},\text{则 } \boldsymbol{A}^{\mathrm{T}}=\begin{bmatrix} a_{11} & a_{21} & \cdots & a_{m1} \\ a_{12} & a_{22} & \cdots & a_{m2} \\ \vdots & \vdots & & \vdots \\ a_{1n} & a_{2n} & \cdots & a_{mn} \end{bmatrix}$$

矩阵 $\boldsymbol{A}$ 的转置具有下列性质

(1) $(\boldsymbol{A}^{\mathrm{T}})^{\mathrm{T}}=\boldsymbol{A}$。

(2) $(\boldsymbol{A}+\boldsymbol{B})^{\mathrm{T}}=\boldsymbol{A}^{\mathrm{T}}+\boldsymbol{B}^{\mathrm{T}}$。

(3) $(\lambda\boldsymbol{A})^{\mathrm{T}}=\lambda\boldsymbol{A}^{\mathrm{T}}$。

(4) $(\boldsymbol{AB})^{\mathrm{T}}=\boldsymbol{B}^{\mathrm{T}}\boldsymbol{A}^{\mathrm{T}}$。

5) 方阵的幂

定义6.15　设 $\boldsymbol{A}$ 是 n 阶矩阵,称

$$\boldsymbol{A}^1=\boldsymbol{A},\boldsymbol{A}^2=\boldsymbol{AA},\quad \cdots,\quad \boldsymbol{A}^k=\boldsymbol{A}(\boldsymbol{A}^{k-1})$$

为方阵 $\boldsymbol{A}$ 的 k 次幂,其中,k 是正整数。

特别规定 $\boldsymbol{A}^0=\boldsymbol{E}$。

方阵 $\boldsymbol{A}$ 的幂满足下列运算:

(1) $\boldsymbol{A}^{k+l}=\boldsymbol{A}^k\boldsymbol{A}^l$

(2) $(\boldsymbol{A}^k)^l=\boldsymbol{A}^{kl}$

注:一般 $(\boldsymbol{AB})^k\neq\boldsymbol{A}^k\boldsymbol{B}^k$。

设 $f(x)=a_0+a_1x+a_2x^2+\cdots+a_mx^m$ 为 x 的 m 次多项式,$\boldsymbol{A}$ 为 n 阶矩阵,记

$$f(\boldsymbol{A})=a_0\boldsymbol{E}+a_1\boldsymbol{A}+a_2\boldsymbol{A}^2+\cdots+a_m\boldsymbol{A}^m$$

称为矩阵 $\boldsymbol{A}$ 的 m 次多项式。

6) 方阵的行列式

定义6.16　由 n 阶方阵 $\boldsymbol{A}$ 的元素所构成的行列式(各元素位置不变),称为方阵 $\boldsymbol{A}$ 的行列式,记作 $|\boldsymbol{A}|$ 或 $\det\boldsymbol{A}$。

$|\boldsymbol{A}|$ 满足下列运算规律($\boldsymbol{A},\boldsymbol{B}$ 为 n 阶方阵,λ 为数)

(1) $|\boldsymbol{A}^{\mathrm{T}}|=|\boldsymbol{A}|$

(2) $|\lambda\boldsymbol{A}|=\lambda^n|\boldsymbol{A}|$

(3) $|\boldsymbol{AB}|=|\boldsymbol{A}||\boldsymbol{B}|$,且 $|\boldsymbol{AB}|=|\boldsymbol{BA}|$

6.3.2 逆矩阵

1. 伴随矩阵

定义 6.17 设 $\boldsymbol{A}=\{a_{ij}\}$ 是 n 阶方阵，由行列式 $|\boldsymbol{A}|$ 中的每个元素 a_{ij} 的代数余子式 $\boldsymbol{A}_{ij}$ 所构成的矩阵

$$\boldsymbol{A}^*=\begin{pmatrix} A_{11} & A_{21} & \cdots & A_{n1} \\ A_{12} & A_{22} & \cdots & A_{n2} \\ \vdots & \vdots & \ddots & \vdots \\ A_{1n} & A_{2n} & \cdots & A_{nn} \end{pmatrix}$$

称为矩阵 $\boldsymbol{A}$ 的伴随矩阵。

定理 6.8 设 $\boldsymbol{A}$ 是 n 阶方阵，$\boldsymbol{A}^*$ 是 $\boldsymbol{A}$ 的伴随矩阵，则 $\boldsymbol{AA}^*=\boldsymbol{A}^*\boldsymbol{A}=|\boldsymbol{A}|\boldsymbol{E}$。

2. 逆矩阵

定义 6.18 设 $\boldsymbol{A}$ 是 n 阶矩阵，若存在矩阵 $\boldsymbol{B}$，使得

$$\boldsymbol{AB}=\boldsymbol{BA}=\boldsymbol{E}$$

则称矩阵 $\boldsymbol{B}$ 是矩阵 $\boldsymbol{A}$ 的逆矩阵，并称 $\boldsymbol{A}$ 是**可逆矩阵**(或称矩阵 $\boldsymbol{A}$ 是**可逆的**)，记 $\boldsymbol{B}=\boldsymbol{A}^{-1}$。

注：如果 $\boldsymbol{A}$ 可逆，则它的逆矩阵是唯一的。

这是因为，如果 $\boldsymbol{B}$，$\boldsymbol{C}$ 均是 $\boldsymbol{A}$ 的逆矩阵，即 $\boldsymbol{AB}=\boldsymbol{BA}=\boldsymbol{E}$ 和 $\boldsymbol{AC}=\boldsymbol{CA}=\boldsymbol{E}$，则 $\boldsymbol{B}=\boldsymbol{BE}=\boldsymbol{B}(\boldsymbol{AC})=(\boldsymbol{BA})\boldsymbol{C}=\boldsymbol{EC}=\boldsymbol{C}$。

定理 6.9 矩阵 $\boldsymbol{A}$ 是可逆的充分必要条件是它的行列式 $|\boldsymbol{A}|\neq 0$，且在 $|\boldsymbol{A}|\neq 0$ 时，

$$\boldsymbol{A}^{-1}=\frac{1}{|\boldsymbol{A}|}\boldsymbol{A}^*$$

方阵 $\boldsymbol{A}$ 的逆矩阵有下面的性质：

(1) 若 $\boldsymbol{A}$ 可逆，则 $\boldsymbol{A}^{-1}$ 亦可逆，并且 $(\boldsymbol{A}^{-1})^{-1}=\boldsymbol{A}$。

(2) 若 $\boldsymbol{A}$ 可逆，$\lambda\neq 0$，则 $\lambda\boldsymbol{A}$ 亦可逆，并且 $(\lambda\boldsymbol{A})^{-1}=\frac{1}{\lambda}\boldsymbol{A}^{-1}$。

(3) 若 $\boldsymbol{A}$，$\boldsymbol{B}$ 可逆，则 $\boldsymbol{AB}$ 亦可逆，且 $(\boldsymbol{AB})^{-1}=\boldsymbol{B}^{-1}\boldsymbol{A}^{-1}$。

(4) 若 $\boldsymbol{A}$ 可逆，则 $\boldsymbol{A}^{\mathrm{T}}$ 亦非奇，且 $(\boldsymbol{A}^{\mathrm{T}})^{-1}=(\boldsymbol{A}^{-1})^{\mathrm{T}}$。

(5) 若 $\boldsymbol{A}$ 可逆，则 $|\boldsymbol{A}^{-1}|=\frac{1}{|\boldsymbol{A}|}$。

(6) 设 $\boldsymbol{A}$ 是方阵，如果存在方阵 $\boldsymbol{B}$，使得 $\boldsymbol{AB}=\boldsymbol{E}$(或 $\boldsymbol{BA}=\boldsymbol{E}$)，则 $\boldsymbol{B}=\boldsymbol{A}^{-1}$。

6.3.3 矩阵的分块

矩阵的分块是一种在处理阶数较高的矩阵时常用的技巧。有时，我们把一个大矩阵看成是由一些小矩阵组成的，就如矩阵是由数组成的一样。特别是在

运算中，把这些小矩阵当作数一样来处理，这就是所谓的矩阵的分块。

1. 分块矩阵的加法和数乘

设 $\boldsymbol{A},\boldsymbol{B}$ 是两个 $m\times n$ 矩阵，对 $\boldsymbol{A},\boldsymbol{B}$ 都用同样的方法分块得到分块矩阵

$$\boldsymbol{A}=\begin{pmatrix} A_{11} & A_{12} & \cdots & A_{1t} \\ A_{21} & A_{22} & \cdots & A_{2t} \\ \cdots & \cdots & \cdots & \cdots \\ A_{s1} & A_{s2} & \cdots & A_{st} \end{pmatrix},\boldsymbol{B}=\begin{pmatrix} B_{11} & B_{12} & \cdots & B_{1t} \\ B_{21} & B_{22} & \cdots & B_{2t} \\ \cdots & \cdots & \cdots & \cdots \\ B_{s1} & B_{s2} & \cdots & B_{st} \end{pmatrix}$$

则 $$\boldsymbol{A}+\boldsymbol{B}=\begin{pmatrix} A_{11}+B_{11} & A_{12}+B_{12} & \cdots & A_{1t}+B_{1t} \\ A_{21}+B_{21} & A_{22}+B_{22} & \cdots & A_{2t}+B_{2t} \\ \cdots & \cdots & \cdots & \cdots \\ A_{s1}+B_{s1} & A_{s2}+B_{s2} & \cdots & A_{st}+B_{st} \end{pmatrix}$$

$\boldsymbol{A}$、$\boldsymbol{B}$ 分块方法相同是为了保证各对应子块(作为矩阵)可以相加。

设 k 为一个常数，则 $k\boldsymbol{A}=\begin{pmatrix} kA_{11} & kA_{12} & \cdots & kA_{1t} \\ kA_{21} & kA_{22} & \cdots & kA_{2t} \\ \cdots & \cdots & & \cdots \\ kA_{s1} & kA_{s2} & \cdots & kA_{st} \end{pmatrix}$

2. 分块矩阵的乘法

设 $\boldsymbol{A}=(a_{ik})$ 是 $m\times n$ 矩阵，$\boldsymbol{B}=(b_{kj})$ 是 $n\times p$ 矩阵，把 $\boldsymbol{A}$ 和 $\boldsymbol{B}$ 分块，并使 $\boldsymbol{A}$ 的列的分法与 $\boldsymbol{B}$ 的行的分法相同，即

$$\boldsymbol{A}=\begin{matrix} n_1 & n_2 & \cdots & n_s & \\ \left(\begin{matrix} A_{11} \\ A_{21} \\ \cdots \\ A_{r1} \end{matrix}\right. & \begin{matrix} A_{12} \\ A_{22} \\ \cdots \\ A_{r2} \end{matrix} & \begin{matrix} \cdots \\ \cdots \\ \cdots \\ \cdots \end{matrix} & \left.\begin{matrix} A_{1s} \\ A_{2s} \\ \cdots \\ A_{rs} \end{matrix}\right) & \begin{matrix} m_1 \\ m_2 \\ \vdots \\ m_r \end{matrix} \end{matrix},\boldsymbol{B}=\begin{matrix} p_1 & p_2 & \cdots & p_t & \\ \left(\begin{matrix} A_{11} \\ A_{21} \\ \cdots \\ A_{s1} \end{matrix}\right. & \begin{matrix} A_{12} \\ A_{22} \\ \cdots \\ A_{s2} \end{matrix} & \begin{matrix} \cdots \\ \cdots \\ \cdots \\ \cdots \end{matrix} & \left.\begin{matrix} A_{1t} \\ A_{2t} \\ \cdots \\ A_{st} \end{matrix}\right) & \begin{matrix} n_1 \\ n_2 \\ \vdots \\ n_s \end{matrix} \end{matrix}$$

其中，m_i,n_j 分别为 $\boldsymbol{A}$ 的子块 A_{ij} 的行数与列数，n_i,p_l 分别为 $\boldsymbol{B}$ 的子块 B_{ij} 的行数与列数，$\sum_{i=1}^{r}m_i=m$，$\sum_{j=1}^{s}n_j=n\sum_{l=1}^{t}p_l=p$，则

$$\boldsymbol{C}=\boldsymbol{AB}=\begin{matrix} p_1 & p_2 & \cdots & p_t & \\ \left(\begin{matrix} C_{11} \\ C_{21} \\ \cdots \\ C_{r1} \end{matrix}\right. & \begin{matrix} C_{12} \\ C_{22} \\ \cdots \\ C_{r2} \end{matrix} & \begin{matrix} \cdots \\ \cdots \\ \cdots \\ \cdots \end{matrix} & \left.\begin{matrix} C_{1t} \\ C_{2t} \\ \cdots \\ C_{rt} \end{matrix}\right) & \begin{matrix} m_1 \\ m_2 \\ \vdots \\ m_r \end{matrix} \end{matrix}$$

其中 $C_{ij}=A_{i1}B_{1j}+A_{i2}B_{2j}+\cdots+A_{is}B_{sj}$。

注：要使矩阵的分块乘法能够进行，在对矩阵分块时必须满足：

(1) 以子块为元素时,两矩阵可乘,即左矩阵的列块数应等于右矩阵的行块数;

(2) 相应地需做乘法的子块也应可乘,即左子块的列数应等于右子块的行数。

3. 分块矩阵的乘法

设分块矩阵为

$$\boldsymbol{A}=\begin{pmatrix} \boldsymbol{A}_{11} & \boldsymbol{A}_{12} & \cdots & \boldsymbol{A}_{1t} \\ \boldsymbol{A}_{21} & \boldsymbol{A}_{22} & \cdots & \boldsymbol{A}_{2t} \\ \cdots & \cdots & \cdots & \cdots \\ \boldsymbol{A}_{s1} & \boldsymbol{A}_{s2} & \cdots & \boldsymbol{A}_{st} \end{pmatrix}$$

则有 $\boldsymbol{A}^{\mathrm{T}}=\begin{pmatrix} \boldsymbol{A}_{11}^{\mathrm{T}} & \boldsymbol{A}_{21}^{\mathrm{T}} & \cdots & \boldsymbol{A}_{s1}^{\mathrm{T}} \\ \boldsymbol{A}_{12}^{\mathrm{T}} & \boldsymbol{A}_{22}^{\mathrm{T}} & \cdots & \boldsymbol{A}_{s2}^{\mathrm{T}} \\ \cdots & \cdots & \cdots & \cdots \\ \boldsymbol{A}_{1t}^{\mathrm{T}} & \boldsymbol{A}_{2t}^{\mathrm{T}} & \cdots & \boldsymbol{A}_{st}^{\mathrm{T}} \end{pmatrix}$

即分块矩阵转置时,不仅要把当作元素看待的子块行列互换,而且要把每个子块内部的元素也应行列互换。

6.3.4 矩阵的初等变换

1. 分块矩阵的加法和数乘

定义 6.19 对矩阵的行(列)实施下面三种变换称为矩阵的初等行(列)变换:

(1) 互换 i,j 两行(列),记为 $[i,j]$;

(2) 以数 $k\neq 0$ 乘 i 行(列),记为 $[i(k)]$;

(3) 把 j 行(列)的 k 倍加到 i 行(列),记为 $[i+j(k)]$。

矩阵的这三种初等行变换和初等列变换,统称为矩阵的初等变换。

定理 6.10 任一个 $m\times n$ 矩阵 $\boldsymbol{A}=(a_{ij})$ 都可经过有限次初等变换化成

$$\boldsymbol{D}=\begin{pmatrix} 1 & & & & & & 0 \\ & 1 & & & & & \\ & & \ddots & & & & \\ & & & 1 & & & \\ & & & & 0 & & \\ & & & & & \ddots & \\ 0 & & & & & & 0 \end{pmatrix}$$

的形式,其中,矩阵 $\boldsymbol{D}$ 称为矩阵 $\boldsymbol{A}$ 的标准形(1 的个数可以是零)。

定义 6.20 如果矩阵 $\boldsymbol{A}$ 经过有限次初等变换化成矩阵 $\boldsymbol{B}$,那么矩阵 $\boldsymbol{A}$ 与 $\boldsymbol{B}$

称为等价，记为 $\boldsymbol{A}\cong\boldsymbol{B}$。显然，任意 $m\times n$ 的矩阵 $\boldsymbol{A}$ 都与其标准形等价。

等价矩阵具有如下性质：

（1）反复性：$\boldsymbol{A}\cong\boldsymbol{A}$；

（2）对称性：如果 $\boldsymbol{A}\cong\boldsymbol{B}$，那么 $\boldsymbol{B}\cong\boldsymbol{A}$；

（3）传递性：如果 $\boldsymbol{A}\cong\boldsymbol{B}$，那么 $\boldsymbol{B}\cong\boldsymbol{C}$，那么 $\boldsymbol{A}\cong\boldsymbol{C}$。

2. 初等矩阵

定义 6.21 由单位矩阵 $\boldsymbol{E}$ 经过一次初等变换得到的矩阵称为初等矩阵。显然，每个初等变换都有一个与之相应的初等矩阵：

（1）互换矩阵 $\boldsymbol{E}$ 的第 i 行（列）与第 j 行（列）的位置，得

$$\boldsymbol{E}(i,j)=\begin{pmatrix}
1 &&&&&&&&&& \\
& \ddots &&&&&&&&& \\
&& 1 &&&&&&&& \\
&&& 0 & \cdots & \cdots & \cdots & 1 &&& \\
&&& \vdots & 1 &&& \vdots &&& \\
&&& \vdots && \ddots && \vdots &&& \\
&&& \vdots &&& 1 & \vdots &&& \\
&&& 1 & \cdots & \cdots & \cdots & 0 &&& \\
&&&&&&&& 1 && \\
&&&&&&&&& \ddots & \\
&&&&&&&&&& 1
\end{pmatrix}\begin{matrix} \\ \\ \\ i\text{ 行} \\ \\ \\ \\ j\text{ 行} \\ \\ \\ \\ \end{matrix}$$

i 列　　　　j 列

（2）用非零数 c 乘 $\boldsymbol{E}$ 的第 i 行（列），得

$$\boldsymbol{E}(i(c))=\begin{pmatrix}
1 &&&&&& \\
& \ddots &&&&& \\
&& 1 &&&& \\
&&& c &&& \\
&&&& 1 && \\
&&&&& \ddots & \\
&&&&&& 1
\end{pmatrix}\begin{matrix} \\ \\ \\ i\text{ 行} \\ \\ \\ \\ \end{matrix}$$

i 列

（3）将 $\boldsymbol{E}$ 的第 j 行的 k 倍加到第 i 行上，得

$$\boldsymbol{E}(i,j(k))=\begin{pmatrix}1 & & & & & & \\ & \ddots & & & & & \\ & & 1 & \cdots & k & & \\ & & & \ddots & \vdots & & \\ & & & & 1 & & \\ & & & & & \ddots & \\ & & & & & & 1\end{pmatrix}\begin{matrix} \\ \\ i\text{ 行} \\ \\ j\text{ 行} \\ \\ \\ \end{matrix}$$

$$\qquad\qquad\quad i\text{ 列}\qquad j\text{ 列}$$

该矩阵也是 $\boldsymbol{E}$ 的第 i 列的 k 倍加到第 j 列所得的初等矩阵。

初等矩阵具有下列性质：

(1) 初等矩阵都是可逆的，这是因为

$\boldsymbol{E}(i,j)=-1\neq 0$

$\boldsymbol{E}(i(c))=c\neq 0$

$\boldsymbol{E}(i,j(k))=1\neq 0$

(2) 初等矩阵的逆矩阵仍是同类型的初等矩阵，且有

$\boldsymbol{E}(i,j)^{-1}=E(i,j)$

$\boldsymbol{E}(i(c))^{-1}=E\left(i\left(\dfrac{1}{c}\right)\right)$

$\boldsymbol{E}(i,j(k))=E(i,j(-k))$

(3) 初等矩阵的转置仍是同类型的初等矩阵，且有

$\boldsymbol{E}(i,j)^{\mathrm{T}}=E(i,j)$

$\boldsymbol{E}(i(c))^{\mathrm{T}}=E(i(c))$

$\boldsymbol{E}(i,j(k))^{\mathrm{T}}=E(j,i(k))$

定理 6.11 对一个 $m\times n$ 矩阵 $\boldsymbol{A}$ 施行一次初等行变换就相当于对 $\boldsymbol{A}$ 左乘一个同类型的 m 阶初等矩阵；对 $\boldsymbol{A}$ 施行一次初等列变换就相当于对 $\boldsymbol{A}$ 右乘一个同类型的 n 阶初等矩阵。即：

$\boldsymbol{A}_{m\times n}\xrightarrow{r_i\leftrightarrow r_j}\boldsymbol{E}_m(i,j)\boldsymbol{A}_{m\times n}$；

$\boldsymbol{A}_{m\times n}\xrightarrow{c_i\leftrightarrow c_j}\boldsymbol{A}_{m\times n}\boldsymbol{E}_n(i,j)$；

$\boldsymbol{A}_{m\times n}\xrightarrow{kr_i}\boldsymbol{E}_m(k(i))\boldsymbol{A}_{m\times n}$；

$\boldsymbol{A}_{m\times n}\xrightarrow{cr_i}\boldsymbol{A}_{m\times n}\boldsymbol{E}_n(k(i))$；

$\boldsymbol{A}_{m\times n}\xrightarrow{r_j+kr_i}\boldsymbol{E}_m(j,i(k))\boldsymbol{A}_{m\times n}$；

$\boldsymbol{A}_{m\times n}\xrightarrow{c_j+kc_i}\boldsymbol{A}_{m\times n}\boldsymbol{E}_n(j,i(k))$。

3. 利用初等矩阵求逆矩阵

由定理 6.10,知任意一个 $m\times n$ 矩阵 $\boldsymbol{A}$ 经过一系列初等变换,总可以化成形如

$$\boldsymbol{D}=\begin{pmatrix}1 & & & & & \\ & \ddots & & & & \\ & & 1 & & & \\ & & & 0 & & \\ & & & & \ddots & \\ & & & & & 0\end{pmatrix}=\begin{pmatrix}\boldsymbol{E}_r & 0\\ 0 & 0\end{pmatrix}$$

的标准型。

定理 6.12 n 阶方阵 $\boldsymbol{A}$ 可逆的充分必要条件是 $\boldsymbol{A}$ 的标准形为单位矩阵 $\boldsymbol{E}$。

定理 6.13 n 阶方阵 $\boldsymbol{A}$ 可逆的充分必要条件是 $\boldsymbol{A}$ 可以表示成一些初等矩阵的乘积。即

$$\boldsymbol{A}=\boldsymbol{Q}_1\boldsymbol{Q}_2\cdots\boldsymbol{Q}_m$$

这里 $\boldsymbol{Q}_1,\boldsymbol{Q}_2,\cdots,\boldsymbol{Q}_m$ 为初等矩阵。

推论 若 n 阶方阵 $\boldsymbol{A}$ 可逆,则总可以经过一系列初等行变换将 $\boldsymbol{A}$ 化成单位矩阵。

由以上定理及推论,我们得到了一个求逆矩阵的方法:设 $\boldsymbol{A}$ 为 n 阶可逆矩阵,则存在一系列初等矩阵 $\boldsymbol{P}_1,\boldsymbol{P}_2,\cdots\boldsymbol{P}_m$,使得

$$\boldsymbol{P}_m\cdots\boldsymbol{P}_2\boldsymbol{P}_1\boldsymbol{A}=\boldsymbol{E}$$

上式右乘 $\boldsymbol{A}^{-1}$ 得 $\boldsymbol{A}^{-1}=\boldsymbol{P}_m\cdots\boldsymbol{P}_2\boldsymbol{P}_1\boldsymbol{E}$

这两个式子说明,如果用一系列初等行变换将可逆矩阵 $\boldsymbol{A}$ 化成单位矩阵,那么同样地用这一系列初等行变换就可将单位矩阵 $\boldsymbol{E}$ 化成 $\boldsymbol{A}^{-1}$,于是得到了一个求逆矩阵的方法。即:作 $n\times 2n$ 矩阵 $(\boldsymbol{AE})$,对此矩阵作初等行变换,使左边子块 $\boldsymbol{A}$ 化为 $\boldsymbol{E}$,同时右边子块 $\boldsymbol{E}$ 就化成了 $\boldsymbol{A}^{-1}$,该过程可表示为

$$(\boldsymbol{AE})\xrightarrow{\text{初等行变换}}(\boldsymbol{EA}^{-1})$$

同理,可得

$$\begin{pmatrix}\boldsymbol{A}\\ \boldsymbol{E}\end{pmatrix}\xrightarrow{\text{初等列变换}}\begin{pmatrix}\boldsymbol{E}\\ \boldsymbol{A}^{-1}\end{pmatrix}$$

6.3.5 矩阵的秩

定义 6.22 在矩阵 $\boldsymbol{A}=(a_{ij})_{m\times n}$ 中任选 k 行 k 列($k\leqslant\min(m,n)$),其交叉位置上的元素按原有的相对位置构成一个 k 阶行列式,称为**矩阵 $\boldsymbol{A}$ 的 k 阶子式**。

在 $m\times n$ 的矩阵中 k 阶子式有 $C_n^k\cdot C_m^k$ 个,其中可能有的子式值为零,有的却

不为零,不为零的子式称为非零子式。

定义 6.23 如果一个矩阵 $\boldsymbol{A}$ 有一个 r 阶非零子式,且所有 $r+1$ 阶(如果存在的话)子式的值全为零,数 r 称为**矩阵 A 的秩**,记为 $R(\boldsymbol{A})=r$。规定零矩阵的秩为 0。

定理 6.14 任意一个 $m\times n$ 的矩阵都可以经过一系列初等行变换化为 r 的阶梯形矩阵和行最简形矩阵,进而利用列的初等变换化为标准型。

定理 6.15 矩阵的初等变换不改变矩阵的秩。

矩阵的秩具有如下性质:

(1) $R(\boldsymbol{A})=r\Leftrightarrow\boldsymbol{A}$ 的行阶梯形含 r 个非零行 $\Leftrightarrow\boldsymbol{A}$ 的标准形 $\boldsymbol{F}=\begin{pmatrix}\boldsymbol{E}_r & 0\\ 0 & 0\end{pmatrix}$;

(2) $0\leqslant R(\boldsymbol{A})\leqslant\min\{m,n\}$;

(3) $R(\boldsymbol{A}^{\mathrm{T}})=R(\boldsymbol{A})$;

(4) 若 $\boldsymbol{A}\sim\boldsymbol{B}$,则 $R(\boldsymbol{A})=R(\boldsymbol{B})$;

(5) 若 $\boldsymbol{P},\boldsymbol{Q}$ 可逆,则 $R(\boldsymbol{PAQ})=R(\boldsymbol{A})$;

(6) $\max\{R(\boldsymbol{A}),R(\boldsymbol{B})\}\leqslant R(\boldsymbol{A},\boldsymbol{B})\leqslant R(\boldsymbol{A})+R(\boldsymbol{B})$;

(7) $R(\boldsymbol{A}+\boldsymbol{B})\leqslant R(\boldsymbol{A})+R(\boldsymbol{B})$;

(8) $R(\boldsymbol{AB})\leqslant\min\{R(\boldsymbol{A}),R(\boldsymbol{B})\}$;

(9) 若 $\boldsymbol{A}_{m\times n}\boldsymbol{B}_{n\times l}=O$,则 $R(\boldsymbol{A})+R(\boldsymbol{B})\leqslant n$。

6.3.6 典型例题

【例 1】 设 $\boldsymbol{A}=\begin{pmatrix}1 & 0 & 3\\ -2 & 1 & 2\end{pmatrix}$,$\boldsymbol{B}=\begin{pmatrix}4 & 1 & 0\\ -1 & 1 & 3\\ 2 & 3 & 4\end{pmatrix}$,求 $\boldsymbol{AB}$。

解:

$$
\begin{aligned}
\boldsymbol{AB}&=\begin{pmatrix}1 & 0 & 3\\ -2 & 1 & 2\end{pmatrix}\begin{pmatrix}4 & 1 & 0\\ -1 & 1 & 3\\ 2 & 3 & 4\end{pmatrix}\\
&=\begin{pmatrix}1\times4+0\times(-1)+3\times2 & 1\times1+0\times1+3\times3\\ (-2)\times4+1\times(-1)+2\times2 & (-2)\times1+1\times1+2\times3\\ 1\times0+0\times3+3\times4 & \\ (-2)\times0+1\times3+2\times4 & \end{pmatrix}\\
&=\begin{pmatrix}10 & 10 & 12\\ -5 & 5 & 11\end{pmatrix}
\end{aligned}
$$

【例 2】 设列矩阵 $\boldsymbol{X}=(x_1,x_2,\cdots,x_n)^{\mathrm{T}}$ 满足 $\boldsymbol{X}^{\mathrm{T}}\boldsymbol{X}=1$,$\boldsymbol{E}$ 是 n 阶单位阵,$\boldsymbol{H}=\boldsymbol{E}-2\boldsymbol{XX}^{\mathrm{T}}$,证明 $\boldsymbol{H}$ 是对称矩阵,且 $\boldsymbol{HH}^{\mathrm{T}}=\boldsymbol{E}$。

证明:$\boldsymbol{H}^{\mathrm{T}}=(\boldsymbol{E}-2\boldsymbol{XX}^{\mathrm{T}})^{\mathrm{T}}$

$$
\begin{aligned}
&= \boldsymbol{E}^{\mathrm{T}} - 2\boldsymbol{X}\boldsymbol{X}^{\mathrm{T}} \\
&= \boldsymbol{E} - 2\boldsymbol{X}\boldsymbol{X}^{\mathrm{T}} \\
&= \boldsymbol{H}
\end{aligned}
$$

所以 $\boldsymbol{H}$ 是对称矩阵。

$$
\begin{aligned}
\boldsymbol{H}\boldsymbol{H}^{\mathrm{T}} = \boldsymbol{H}^2 &= (\boldsymbol{E} - 2\boldsymbol{X}\boldsymbol{X}^{\mathrm{T}})^2 \\
&= \boldsymbol{E} - 4\boldsymbol{X}\boldsymbol{X}^{\mathrm{T}} + 4(\boldsymbol{X}\boldsymbol{X}^{\mathrm{T}})(\boldsymbol{X}\boldsymbol{X}^{\mathrm{T}}) \\
&= \boldsymbol{E} - 4\boldsymbol{X}\boldsymbol{X}^{\mathrm{T}} + 4\boldsymbol{X}(\boldsymbol{X}^{\mathrm{T}}\boldsymbol{X})\boldsymbol{X}^{\mathrm{T}}) \\
&= \boldsymbol{E} - 4\boldsymbol{X}\boldsymbol{X}^{\mathrm{T}} + 4\boldsymbol{X}\boldsymbol{X}^{\mathrm{T}} = \boldsymbol{E}
\end{aligned}
$$

【例 3】　已知 $\boldsymbol{A} = \begin{pmatrix} 1 & 0 & -2 & 0 \\ 0 & 1 & 0 & -2 \\ 0 & 0 & 5 & 3 \end{pmatrix}$，$\boldsymbol{B} = \begin{pmatrix} 3 & 0 & -2 \\ 1 & 2 & 0 \\ 0 & 1 & 0 \\ 0 & 0 & 1 \end{pmatrix}$，用分块矩阵计算 $\boldsymbol{AB}$。

$$
\text{解：}\boldsymbol{AB} = \left(\begin{array}{cc:cc} 1 & 0 & -2 & 0 \\ 0 & 1 & 0 & -2 \\ \hdashline 0 & 0 & 5 & 3 \end{array}\right)\left(\begin{array}{cc:c} 3 & 0 & -2 \\ 1 & 2 & 0 \\ \hdashline 0 & 1 & 0 \\ 0 & 0 & 1 \end{array}\right)
$$

$$
= \begin{pmatrix} \boldsymbol{E} & -2\boldsymbol{E} \\ 0 & \boldsymbol{A}_1 \end{pmatrix}\begin{pmatrix} \boldsymbol{B}_1 & \boldsymbol{B}_2 \\ \boldsymbol{B}_3 & \boldsymbol{B}_4 \end{pmatrix} = \begin{pmatrix} \boldsymbol{B}_1 - 2\boldsymbol{B}_3 & \boldsymbol{B}_2 - 2\boldsymbol{B}_4 \\ \boldsymbol{A}_1\boldsymbol{B}_3 & \boldsymbol{A}_1\boldsymbol{B}_4 \end{pmatrix}
$$

又　$\boldsymbol{B}_1 - 2\boldsymbol{B}_3 = \begin{pmatrix} 3 & 0 \\ 1 & 2 \end{pmatrix} - 2\begin{pmatrix} 0 & 1 \\ 0 & 0 \end{pmatrix} = \begin{pmatrix} 3 & -2 \\ 1 & 2 \end{pmatrix}$，

$\boldsymbol{B}_2 - 2\boldsymbol{B}_4 = \begin{pmatrix} -2 \\ 0 \end{pmatrix} - 2\begin{pmatrix} 0 \\ 1 \end{pmatrix} = \begin{pmatrix} -2 \\ -2 \end{pmatrix}$，

$\boldsymbol{A}_1\boldsymbol{B}_3 = (5 \quad 3)\begin{pmatrix} 0 & 1 \\ 0 & 0 \end{pmatrix} = (0 \quad 5)$，$A_1B_4 = (5 \quad 3)\begin{pmatrix} 0 \\ 1 \end{pmatrix} = (3)$。

所以　$\boldsymbol{AB} = \begin{pmatrix} 3 & -2 & -2 \\ 1 & 2 & -2 \\ 0 & 5 & 3 \end{pmatrix}$

或者

$$
\boldsymbol{AB} = \left(\begin{array}{cc:cc} 1 & 0 & -2 & 0 \\ 0 & 1 & 0 & -2 \\ \hdashline 0 & 0 & 5 & 3 \end{array}\right)\left(\begin{array}{c:cc} 3 & 0 & -2 \\ 1 & 2 & 0 \\ \hdashline 0 & 1 & 0 \\ 0 & 0 & 1 \end{array}\right)
$$

$$=\begin{pmatrix}\boldsymbol{E} & -2\boldsymbol{E}\\ 0 & \boldsymbol{A}_1\end{pmatrix}\begin{pmatrix}\boldsymbol{B}_1 & \boldsymbol{B}_2\\ 0 & \boldsymbol{E}\end{pmatrix}=\begin{pmatrix}\boldsymbol{B}_1 & \boldsymbol{B}_2-2\boldsymbol{E}\\ 0 & \boldsymbol{A}_1\end{pmatrix}$$

故 $\boldsymbol{AB}=\begin{pmatrix}3 & -2 & -2\\ 1 & 2 & -2\\ 0 & 5 & 3\end{pmatrix}$

【例 4】 设矩阵 $\boldsymbol{A}=\begin{pmatrix}1 & 1 & 0 & 2\\ -1 & 1 & -1 & 0\\ 2 & 1 & 2 & 1\end{pmatrix}$，试将 $\boldsymbol{A}$ 化为等价标准形。

解：$\boldsymbol{A}=\begin{pmatrix}1 & 1 & 0 & 2\\ -1 & 1 & -1 & 0\\ 2 & 1 & 2 & 1\end{pmatrix}\xrightarrow[c_4-2c_1]{c_2-c_1}\begin{pmatrix}1 & 0 & 0 & 0\\ -1 & 2 & -1 & 2\\ 2 & -1 & 2 & -3\end{pmatrix}\xrightarrow[r_3-2r_1]{r_2+r_1}$

$\begin{pmatrix}1 & 0 & 0 & 0\\ 0 & 2 & -1 & 2\\ 0 & -1 & 2 & -3\end{pmatrix}\xrightarrow{r_2\leftrightarrow r_3}\begin{pmatrix}1 & 0 & 0 & 0\\ 0 & -1 & 2 & -3\\ 0 & 2 & -1 & 2\end{pmatrix}\xrightarrow[r_3+2r_2]{-r_2}$

$\begin{pmatrix}1 & 0 & 0 & 0\\ 0 & 1 & -2 & 3\\ 0 & 0 & 3 & -4\end{pmatrix}\xrightarrow[c_4-3c_2]{c_3+2c_2}\begin{pmatrix}1 & 0 & 0 & 0\\ 0 & 1 & 0 & 0\\ 0 & 0 & 3 & -4\end{pmatrix}\xrightarrow[c_4+4c_3/3]{c_3/3}\begin{pmatrix}1 & 0 & 0 & 0\\ 0 & 1 & 0 & 0\\ 0 & 0 & 1 & 0\end{pmatrix}$

【例 5】 已知 $\boldsymbol{A}=\begin{pmatrix}2 & -4 & 1\\ 1 & -5 & 2\\ 1 & -1 & 1\end{pmatrix}$，$\boldsymbol{B}=\begin{pmatrix}1 & 2 & 3\\ 2 & 4 & 6\\ 2 & 1 & 3\end{pmatrix}$，求 $\boldsymbol{A}^{-1}$，$\boldsymbol{B}^{-1}$。

解：$(\boldsymbol{AE})=\left(\begin{array}{ccc|ccc}2 & -4 & 1 & 1 & 0 & 0\\ 1 & -5 & 2 & 0 & 1 & 0\\ 1 & -1 & 1 & 0 & 0 & 1\end{array}\right)\rightarrow\left(\begin{array}{ccc|ccc}1 & -1 & 1 & 0 & 0 & 1\\ 1 & -5 & 2 & 0 & 1 & 0\\ 2 & -4 & 1 & 1 & 0 & 0\end{array}\right)\rightarrow$

$\left(\begin{array}{ccc|ccc}1 & -1 & 1 & 0 & 0 & 1\\ 0 & -4 & 1 & 0 & 1 & -1\\ 0 & -2 & -1 & 1 & 0 & -2\end{array}\right)\rightarrow\left(\begin{array}{ccc|ccc}1 & -1 & 1 & 0 & 0 & 1\\ 0 & -2 & -1 & 1 & 0 & -2\\ 0 & -4 & 1 & 0 & 1 & -1\end{array}\right)\rightarrow$

$\left(\begin{array}{ccc|ccc}1 & -1 & 1 & 0 & 0 & 1\\ 0 & -2 & -1 & 1 & 0 & -2\\ 0 & 0 & 3 & -2 & 1 & 3\end{array}\right)\rightarrow\left(\begin{array}{ccc|ccc}1 & -1 & 0 & \frac{2}{3} & -\frac{1}{3} & 0\\ 0 & -2 & 0 & \frac{1}{3} & \frac{1}{3} & -1\\ 0 & 0 & 1 & -\frac{2}{3} & \frac{1}{3} & 1\end{array}\right)$

$$\to\begin{pmatrix}1&0&0&\vdots&\frac{1}{2}&-\frac{1}{2}&\frac{1}{2}\\0&1&0&\vdots&-\frac{1}{6}&-\frac{1}{6}&\frac{1}{2}\\0&0&1&\vdots&-\frac{2}{3}&\frac{1}{3}&1\end{pmatrix}$$

所以 $\quad A^{-1}=\begin{pmatrix}\frac{1}{2}&-\frac{1}{2}&\frac{1}{2}\\-\frac{1}{6}&-\frac{1}{6}&\frac{1}{2}\\-\frac{2}{3}&\frac{1}{3}&1\end{pmatrix}$

$(\boldsymbol{BE})=\begin{pmatrix}1&2&3&\vdots&1&0&0\\2&4&6&\vdots&0&1&0\\2&1&3&\vdots&0&0&1\end{pmatrix}\to\begin{pmatrix}1&2&3&\vdots&1&0&0\\0&0&0&\vdots&-2&1&0\\2&1&3&\vdots&0&0&1\end{pmatrix}$，故 $\boldsymbol{B}$ 不可逆。

【例 6】 解矩阵方程 $\boldsymbol{AX}=\boldsymbol{A}+2\boldsymbol{X}$，其中 $\boldsymbol{A}=\begin{pmatrix}4&2&3\\1&1&0\\-1&2&3\end{pmatrix}$。

解：由 $\boldsymbol{AX}=\boldsymbol{A}+2\boldsymbol{X}$ 得 $\quad(\boldsymbol{A}-2\boldsymbol{E})\boldsymbol{X}=\boldsymbol{A}$，

$$(\boldsymbol{A}-2\boldsymbol{E})=\begin{pmatrix}4&2&3\\1&1&0\\-1&2&3\end{pmatrix}-2\begin{pmatrix}1&&\\&1&\\&&1\end{pmatrix}=\begin{pmatrix}2&2&3\\1&-1&0\\-1&2&1\end{pmatrix}$$

又 $|\boldsymbol{A}-2\boldsymbol{E}|=\begin{vmatrix}2&2&3\\1&-1&0\\-1&2&1\end{vmatrix}=-1$，故 $(\boldsymbol{A}-2\boldsymbol{E})$ 可逆，从而 $\boldsymbol{X}=(\boldsymbol{A}-2\boldsymbol{E})^{-1}\boldsymbol{A}$

因为

$$(\boldsymbol{A}-2\boldsymbol{E},\boldsymbol{A})=\begin{pmatrix}2&2&3&4&2&3\\1&-1&0&1&1&0\\-1&2&1&-1&2&3\end{pmatrix}\to\begin{pmatrix}1&-1&0&1&1&0\\2&2&3&4&2&3\\-1&2&1&-1&2&3\end{pmatrix}\to$$

$$\begin{pmatrix}1&-1&0&1&1&0\\0&4&3&2&0&3\\0&1&1&0&3&3\end{pmatrix}\to\begin{pmatrix}1&-1&0&1&1&0\\0&1&0&2&-9&-6\\0&1&1&0&3&3\end{pmatrix}\to$$

$$\begin{pmatrix}1&0&0&3&-8&-6\\0&1&0&2&-9&-6\\0&0&1&-2&12&9\end{pmatrix}$$

所以 $\boldsymbol{X}=(\boldsymbol{A}-2\boldsymbol{E})^{-1}\boldsymbol{A}=\begin{pmatrix}3&-8&-6\\2&-9&-6\\-2&12&9\end{pmatrix}$

【例 7】 求矩阵 $\boldsymbol{A}=\begin{pmatrix}1&-1&2&1&0\\2&-2&4&-2&0\\3&0&6&-1&1\\2&1&4&2&1\end{pmatrix}$的秩。

解：$\boldsymbol{A}=\begin{pmatrix}1&-1&2&1&0\\2&-2&4&-2&0\\3&0&6&-1&1\\2&1&4&2&1\end{pmatrix}\xrightarrow[r_4-2r_1]{\substack{r_2-2r_1\\r_3-3r_1}}\begin{pmatrix}1&-1&2&1&0\\0&0&0&-4&0\\0&3&0&-4&1\\0&3&0&0&1\end{pmatrix}\xrightarrow{r_2\leftrightarrow r_4}$

$\begin{pmatrix}1&-1&2&1&0\\0&3&0&0&1\\0&3&0&-4&1\\0&0&0&-4&0\end{pmatrix}\xrightarrow{r_3-r_2}\begin{pmatrix}1&-1&2&1&0\\0&3&0&0&1\\0&0&0&-4&0\\0&0&0&-4&0\end{pmatrix}\xrightarrow{r_4-r_3}$

$\begin{pmatrix}1&-1&2&1&0\\0&3&0&0&1\\0&0&0&-4&0\\0&0&0&0&0\end{pmatrix}$，故 $R(\boldsymbol{A})=3$。

【例 8】 求方阵 $\boldsymbol{A}=\begin{pmatrix}1&2&3\\2&2&1\\3&4&3\end{pmatrix}$的逆矩阵。

解：$|\boldsymbol{A}|=2$，知 $\boldsymbol{A}$ 可逆，$|\boldsymbol{A}|$ 的余子式

$$M_{11}=2,M_{12}=3,M_{13}=2$$
$$M_{21}=-6,M_{22}=-6,M_{23}=-2$$
$$M_{31}=-4,M_{32}=-5,M_{33}=-2$$

得

$$\boldsymbol{A}^*=\begin{pmatrix}M_{11}&-M_{21}&M_{31}\\-M_{12}&M_{22}&-M_{32}\\M_{13}&-M_{23}&M_{33}\end{pmatrix}=\begin{pmatrix}2&6&-4\\-3&-6&5\\2&2&-2\end{pmatrix}$$

所以

$$A^{-1}=\frac{1}{|A|}A^{*}=\begin{pmatrix}1 & 3 & -2\\ -\frac{3}{2} & -3 & \frac{5}{2}\\ 1 & 1 & -1\end{pmatrix}$$

【例 9】　设 $A=\begin{pmatrix}5 & 0 & 0\\ 0 & 3 & 1\\ 0 & 2 & 1\end{pmatrix}$,求 A^{-1}。

解:$A=\left(\begin{array}{c|cc}5 & 0 & 0\\ \hline 0 & 3 & 1\\ 0 & 2 & 1\end{array}\right)=\begin{pmatrix}A_1 & 0\\ 0 & A_2\end{pmatrix}$,而

$A_1=(5)$,$A_1^{-1}=\begin{pmatrix}\frac{1}{5}\end{pmatrix}$,$A_2=\begin{pmatrix}3 & 1\\ 2 & 1\end{pmatrix}$,$A_2^{-1}=\begin{pmatrix}1 & -1\\ -2 & 3\end{pmatrix}$,故

$$A^{-1}=\begin{pmatrix}\frac{1}{5} & 0 & 0\\ 0 & 1 & -1\\ 0 & -2 & 3\end{pmatrix}$$

【例 10】　设 A^{*} 为 n 阶矩阵 A 的伴随矩阵,证明

$$R(A^{*})=\begin{cases}n, & R(A)=n\\ 1, & R(A)=n-1\\ 0, & R(A)<n-1\end{cases}$$

解:(1) 已知 $R(A)=n$,则 A 可逆,$|A|\neq 0$,由 $AA^{*}=|A|E$ 知 A^{*} 可逆,所以 $R(A^{*})=n$。

(2) 若 $R(A)=n-1$,则 $A|A|=0$,由 $AA^{*}=|A|E=0$,$R(A)+R(A^{*})\leqslant n$,$R(A^{*})\leqslant n-R(A)=1$;

又 $R(A)=n-1$,由矩阵秩的定义有,矩阵 A 至少有一个 $n-1$ 阶子式不为零,那么矩阵 A^{*} 中至少有一个元素非零,所以 $R(A^{*})\geqslant 1$,从而有 $R(A^{*})=1$。

(3) 若 $R(A)<n-1$,则 A 的任意一个 $n-1$ 阶子式为零,故 $A^{*}=0$,所以 $R(A^{*})=0$。

习题 6

1. 计算行列式或矩阵

(1) 行列式$\begin{vmatrix} 0 & a & b & 0 \\ a & 0 & 0 & b \\ 0 & c & d & 0 \\ c & 0 & 0 & d \end{vmatrix}$。

(2) n 阶行列式$\begin{vmatrix} a & b & 0 & \cdots & 0 & 0 \\ 0 & a & b & \cdots & 0 & 0 \\ 0 & 0 & a & \cdots & 0 & 0 \\ \cdots & \cdots & \cdots & \cdots & \cdots & \cdots \\ 0 & 0 & 0 & \cdots & a & b \\ b & 0 & 0 & \cdots & 0 & a \end{vmatrix}$。

(3) 行列式$\begin{vmatrix} 1 & 1 & 1 & 0 \\ 1 & 1 & 0 & 1 \\ 1 & 0 & 1 & 1 \\ 0 & 1 & 1 & 1 \end{vmatrix}$。

(4) 行列式$\begin{vmatrix} 1 & -1 & 1 & x-1 \\ 1 & -1 & x+1 & -1 \\ 1 & x-1 & 1 & -1 \\ x+1 & -1 & 1 & -1 \end{vmatrix}$。

(5) 五阶行列式$\begin{vmatrix} 1-a & a & 0 & 0 & 0 \\ -1 & 1-a & a & 0 & 0 \\ 0 & -1 & 1-a & a & 0 \\ 0 & 0 & -1 & 1-a & a \\ 0 & 0 & 0 & -1 & 1-a \end{vmatrix}$。

(6) 设 4×4 矩阵 $\boldsymbol{A}=(\boldsymbol{\alpha},\boldsymbol{\gamma}_2,\boldsymbol{\gamma}_3,\boldsymbol{\gamma}_4)$，$\boldsymbol{B}=(\boldsymbol{\beta},\boldsymbol{\gamma}_2,\boldsymbol{\gamma}_3,\boldsymbol{\gamma}_4)$，其中 $\boldsymbol{\alpha},\boldsymbol{\gamma}_2,\boldsymbol{\gamma}_3,\boldsymbol{\gamma}_4$，$\boldsymbol{\beta}$ 均为 4 维列向量，且已知行列式 $|\boldsymbol{A}|=4$，$|\boldsymbol{B}|=1$，则计算行列式 $|\boldsymbol{A}+\boldsymbol{B}|$。

(7) 设 $\boldsymbol{A}$ 为 m 阶方阵，$\boldsymbol{B}$ 为 n 阶方阵，且 $|\boldsymbol{A}|=a$，$|\boldsymbol{B}|=b$，$\boldsymbol{C}=\begin{bmatrix} 0 & \boldsymbol{A} \\ \boldsymbol{B} & 0 \end{bmatrix}$，则 $|\boldsymbol{C}|=?$

(8) 设 $\boldsymbol{A}$ 是三阶方阵，$\boldsymbol{A}^*$ 是 $\boldsymbol{A}$ 的伴随矩阵，$\boldsymbol{A}$ 的行列式 $|\boldsymbol{A}|=\dfrac{1}{2}$，求行列式

$|(3\boldsymbol{A})^{-1}-2\boldsymbol{A}^*|$的值。

(9) 若$\boldsymbol{\alpha}_1,\boldsymbol{\alpha}_2,\boldsymbol{\alpha}_3,\boldsymbol{\beta}_1,\boldsymbol{\beta}_2$都是四维列向量，且四阶行列式$|\boldsymbol{\alpha}_1\boldsymbol{\alpha}_2\boldsymbol{\alpha}_3\boldsymbol{\beta}_1|=m$，$|\boldsymbol{\alpha}_1\boldsymbol{\alpha}_2\boldsymbol{\beta}_2\boldsymbol{\alpha}_3|=n$，求四阶行列式$|\boldsymbol{\alpha}_3\boldsymbol{\alpha}_2\boldsymbol{\alpha}_1(\boldsymbol{\beta}_1+\boldsymbol{\beta}_2)|$。

(10) 设$\boldsymbol{A}$为10×10矩阵$\begin{bmatrix}0&1&0&0&0\\0&0&1&0&0\\\cdots&\cdots&\cdots&\cdots&\cdots\\0&0&0&0&1\\10^{10}&0&0&0&0\end{bmatrix}$，计算行列式$|\boldsymbol{A}-\lambda\boldsymbol{E}|$，其中$\boldsymbol{E}$为单位矩阵，$\lambda$为常数。

(11) 设矩阵$\boldsymbol{A}$和$\boldsymbol{B}$满足$\boldsymbol{AB}=\boldsymbol{A}+2\boldsymbol{B}$，其中$\boldsymbol{A}=\begin{bmatrix}3&0&1\\1&1&0\\0&1&4\end{bmatrix}$，求矩阵$\boldsymbol{B}$。

(12) 已知$\boldsymbol{X}=\boldsymbol{AX}+\boldsymbol{B}$，$\boldsymbol{A}=\begin{pmatrix}0&1&0\\-1&1&1\\-1&0&-1\end{pmatrix}$，$\boldsymbol{B}=\begin{pmatrix}1&-1\\2&0\\5&-3\end{pmatrix}$，求矩阵$\boldsymbol{X}$。

(13) 设矩阵$\boldsymbol{A}$，$\boldsymbol{B}$满足$\boldsymbol{AB}=\boldsymbol{A}+2\boldsymbol{B}$，求矩阵$\boldsymbol{B}$，其中$\boldsymbol{A}=\begin{bmatrix}4&2&3\\1&1&0\\-1&2&3\end{bmatrix}$。

2. 求下列矩阵的逆矩阵或者秩

(1) 设$\boldsymbol{A}=\begin{bmatrix}0&a_1&0&\cdots&0\\0&0&a_2&\cdots&0\\\cdots&\cdots&\cdots&\cdots&\cdots\\0&0&0&\cdots&a_{n-1}\\a_n&0&0&\cdots&0\end{bmatrix}$，其中$a_i\neq0,i=1,2,\cdots,n$，求$\boldsymbol{A}^{-1}$。

(2) 已知三阶矩阵$\boldsymbol{A}$的逆矩阵为$\boldsymbol{A}^{-1}=\begin{pmatrix}1&1&1\\1&2&1\\1&1&3\end{pmatrix}$，试求伴随矩阵的逆矩阵。

(3) 设矩阵$\boldsymbol{A}=\begin{pmatrix}0&1&0&0\\0&0&1&0\\0&0&0&1\\0&0&0&0\end{pmatrix}$，求$\boldsymbol{A}^3$的秩。

(4) 设$\boldsymbol{A}=\begin{bmatrix}a_1b_1&a_1b_2&\cdots&a_1b_n\\a_2b_1&a_2b_2&\cdots&a_2b_n\\\cdots&\cdots&\cdots&\cdots\\a_nb_1&a_nb_2&\cdots&a_nb_n\end{bmatrix}$，其中$a_i\neq0,b_i\neq0,(i=1,2,\cdots,n)$，求

矩阵 $\boldsymbol{A}$ 的秩 $R(\boldsymbol{A})$。

(5) 设 $\boldsymbol{A}$ 和 $\boldsymbol{B}$ 为可逆矩阵，$\boldsymbol{X}=\begin{bmatrix}0 & A\\ B & 0\end{bmatrix}$ 为分块矩阵，求 $\boldsymbol{X}^{-1}$。

(6) 设 $n(n\geqslant 3)$ 阶矩阵 $\boldsymbol{A}=\begin{bmatrix}1 & a & a & \cdots & a\\ a & 1 & a & \cdots & a\\ a & a & 1 & & a\\ \vdots & \vdots & \vdots & & \vdots\\ a & a & a & \cdots & 1\end{bmatrix}$，若矩阵 $\boldsymbol{A}$ 的秩为 $n-1$，求 a。

(7) 设 $\boldsymbol{A},\boldsymbol{B},\boldsymbol{A}+\boldsymbol{B},\boldsymbol{A}^{-1}+\boldsymbol{B}^{-1}$ 均为 n 阶可逆矩阵，求 $(\boldsymbol{A}^{-1}+\boldsymbol{B}^{-1})^{-1}$。

(8) 设 4 阶方阵 $\boldsymbol{A}=\begin{bmatrix}5 & 2 & 0 & 0\\ 2 & 1 & 0 & 0\\ 0 & 0 & 1 & -2\\ 0 & 0 & 1 & 1\end{bmatrix}$，求 $\boldsymbol{A}$ 的逆矩阵 $\boldsymbol{A}^{-1}$。

3. 设 $\boldsymbol{A}=\boldsymbol{I}-\boldsymbol{\xi}\boldsymbol{\xi}^{\mathrm{T}}$，其中 $\boldsymbol{I}$ 是 n 阶单位矩阵，$\boldsymbol{\xi}$ 是 n 维非零列向量，$\boldsymbol{\xi}^{\mathrm{T}}$ 是 $\boldsymbol{\xi}$ 的转置。证明：

(1) $\boldsymbol{A}^2=\boldsymbol{A}$ 的充分条件是 $\boldsymbol{\xi}^{\mathrm{T}}\boldsymbol{\xi}=1$；

(2) 当 $\boldsymbol{\xi}^{T}\boldsymbol{\xi}=1$ 时，$\boldsymbol{A}$ 是不可逆矩阵。

4. 设 $\boldsymbol{A},\boldsymbol{B}$ 为 n 阶矩阵，且 $\boldsymbol{A}$ 与 $\boldsymbol{B}$ 相似，$\boldsymbol{E}$ 为 n 阶单位矩阵，证明：对于任意常数 t，$t\boldsymbol{E}-\boldsymbol{A}$ 与 $\boldsymbol{E}-\boldsymbol{B}$ 相似。

5. 已知 n 阶方阵满足 $\boldsymbol{A}^2-3\boldsymbol{A}-2\boldsymbol{E}=0$，其中 $\boldsymbol{A}$ 给定，而 $\boldsymbol{E}$ 是单位矩阵，证明 $\boldsymbol{A}$ 可逆，并求 $\boldsymbol{A}^{-1}$。

6. 设矩阵 $\boldsymbol{A}=(a_{ij})_{3\times 3}$ 满足 $\boldsymbol{A}^*=\boldsymbol{A}^{\mathrm{T}}$，其中 $\boldsymbol{A}^*$ 为 $\boldsymbol{A}$ 的伴随矩阵，$\boldsymbol{A}^{\mathrm{T}}$ 为 $\boldsymbol{A}$ 的转置矩阵。若 a_{11},a_{12},a_{13} 为三个相等的正数，求 a_{11}。

7. 设 $\boldsymbol{A}$ 为 3 阶矩阵，将 $\boldsymbol{A}$ 的第 2 行加到第 1 行得 $\boldsymbol{B}$，再将 $\boldsymbol{B}$ 的第 1 列的 -1 倍加到第 2 列得 $\boldsymbol{C}$。记初等矩阵 $\boldsymbol{P}=\begin{pmatrix}1 & 1 & 0\\ 0 & 1 & 0\\ 0 & 0 & 1\end{pmatrix}$，求 $\boldsymbol{C}$。

8. 设矩阵 $\boldsymbol{A},\boldsymbol{B}$ 满足 $\boldsymbol{A}^*\boldsymbol{B}\boldsymbol{A}=2\boldsymbol{B}\boldsymbol{A}-8\boldsymbol{E}$，其中 $\boldsymbol{A}=\begin{bmatrix}1 & 0 & 0\\ 0 & -2 & 0\\ 0 & 0 & 1\end{bmatrix}$，$\boldsymbol{E}$ 为单位矩阵，$\boldsymbol{A}^*$ 为 $\boldsymbol{A}$ 的伴随矩阵，求矩阵 $\boldsymbol{B}$。

9. 设 $\boldsymbol{A}$ 为 n 阶非零方阵，$\boldsymbol{A}^*$ 是 $\boldsymbol{A}$ 的伴随矩阵，当 $\boldsymbol{A}^*=\boldsymbol{A}^{\mathrm{T}}$ 时，证明 $|\boldsymbol{A}|\neq 0$。

10. 设 $\boldsymbol{A}$ 为 n 阶非零矩阵，$\boldsymbol{E}$ 为 n 阶单位矩阵，若 $\boldsymbol{A}^3=0$，证明：$\boldsymbol{E}-\boldsymbol{A},\boldsymbol{E}+\boldsymbol{A}$ 均

可逆。

11. 设 n 矩阵 $\boldsymbol{A}$ 和 $\boldsymbol{B}$ 满足条件 $\boldsymbol{A}+\boldsymbol{B}=\boldsymbol{AB}$，

(1) 证明 $\boldsymbol{A}-\boldsymbol{E}$ 为可逆矩阵，其中 $\boldsymbol{E}$ 是 n 阶单位矩阵；

(2) 已知 $\boldsymbol{B}=\begin{pmatrix}1 & -3 & 0\\ 2 & 1 & 0\\ 0 & 0 & 2\end{pmatrix}$，求矩阵 $\boldsymbol{A}$。

12. 已知实矩阵 $\boldsymbol{A}=(a_{ij})_{3\times3}$ 满足条件：

(1) $\boldsymbol{A}_{ij}=a_{ij}(i,j=1,2,3)$，其中 $\boldsymbol{A}_{ij}$ 是 a_{ij} 的代数余子式；

(2) $a_{11}\neq 0$，计算行列式 $|\boldsymbol{A}|$。

13. 设 $\boldsymbol{A}=\begin{pmatrix}1 & 0 & 1\\ 0 & 2 & 0\\ 1 & 0 & 1\end{pmatrix}$，而 $n\geqslant 2$ 为整数，求 $\boldsymbol{A}^n-2\boldsymbol{A}^{n-1}$。

14. 设四阶矩阵 $\boldsymbol{B}=\begin{pmatrix}1 & -1 & 0 & 0\\ 0 & 1 & -1 & 0\\ 0 & 0 & 1 & -1\\ 0 & 0 & 0 & 1\end{pmatrix}$，$\boldsymbol{C}=\begin{pmatrix}2 & 1 & 3 & 4\\ 0 & 2 & 1 & 3\\ 0 & 0 & 2 & 1\\ 0 & 0 & 0 & 2\end{pmatrix}$且矩阵 $\boldsymbol{A}$ 满足关系式 $\boldsymbol{A}(\boldsymbol{E}-\boldsymbol{C}^{-1}\boldsymbol{B})^{\mathrm{T}}\boldsymbol{C}^{\mathrm{T}}=\boldsymbol{E}$，其中 $\boldsymbol{E}$ 为四阶单位矩阵，$\boldsymbol{C}^{-1}$ 表示 $\boldsymbol{C}$ 的逆矩阵，$\boldsymbol{C}^{\mathrm{T}}$ 表示 $\boldsymbol{C}$ 的转置矩阵，将上述关系化简并求矩阵 $\boldsymbol{A}$。

15. 设 n 阶矩阵 $\boldsymbol{A}$ 非奇异($n\geqslant 2$)，$\boldsymbol{A}^*$ 是矩阵 $\boldsymbol{A}$ 的伴随矩阵，证明：$(\boldsymbol{A}^*)^*=|\boldsymbol{A}|^{n-2}\boldsymbol{A}$。

第 7 章 向量与线性方程组

空间的概念在数学中起着重要的作用，所谓空间就是在其元素之间以公理形式给出了某些关系的集合。本章所研究的向量空间是定义了加法与数量乘法两种运算的集合。

7.1 线性方程组的解

7.1.1 非齐次线性方程组与齐次线性方程组

称方程组

$$\begin{cases} a_{11}x_1 + a_{12}x_2 + \cdots + a_{1n}x_n = b_1 \\ a_{21}x_1 + a_{22}x_2 + \cdots + a_{2n}x_n = b_2 \\ \quad\cdots \qquad \cdots \qquad\qquad \cdots \\ a_{m1}x_1 + a_{m2}x_2 + \cdots + a_{mn}x_n = b_m \end{cases} \quad (\text{或 } \boldsymbol{AX} = \boldsymbol{B})$$

为非齐次线性方程组，该方程组的系数矩阵和增广矩阵分别为 $\boldsymbol{A}$ 和$\overline{\boldsymbol{A}}$，

$$\text{即} \quad \boldsymbol{A} = \begin{pmatrix} a_{11} & a_{12} & \cdots & a_{1n} \\ a_{21} & a_{22} & \cdots & a_{2n} \\ \cdots & \cdots & \cdots & \cdots \\ a_{m1} & a_{m2} & \cdots & a_{mn} \end{pmatrix}, \overline{\boldsymbol{A}} = \begin{pmatrix} a_{11} & a_{12} & \cdots & a_{1n} & b_1 \\ a_{21} & a_{22} & \cdots & a_{2n} & b_2 \\ \cdots & \cdots & \cdots & \cdots \\ a_{m1} & a_{m2} & \cdots & a_{mn} & b_m \end{pmatrix}$$

而方程组

$$\begin{cases} a_{11}x_1 + a_{12}x_2 + \cdots + a_{1n}x_n = 0 \\ a_{21}x_1 + a_{22}x_2 + \cdots + a_{2n}x_n = 0 \\ \quad\cdots \qquad \cdots \qquad \cdots \qquad \cdots \qquad \cdots \\ a_{n1}x_1 + a_{n2}x_2 + \cdots + a_{nn}x_n = 0 \end{cases} \quad (\text{或 } \boldsymbol{AX} = \boldsymbol{O})$$

称为与相对应的齐次线性方程组（或者称为非齐次线性方程组的导出组）。

7.1.2 线性方程组的解

定理 7.1 非齐次线性方程组 $\boldsymbol{AX} = \boldsymbol{B}$ 有解的充分必要条件是：系数矩阵的秩与增广矩阵的秩相等，即 $R(\boldsymbol{A}) = R(\overline{\boldsymbol{A}})$。当线性方程组有解时，① 若 $R(\boldsymbol{A}) =$

$r=n$,则方程组有唯一解;② 若 $R(\boldsymbol{A})=r<n$,则方程组有无穷多解。

定理 7.2 齐次线性方程组 $\boldsymbol{AX}=\boldsymbol{O}$ 有非零解的充分必要条件是:系数矩阵的秩 $R(\boldsymbol{A})=r<n$。

7.1.3 典型例题

【例 1】 设非齐次线性方程组 $\begin{cases} x_1+x_2+kx_3=4 \\ -x_1+kx_2+x_3=k^2 \\ x_1-x_2+2x_3=-4 \end{cases}$

问方程组什么时候有解?什么时候无解?有解时,求出相应的解。

解:化增广矩阵为阶梯形

$$(\boldsymbol{A},\boldsymbol{B})=\begin{pmatrix} 1 & 1 & k & 4 \\ -1 & k & 1 & k^2 \\ 1 & -1 & 2 & -4 \end{pmatrix}\to\cdots\to\begin{pmatrix} 1 & 1 & k & 4 \\ 0 & 2 & k-2 & 8 \\ 0 & 0 & \dfrac{(1+k)(4-k)}{2} & k(k-4) \end{pmatrix}$$

当 $k\neq-1,4$ 时,有

$$(\boldsymbol{A},\boldsymbol{B})=\begin{pmatrix} 1 & 1 & k & 4 \\ 0 & 1 & \dfrac{k-2}{2} & 4 \\ 0 & 0 & 1 & \dfrac{-2k}{1+k} \end{pmatrix}\to\begin{pmatrix} 1 & 0 & 0 & \dfrac{k^2+2k}{k+1} \\ 0 & 1 & 0 & \dfrac{k^2+2k+4}{k+1} \\ 0 & 0 & 1 & \dfrac{-2k}{k+1} \end{pmatrix},$$

可见方程组有唯一解

$$x_1=\frac{k^2+2k}{k+1},x_2=\frac{k^2+2k+4}{k+1},x_3=\frac{-2k}{k+1};$$

当 $k=-1$ 时,$R(\boldsymbol{A})=2<R(\boldsymbol{A},\boldsymbol{B})=3$,方程组无解;

当 $k=4$ 时,

$$(\boldsymbol{A},\boldsymbol{B})=\begin{pmatrix} 1 & 1 & 4 & 4 \\ 0 & 1 & 1 & 4 \\ 0 & 0 & 0 & 0 \end{pmatrix}\to\begin{pmatrix} 1 & 0 & 3 & 0 \\ 0 & 1 & 1 & 4 \\ 0 & 0 & 0 & 0 \end{pmatrix}$$

$R(\boldsymbol{A})=R(\boldsymbol{A},\boldsymbol{B})=2<3$,故方程组有无穷多解,通解为

$$x=\begin{pmatrix} x_1 \\ x_2 \\ x_3 \end{pmatrix}=\begin{pmatrix} 0 \\ 4 \\ 0 \end{pmatrix}+C\begin{pmatrix} -3 \\ -1 \\ 1 \end{pmatrix},$$ 其中 C 为任意常数。

7.2 向量的基本概念

7.2.1 向量的概念

定义 7.1 n 个实数组成的有序数组称为 n 维向量，一般用 $\boldsymbol{\alpha}$，$\boldsymbol{\beta}$，$\boldsymbol{\gamma}$ 等希腊字母表示。称 $\boldsymbol{\alpha}=(a_1,a_2,\cdots,a_n)$ 为 n 维行向量，称 $\boldsymbol{\beta}=\begin{pmatrix} b_1 \\ b_2 \\ \vdots \\ b_n \end{pmatrix}=(b_1,b_2,\cdots,b_n)^{\mathrm{T}}$ 为 n 维列向量。称 a_i，b_i 分别为向量 $\boldsymbol{\alpha}$，$\boldsymbol{\beta}$ 的第 i 个分量。

特别地，对矩阵 $\boldsymbol{A}=\begin{pmatrix} a_{11} & a_{12} & \cdots & a_{1n} \\ a_{21} & a_{22} & \cdots & a_{2n} \\ \cdots & \cdots & \cdots & \cdots \\ a_{m1} & a_{m2} & \cdots & a_{mn} \end{pmatrix}$ 中每一行 $(a_{i1},a_{i2},\cdots,a_{in})$ $(i=1,2,\cdots,m)$ 称为矩阵 $\boldsymbol{A}$ 的行向量；每一列 $(a_{1j},a_{2j},\cdots,a_{nj})^{\mathrm{T}}$ $(j=1,2,\cdots,n)$ 称为矩阵 $\boldsymbol{A}$ 的列向量。

所有分量都是零的向量称为零向量，零向量记作 $\boldsymbol{O}=(0 \quad 0 \quad \cdots \quad 0)$。

若 n 维向量 $\boldsymbol{\alpha}=(a_1,a_2,\cdots,a_n)$ 与 $\boldsymbol{\beta}=(b_1,b_2,\cdots,b_n)$ 的所有对应分量相等，即 $a_i=b_i \ (i=1,2,\cdots,n)$，则称这两个向量相等，记作 $\boldsymbol{\alpha}=\boldsymbol{\beta}$。

7.2.2 向量的线性运算

定义 7.2 设 n 维向量 $\boldsymbol{\alpha}=(a_1,a_2,\cdots,a_n)$，$\boldsymbol{\beta}=(b_1,b_2,\cdots,b_n)$，$\boldsymbol{\alpha}$ 与 $\boldsymbol{\beta}$ 对应分量的和所构成的 n 维向量，称为向量 $\boldsymbol{\alpha}$ 与 $\boldsymbol{\beta}$ 的和，记作 $\boldsymbol{\alpha}+\boldsymbol{\beta}$。即

$$\boldsymbol{\alpha}+\boldsymbol{\beta}=(a_1+b_1,a_2+b_2,\cdots,a_n+b_n)$$

定义 7.3 设 n 维向量 $\boldsymbol{\alpha}=(a_1,a_2,\cdots,a_n)$ 的各分量都乘以数 k 后所组成的 n 维向量，称为数 k 与向量 $\boldsymbol{\alpha}$ 的乘积，记作：

$$k\boldsymbol{\alpha}=(ka_1,ka_2,\cdots,ka_n)$$

特别地，若 $k=-1$，有 $-\boldsymbol{\alpha}=(-a_1,-a_2,\cdots,-a_n)$，我们称其为 $\boldsymbol{\alpha}$ 的负向量。从而有

$$\boldsymbol{\alpha}+(-\boldsymbol{\beta})=\boldsymbol{\alpha}-\boldsymbol{\beta}=(a_1-b_1,a_2-b_2,\cdots,a_n-b_n)$$

向量的加法和数乘运算，统称为向量的线性运算。

向量的运算性质：

(1) $\boldsymbol{\alpha}+\boldsymbol{\beta}=\boldsymbol{\beta}+\boldsymbol{\alpha}$

(2) $\boldsymbol{\alpha}+(\boldsymbol{\beta}+\boldsymbol{\gamma})=(\boldsymbol{\alpha}+\boldsymbol{\beta})+\boldsymbol{\gamma}$

(3) $\boldsymbol{\alpha}+\boldsymbol{O}=\boldsymbol{\alpha}$

(4) $\boldsymbol{\alpha}+(-\boldsymbol{\alpha})=\boldsymbol{O}$

(5) $k(\boldsymbol{\alpha}+\boldsymbol{\beta})=k\boldsymbol{\alpha}+k\boldsymbol{\beta}$　　(6) $(k+l)\boldsymbol{\alpha}=k\boldsymbol{\alpha}+l\boldsymbol{\alpha}$

(7) $(k\cdot l)\boldsymbol{\alpha}=k(l\boldsymbol{\alpha})$　　(8) $1\cdot\boldsymbol{\alpha}=\boldsymbol{\alpha}$

7.2.3　向量的线性表示

定义 7.4　对于向量组 $\boldsymbol{\alpha}_1,\boldsymbol{\alpha}_2,\cdots,\boldsymbol{\alpha}_s$ 和向量 $\boldsymbol{\beta}$，如果存在 s 个数 $k_1,k_2\cdots k_s$，使得

$$\boldsymbol{\beta}=k_1\boldsymbol{\alpha}_1+k_2\boldsymbol{\alpha}_2+\cdots+k_s\boldsymbol{\alpha}_s$$

成立，则称向量 $\boldsymbol{\beta}$ 是向量组 $\boldsymbol{\alpha}_1,\boldsymbol{\alpha}_2,\cdots,\boldsymbol{\alpha}_s$ 的线性组合，或称向量 $\boldsymbol{\beta}$ 可以由向量组 $\boldsymbol{\alpha}_1,\boldsymbol{\alpha}_2,\cdots,\boldsymbol{\alpha}_s$ 线性表示。

定理 7.3　向量 $\boldsymbol{\beta}$ 可由向量组 $\boldsymbol{\alpha}_1,\boldsymbol{\alpha}_2,\cdots,\boldsymbol{\alpha}_s$ 线性表示的充分必要条件是非齐次线性方程组 $\boldsymbol{AX}=\boldsymbol{\beta}$ 有解，其中 $\boldsymbol{A}=(\boldsymbol{\alpha}_1,\boldsymbol{\alpha}_2,\cdots,\boldsymbol{\alpha}_s)$。即：

(1) 当 $\boldsymbol{AX}=\boldsymbol{\beta}$ 无解，则 $\boldsymbol{\beta}$ 不能用向量组 $\boldsymbol{\alpha}_1,\boldsymbol{\alpha}_2,\cdots,\boldsymbol{\alpha}_s$ 线性表示；

(2) 当 $\boldsymbol{AX}=\boldsymbol{\beta}$ 有唯一解，则 $\boldsymbol{\beta}$ 能用向量组 $\boldsymbol{\alpha}_1,\boldsymbol{\alpha}_2,\cdots,\boldsymbol{\alpha}_s$ 线性表示，表示式唯一；

(3) 当 $\boldsymbol{AX}=\boldsymbol{\beta}$ 有无穷多组解时，则 $\boldsymbol{\beta}$ 能用向量组 $\boldsymbol{\alpha}_1,\boldsymbol{\alpha}_2,\cdots,\boldsymbol{\alpha}_s$ 线性表示，但表达式不唯一。

定义 7.5　设两个向量组 $\boldsymbol{\alpha}_1,\boldsymbol{\alpha}_2,\cdots,\boldsymbol{\alpha}_r$　　(1)

$$\boldsymbol{\beta}_1,\boldsymbol{\beta}_2,\cdots,\boldsymbol{\beta}_s \qquad (2)$$

如果向量组(1) 中的每个 $\boldsymbol{\alpha}_i$ 都可以由向量组(2) 线性表示，而向量组(2) 中的每个向量 $\boldsymbol{\beta}_i$ 也可以由向量组(1) 线性表示，那么称向量组(1) 与(2) 是等价的。

向量组的等价关系具有如下性质：

(1) 反身性：每一个向量组都与它自身等价；

(2) 对称性：如果向量组($\boldsymbol{\alpha}$) 与向量组($\boldsymbol{\beta}$) 等价，那么向量组($\boldsymbol{\beta}$) 也与向量组($\boldsymbol{\alpha}$) 等价；

(3) 传递性：如果向量组($\boldsymbol{\alpha}$) 与向量组($\boldsymbol{\beta}$) 等价，而向量组($\boldsymbol{\beta}$) 又与向量组($\boldsymbol{\gamma}$) 等价，那么向量组($\boldsymbol{\alpha}$) 与向量($\boldsymbol{\gamma}$) 也等价。

7.2.4　典型例题

【例 1】　设 $\boldsymbol{\beta}=\begin{pmatrix}0\\4\\2\end{pmatrix},\boldsymbol{\alpha}_1=\begin{pmatrix}1\\2\\3\end{pmatrix},\boldsymbol{\alpha}_2=\begin{pmatrix}2\\3\\1\end{pmatrix},\boldsymbol{\alpha}_3=\begin{pmatrix}3\\1\\2\end{pmatrix}$。问 $\boldsymbol{\beta}$ 是否能由 $\boldsymbol{\alpha}_1,\boldsymbol{\alpha}_2,\boldsymbol{\alpha}_3$ 线性表出？

解：设 $\boldsymbol{\beta}=k_1\boldsymbol{\alpha}_1+k_2\boldsymbol{\alpha}_2+k_3\boldsymbol{\alpha}_3$，其中 k_1,k_2,k_3 为常数，则有

$$\begin{cases} k_1+2k_2+3k_3=0 \\ 2k_1+3k_2+k_3=4 \\ 3k_1+k_2+2k_3=2 \end{cases}$$

解之，得唯一解：$k_1=1,k_2=1,k_3=-1$，所以 $\boldsymbol{\beta}$ 能由 $\boldsymbol{\alpha}_1,\boldsymbol{\alpha}_2,\boldsymbol{\alpha}_3$ 唯一地线性表出，且 $\boldsymbol{\beta}=\boldsymbol{\alpha}_1+\boldsymbol{\alpha}_2-\boldsymbol{\alpha}_3$。

【例 2】 设 $\boldsymbol{\beta}=(0,4,2,5)$，$\boldsymbol{\alpha}_1=(1,2,3,1)$，$\boldsymbol{\alpha}_2=(2,3,1,2)$，$\boldsymbol{\alpha}_3=(3,1,2,-2)$，问 $\boldsymbol{\beta}$ 可否能用向量组 $\boldsymbol{\alpha}_1,\boldsymbol{\alpha}_2,\boldsymbol{\alpha}_3$ 线性表示?。

解：设 $x_1\boldsymbol{\alpha}_1+x_2\boldsymbol{\alpha}_2+x_3\boldsymbol{\alpha}_3=\boldsymbol{\beta}$

$$\overline{\mathbf{A}}=(\mathbf{A}\boldsymbol{\beta}^{\mathrm{T}})=\begin{pmatrix}1&2&3&0\\2&3&1&4\\3&1&2&2\\1&2&-2&5\end{pmatrix}\rightarrow\begin{pmatrix}1&2&3&0\\0&-1&-5&4\\0&-5&-7&2\\0&0&-5&5\end{pmatrix}\rightarrow$$

$$\begin{pmatrix}1&2&3&0\\0&-1&-5&4\\0&0&18&-18\\0&0&-5&5\end{pmatrix}\rightarrow\begin{pmatrix}1&2&3&0\\0&1&5&-4\\0&0&1&-1\\0&0&0&0\end{pmatrix}\rightarrow\begin{pmatrix}1&0&0&1\\0&1&0&1\\0&0&1&-1\\0&0&0&0\end{pmatrix}$$

则线性表示式为：$\boldsymbol{\beta}=\boldsymbol{\alpha}_1+\boldsymbol{\alpha}_2-\boldsymbol{\alpha}_3$。

【例 3】 设 $\boldsymbol{\alpha}_1=(1,0,2,3)$，$\boldsymbol{\alpha}_2=(1,1,3,5)$，$\boldsymbol{\alpha}_3=(1,-1,a+2,1)$，$\boldsymbol{\alpha}_4=(1,2,4,a+8)$，$\boldsymbol{\beta}=(1,1,b+3,5)$，问 a,b 为何值时，有

(1) $\boldsymbol{\beta}$ 能用向量组 $\boldsymbol{\alpha}_1,\boldsymbol{\alpha}_2,\boldsymbol{\alpha}_3,\boldsymbol{\alpha}_4$ 线性表示，且表示式唯一；

(2) $\boldsymbol{\beta}$ 能用向量组 $\boldsymbol{\alpha}_1,\boldsymbol{\alpha}_2,\boldsymbol{\alpha}_3,\boldsymbol{\alpha}_4$ 线性表示，但表示式不唯一；

(3) $\boldsymbol{\beta}$ 不能用向量组 $\boldsymbol{\alpha}_1,\boldsymbol{\alpha}_2,\boldsymbol{\alpha}_3,\boldsymbol{\alpha}_4$ 线性表示。

解：$$\overline{\mathbf{A}}=(\mathbf{A}\boldsymbol{\beta}^{\mathrm{T}})=(\boldsymbol{\alpha}_1^{\mathrm{T}}\boldsymbol{\alpha}_2^{\mathrm{T}}\boldsymbol{\alpha}_3^{\mathrm{T}}\boldsymbol{\alpha}_4^{\mathrm{T}}\boldsymbol{\beta}^{\mathrm{T}})=\begin{pmatrix}1&1&1&1&1\\0&1&-1&2&1\\2&3&a+2&4&b+3\\3&5&1&a+8&5\end{pmatrix}\rightarrow$$

$$\begin{pmatrix}1&1&1&1&1\\0&1&-1&2&1\\0&1&a&2&b+1\\0&2&-2&a+5&2\end{pmatrix}\rightarrow\begin{pmatrix}1&1&1&1&1\\0&1&-1&2&1\\0&0&a+1&0&b\\0&0&0&a+1&0\end{pmatrix}$$

(1) 当 $a\neq-1$ 时，$R(\overline{\mathbf{A}})=R(\mathbf{A})=4$ 时，所以 $\boldsymbol{\beta}$ 能用向量组 $\boldsymbol{\alpha}_1,\boldsymbol{\alpha}_2,\boldsymbol{\alpha}_3,\boldsymbol{\alpha}_4$ 线性表示，且表示式唯一，$\boldsymbol{\beta}=\dfrac{-2b}{a+1}\boldsymbol{\alpha}_1+\dfrac{a+b+1}{a+1}\boldsymbol{\alpha}_2+\dfrac{b}{a+1}\boldsymbol{\alpha}_3+0\boldsymbol{\alpha}_4$；

(2) 当 $a=-1,b=0$ 时，$R(\overline{\mathbf{A}})=R(\mathbf{A})=2<4$，$\boldsymbol{\beta}$ 能用向量组 $\boldsymbol{\alpha}_1,\boldsymbol{\alpha}_2,\boldsymbol{\alpha}_3,\boldsymbol{\alpha}_4$

线性表示，但表示式不唯一；

(3) 当 $a=-1, b\neq 0$ 时，$R(\overline{\mathbf{A}})=3\neq R(\mathbf{A})=2$，$\boldsymbol{\beta}$ 不能用向量组 $\boldsymbol{\alpha}_1,\boldsymbol{\alpha}_2,\boldsymbol{\alpha}_3,\boldsymbol{\alpha}_4$ 线性表示。

【例 4】 已知 $\boldsymbol{\alpha}_1=(1,4,0,2)^{\mathrm{T}}, \boldsymbol{\alpha}_2=(2,7,1,3)^{\mathrm{T}}, \boldsymbol{\alpha}_3=(0,1,-1,a)^{\mathrm{T}}, \boldsymbol{\beta}=(3,10,b,4)^{\mathrm{T}}$，

(1) 问 a,b 为何值时，$\boldsymbol{\beta}$ 不能由 $\boldsymbol{\alpha}_1,\boldsymbol{\alpha}_2,\boldsymbol{\alpha}_3$ 线性表示？

(2) 问 a,b 为何值时，$\boldsymbol{\beta}$ 能由 $\boldsymbol{\alpha}_1,\boldsymbol{\alpha}_2,\boldsymbol{\alpha}_3$ 线性表示？并写出此表达式。

解：考虑线性方程组 $\mathbf{A}x=\boldsymbol{\beta}$，此处 $\mathbf{A}=(\boldsymbol{\alpha}_1,\boldsymbol{\alpha}_2,\boldsymbol{\alpha}_3)$，增广矩阵

$$\overline{\mathbf{A}}=(\mathbf{A},\boldsymbol{\beta})=\begin{bmatrix}1&2&0&3\\4&7&1&10\\0&1&-1&b\\2&3&a&4\end{bmatrix}\xrightarrow{\text{经过行初等变换}}\begin{bmatrix}1&0&2&-1\\0&1&-1&2\\0&0&a-1&0\\0&0&0&b-2\end{bmatrix}$$

(1) $b\neq 2$ 时，$R(\mathbf{A})<R(\overline{\mathbf{A}})$，线性方程组 $\mathbf{A}x=\boldsymbol{\beta}$ 无解，$\boldsymbol{\beta}$ 不能由 $\boldsymbol{\alpha}_1,\boldsymbol{\alpha}_2,\boldsymbol{\alpha}_3$ 线性表示；

(2) $b=2$ 且 $a\neq 1$ 时，$R(\mathbf{A})=R(\overline{\mathbf{A}})=3$，线性方程组 $\mathbf{A}x=\boldsymbol{\beta}$ 有唯一解，$\boldsymbol{\beta}$ 能由 $\boldsymbol{\alpha}_1,\boldsymbol{\alpha}_2,\boldsymbol{\alpha}_3$ 唯一线性表示，且 $\boldsymbol{\beta}=-\boldsymbol{\alpha}_1+2\boldsymbol{\alpha}_2$；

(3) $b=2$ 且 $a=1$ 时，$R(\mathbf{A})=R(\overline{\mathbf{A}})=2$，线性方程组 $\mathbf{A}x=\boldsymbol{\beta}$ 有无穷多解，其一般解为 $(-1,2,0)^{\mathrm{T}}+k(-2,1,1)^{\mathrm{T}}=(-1-2k,2+k,k)^{\mathrm{T}}$，$\boldsymbol{\beta}$ 能由 $\boldsymbol{\alpha}_1,\boldsymbol{\alpha}_2,\boldsymbol{\alpha}_3$ 线性表示，且 $\boldsymbol{\beta}=-(1+2k)\boldsymbol{\alpha}_1+(2+k)\boldsymbol{\alpha}_2+k\boldsymbol{\alpha}_3$（$k$ 为任意常数）。

7.3　向量组的线性相关性

7.3.1　线性相关与线性无关

定义 7.6　若向量组 $\boldsymbol{\alpha}_1,\boldsymbol{\alpha}_2,\cdots,\boldsymbol{\alpha}_s$ 存在一组不全为零的 $k_1,k_2,\cdots,k_s$ 使得

$$k_1\boldsymbol{\alpha}_1+k_2\boldsymbol{\alpha}_2+\cdots+k_s\boldsymbol{\alpha}_s=0$$

成立，则称向量组 $\boldsymbol{\alpha}_1,\boldsymbol{\alpha}_2,\cdots,\boldsymbol{\alpha}_s$ 线性相关；否则称向量组 $\boldsymbol{\alpha}_1,\boldsymbol{\alpha}_2,\cdots,\boldsymbol{\alpha}_s$ 线性无关。即，如果仅当 $k_1,k_2,\cdots,k_s$ 都等于零时，才能使 $k_1\boldsymbol{\alpha}_1+k_2\boldsymbol{\alpha}_2+\cdots+k_s\boldsymbol{\alpha}_s=0$ 成立，则称向量组 $\boldsymbol{\alpha}_1,\boldsymbol{\alpha}_2,\cdots,\boldsymbol{\alpha}_s$ 线性无关。

7.3.2　向量组的线性相关性的判断及性质

定理 7.4　m 个 n 维向量组

$$\boldsymbol{\alpha}_1=\begin{pmatrix}a_{11}\\a_{21}\\\vdots\\a_{n1}\end{pmatrix},\boldsymbol{\alpha}_2=\begin{pmatrix}a_{12}\\a_{22}\\\vdots\\a_{n2}\end{pmatrix},\cdots,\boldsymbol{\alpha}_m=\begin{pmatrix}a_{1m}\\a_{2m}\\\vdots\\a_{nm}\end{pmatrix}$$

线性相关的充分必要条件是齐次线性方程组

$$\begin{cases}a_{11}x_1+a_{12}x_2+\cdots+a_{1m}x_m=0\\a_{21}x_1+a_{22}x_2+\cdots+a_{2m}x_m=0\\\quad\cdots\qquad\cdots\qquad\qquad\cdots\\a_{n1}x_1+a_{n2}x_2+\cdots+a_{nm}x_m=0\end{cases},\text{即 }\boldsymbol{AX}=\boldsymbol{O}$$

有非零解。

推论1 向量组 $\boldsymbol{\alpha}_1,\boldsymbol{\alpha}_2,\cdots,\boldsymbol{\alpha}_m$ 线性无关的充分必要条件是齐次线性方程组 $\boldsymbol{AX}=\boldsymbol{O}$ 只有零解。

推论2 当 $m=n$ 时，即 n 个 n 维向量

$$\boldsymbol{\alpha}_1=\begin{pmatrix}a_{11}\\a_{21}\\\vdots\\a_{n1}\end{pmatrix},\boldsymbol{\alpha}_2=\begin{pmatrix}a_{12}\\a_{22}\\\vdots\\a_{n2}\end{pmatrix},\cdots,\boldsymbol{\alpha}_n=\begin{pmatrix}a_{1n}\\a_{2n}\\\vdots\\a_{nn}\end{pmatrix}$$

线性无关的充分条件是行列式 $\boldsymbol{D}=\begin{vmatrix}a_{11}&a_{12}&\cdots&a_{1n}\\a_{21}&a_{22}&\cdots&a_{2n}\\\cdots&\cdots&\cdots&\cdots\\a_{n1}&a_{n2}&\cdots&a_{nn}\end{vmatrix}\neq 0$

推论3 $m>n$ 时，任意 m 个 n 维向量都线性相关。即，当向量组中所含向量个数大于向量的维数时，此向量组 $\boldsymbol{\alpha}_1,\boldsymbol{\alpha}_2,\cdots,\boldsymbol{\alpha}_m$ 是线性相关的。

定理7.5 向量组 $\boldsymbol{\alpha}_1,\boldsymbol{\alpha}_2,\cdots,\boldsymbol{\alpha}_m(m\geqslant 2)$ 线性相关的充分必要条件是其中至少有一个向量可由其余 $m-1$ 个向量线性表示。

定理7.6 若向量组 $\boldsymbol{\alpha}_1,\boldsymbol{\alpha}_2,\cdots,\boldsymbol{\alpha}_m$ 线性无关，而向量组 $\boldsymbol{\beta},\boldsymbol{\alpha}_1,\boldsymbol{\alpha}_2,\cdots,\boldsymbol{\alpha}_m$ 线性相关，则 $\boldsymbol{\beta}$ 可由 $\boldsymbol{\alpha}_1,\boldsymbol{\alpha}_2,\cdots,\boldsymbol{\alpha}_m$ 线性表出，且表达式唯一。

定理7.7 若向量组中有一部分向量组(称为部分组)线性相关，则整个向量组线性相关；若向量组线性无关，则它的任意一个部分组线性无关。

定理7.8 向量组 $\boldsymbol{\beta}_1,\boldsymbol{\beta}_2,\cdots,\boldsymbol{\beta}_t$ 可由 $\boldsymbol{\alpha}_1,\boldsymbol{\alpha}_2,\cdots,\boldsymbol{\alpha}_s$ 线性表示，则

(1) 若 $t>s$，则 $\boldsymbol{\beta}_1,\boldsymbol{\beta}_2,\cdots,\boldsymbol{\beta}_t$ 线性相关；

(2) 若 $\boldsymbol{\beta}_1,\boldsymbol{\beta}_2,\cdots,\boldsymbol{\beta}_t$ 线性无关，则 $t\leqslant s$。

7.3.3 向量组的极大无关组与秩

定义7.7 设有向量组 $\boldsymbol{\alpha}_1,\boldsymbol{\alpha}_2,\cdots,\boldsymbol{\alpha}_m$，如果它的一个部分组 $\boldsymbol{\alpha}_{i1},\boldsymbol{\alpha}_{i2},\cdots,$

$\boldsymbol{\alpha}_{ir}$，满足：

(1) $\boldsymbol{\alpha}_{i1},\boldsymbol{\alpha}_{i2},\cdots,\boldsymbol{\alpha}_{ir}$ 线性无关；

(2) 向量组 $\boldsymbol{\alpha}_1,\boldsymbol{\alpha}_2,\cdots,\boldsymbol{\alpha}_m$ 中的任意一个向量都可由部分组 $\boldsymbol{\alpha}_{i1},\boldsymbol{\alpha}_{i2},\cdots,\boldsymbol{\alpha}_{ir}$ 线性表出。则称部分组 $\boldsymbol{\alpha}_{i1},\boldsymbol{\alpha}_{i2},\cdots,\boldsymbol{\alpha}_{ir}$ 是向量组 $\boldsymbol{\alpha}_1,\boldsymbol{\alpha}_2,\cdots,\boldsymbol{\alpha}_m$ 的一个极大线性无关组，简称为极大无关组。

极大线性无关组有下列性质：

性质 1　向量组 $\boldsymbol{\alpha}_1,\boldsymbol{\alpha}_2,\cdots,\boldsymbol{\alpha}_m$ 与它的极大无关组 $\boldsymbol{\alpha}_{i1},\boldsymbol{\alpha}_{i2},\cdots,\boldsymbol{\alpha}_{ir}$ 等价。从而，向量组的任意两个极大无关组等价。

性质 2　向量组 $\boldsymbol{\alpha}_1,\boldsymbol{\alpha}_2,\cdots,\boldsymbol{\alpha}_m$ 的任意两个极大无关组所含向量的个数相同。

定义 7.8　向量组 $\boldsymbol{\alpha}_1,\boldsymbol{\alpha}_2,\cdots,\boldsymbol{\alpha}_m$ 的极大无关组所含向量的个数，称为该向量组的秩，记作 $R(\boldsymbol{\alpha}_1,\boldsymbol{\alpha}_2,\cdots,\boldsymbol{\alpha}_m)$。

定理 7.9　向量组 $\boldsymbol{\alpha}_1,\boldsymbol{\alpha}_2,\cdots,\boldsymbol{\alpha}_s$ 线性无关的充分必要条件是：它的秩等于它所含向量的个数；向量组 $\boldsymbol{\alpha}_1,\boldsymbol{\alpha}_2,\cdots,\boldsymbol{\alpha}_s$ 线性相关的充分必要条件是：它的秩小于它所含向量的个数。

定理 7.10　若向量组 $\boldsymbol{\beta}_1,\boldsymbol{\beta}_2,\cdots,\boldsymbol{\beta}_t$ 与 $\boldsymbol{\alpha}_1,\boldsymbol{\alpha}_2,\cdots,\boldsymbol{\alpha}_s$ 等价，则有

$$R(\boldsymbol{\beta}_1,\boldsymbol{\beta}_2,\cdots,\boldsymbol{\beta}_t)=R(\boldsymbol{\alpha}_1,\boldsymbol{\alpha}_2,\cdots,\boldsymbol{\alpha}_s)$$

定理 7.11　矩阵 $\boldsymbol{A}$ 的行向量组的秩等于矩阵 $\boldsymbol{A}$ 的列向量组的秩等于矩阵 $\boldsymbol{A}$ 的秩。

7.3.4　典型例题

【例 1】　设向量组 $\boldsymbol{\alpha}_1,\boldsymbol{\alpha}_2,\boldsymbol{\alpha}_3$ 线性无关，$\boldsymbol{\beta}_1=\boldsymbol{\alpha}_1+\boldsymbol{\alpha}_2,\boldsymbol{\beta}_2=\boldsymbol{\alpha}_2+\boldsymbol{\alpha}_3,\boldsymbol{\beta}_3=\boldsymbol{\alpha}_3+\boldsymbol{\alpha}_1$，判断向量组 $\boldsymbol{\beta}_1,\boldsymbol{\beta}_2,\boldsymbol{\beta}_3$ 是否线性无关？

解：设有数 k_1,k_2,k_3，使

$$k_1\boldsymbol{\beta}_1+k_2\boldsymbol{\beta}_2+k_3\boldsymbol{\beta}_3=0$$

$$k_1(\boldsymbol{\alpha}_1+\boldsymbol{\alpha}_2)+k_2(\boldsymbol{\alpha}_2+\boldsymbol{\alpha}_3)+k_3(\boldsymbol{\alpha}_3+\boldsymbol{\alpha}_1)=0$$

即　$(k_1+k_3)\boldsymbol{\alpha}_1+(k_1+k_2)\boldsymbol{\alpha}_2+(k_2+k_3)\boldsymbol{\alpha}_3=0$

因为 $\boldsymbol{\alpha}_1,\boldsymbol{\alpha}_2,\boldsymbol{\alpha}_3$ 线性无关，所以有

$$\begin{cases}k_1+k_3=0\\k_1+k_2=0\\k_2+k_3=0\end{cases}$$

由于此方程组的系数行列式 $\begin{vmatrix}1&0&1\\1&1&0\\0&1&1\end{vmatrix}=2\neq 0$

故方程组只有零解 $k_1=k_2=k_3=0$，因而 $\boldsymbol{\beta}_1,\boldsymbol{\beta}_2,\boldsymbol{\beta}_3$ 线性无关。

【例 2】 判断向量组 $\boldsymbol{\alpha}_1=(1,0,-1,2)$，$\boldsymbol{\alpha}_2=(-1,-1,2,-4)$，$\boldsymbol{\alpha}_3=(2,3,-5,10)$ 是否线性相关？

解：设有 x_1,x_2,x_3，使 $x_1\boldsymbol{\alpha}_1+x_2\boldsymbol{\alpha}_2+x_3\boldsymbol{\alpha}_3=0$

$$\boldsymbol{A}=\begin{pmatrix}1&-1&2\\0&-1&3\\-1&2&-5\\2&-4&10\end{pmatrix}\to\begin{pmatrix}1&-1&2\\0&-1&3\\0&1&-3\\0&-2&6\end{pmatrix}\to\begin{pmatrix}1&0&-1\\0&1&-3\\0&0&0\\0&0&0\end{pmatrix}$$

因为 $R(\boldsymbol{A})=2<3$，所以齐次线性方程组有非零解，即向量组 $\boldsymbol{\alpha}_1,\boldsymbol{\alpha}_2,\boldsymbol{\alpha}_3$ 线性相关，且 $\boldsymbol{\alpha}_1+3\boldsymbol{\alpha}_2+\boldsymbol{\alpha}_3=0$。

【例 3】 判断向量组 $\boldsymbol{\alpha}_1=(1,1,2)$，$\boldsymbol{\alpha}_2=(1,2,3)$，$\boldsymbol{\alpha}_3=(1,3,6)$ 是否线性相关？

解：设有 x_1,x_2,x_3，使 $x_1\boldsymbol{\alpha}_1+x_2\boldsymbol{\alpha}_2+x_3\boldsymbol{\alpha}_3=0$ 即：

$$\begin{pmatrix}1&1&1\\1&2&3\\2&3&6\end{pmatrix}\begin{pmatrix}x_1\\x_2\\x_3\end{pmatrix}=\begin{pmatrix}0\\0\\0\end{pmatrix}$$

因为上述齐次线性方程组的方程个数与未知量个数相等，且其系数行列式为

$$\begin{vmatrix}1&1&1\\1&2&3\\2&3&6\end{vmatrix}=\begin{vmatrix}1&1&1\\0&1&2\\0&1&4\end{vmatrix}=2\neq0$$

所以方程组只有零解，从而向量组 $\boldsymbol{\alpha}_1,\boldsymbol{\alpha}_2,\boldsymbol{\alpha}_3$ 线性无关。

【例 4】 设向量组 $\boldsymbol{\alpha}_1=(1,1,1,3)^{\mathrm{T}}$，$\boldsymbol{\alpha}_2=(-1,-3,5,1)^{\mathrm{T}}$，$\boldsymbol{\alpha}_3=(3,2,-1,t+2)^{\mathrm{T}}$，$\boldsymbol{\alpha}_4=(-2,-6,10,t)^{\mathrm{T}}$。

(1) t 为何值时，该向量组线性无关？并在此时将向量 $\boldsymbol{\alpha}=(4,1,6,10)^{\mathrm{T}}$ 用 $\boldsymbol{\alpha}_1,\boldsymbol{\alpha}_2,\boldsymbol{\alpha}_3,\boldsymbol{\alpha}_4$ 线性表出；

(2) t 为何值时，该向量组线性相关？并在此时求出它的秩和一个极大线性无关组。

$$\text{解：}(\boldsymbol{\alpha}_1,\boldsymbol{\alpha}_2,\boldsymbol{\alpha}_3,\boldsymbol{\alpha}_4,\boldsymbol{\alpha})=\begin{pmatrix}1&-1&3&-2&4\\1&-3&2&-6&1\\1&5&-1&10&6\\3&1&t+2&t&10\end{pmatrix}\longrightarrow\begin{pmatrix}1&0&0&0&2\\0&1&0&2&1\\0&0&1&0&1\\0&0&0&t-2&1-t\end{pmatrix}$$

(1) $t\neq2$ 时，秩$(\boldsymbol{\alpha}_1,\boldsymbol{\alpha}_2,\boldsymbol{\alpha}_3,\boldsymbol{\alpha}_4)=4$，因此 $\boldsymbol{\alpha}_1,\boldsymbol{\alpha}_2,\boldsymbol{\alpha}_3,\boldsymbol{\alpha}_4$ 线性无关，且

$\boldsymbol{\alpha}=2\boldsymbol{\alpha}_1+\dfrac{3t-4}{t-2}\boldsymbol{\alpha}_2+\boldsymbol{\alpha}_3+\dfrac{1-t}{t-2}\boldsymbol{\alpha}_4$；

（2）$t=2$ 时，$R(\boldsymbol{\alpha}_1,\boldsymbol{\alpha}_2,\boldsymbol{\alpha}_3,\boldsymbol{\alpha}_4)=3$，因此 $\boldsymbol{\alpha}_1,\boldsymbol{\alpha}_2,\boldsymbol{\alpha}_3,\boldsymbol{\alpha}_4$ 线性相关，且 $\boldsymbol{\alpha}_1,\boldsymbol{\alpha}_2,\boldsymbol{\alpha}_3$ 是该向量组的一个极大无关组。

【例 5】　设向量组 $\boldsymbol{\alpha}_1,\boldsymbol{\alpha}_2,\cdots,\boldsymbol{\alpha}_s$ 线性无关，向量 $\boldsymbol{\beta}_1$ 可由向量组 $\boldsymbol{\alpha}_1,\boldsymbol{\alpha}_2,\cdots,\boldsymbol{\alpha}_s$ 线性表示，而向量 $\boldsymbol{\beta}_2$ 不能用向量组 $\boldsymbol{\alpha}_1,\boldsymbol{\alpha}_2,\cdots,\boldsymbol{\alpha}_s$ 线性表示，证明向量组 $\boldsymbol{\alpha}_1,\boldsymbol{\alpha}_2,\cdots,\boldsymbol{\alpha}_s,\boldsymbol{\beta}_1+\boldsymbol{\beta}_2$ 线性无关。

解：由已知可设 $\boldsymbol{\beta}_1=K_1\boldsymbol{\alpha}_1+K_2\boldsymbol{\alpha}_2+\cdots+K_s\boldsymbol{\alpha}_s$　　(1)

假若存在不全为零的数 $C_1,C_2,\cdots,C_s,C$，使得

$C_1\boldsymbol{\alpha}_1+C_2\boldsymbol{\alpha}_2+\cdots+C_s\boldsymbol{\alpha}_s+C(\boldsymbol{\beta}_1+\boldsymbol{\beta}_2)=0$　　(2)

把式(1) 代入(2) 式并整理得：

$(C_1+CK_1)\boldsymbol{\alpha}_1+(C_2+CK_2)\boldsymbol{\alpha}_2+\cdots+(C_s+CK_s)\boldsymbol{\alpha}_s+C\boldsymbol{\beta}_2=0$　　(3)

又因向量 $\boldsymbol{\beta}_2$ 不能用向量组 $\boldsymbol{\alpha}_1,\boldsymbol{\alpha}_2,\cdots,\boldsymbol{\alpha}_s$ 线性表示，可得 $C=0$，

则式(3) 成为：$C_1\boldsymbol{\alpha}_1+C_2\boldsymbol{\alpha}_2+\cdots+C_s\boldsymbol{\alpha}_s=0$

而向量组 $\boldsymbol{\alpha}_1,\boldsymbol{\alpha}_2,\cdots,\boldsymbol{\alpha}_s$ 线性无关，又得 $C_1=C_2=\cdots=C_s=0$，

所以向量组 $\boldsymbol{\alpha}_1,\boldsymbol{\alpha}_2,\cdots,\boldsymbol{\alpha}_s,\boldsymbol{\beta}_1+\boldsymbol{\beta}_2$ 线性无关。

【例 6】　已知向量组 $\boldsymbol{\alpha}_1,\boldsymbol{\alpha}_2,\boldsymbol{\alpha}_3$ 线性无关，且 $\boldsymbol{\beta}_1=\boldsymbol{\alpha}_1+\boldsymbol{\alpha}_2,\boldsymbol{\beta}_2=-\boldsymbol{\alpha}_1+3\boldsymbol{\alpha}_2,\boldsymbol{\beta}_3=2\boldsymbol{\alpha}_1-\boldsymbol{\alpha}_3$，证明 $\boldsymbol{\beta}_1,\boldsymbol{\beta}_2,\boldsymbol{\beta}_3$ 线性无关。

解：设有 k_1,k_2,k_3 使得 $k_1\boldsymbol{\beta}_1+k_2\boldsymbol{\beta}_2+k_3\boldsymbol{\beta}_3=0$

即　$k_1(\boldsymbol{\alpha}_1+\boldsymbol{\alpha}_2)+k_2(-\boldsymbol{\alpha}_1+3\boldsymbol{\alpha}_3)+k_3(2\boldsymbol{\alpha}_1-\boldsymbol{\alpha}_3)=0$

整理后得　$(k_1-k_2+2k_3)\boldsymbol{\alpha}_1+k_1\boldsymbol{\alpha}_2+(3k_2-k_3)\boldsymbol{\alpha}_3=0$

因为向量组 $\boldsymbol{\alpha}_1,\boldsymbol{\alpha}_2,\boldsymbol{\alpha}_3$ 线性无关，所以有：$\begin{cases}k_1-k_2+2k_3=0\\k_1=0\\3k_2-k_3=0\end{cases}$

易见方程只有零解，因此 $\boldsymbol{\beta}_1,\boldsymbol{\beta}_2,\boldsymbol{\beta}_3$ 线性无关。

7.4　线性方程组解的结构

7.4.1　齐次线性方程组解的结构

设齐次线性方程组

$$\begin{cases}a_{11}x_1+a_{12}x_2+\cdots+a_{1n}x_n=0\\a_{21}x_1+a_{22}x_2+\cdots+a_{2n}x_n=0\\\cdots\quad\cdots\quad\cdots\\a_{m1}x_1+a_{m2}x_2+\cdots+a_{mn}x_n=0\end{cases}$$

或者写成矩阵形式为　$\boldsymbol{AX}=\boldsymbol{O}$

其中 $A=\begin{pmatrix} a_{11} & a_{12} & \cdots & a_{1n} \\ a_{21} & a_{22} & \cdots & a_{2n} \\ \vdots & & & \vdots \\ a_{m1} & a_{m2} & \cdots & a_{mn} \end{pmatrix}$，$X=\begin{pmatrix} x_1 \\ x_2 \\ \vdots \\ x_n \end{pmatrix}$。

定理 7.12 （1）如果 $X=\xi_1$，$X=\xi_2$ 是方程组 $AX=O$ 的解，那么 $X=\xi_1+\xi_2$ 也是方程组 $AX=O$ 的解；

（2）如果 $X=\xi_1$ 是方程组 $AX=O$ 的解，k 为实数，那么 $X=k\xi_1$ 也是方程组 $AX=O$ 的解。即：

如果 $\xi_1,\xi_2,\cdots,\xi_m$ 都是方程组 $AX=O$ 的解，$k_1,k_2,\cdots,k_m$ 是常数，那么 ξ_1，$\xi_2,\cdots,\xi_m$ 的线性组合

$$k_1\xi_1+k_2\xi_2+\cdots+k_m\xi_m$$

也是方程组 $AX=O$ 的解。

定义 7.9 齐次线性方程组 $AX=O$ 的全部解向量的极大无关组，称为该方程组 $AX=O$ 的基础解系。

定理 7.13 设齐次线性方程组 $AX=O$ 的系数矩阵 A 的秩为 r，则

（1）当 $r=n$ 时，方程组 $AX=O$ 只有零解，即没有基础解系；

（2）当 $r<n$ 时，方程组 $AX=O$ 有无穷多解，即有无穷多个基础解系，每个基础解系包含 $n-r$ 个解向量。

定理 7.14 设方程组 $AX=O$ 的 $R(A)=r<n$，如果 $\xi_1,\xi_2,\cdots,\xi_{n-r}$ 是方程组 $AX=O$ 的一个基础解系，那么

$$X=k_1\xi_1+k_2\xi_2+\cdots+k_{n-r}\xi_{n-r}$$

为方程组 $AX=O$ 的通解（即全部解），其中 $k_1,k_2,\cdots,k_{n-r}$ 为任意常数。

7.4.2 非齐次线性方程组的解的结构

非齐次线性方程组 $AX=b$ 的解与其导出组 $AX=O$ 的解之间有如下关系：

性质 1 非齐次线性方程组 $AX=b$ 的任意两个解的差 $X=\xi_1-\xi_2$ 是它的导出组 $AX=O$ 的一个解。

性质 2 非齐次线性方程组 $AX=b$ 的一个解 $X=\eta$ 与它的导出组 $AX=O$ 的一个解 $X=\xi$ 的和 $\xi+\eta$ 是非齐次线性方程组 $AX=b$ 的一个解。

$$y^{(n-1)}=\int f(x)\mathrm{d}x+C_1$$

再依次连续积分 $n-1$ 次即可得方程含有 n 个任意常数的通解。

定理 7.15 设方程组 $AX=b$ 的 $R(A)=R(\overline{A})=r<n$，如果 η 是方程组 $AX=b$ 的一个特定解，简称特解，$\xi_1,\xi_2,\cdots,\xi_{n-r}$ 是方程组 $AX=b$ 导出组 $AX=O$ 的一个基础解系，那么

$$X = \eta + C_1\xi_1 + C_2\xi_2 + \cdots + C_{n-r}\xi_{n-r}$$

为方程组 $AX=b$ 的通解，其中 $C_1, C_2, \cdots, C_{n-r}$ 为任意常数。

7.4.3　典型例题

【例 1】　求方程组

$$\begin{cases} x_1 - x_2 - x_3 + x_4 = 0 \\ x_1 - x_2 + x_3 - 3x_4 = 0 \\ x_1 - x_2 - 2x_3 + 3x_4 = 0 \end{cases}$$

的全部解。

解：对系数矩阵 A 作初等变换化为阶梯形矩阵

$$A = \begin{pmatrix} 1 & -1 & -1 & 1 \\ 1 & -1 & 1 & -3 \\ 1 & -1 & -2 & 3 \end{pmatrix} \to \begin{pmatrix} 1 & -1 & -1 & 1 \\ 0 & 0 & 2 & -4 \\ 0 & 0 & -1 & 2 \end{pmatrix} \to \begin{pmatrix} 1 & -1 & -1 & 1 \\ 0 & 0 & 1 & -2 \\ 0 & 0 & 0 & 0 \end{pmatrix} \to \begin{pmatrix} 1 & -1 & 0 & -1 \\ 0 & 0 & 1 & -2 \\ 0 & 0 & 0 & 0 \end{pmatrix}$$

因为 $R(A)=2<4$，所以方程组有无穷多解，且基础解系中含有 2 个解。

原方程组的同解方程组为 $\begin{cases} x_1 = x_2 + x_4 \\ x_3 = 2x_4 \end{cases}$

取 x_2, x_4 为自由未知量，令　$\begin{pmatrix} x_2 \\ x_4 \end{pmatrix} = \begin{pmatrix} 1 \\ 0 \end{pmatrix}, \begin{pmatrix} 0 \\ 1 \end{pmatrix}$

解出　$\begin{pmatrix} x_1 \\ x_3 \end{pmatrix} = \begin{pmatrix} 1 \\ 0 \end{pmatrix}, \begin{pmatrix} 1 \\ 2 \end{pmatrix}$

则　$\eta_1 = \begin{pmatrix} 1 \\ 1 \\ 0 \\ 0 \end{pmatrix}, \eta_2 = \begin{pmatrix} 1 \\ 0 \\ 2 \\ 1 \end{pmatrix}$

为原方程组的一个基础解系。

方程组的全部解为

$$X = k_1\eta_1 + k_2\eta_2$$

其中 k_1, k_2 为任意数。

【例 2】　求方程组的通解

$$\begin{cases} x_1 - x_2 + x_3 + x_4 = 1 \\ 2x_1 + x_2 + 4x_3 + 5x_4 = 6 \\ x_1 + 2x_2 + 3x_3 + 4x_4 = 5 \end{cases}$$

解：对增广矩阵作初等行变换得

$$(\boldsymbol{A},\boldsymbol{b})=\begin{pmatrix}1&-1&1&1&1\\2&1&4&5&6\\1&2&3&4&5\end{pmatrix}\to\begin{pmatrix}1&-1&1&1&1\\0&3&2&3&4\\0&3&2&3&4\end{pmatrix}$$

$$\to\begin{pmatrix}1&-1&1&1&1\\0&1&\frac{2}{3}&1&\frac{4}{3}\\0&0&0&0&0\end{pmatrix}\to\begin{pmatrix}1&0&\frac{5}{3}&2&\frac{7}{3}\\0&1&\frac{2}{3}&1&\frac{4}{3}\\0&0&0&0&0\end{pmatrix}$$

原方程组化为

$$\begin{cases}x_1=\frac{7}{3}-\frac{5}{3}x_3-2x_4\\x_2=\frac{4}{3}-\frac{2}{3}x_3-x_4\end{cases}$$

取自由未知量 $x_3=x_4=0$，得特解为 $\boldsymbol{\eta}_0=\left(\frac{7}{3},\frac{4}{3},0,0\right)^{\mathrm{T}}$，对应原方程的齐次方程组为

$$\begin{cases}x_1=-\frac{5}{3}x_3-2x_4\\x_2=-\frac{2}{3}x_3-x_4\end{cases}$$

令 $\begin{pmatrix}x_3\\x_4\end{pmatrix}=\begin{pmatrix}1\\0\end{pmatrix},\begin{pmatrix}0\\1\end{pmatrix}$ 得基础解系为

$\boldsymbol{\eta}_1=\left(-\frac{5}{3},-\frac{2}{3},1,0\right)^{\mathrm{T}}$，$\boldsymbol{\eta}_2=(-2,-1,0,1)^{\mathrm{T}}$，

故原方程的通解为

$$x=\boldsymbol{\eta}_0+k_1\boldsymbol{\eta}_1+k_2\boldsymbol{\eta}_2=\begin{pmatrix}\frac{7}{3}\\\frac{4}{3}\\0\\0\end{pmatrix}+k_1\begin{pmatrix}-\frac{5}{3}\\-\frac{2}{3}\\1\\0\end{pmatrix}+k_2\begin{pmatrix}-2\\-1\\0\\1\end{pmatrix}$$

其中 k_1,k_2 为任意常数。

【例 3】 设

$$\begin{cases}x_1+x_2+kx_3=4\\-x_1+kx_2+x_3=k^2\\x_1-x_2+2x_3=-4\end{cases}$$

问方程组什么时候有解？什么时候无解？有解时，求出相应的解。

解：方程组的系数行列式

$$|\boldsymbol{A}|=\begin{vmatrix}1 & 1 & k\\ -1 & k & 1\\ 1 & -1 & 2\end{vmatrix}=(1+k)(4-k)$$

当 $|\boldsymbol{A}|=(1+k)(4-k)\neq 0$ 即 $k\neq -1,4$ 时，方程组有唯一解，且唯一解为（按克莱姆法则）

$$x_1=\frac{k^2+2k}{k+1},x_2=\frac{k^2+2k+4}{k+1},x_3=\frac{-2k}{k+1}$$

$k=-1$ 时，方程组为

$$\begin{cases}x_1+x_2-x_3=4\\ -x_1-x_2+x_3=1\\ x_1-x_2+2x_3=-4\end{cases}$$

此时

$$(\boldsymbol{A},\boldsymbol{b})=\begin{pmatrix}1 & 1 & -1 & 4\\ -1 & -1 & 1 & 1\\ 1 & -1 & 2 & -4\end{pmatrix}\rightarrow\begin{pmatrix}1 & 1 & -1 & 4\\ 0 & 2 & -3 & 8\\ 0 & 0 & 0 & 5\end{pmatrix}$$

$R(\boldsymbol{A})=2<R(\boldsymbol{A},\boldsymbol{b})=3$，方程组无解。

$k=4$ 时，方程组为

$$\begin{cases}x_1+x_2+4x_3=4\\ -x_1+4x_2+x_3=16\\ x_1-x_2+2x_3=-4\end{cases}$$

$$(\boldsymbol{A},\boldsymbol{b})=\begin{pmatrix}1 & 1 & 4 & 4\\ -1 & 4 & 1 & 16\\ 1 & -1 & 2 & -4\end{pmatrix}\rightarrow\begin{pmatrix}1 & 1 & 4 & 4\\ 0 & 1 & 1 & 4\\ 0 & 0 & 0 & 0\end{pmatrix}\rightarrow\begin{pmatrix}1 & 0 & 3 & 0\\ 0 & 1 & 1 & 4\\ 0 & 0 & 0 & 0\end{pmatrix}$$

$R(\boldsymbol{A})=R(\boldsymbol{A},\boldsymbol{b})=2<3$，故方程组有无穷多解，其同解方程组为 $\begin{cases}x_1+3x_3=0\\ x_2+x_3=4\end{cases}$，通解为 $x=\begin{pmatrix}x_1\\ x_2\\ x_3\end{pmatrix}=\begin{pmatrix}0\\ 4\\ 0\end{pmatrix}+C\begin{pmatrix}-3\\ -1\\ 1\end{pmatrix}$，其中 C 为任意常数。

或者

$$(\boldsymbol{A},\boldsymbol{b})=\begin{pmatrix}1 & 1 & k & 4\\ -1 & k & 1 & k^2\\ 1 & -1 & 2 & -4\end{pmatrix}\rightarrow\cdots\rightarrow\begin{pmatrix}1 & 1 & k & 4\\ 0 & 2 & k-2 & 8\\ 0 & 0 & \frac{(1+k)(4-k)}{2} & k(k-4)\end{pmatrix}$$

$k \neq -1, 4$ 时，有

$$(\boldsymbol{A}, \boldsymbol{b}) = \begin{pmatrix} 1 & 1 & k & 4 \\ 0 & 1 & \dfrac{k-2}{2} & 4 \\ 0 & 0 & 1 & \dfrac{-2k}{1+k} \end{pmatrix} \to \begin{pmatrix} 1 & 0 & 0 & \dfrac{k^2+2k}{k+1} \\ 0 & 1 & 0 & \dfrac{k^2+2k+4}{k+1} \\ 0 & 0 & 1 & \dfrac{-2k}{k+1} \end{pmatrix},$$

可见方程组有唯一解

$$x_1 = \frac{k^2+2k}{k+1}, x_2 = \frac{k^2+2k+4}{k+1}, x_3 = \frac{-2k}{k+1}$$

$k = -1$ 时，$R(\boldsymbol{A}) = 2 < R(\boldsymbol{A}, \boldsymbol{b}) = 3$，方程组无解

$k = 4$ 时，

$$(\boldsymbol{A}, \boldsymbol{b}) = \begin{pmatrix} 1 & 1 & 4 & 4 \\ 0 & 1 & 1 & 4 \\ 0 & 0 & 0 & 0 \end{pmatrix} \to \begin{pmatrix} 1 & 0 & 3 & 0 \\ 0 & 1 & 1 & 4 \\ 0 & 0 & 0 & 0 \end{pmatrix}$$

$R(\boldsymbol{A}) = R(\boldsymbol{A}, \boldsymbol{b}) = 2 < 3$，故方程组有无穷多解，通解为

$x = \begin{pmatrix} x_1 \\ x_2 \\ x_3 \end{pmatrix} = \begin{pmatrix} 0 \\ 4 \\ 0 \end{pmatrix} + C \begin{pmatrix} -3 \\ -1 \\ 1 \end{pmatrix}$，其中 C 为任意常数。

【例 4】 试问 λ 取何值时方程组

$$\begin{cases} x_1 + x_3 = \lambda \\ 4x_1 + x_2 + 2x_3 = \lambda + 2 \\ 6x_1 + x_2 + 4x_3 = 2\lambda + 3 \end{cases}$$

有解，并求其全部解。

解：对增广矩阵 $\overline{\boldsymbol{A}}$ 施行初等行变换化为阶梯形矩阵

$$\overline{\boldsymbol{A}} = \begin{pmatrix} 1 & 0 & 1 & \lambda \\ 4 & 1 & 2 & \lambda+2 \\ 6 & 1 & 4 & 2\lambda+3 \end{pmatrix} \to \begin{pmatrix} 1 & 0 & 1 & \lambda \\ 0 & 1 & -2 & 2-3\lambda \\ 0 & 1 & -2 & 3 \end{pmatrix} \to \begin{pmatrix} 1 & 0 & 1 & \lambda \\ 0 & 1 & -2 & 2-3\lambda \\ 0 & 0 & 0 & 1-\lambda \end{pmatrix}$$

当 $\lambda = 1$ 时，$R(\overline{\boldsymbol{A}}) = R(\boldsymbol{A}) = 2$，方程组有解。

当 $\lambda = 1$ 时，原方程组为

$$\begin{cases} x_1 + x_3 = 1 \\ 4x_1 + x_2 + 2x_3 = 3 \\ 6x_1 + x_2 + 4x_3 = 5 \end{cases} \quad (*)$$

方程组（*）的一般解为

$\begin{cases} x_1 = 1 - x_3 \\ x_2 = -1 + 2x_3 \end{cases}$，$x_3$ 为自由未知量.令 $x_3 = 0$，解出 $\begin{pmatrix} x_1 \\ x_2 \end{pmatrix} = \begin{pmatrix} 1 \\ -1 \end{pmatrix}$，

$\boldsymbol{\eta} = \begin{pmatrix} 1 \\ -1 \\ 0 \end{pmatrix}$ 为方程组(＊)的一个特解。

对应的齐次线性方程组的一般解为

$$\begin{cases} x_1 = -x_3 \\ x_2 = 2x_3 \end{cases}$$

令 $x_3 = 1$，解出 $\begin{pmatrix} x_1 \\ x_2 \end{pmatrix} = \begin{pmatrix} -1 \\ 2 \end{pmatrix}$，$\boldsymbol{\xi} = \begin{pmatrix} -1 \\ 2 \\ 1 \end{pmatrix}$ 为方程组(＊)对应的齐次线性方程组的一个基础解系。

原方程组的全部解为 $\boldsymbol{X} = \boldsymbol{\eta} + k\boldsymbol{\xi}$，其中 k 为任意常数。

【例 5】　设线性方程组

$$\begin{cases} x_1 + x_2 + x_3 = 0 \\ x_1 + 2x_2 + ax_3 = 0 \\ x_1 + 4x_2 + a^2x_3 = 0 \end{cases}$$

与方程

$$x_1 + 2x_2 + x_3 = a - 1$$

有公共解，求 a 的值及所有公共解。

解：非齐次线性方程组

$$\begin{cases} x_1 + x_2 + x_3 = 0 \\ x_1 + 2x_2 + ax_3 = 0 \\ x_1 + 4x_2 + a^2x_3 = 0 \\ x_1 + 2x_2 + x_3 = a - 1 \end{cases}$$

它的增广矩阵

$$\overline{\boldsymbol{A}} = (\boldsymbol{A}, \boldsymbol{b}) = \begin{bmatrix} 1 & 1 & 1 & 0 \\ 1 & 2 & a & 0 \\ 1 & 4 & a^2 & 0 \\ 1 & 2 & 1 & a-1 \end{bmatrix} \xrightarrow{\text{经过行初等变换}} \begin{bmatrix} 1 & 1 & 1 & 0 \\ 0 & 1 & a-1 & 0 \\ 0 & 0 & (a-1)(a+2) & 0 \\ 0 & 0 & 1-a & a-1 \end{bmatrix} = \overline{\boldsymbol{B}}$$

当 $a \neq 2$ 且 $a \neq 1$ 时，$R(\boldsymbol{A}) = 3$，$R(\overline{\boldsymbol{A}}) = 4$，线性方程组无解；

当 $a = 2$ 且 $a \neq 1$ 时，$R(\boldsymbol{A}) = R(\overline{\boldsymbol{A}}) = 3$，线性方程组有唯一解，此时

$$\overline{\boldsymbol{B}}=\begin{bmatrix}1&1&1&0\\0&1&1&0\\0&0&0&0\\0&0&-1&1\end{bmatrix}\longrightarrow\begin{bmatrix}1&0&0&0\\0&1&0&1\\0&0&1&-1\\0&0&0&0\end{bmatrix}$$

故唯一的公共解为：$x=(0,1,-1)^{\mathrm{T}}$；

当 $a=1$ 时，$R(\boldsymbol{A})=R(\overline{\boldsymbol{A}})=2$，线性方程组有无穷多组解，此时

$$\overline{\boldsymbol{B}}=\begin{bmatrix}1&1&1&0\\0&1&0&0\\0&0&0&0\\0&0&0&0\end{bmatrix}\longrightarrow\begin{bmatrix}1&0&1&0\\0&1&0&0\\0&0&0&0\\0&0&0&0\end{bmatrix}$$

易见 $(-1,0,1)^{\mathrm{T}}$ 是其导出组的基础解系，故所有的公共解为

$$x=c\ (-1,0,1)^{\mathrm{T}}(c\ 为任意常数)$$

习题 7

1. 求解方程组

(1) $\begin{cases}2x_1-x_2+4x_3-3x_4=-4\\x_1+x_3-x_4=-3\\3x_1+x_2+x_3=1\\7x_1+7x_3-3x_4=3\end{cases}$

(2) $\begin{cases}x_1+x_2+x_5=0\\x_1+x_2-x_3=0\\x_3+x_4+x_5=0\end{cases}$

2. 设线性方程 $\begin{cases}x_1+x_2+x_3=0\\x_1+2x_2+ax_3=0\\x_1+4x_2+a^2x_3=0\end{cases}$ 与方程 $x_1+2x_2+x_3=a-1$ 有公共解，求 a 的值及所有公共解。

3. 已知三阶矩阵 $\boldsymbol{B}\neq 0$，且 $\boldsymbol{B}$ 的每一个列向量都是以下方程组的解：$\begin{cases}x_1+2x_1-2x_3=0\\2x_1-x_2+\lambda x_3=0\\3x_1+x_2-x_3=0\end{cases}$

(1) 求 λ 的值；

(2) 证明 $|\boldsymbol{B}|=0$。

4. 已知齐次线性方程组

$$\begin{cases}(a_1+b)x_1+a_2x_2+a_3x_3+\cdots+a_nx_n=0\\a_1x_1+(a_2+b)x_2+a_3x_3+\cdots+a_nx_n=0\\a_1x_1+a_2x_2+(a_3+b)x_3+\cdots+a_nx_n=0\\\qquad\cdots\cdots\\a_1x_1+a_2x_2+a_3x_3+\cdots+(a_n+b)x_n=0\end{cases}$$

其中 $\sum\limits_{i=1}^{n}a_i\neq 0$。试讨论 $a_1,a_2,\cdots,a_n$ 和 b 满足何种关系时，

(1) 方程组仅有零解；

(2) 方程组有非零解，在有非零解时，求此方程组的一个基础解系。

5. 设 $\boldsymbol{A}=\begin{pmatrix}1&-2&3&-4\\0&1&-1&1\\1&2&0&-3\end{pmatrix}$，$\boldsymbol{E}$ 为 3 阶单位矩阵。

（1）求方程组 $\boldsymbol{Ax}=\boldsymbol{O}$ 的一个基础解系；

（2）求满足 $\boldsymbol{AB}=\boldsymbol{E}$ 的所有矩阵 $\boldsymbol{B}$。

6. 设齐次线性方程组

$$\begin{cases} ax_1+bx_2+bx_3+\cdots bx_n=0 \\ bx_1+ax_2+bx_3+\cdots bx_n=0 \\ \qquad\qquad\cdots\cdots \\ bx_1+bx_2+bx_3+\cdots ax_n=0 \end{cases}$$

其中 $a\neq 0,b\neq 0,n\geqslant 2$。试讨论 a,b 为何值时方程组仅有零解、有无穷多组解？

在有无穷多组解时，求出全部解，并用基础解系表示全部解。

7. 设 $\boldsymbol{A}=\begin{pmatrix} 1 & a & 0 & 0 \\ 0 & 1 & a & 0 \\ 0 & 0 & 1 & a \\ a & 0 & 0 & 1 \end{pmatrix},\boldsymbol{b}=\begin{pmatrix} 1 \\ -1 \\ 0 \\ 0 \end{pmatrix}$

（1）求 $|\boldsymbol{A}|$；

（2）已知线性方程组 $\boldsymbol{Ax}=\boldsymbol{b}$ 有无穷多解，求 a，并求 $\boldsymbol{Ax}=\boldsymbol{b}$ 的通解。

8. 方程组 $\begin{cases} x_1+2x_2-2x_3=0 \\ 2x_1-x_2+\lambda x_3=0 \\ 3x_1+x_2-x_3=0 \end{cases}$ 的系数阵为 $\boldsymbol{A}$，三阶矩阵 $\boldsymbol{B}\neq 0$，且 $\boldsymbol{AB}=\boldsymbol{O}$，求 λ 的值。

9. 设 n 阶矩阵 $\boldsymbol{A}$ 的各行元素之和均为零，且 $\boldsymbol{A}$ 的秩为 $n-1$，则求线性方程组 $\boldsymbol{AX}=\boldsymbol{O}$ 的通解。

10. 设 a_1,a_2,a_3 是四元非其次线性方程组 $\boldsymbol{AX}=\boldsymbol{b}$ 的三个解向量，且秩 $R(\boldsymbol{A})=3$，$a_1=(1,2,3,4)^{\mathrm{T}},a_2+a_3=(0,1,2,3)^{\mathrm{T}}$，$c$ 表示任意常数，求线性方程组 $\boldsymbol{AX}=\boldsymbol{b}$ 的通解。

11. 已知线性方程组 $\begin{cases} x_1+x_2+x_3+x_4+x_5=a \\ 3x_1+2x_2+x_3+x_4-3x_5=0 \\ x_2+2x_3+2x_4+6x_5=b \\ 5x_1+4x_2+3x_3+3x_4-x_5=2 \end{cases}$

（1）问 a,b 为何值时，方程组有解？

（2）方程组有解时，求出方程组的导出组的一个基础解系；

（3）方程组有解时，求出方程组的全部解。

12. 设四元线性齐次方程组（Ⅰ）$\begin{cases} x_1+x_2=0 \\ x_2-x_4=0 \end{cases}$，又已知某线性齐次方程组（Ⅱ）的

通解为 $k_1(0\quad 1\quad 1\quad 0)^{\mathrm{T}}+k_2(-1\quad 2\quad 2\quad 1)^{\mathrm{T}}$。

(1) 求线性方程组(Ⅰ)的基础解系。

(2) 问线性方程组(Ⅰ)及(Ⅱ)是否有非零公共解？若有，则求出所有的非零公共解；若无，则说明理由。

13. 已知齐次线性方程组

$$(\mathrm{I})\begin{cases}x_1+2x_2+3x_3=0\\2x_1+3x_2+5x_3=0\\x_1+x_2+ax_3=0\end{cases}\qquad(\mathrm{II})\begin{cases}x_1+bx_2+cx_3=0\\2x_1+b^2x_2+(c+1)x_3=0\end{cases}$$

同解，求 a,b,c,d。

14. 设 n 元线性方程组 $\boldsymbol{AX}=\boldsymbol{b}$，其中

$$\boldsymbol{A}=\begin{pmatrix}2a & 1 & & \\ a^2 & 2a & \ddots & \\ & \ddots & \ddots & 1\\ & & a^2 & 2a\end{pmatrix}_{n\times n},\boldsymbol{X}=\begin{bmatrix}x_1\\x_2\\\vdots\\x_n\end{bmatrix},\boldsymbol{b}=\begin{bmatrix}1\\0\\\vdots\\0\end{bmatrix}$$

(1) 求证行列式 $|\boldsymbol{A}|=(n+1)a^n$；

(2) a 为何值时，该方程组有唯一解，并求 x_1；

(3) a 为何值时，方程组有无穷多解，并求通解。

15. 设 $\boldsymbol{A}=\begin{bmatrix}\lambda & 1 & 1\\0 & \lambda-1 & 0\\1 & 1 & \lambda\end{bmatrix},\boldsymbol{b}=\begin{bmatrix}a\\1\\1\end{bmatrix}$，已知线性方程组 $\boldsymbol{AX}=\boldsymbol{b}$ 存在 2 个不同的解，

(1) 求 λ,a；

(2) 求 $\boldsymbol{AX}=\boldsymbol{b}$ 的通解。

16. 设有 3 维向量 $\boldsymbol{\alpha}_1=\begin{Bmatrix}1+\lambda\\1\\1\end{Bmatrix},\boldsymbol{\alpha}_2=\begin{Bmatrix}1\\1+\lambda\\1\end{Bmatrix},\boldsymbol{\alpha}_3=\begin{Bmatrix}1\\1\\1+\lambda\end{Bmatrix},\boldsymbol{\beta}=\begin{Bmatrix}0\\\lambda\\\lambda^2\end{Bmatrix}$。$\boldsymbol{\beta}$ 是否能由 $\boldsymbol{\alpha}_1,\boldsymbol{\alpha}_2,\boldsymbol{\alpha}_3$ 线性表示且表达式是否唯一？

17. 已知向量组(Ⅰ)$\boldsymbol{\alpha}_1,\boldsymbol{\alpha}_2,\boldsymbol{\alpha}_3$，(Ⅱ)$\boldsymbol{\alpha}_1,\boldsymbol{\alpha}_2,\boldsymbol{\alpha}_3,\boldsymbol{\alpha}_4$，(Ⅲ)$\boldsymbol{\alpha}_1,\boldsymbol{\alpha}_2,\boldsymbol{\alpha}_3,\boldsymbol{\alpha}_5$，如果各向量组的秩分别为 R(Ⅰ)$=R$(Ⅱ)$=3$，R(Ⅲ)$=4$。证明：向量组 $\boldsymbol{\alpha}_1,\boldsymbol{\alpha}_2,\boldsymbol{\alpha}_3,\boldsymbol{\alpha}_5-\boldsymbol{\alpha}_4$ 的秩为 4。

18. 设向量 $\boldsymbol{\beta}$ 可由向量组 $\boldsymbol{\alpha}_1,\boldsymbol{\alpha}_2,\cdots,\boldsymbol{\alpha}_m$ 线性表示，但不能由向量组(Ⅰ)$\boldsymbol{\alpha}_1,\boldsymbol{\alpha}_2,\cdots,\boldsymbol{\alpha}_{m-1}$ 线性表示，记向量组(Ⅱ)：$\boldsymbol{\alpha}_1,\boldsymbol{\alpha}_2,\cdots,\boldsymbol{\alpha}_{m-1},\boldsymbol{\beta}$，证明：$\boldsymbol{\alpha}_m$ 不能由(Ⅰ)线性表示，但可由(Ⅱ)线性表示。

19. 设 $\boldsymbol{A}$ 是 $n\times m$ 矩阵，其中 $n<m$，$\boldsymbol{I}$ 是 n 阶单位矩阵，若 $\boldsymbol{AB}=\boldsymbol{I}$，证明 $\boldsymbol{B}$ 的列向量组线性无关。

20. 设 $\boldsymbol{\alpha}_1=(1,1,1)$，$\boldsymbol{\alpha}_2=(1,2,3)$，$\boldsymbol{\alpha}_3=(1,3,t)$，

(1) 问当 t 为何值时，向量组 $\boldsymbol{\alpha}_1,\boldsymbol{\alpha}_2,\boldsymbol{\alpha}_3$ 线性无关？

(2) 问当 t 为何值时，向量组 $\boldsymbol{\alpha}_1,\boldsymbol{\alpha}_2,\boldsymbol{\alpha}_3$ 线性相关？

(3) 当向量组 $\boldsymbol{\alpha}_1,\boldsymbol{\alpha}_2,\boldsymbol{\alpha}_3$ 线性相关时，将 $\boldsymbol{\alpha}_3$ 表示为 $\boldsymbol{\alpha}_2$ 和 $\boldsymbol{\alpha}_1$ 的线性组合？

21. 设向量组 $\boldsymbol{\alpha}_1,\boldsymbol{\alpha}_2,\boldsymbol{\alpha}_3$ 线性相关，向量组 $\boldsymbol{\alpha}_2,\boldsymbol{\alpha}_3,\boldsymbol{\alpha}_4$ 线性无关，问：

(1) $\boldsymbol{\alpha}_1$ 能否由 $\boldsymbol{\alpha}_2,\boldsymbol{\alpha}_3$ 线性表出？证明你的结论。

(2) $\boldsymbol{\alpha}_2$ 能否由 $\boldsymbol{\alpha}_1,\boldsymbol{\alpha}_2,\boldsymbol{\alpha}_3$ 线性表出？证明你的结论。

22. 设向量 $\boldsymbol{\alpha}_1,\boldsymbol{\alpha}_2,\boldsymbol{\alpha}_3$ 线性无关，则判断下列向量组的线性相关性

(1) $\boldsymbol{\alpha}_1+\boldsymbol{\alpha}_2,\boldsymbol{\alpha}_2+\boldsymbol{\alpha}_3,\boldsymbol{\alpha}_3-\boldsymbol{\alpha}_1$

(2) $\boldsymbol{\alpha}_1+\boldsymbol{\alpha}_2,\boldsymbol{\alpha}_2+\boldsymbol{\alpha}_3,\boldsymbol{\alpha}_1+2\boldsymbol{\alpha}_2+\boldsymbol{\alpha}_3$

(3) $\boldsymbol{\alpha}_1+2\boldsymbol{\alpha}_2,2\boldsymbol{\alpha}_2+3\boldsymbol{\alpha}_3,3\boldsymbol{\alpha}_3+\boldsymbol{\alpha}_1$

(4) $\boldsymbol{\alpha}_1+\boldsymbol{\alpha}_2+\boldsymbol{\alpha}_3,2\boldsymbol{\alpha}_1-3\boldsymbol{\alpha}_2+22\boldsymbol{\alpha}_3,3\boldsymbol{\alpha}_1+5\boldsymbol{\alpha}_2+5\boldsymbol{\alpha}_3$

23. 选择题

(1) 设矩阵 $\boldsymbol{A}_{m\times n}$ 的秩 $R(\boldsymbol{A})=m<n$，$\boldsymbol{E}_m$ 为 m 阶单位矩阵，下述结论中正确的是(　　)。

(A) $\boldsymbol{A}$ 的任意 m 个列向量必线性无关

(B) $\boldsymbol{A}$ 的任意 m 阶子式不等于零

(C) 若矩阵 $\boldsymbol{B}$ 满足 $\boldsymbol{BA}=\boldsymbol{O}$，则矩阵 $\boldsymbol{B}=\boldsymbol{O}$

(D) $\boldsymbol{A}$ 通过初等变换，必可以化为 $(\boldsymbol{E}_m,0)$ 的形式

(2) 向量组 $\boldsymbol{\alpha}_1,\boldsymbol{\alpha}_2,\cdots,\boldsymbol{\alpha}_s$ 线性无关的充分条件是(　　)。

(A) $\boldsymbol{\alpha}_1,\boldsymbol{\alpha}_2,\cdots,\boldsymbol{\alpha}_s$ 均不为零向量

(B) $\boldsymbol{\alpha}_1,\boldsymbol{\alpha}_2,\cdots,\boldsymbol{\alpha}_s$ 中任意两个向量的分量不成比例

(C) $\boldsymbol{\alpha}_1,\boldsymbol{\alpha}_2,\cdots,\boldsymbol{\alpha}_s$ 中任意一个向量均不能由其余 $s-1$ 个向量线性表示

(D) $\boldsymbol{\alpha}_1,\boldsymbol{\alpha}_2,\cdots,\boldsymbol{\alpha}_s$ 中有一部分向量线性无关

(3) 设向量组(Ⅰ)：$\boldsymbol{\alpha}_1,\boldsymbol{\alpha}_2,\cdots,\boldsymbol{\alpha}_r$ 可由向量组(Ⅱ)$\boldsymbol{\beta}_1,\boldsymbol{\beta}_2,\cdots,\boldsymbol{\beta}_s$ 线性表示，下列命题正确的是(　　)。

(A) 若向量组 Ⅰ 线性无关，则 $r\leqslant s$

(B) 若向量组 Ⅰ 线性相关，则 $r>s$

(C) 若向量组 Ⅱ 线性无关，则 $r\leqslant s$

(D) 若向量组 Ⅱ 线性相关，则 $r>s$

(4) 设 n 阶矩阵 $\boldsymbol{A}$ 的伴随矩阵 $\boldsymbol{A}^*\neq 0$，若 ξ_1,ξ_2,ξ_3,ξ_4 是非齐次线性方程组 $\boldsymbol{AX}=\boldsymbol{b}$ 的互不相等的解，则对应的齐次线性方程组 $\boldsymbol{AX}=\boldsymbol{O}$ 的基础解系(　　)。

(A) 不存在

(B) 仅含一个非零解向量

(C) 含有两个线性无关的解向量

(D) 含有三个线性无关的解向量

(5) 设 $\boldsymbol{A}$ 为 4 阶实对称矩阵，且 $\boldsymbol{A}^2+\boldsymbol{A}=\boldsymbol{O}$，若 $\boldsymbol{A}$ 的秩为 3，则 $\boldsymbol{A}$ 相似于(　　)。

(A) $\begin{bmatrix}1&&&\\&1&&\\&&1&\\&&&0\end{bmatrix}$　　(B) $\begin{bmatrix}1&&&\\&1&&\\&&-1&\\&&&0\end{bmatrix}$

(C) $\begin{bmatrix}1&&&\\&-1&&\\&&-1&\\&&&0\end{bmatrix}$　　(D) $\begin{bmatrix}-1&&&\\&-1&&\\&&-1&\\&&&0\end{bmatrix}$

第 8 章 特征值与特征向量

8.1 矩阵的特征值与特征向量

8.1.1 矩阵的特征值的概念

定义 8.1 设 $\boldsymbol{A}$ 为 n 阶矩阵，λ 是一个数，如果存在非零 n 维向量 $\boldsymbol{\alpha}$，使得：$\boldsymbol{A\alpha}=\lambda\boldsymbol{\alpha}$，则称 λ 是矩阵 $\boldsymbol{A}$ 的一个**特征值**，非零向量 $\boldsymbol{\alpha}$ 为矩阵 $\boldsymbol{A}$ 的属于（或对应于）特征值 λ 的**特征向量**。

称矩阵 $\lambda\boldsymbol{E}-\boldsymbol{A}$ 为 $\boldsymbol{A}$ 的**特征矩阵**，它的行列式 $|\lambda\boldsymbol{E}-\boldsymbol{A}|$ 称为 $\boldsymbol{A}$ 的**特征多项式**，$|\lambda\boldsymbol{E}-\boldsymbol{A}|=0$ 称为 $\boldsymbol{A}$ 的**特征方程**，其根就是矩阵 $\boldsymbol{A}$ 的特征值。

定理 8.1 设 $\boldsymbol{A}$ 是 n 阶矩阵，则 λ_0 是 $\boldsymbol{A}$ 的特征值，$\boldsymbol{\alpha}$ 是 $\boldsymbol{A}$ 的属于 λ_0 的特征向量的充分必要条件是 λ_0 是特征方程 $|\lambda_0\boldsymbol{E}-\boldsymbol{A}|=0$ 的根，$\boldsymbol{\alpha}$ 是齐次线性方程组 $(\lambda_0\boldsymbol{E}-\boldsymbol{A})\boldsymbol{X}=0$ 的非零解。

由特征值的定义及上述定理，计算矩阵 $\boldsymbol{A}$ 的特征值及特征向量的步骤：

(1) 计算 $|\lambda\boldsymbol{E}-\boldsymbol{A}|$；

(2) 求 $|\lambda\boldsymbol{E}-\boldsymbol{A}|=0$ 的全部根，它们就是 $\boldsymbol{A}$ 的全部特征值；

(3) 对于矩阵 $\boldsymbol{A}$ 的每一个特征值 λ_0，求出齐次线性方程组 $(\lambda_0\boldsymbol{E}-\boldsymbol{A})\boldsymbol{X}=0$ 的一个基础解系：$\eta_1,\eta_2,\cdots,\eta_{n-r}$，其中 r 为矩阵 $\lambda_0\boldsymbol{E}-\boldsymbol{A}$ 的秩，则矩阵 $\boldsymbol{A}$ 的属于 λ_0 的全部特征向量为

$$k_1\eta_1+k_2\eta_2+\cdots+k_{n-r}\eta_{n-r}$$

其中 $k_1,k_2,\cdots,k_{n-r}$ 为不全为零的常数。

8.1.2 特征值、特征向量的性质

性质 1 如果 $\boldsymbol{\alpha}$ 是 $\boldsymbol{A}$ 的属于特征值 λ_0 的特征向量，则 $\boldsymbol{\alpha}$ 一定是非零向量，且对于任意非零常数 k，$k\boldsymbol{\alpha}$ 也是 $\boldsymbol{A}$ 的属于特征值 λ_0 的特征向量。

性质 2 如果 $\boldsymbol{\alpha}_1,\boldsymbol{\alpha}_2$ 是 $\boldsymbol{A}$ 的属于特征值 λ_0 的特征向量，则当 $k_1\boldsymbol{\alpha}_1+k_2\boldsymbol{\alpha}_2\neq 0$ 时，$k_1\boldsymbol{\alpha}_1+k_2\boldsymbol{\alpha}_2$ 也是 $\boldsymbol{A}$ 的属于特征值 λ_0 的特征向量。

性质 3 n 阶矩阵 $\boldsymbol{A}$ 与它的转置矩阵 $\boldsymbol{A}^{\mathrm{T}}$ 有相同的特征值。

注：本矩阵 $\boldsymbol{A}$ 与 $\boldsymbol{A}^{\mathrm{T}}$ 同一特征值的特征向量不一定相同，且 $\boldsymbol{A}$ 与 $\boldsymbol{A}^{\mathrm{T}}$ 的特征矩阵不一定相同。

性质4 设 $\boldsymbol{A}=(a_{ij})_{n\times n}$,则

(1) $\lambda_1+\lambda_2+\cdots+\lambda_n=a_{11}+a_{22}+\cdots a_{nn}$;

(2) $\lambda_1\lambda_2\cdots\lambda_n=|\boldsymbol{A}|$。

定义8.2 设 $\boldsymbol{A}=(a_{ij})_{n\times n}$,把矩阵 $\boldsymbol{A}$ 的主对角线元素之和称为矩阵 $\boldsymbol{A}$ 的迹,记作 $\mathrm{tr}(\boldsymbol{A})$,即:$\mathrm{tr}(\boldsymbol{A})=a_{11}+a_{22}+\cdots a_{nn}$。由上述性质,得 $\mathrm{tr}(\boldsymbol{A})=\lambda_1+\lambda_2+\cdots+\lambda_n$。

性质5 设 λ 是矩阵 $\boldsymbol{A}$ 的特征值,且 $\boldsymbol{\alpha}$ 是矩阵 $\boldsymbol{A}$ 属于特征值 λ 的特征向量,则

(1) $k\lambda$ 是 $k\boldsymbol{A}$ 的特征值,并有 $(k\boldsymbol{A})\boldsymbol{\alpha}=(k\lambda)\boldsymbol{\alpha}$;

(2) λ^k 是 $\boldsymbol{A}^k$ 的特征值,$\boldsymbol{A}^k\boldsymbol{\alpha}=\lambda^k\boldsymbol{\alpha}$;

(3) 若矩阵 $\boldsymbol{A}$ 可逆,则 $\lambda\neq 0$,且 $\frac{1}{\lambda}$ 是 $\boldsymbol{A}^{-1}$ 的特征值,$\boldsymbol{A}^{-1}\boldsymbol{\alpha}=\frac{1}{\lambda}\boldsymbol{\alpha}$。

8.1.3 典型例题

【例1】 求 $\boldsymbol{A}=\begin{pmatrix}1&2&2\\2&1&-2\\-2&-2&1\end{pmatrix}$ 的特征值及对应的特征向量。

解:特征多项式为

$$|\lambda\boldsymbol{E}-\boldsymbol{A}|=\begin{vmatrix}\lambda-1&-2&-2\\-2&\lambda-1&2\\2&2&\lambda-1\end{vmatrix}=\begin{vmatrix}\lambda-1&-2&-2\\0&\lambda+1&\lambda+1\\2&2&\lambda-1\end{vmatrix}$$

$$=(\lambda+1)\begin{vmatrix}\lambda-1&-2&-2\\0&1&1\\2&2&\lambda-1\end{vmatrix}=(\lambda+1)\begin{vmatrix}\lambda-1&-2&0\\0&1&0\\2&2&\lambda-3\end{vmatrix}$$

$$=(\lambda+1)(\lambda-1)(\lambda-3)$$

令 $|\lambda\boldsymbol{E}-\boldsymbol{A}|=0$ 解得特征值:$\lambda_1=-1,\lambda_2=1,\lambda_3=3$。

当 $\lambda_1=-1$ 时,$\lambda_1\boldsymbol{E}-\boldsymbol{A}=\begin{pmatrix}-2&-2&-2\\-2&-2&2\\2&2&-2\end{pmatrix}\to\begin{pmatrix}1&1&0\\0&0&1\\0&0&0\end{pmatrix}$

$R(\lambda_1\boldsymbol{E}-\boldsymbol{A})=2$,取 x_2 为自由未知量,对应的方程组为 $\begin{cases}x_1+x_2=0\\x_3=0\end{cases}$,

解得一个基础解系为 $\boldsymbol{\alpha}_1=\begin{pmatrix}-1\\1\\0\end{pmatrix}$,

所以 $\boldsymbol{A}$ 的属于特征值 -1 的全部特征向量为 $k_1\boldsymbol{\alpha}_1$,其中 k_1 是不为零的常数。

当$\lambda_2=1$时，$\lambda_2\boldsymbol{E}-\boldsymbol{A}=\begin{pmatrix}0&-2&-2\\-2&0&2\\2&2&0\end{pmatrix}\to\begin{pmatrix}1&1&0\\0&1&1\\0&0&0\end{pmatrix}$

$R(\lambda_2\boldsymbol{E}-\boldsymbol{A})=2$，取$x_3$为自由未知量，对应的方程组为$\begin{cases}x_1+x_2=0\\x_2+x_3=0\end{cases}$，

解得一个基础解系为$\boldsymbol{\alpha}_2=\begin{pmatrix}1\\-1\\1\end{pmatrix}$，

所以$\boldsymbol{A}$的属于特征值1的全部特征向量为$k_2\boldsymbol{\alpha}_2$，其中k_2是不为零的常数。

当$\lambda_3=3$时，$\lambda_3\boldsymbol{E}-\boldsymbol{A}=\begin{pmatrix}2&-2&-2\\-2&2&2\\2&2&2\end{pmatrix}\to\begin{pmatrix}1&1&1\\0&1&1\\0&0&0\end{pmatrix}$

$R(\lambda_3\boldsymbol{E}-\boldsymbol{A})=2$，取$x_3$为自由未知量，对应的方程组为$\begin{cases}x_1+x_2+x_3=0\\x_2+x_3=0\end{cases}$，

解得一个基础解系为$\boldsymbol{\alpha}_3=\begin{pmatrix}0\\-1\\1\end{pmatrix}$，

所以$\boldsymbol{A}$的属于特征值1的全部特征向量为$k_3\boldsymbol{\alpha}_3$，其中k_3是不为零的常数。

【例2】 假设n阶方阵$\boldsymbol{A}$满足：$\boldsymbol{A}^2-3\boldsymbol{A}+2\boldsymbol{E}=0$，证明$\boldsymbol{A}$的特征值只能是1或者2。

解：设λ是$\boldsymbol{A}$的特征值，$\boldsymbol{\alpha}$是对应的特征向量，则$(\boldsymbol{A}^2-3\boldsymbol{A}+2\boldsymbol{E})\boldsymbol{\alpha}=0$，从而有

$$(\lambda^2-3\lambda+2)\boldsymbol{\alpha}=0$$

又$\boldsymbol{\alpha}\neq 0$，故

$$\lambda^2-3\lambda+2=0$$

即$\lambda=1$或者$\lambda=2$。

【例3】 设矩阵$\boldsymbol{A}=\begin{pmatrix}2&1&1\\1&2&1\\1&1&a\end{pmatrix}$可逆，向量$\boldsymbol{\alpha}=\begin{pmatrix}1\\b\\1\end{pmatrix}$是矩阵$\boldsymbol{A}^*$的一个特征向量，$\lambda$是$\boldsymbol{\alpha}$所对应的特征值，试求$a$，$b$和$\lambda$。

解：因为$\boldsymbol{A}^*=|\boldsymbol{A}|\boldsymbol{A}^{-1}$，$\boldsymbol{A}^*\boldsymbol{\alpha}=\lambda\boldsymbol{\alpha}$，故

$$|\boldsymbol{A}|\boldsymbol{A}^{-1}\boldsymbol{\alpha}=\lambda\boldsymbol{\alpha},\ \boldsymbol{A}\boldsymbol{\alpha}=\frac{|\boldsymbol{A}|}{\lambda}\boldsymbol{\alpha}$$

即

$$\begin{pmatrix} 2 & 1 & 1 \\ 1 & 2 & 1 \\ 1 & 1 & a \end{pmatrix}\begin{pmatrix} 1 \\ b \\ 1 \end{pmatrix}=\frac{|\boldsymbol{A}|}{\lambda}\begin{pmatrix} 1 \\ b \\ 1 \end{pmatrix}$$

由矩阵的相等，得

$$\begin{cases} 3+b=\dfrac{1}{\lambda}|\boldsymbol{A}| \\ 2+2b=\dfrac{1}{\lambda}|\boldsymbol{A}|b \\ a+b+1=\dfrac{1}{\lambda}|\boldsymbol{A}| \end{cases},\quad \begin{cases} a=2 \\ |\boldsymbol{A}|=4 \\ \dfrac{2+2b}{3+b}=b \end{cases}$$

从而，有$\begin{cases} a=2 \\ b=1 \\ \lambda=1 \end{cases}$或者$\begin{cases} a=2 \\ b=-2 \\ \lambda=4 \end{cases}$

【例 4】　设三阶矩阵 $\boldsymbol{A}$ 的特征值是 $\lambda_1=-1,\lambda_2=1,\lambda_3=5$，对应的特征向量是

$$\boldsymbol{\xi}_1=\begin{pmatrix} 1 \\ -1 \\ 0 \end{pmatrix},\boldsymbol{\xi}_2=\begin{pmatrix} 1 \\ -1 \\ 1 \end{pmatrix},\boldsymbol{\xi}_3=\begin{pmatrix} 0 \\ 1 \\ -1 \end{pmatrix}$$

求矩阵 $\boldsymbol{A}$。

解：由已知条件得：$\boldsymbol{A\xi}_1=-1\boldsymbol{\xi}_1,\boldsymbol{A\xi}_2=\boldsymbol{\xi}_2,\boldsymbol{A\xi}_3=3\boldsymbol{\xi}_3$

将上面三个式子合起来，即：

$$\boldsymbol{A}(\boldsymbol{\xi}_1\quad\boldsymbol{\xi}_2\quad\boldsymbol{\xi}_3)=(-\boldsymbol{\xi}_1\quad\boldsymbol{\xi}_2\quad 3\boldsymbol{\xi}_3)=(\boldsymbol{\xi}_1\quad\boldsymbol{\xi}_2\quad\boldsymbol{\xi}_3)\begin{pmatrix} -1 & & \\ & 1 & \\ & & 3 \end{pmatrix}$$

所以：$\boldsymbol{A}=\begin{pmatrix} 1 & 1 & 0 \\ -1 & -1 & 1 \\ 0 & 1 & -1 \end{pmatrix}\begin{pmatrix} -1 & 0 & 0 \\ 0 & 1 & 0 \\ 0 & 0 & 3 \end{pmatrix}\begin{pmatrix} 1 & 1 & 0 \\ -1 & -1 & 1 \\ 0 & 1 & -1 \end{pmatrix}^{-1}$

【例 5】　已知三阶方阵 $\boldsymbol{A}$ 的三个特征值是 1，−2，3，求

(1) $|\boldsymbol{A}|$，(2) $\boldsymbol{A}^{-1}$ 的特征值，(3) $\boldsymbol{A}^{\mathrm{T}}$ 的特征值，(4) $\boldsymbol{A}^*$ 的特征值。

解：(1) $|\boldsymbol{A}|=1\times(-2)\times 3=-6$；

(2) $\boldsymbol{A}^{-1}$ 的特征值：$1,-\dfrac{1}{2},\dfrac{1}{3}$；

(3) $\boldsymbol{A}^{\mathrm{T}}$ 的特征值：1，2，3；

(4) $\boldsymbol{A}^*=|\boldsymbol{A}|\boldsymbol{A}^{-1}=-6\boldsymbol{A}^{-1}$，则 $\boldsymbol{A}^*$ 的特征值为：$-6\times 1,-6\times\left(-\dfrac{1}{2}\right),-6\times$

$\frac{1}{3}$

即为：$-6, 3, -2$。

8.2 相似矩阵

8.2.1 相似矩阵的概念

定义 8.3 设 $\boldsymbol{A}$、$\boldsymbol{B}$ 为 n 阶矩阵，如果存在 n 阶可逆矩阵 $\boldsymbol{P}$，使得 $\boldsymbol{P}^{-1}\boldsymbol{A}\boldsymbol{P}=\boldsymbol{B}$ 成立，则称矩阵 $\boldsymbol{A}$ 与 $\boldsymbol{B}$ 相似，记作 $\boldsymbol{A} \sim \boldsymbol{B}$。

相似矩阵具有下述性质：

性质 1（反身性）对任意 n 阶方阵 $\boldsymbol{A}$，都有 $\boldsymbol{A} \sim \boldsymbol{A}$。

性质 2（对称性）若 $\boldsymbol{A} \sim \boldsymbol{B}$，则 $\boldsymbol{B} \sim \boldsymbol{A}$。

性质 3（传递性）若 $\boldsymbol{A} \sim \boldsymbol{B}$，$\boldsymbol{B} \sim \boldsymbol{C}$，则 $\boldsymbol{A} \sim \boldsymbol{C}$。

性质 4 若 n 阶矩阵 $\boldsymbol{A}$、$\boldsymbol{B}$ 相似，则它们具有相同的特征值。

性质 5 若 n 阶矩阵 $\boldsymbol{A}$、$\boldsymbol{B}$ 相似，则它们具有相同的行列式。

性质 6 若 n 阶矩阵 $\boldsymbol{A}$、$\boldsymbol{B}$ 相似，则它们具有相同的迹。

性质 7 若 n 阶矩阵 $\boldsymbol{A}$、$\boldsymbol{B}$ 相似，则它们具有相同的秩。

性质 8 若 n 阶矩阵 $\boldsymbol{A}$、$\boldsymbol{B}$ 相似，即 $\boldsymbol{P}^{-1}\boldsymbol{A}\boldsymbol{P}=\boldsymbol{B}$。则 $\boldsymbol{A}^k \sim \boldsymbol{B}^k$（$k$ 为任意非负整数）且 $\boldsymbol{P}^{-1}\boldsymbol{A}^k\boldsymbol{P}=\boldsymbol{B}^k$。

8.2.2 方阵的相似对角化

定义 8.4 若方阵 $\boldsymbol{A}$ 可以和某个对角矩阵相似，则称矩阵 $\boldsymbol{A}$ 可相似对角化。

定理 8.2 设 $\lambda_1, \lambda_2, \cdots, \lambda_m$ 为 n 阶矩阵 $\boldsymbol{A}$ 的不同特征值，$\boldsymbol{\alpha}_1, \boldsymbol{\alpha}_2, \cdots, \boldsymbol{\alpha}_m$ 分别是属于特征值 $\lambda_1, \lambda_2, \cdots, \lambda_m$ 的特征向量，则特征向量 $\boldsymbol{\alpha}_1, \boldsymbol{\alpha}_2, \cdots, \boldsymbol{\alpha}_m$ 线性无关。

定理 8.3 n 阶矩阵 $\boldsymbol{A}$ 相似于对角阵的充分必要条件是 $\boldsymbol{A}$ 有 n 个线性无关的特征向量。

注：若 n 阶矩阵 $\boldsymbol{A}$ 有 n 个互异的特征值 $\lambda_1, \lambda_2, \cdots, \lambda_n$，则矩阵 $\boldsymbol{A}$ 一定可对角化。

定理 8.4 n 阶矩阵 $\boldsymbol{A}$ 可对角化的充要条件是对应于 $\boldsymbol{A}$ 的每个特征值的线性无关的特征向量的个数恰好等于该特征值的重数。即，设 λ_i 是矩阵 $\boldsymbol{A}$ 的 n_i 重特征值，则若矩阵可对角化，则可按下列步骤来实现：

（1）求出矩阵 $\boldsymbol{A}$ 的全部特征值 $\lambda_1, \lambda_2, \cdots, \lambda_s$；

（2）对每一个特征值 λ_i，设其重数为 n_i，则对应齐次方程组

$$(\lambda_i \boldsymbol{E}-\boldsymbol{A})\boldsymbol{X}=\boldsymbol{O}$$

的基础解系由 n_i 个向量 $\xi_{i1},\xi_{i2}\cdots,\xi_{in_i}$ 构成，即 $\xi_{i1},\xi_{i2}\cdots,\xi_{in_i}$ 为 λ_i 对应的线性无关的特征向量；

(3) 上一步所求出的特征向量

$$\xi_{11},\xi_{12},\cdots,\xi_{1n_1},\xi_{21},\xi_{22},\cdots,\xi_{2n_2},\cdots,\xi_{s1},\xi_{s2},\cdots,\xi_{sn_s}$$

恰好为矩阵 $\boldsymbol{A}$ 的 n 个线性无关的特征向量；

(4) 令矩阵 $\boldsymbol{P}=(\xi_{11},\xi_{12},\cdots,\xi_{1n_1},\xi_{21},\xi_{22},\cdots,\xi_{2n_2},\cdots,\xi_{s1},\xi_{s2},\cdots,\xi_{sn_s})$，则

$$\boldsymbol{P}^{-1}\boldsymbol{AP}=\boldsymbol{\Lambda}=\begin{pmatrix}\lambda_1 &&&&&&&& \\ & \ddots &&&&&&& \\ && \lambda_1 &&&&&& \\ &&& \lambda_2 &&&&& \\ &&&& \ddots &&&& \\ &&&&& \lambda_2 &&& \\ &&&&&& \ddots && \\ &&&&&&& \lambda_s & \\ &&&&&&&& \ddots \\ &&&&&&&&& \lambda_s\end{pmatrix}。$$

8.2.3　约当形矩阵的概念

定义 8.5　在 n 阶矩阵 $\boldsymbol{A}$ 中，形如 $\boldsymbol{J}=\begin{pmatrix}\lambda & 1 &&& \\ & \lambda & 1 && \\ && \ddots & \ddots & \\ &&& \lambda & 1 \\ &&&& \lambda\end{pmatrix}$ 的矩阵称为约当块。

若一个分块矩阵的所有子块都是约当块，即 $\boldsymbol{J}=\begin{pmatrix}\boldsymbol{J}_1 &&& \\ & \boldsymbol{J}_2 && \\ && \ddots & \\ &&& \boldsymbol{J}_s\end{pmatrix}$ 中 $\boldsymbol{J}_i(i=1,2,\cdots,s)$ 都是约当块，则称 $\boldsymbol{J}$ 为约当形矩阵，或约当标准形。

显然，对角矩阵 $\boldsymbol{\Lambda}$ 可视为每个约当块都为一阶的约当形矩阵。

定理 8.5　对任意一个 n 阶矩阵 $\boldsymbol{A}$，都存在 n 阶可逆矩阵 $\boldsymbol{T}$，使得：$\boldsymbol{T}^{-1}\boldsymbol{AT}=\boldsymbol{J}$，即任意一个 n 阶矩阵 $\boldsymbol{A}$ 都与 n 阶约当矩阵 $\boldsymbol{J}$ 相似。

8.2.4 典型例题

【例 1】 已知 $A=\begin{pmatrix}1&2&2\\2&1&-2\\-2&-2&1\end{pmatrix}$，问矩阵 A 可否对角化？若可对角化求出可逆阵 P 及对角阵 Λ。

解：$|\lambda E-A|=(\lambda+1)(\lambda-1)(\lambda-3)$

解得：$\lambda_1=-1,\lambda_2=1,\lambda_3=3$，由推论可得矩阵 A 可对角化。

当 $\lambda_1=-1$ 时，$\lambda_1 E-A=\begin{pmatrix}-2&-2&-2\\-2&-2&2\\2&2&-2\end{pmatrix}\to\begin{pmatrix}1&1&0\\0&0&1\\0&0&0\end{pmatrix}$

取 x_2 为自由未知量，对应的方程组为$\begin{cases}x_1+x_2=0\\x_3=0\end{cases}$，解得一个基础解系为：$\boldsymbol{\alpha}_1=(1,-1,0)^{\mathrm{T}}$；

当 $\lambda_2=1$，$\lambda_2 E-A=\begin{pmatrix}0&-2&-2\\-2&0&2\\2&2&0\end{pmatrix}\to\begin{pmatrix}1&1&0\\0&1&1\\0&0&0\end{pmatrix}$

取 x_3 为自由未知量，对应的方程组为$\begin{cases}x_1+x_2=0\\x_2+x_3=0\end{cases}$，解得一个基础解系为：$\boldsymbol{\alpha}_2=(1,-1,1)^{\mathrm{T}}$；

当 $\lambda_3=3$ 时，$\lambda_3 E-A=\begin{pmatrix}2&-2&-2\\-2&2&2\\2&2&2\end{pmatrix}\to\begin{pmatrix}1&1&1\\0&1&1\\0&0&0\end{pmatrix}$

取 x_3 为自由未知量，对应的方程组为$\begin{cases}x_1+x_2+x_3=0\\x_2+x_3=0\end{cases}$，解得一个基础解系为：$\boldsymbol{\alpha}_3=(0,-1,1)^{\mathrm{T}}$；

则

令可逆阵为 $P=(\boldsymbol{\alpha}_1,\boldsymbol{\alpha}_2,\boldsymbol{\alpha}_3)=\begin{pmatrix}-1&1&0\\1&-1&-1\\0&1&1\end{pmatrix}$，对应的对角阵 $\Lambda=\begin{pmatrix}-1&0&0\\0&1&0\\0&0&3\end{pmatrix}$。

【例2】 已知 $\boldsymbol{A}=\begin{pmatrix}0 & -1 & -1\\ -1 & 0 & -1\\ -1 & -1 & 0\end{pmatrix}$,问矩阵 $\boldsymbol{A}$ 可否对角化？若可对角化求出可逆阵 $\boldsymbol{P}$ 及对角阵 $\boldsymbol{\Lambda}$。

解：$|\lambda\boldsymbol{E}-\boldsymbol{A}|=(\lambda+2)(\lambda-1)^2$,令 $|\lambda\boldsymbol{E}-\boldsymbol{A}|=0$ 得：$\lambda_1=\lambda_2=1,\lambda_3=-2$。

当 $\lambda_1=\lambda_2=1$ 时,$\boldsymbol{E}-\boldsymbol{A}=\begin{pmatrix}1 & 1 & 1\\ 1 & 1 & 1\\ 1 & 1 & 1\end{pmatrix}\rightarrow\begin{pmatrix}1 & 1 & 1\\ 0 & 0 & 0\\ 0 & 0 & 0\end{pmatrix}$

取 x_2,x_3 为自由未知量,对应的方程为 $x_1+x_2+x_3=0$,求得一个基础解系为 $\boldsymbol{\alpha}_1=(-1,1,0)^{\mathrm{T}},\boldsymbol{\alpha}_2=(-1,0,1)^{\mathrm{T}}$;

对于 $\lambda_3=-2$ 时,$-2\boldsymbol{E}-\boldsymbol{A}=\begin{pmatrix}-2 & 1 & 1\\ 1 & -2 & 1\\ 1 & 1 & -2\end{pmatrix}\rightarrow\begin{pmatrix}1 & 1 & -2\\ 1 & -2 & 1\\ -2 & 1 & 1\end{pmatrix}$

$$\rightarrow\begin{pmatrix}1 & 1 & -2\\ 0 & -3 & 3\\ 0 & -3 & 3\end{pmatrix}\rightarrow\begin{pmatrix}1 & 1 & -2\\ 0 & 1 & -1\\ 0 & 0 & 0\end{pmatrix}$$

取 x_3 为自由未知量,对应的方程组为 $\begin{cases}x_1+x_2-2x_3=0\\ -x_2+x_3=0\end{cases}$,求得它的一个基础解系为 $\boldsymbol{\alpha}_3=(1,1,1)^{\mathrm{T}}$;

则

存在可逆阵 $\boldsymbol{P}=(\boldsymbol{\alpha}_3,\boldsymbol{\alpha}_1,\boldsymbol{\alpha}_2)=\begin{pmatrix}1 & -1 & -1\\ 1 & 1 & 0\\ 1 & 0 & 1\end{pmatrix}$,相应的对角阵 $\boldsymbol{\Lambda}=\begin{pmatrix}-2 & 0 & 0\\ 0 & 1 & 0\\ 0 & 0 & 1\end{pmatrix}$。

【例3】 已知 $\boldsymbol{A}=\begin{pmatrix}4 & 6 & 0\\ -3 & -5 & 0\\ -3 & -6 & 1\end{pmatrix}$,试计算 $\boldsymbol{A}^{10}$。

解：$|\lambda\boldsymbol{E}-\boldsymbol{A}|=\begin{vmatrix}\lambda-4 & -6 & 0\\ 3 & \lambda+5 & 0\\ 3 & 6 & \lambda-1\end{vmatrix}=(\lambda-1)\begin{vmatrix}\lambda-4 & -6\\ 3 & \lambda+5\end{vmatrix}=(\lambda+2)(\lambda-1)^2$,

令 $|\lambda\boldsymbol{E}-\boldsymbol{A}|=0$ 得：$\lambda_1=\lambda_2=1,\lambda_3=-2$。

当 $\lambda_1=\lambda_2=1$ 时，$\boldsymbol{E}-\boldsymbol{A}=\begin{pmatrix}-3 & -6 & 0\\ 3 & 6 & 0\\ 3 & 6 & 0\end{pmatrix}\to\begin{pmatrix}-3 & -6 & 0\\ 0 & 0 & 0\\ 0 & 0 & 0\end{pmatrix}\to\begin{pmatrix}1 & 2 & 0\\ 0 & 0 & 0\\ 0 & 0 & 0\end{pmatrix}$

取 x_2,x_3 为自由未知量，对应的方程为 $x_1+2x_2=0$，求得一个基础解系为 $\boldsymbol{\alpha}_1=(-2,1,0)^{\mathrm{T}}$，$\boldsymbol{\alpha}_2=(0,0,1)^{\mathrm{T}}$；

当 $\lambda_3=-2$ 时，$-2\boldsymbol{E}-\boldsymbol{A}=\begin{pmatrix}-6 & -6 & 0\\ 3 & 3 & 0\\ 3 & 6 & -3\end{pmatrix}\to\begin{pmatrix}1 & 1 & 0\\ 0 & 0 & 0\\ 0 & 1 & -1\end{pmatrix}\to\begin{pmatrix}1 & 1 & 0\\ 0 & 1 & -1\\ 0 & 0 & 0\end{pmatrix}$

取 x_3 为自由未知量，对应的方程组为 $\begin{cases}x_1+x_2=0\\ x_2-x_3=0\end{cases}$，求得它的一个基础解系为 $\boldsymbol{\alpha}_3=(-1,1,1)^{\mathrm{T}}$；

令 $\boldsymbol{P}=(\boldsymbol{\alpha}_1,\boldsymbol{\alpha}_2,\boldsymbol{\alpha}_3)=\begin{pmatrix}-2 & 0 & -1\\ 1 & 0 & 1\\ 0 & 1 & 1\end{pmatrix}$，相应的对角阵 $\boldsymbol{\Lambda}=\begin{pmatrix}1 & 0 & 0\\ 0 & 1 & 0\\ 0 & 0 & -2\end{pmatrix}$。

$$\text{则 }\boldsymbol{A}^{10}=\boldsymbol{P}\boldsymbol{\Lambda}^{10}\boldsymbol{P}^{-1}=\begin{pmatrix}-2 & 0 & -1\\ 1 & 0 & 1\\ 0 & 1 & 1\end{pmatrix}\begin{pmatrix}1 & 0 & 0\\ 0 & 1 & 0\\ 0 & 0 & -2\end{pmatrix}^{10}\begin{pmatrix}-1 & -1 & 0\\ -1 & -2 & 1\\ 1 & 2 & 0\end{pmatrix}$$

$$=\begin{pmatrix}-2 & 0 & -1024\\ 1 & 0 & 1024\\ 0 & 1 & 1024\end{pmatrix}\begin{pmatrix}-1 & -1 & 0\\ -1 & -2 & 1\\ 1 & 2 & 0\end{pmatrix}$$

$$=\begin{pmatrix}-1024 & -2046 & 0\\ 1023 & 2047 & 0\\ 1023 & 2046 & 1\end{pmatrix}$$

【例 4】 设方阵 $\boldsymbol{A}=\begin{pmatrix}2 & 0 & 0\\ 0 & 0 & 1\\ 0 & 1 & x\end{pmatrix}$ 与 $\boldsymbol{B}=\begin{pmatrix}2 & 0 & 0\\ 0 & y & 0\\ 0 & 0 & -1\end{pmatrix}$ 相似，求 x,y 之值；并求可逆阵 $\boldsymbol{P}$，使 $\boldsymbol{P}^{-1}\boldsymbol{A}\boldsymbol{P}=\boldsymbol{B}$。

解：因为 $\boldsymbol{A}$ 与 $\boldsymbol{B}$ 相似，有 $|\boldsymbol{A}|=|\boldsymbol{B}|$，$\Rightarrow -2=-2y\Rightarrow y=1$

又有：$\mathrm{tr}(\boldsymbol{A})=\mathrm{tr}(\boldsymbol{B})\Rightarrow 2+x=2+y+(-1)\Rightarrow x=0$。

$\boldsymbol{A}$ 的特征值分别是：$\lambda_1=2,\lambda_2=1,\lambda_3=-1$，显然，可以求出

而 $\lambda_1=2$ 对应的特征向量为：$k\begin{pmatrix}1\\ 0\\ 0\end{pmatrix}(k\neq 0)$

$\lambda_2=1$ 对应的特征向量为：$k\begin{pmatrix}0\\1\\1\end{pmatrix}\ (k\neq 0)$

$\lambda_3=-1$ 对应的特征向量为：$k\begin{pmatrix}0\\1\\-1\end{pmatrix}(k\neq 0)$

所以 $\boldsymbol{P}=\begin{pmatrix}1&0&0\\0&1&1\\0&1&-1\end{pmatrix}$。

8.3　实对称阵的正交对角化

8.3.1　实对称阵的性质

定理 8.6　对称矩阵 $\boldsymbol{A}$ 的特征值都为实数。

定理 8.7　设 λ_1,λ_2 是对称矩阵 $\boldsymbol{A}$ 的两个特征值，$\boldsymbol{\alpha}_1,\boldsymbol{\alpha}_2$ 是对应的特征向量。若 $\lambda_1\neq\lambda_2$，则 $\boldsymbol{\alpha}_1$ 与 $\boldsymbol{\alpha}_2$ 正交。

定理 8.8　设 $\boldsymbol{A}$ 为 n 阶实对称矩阵，是 $\boldsymbol{A}$ 的特征方程的 k 重根，则矩阵 $\boldsymbol{A}-\lambda\boldsymbol{E}$ 的秩 $R(\boldsymbol{A}-\lambda\boldsymbol{E})=n-k$，从而对应特征值 λ 恰有 k 个线性无关的特征向量。

8.3.2　实对称阵的正交对角化

定理 8.9　设 $\boldsymbol{A}$ 为 n 阶实对称矩阵，则必有正交矩阵 $\boldsymbol{P}$，使

$$\boldsymbol{P}^{-1}\boldsymbol{A}\boldsymbol{P}=\boldsymbol{\Lambda}$$

其中 $\boldsymbol{\Lambda}$ 是以 $\boldsymbol{A}$ 的 n 个特征值为对角元素的对角矩阵。

此时，也称矩阵 $\boldsymbol{A}$ 可以正交对角化。

类似于一般矩阵对角化的方法，求正交变换矩阵 $\boldsymbol{P}$ 将实对称矩阵 $\boldsymbol{A}$ 正交对角化的步骤为：

（1）求出 $\boldsymbol{A}$ 的全部特征值 $\lambda_1,\lambda_2,\cdots,\lambda_m$；

（2）对每一个特征值 λ_i（k_i 重根），由 $(\lambda_i\boldsymbol{E}-\boldsymbol{A})\boldsymbol{X}=0$ 求出基础解系（特征向量）$\boldsymbol{\eta}_{i1},\boldsymbol{\eta}_{i2},\cdots,\boldsymbol{\eta}_{ik_i}$；

（3）利用施密特正交化方法将基础解系（特征向量）正交化，再将其单位化 $\boldsymbol{\alpha}_{i1},\boldsymbol{\alpha}_{i2},\cdots,\boldsymbol{\alpha}_{ik_i}$；

（4）将所有单位向量 $\boldsymbol{\alpha}_{11},\boldsymbol{\alpha}_{12},\cdots,\boldsymbol{\alpha}_{1k_1},\boldsymbol{\alpha}_{21},\boldsymbol{\alpha}_{22},\cdots,\boldsymbol{\alpha}_{2k_2},\cdots,\boldsymbol{\alpha}_{m1},\boldsymbol{\alpha}_{m2},\cdots,\boldsymbol{\alpha}_{mk_m}$（其中 $k_1+k_2+\cdots+k_m=n$）作为列向量构成一个正交矩阵 $\boldsymbol{P}$，使 $\boldsymbol{P}^{-1}\boldsymbol{A}\boldsymbol{P}=\boldsymbol{\Lambda}$。

注：P 中列向量的次序与矩阵 A 对角线上的特征值的次序相对应。

8.3.3 典型例题

【例 1】 求正交矩阵 Q，使 $Q^{T}AQ$ 为对角阵，其中 $A=\begin{pmatrix}2&-2&0\\-2&1&-2\\0&-2&0\end{pmatrix}$。

解：$|\lambda E-A|=\begin{vmatrix}\lambda-2&2&0\\2&\lambda-1&2\\0&2&\lambda\end{vmatrix}=(\lambda-1)(\lambda-4)(\lambda+2)$

得 A 的特征值为：$\lambda_1=1,\lambda_2=4,\lambda_3=-2$

分别求出属于 $\lambda_1,\lambda_2,\lambda_3$ 的线性无关的向量为：

$$\alpha_1=(-2,-1,2)^T,\alpha_2=(2,-2,1)^T,\alpha_3=(1,2,2)^T$$

则 $\alpha_1,\alpha_2,\alpha_3$ 是正交的，再将 $\alpha_1,\alpha_2,\alpha_3$ 单位化，得

$$\eta_1=\left(-\frac{2}{3},-\frac{1}{3},\frac{2}{3}\right)^T,\eta_2=\left(\frac{2}{3},-\frac{2}{3},\frac{1}{3}\right)^T,\eta_3=\left(\frac{1}{3},\frac{2}{3},\frac{2}{3}\right)^T。$$

令
$$Q=(\eta_1,\eta_2,\eta_3)=\frac{1}{3}\begin{pmatrix}-2&2&1\\-1&-2&2\\2&1&2\end{pmatrix}$$

则
$$Q^{-1}AQ=\begin{pmatrix}1&0&0\\0&4&0\\0&0&-2\end{pmatrix}$$

【例 2】 求正交矩阵 Q，使 $Q^{T}AQ$ 为对角阵，其中 $A=\begin{pmatrix}1&-2&2\\-2&-2&4\\2&4&-2\end{pmatrix}$。

解：$|\lambda E-A|=\begin{vmatrix}\lambda-1&2&-2\\2&\lambda+2&-4\\-2&-4&\lambda+2\end{vmatrix}=(\lambda+7)(\lambda+2)^2$

得矩阵 A 的特征值为：$\lambda_1=-7,\lambda_2=\lambda_3=2$。

属于 $\lambda_1=-7$ 的特征向量为 $\alpha_1=(1,2,-2)^T$，

属于 $\lambda_2=\lambda_3=2$ 的特征向量为 $\alpha_2=(-2,1,0)^T,\alpha_3=(2,0,1)^T$；

利用施密特正交化方法将 α_2,α_3 正交化得：

$$\beta_2=(-2,1,0)^T,\beta_3=\left(\frac{2}{5},\frac{4}{5},1\right)^T$$

所以 α_1,β_2,β_3 相互正交，再将其单位化得

$$\eta_1=\left(\frac{1}{3},\frac{2}{3},-\frac{2}{3}\right)^T,\eta_2=\left(-\frac{2}{\sqrt{5}},\frac{1}{\sqrt{5}},0\right)^T,\eta_3=\left(\frac{2}{3\sqrt{5}},\frac{4}{3\sqrt{5}},\frac{5}{3\sqrt{5}}\right)^T$$

令
$$Q=\begin{pmatrix}\frac{1}{3} & -\frac{2}{\sqrt{5}} & \frac{2}{3\sqrt{5}}\\ \frac{2}{3} & \frac{1}{\sqrt{5}} & \frac{4}{3\sqrt{5}}\\ -\frac{2}{3} & 0 & \frac{5}{3\sqrt{5}}\end{pmatrix}$$

则
$$Q^{-1}AQ=\begin{pmatrix}-7 & 0 & 0\\ 0 & 2 & 0\\ 0 & 0 & 2\end{pmatrix}$$

【例 3】 设 3 阶实对称矩阵 $\boldsymbol{A}$ 的特征值是 1,2,3;矩阵 $\boldsymbol{A}$ 的属于特征值 1,2 的特征向量分别为 $\boldsymbol{\alpha}_1=(-1,-1,1)^{\mathrm{T}}$,$\boldsymbol{\alpha}_2=(1,-2,-1)^{\mathrm{T}}$。

(1) 求 $\boldsymbol{A}$ 的属于 3 的特征向量;(2) 求矩阵 $\boldsymbol{A}$。

解:(1) 设 $\boldsymbol{A}$ 的属于 3 的特征向量为 $\boldsymbol{\alpha}_3=(x_1,x_2,x_3)^{\mathrm{T}}$,

因为 $\boldsymbol{\alpha}_1,\boldsymbol{\alpha}_2,\boldsymbol{\alpha}_3$ 是实对称矩阵 $\boldsymbol{A}$ 的属于不同特征值的特征向量,所以 $\boldsymbol{\alpha}_1$,$\boldsymbol{\alpha}_2,\boldsymbol{\alpha}_3$ 两两正交,故有:$\boldsymbol{\alpha}_1^{\mathrm{T}}\boldsymbol{\alpha}_3=0,\boldsymbol{\alpha}_2^{\mathrm{T}}\boldsymbol{\alpha}_3=0$

即得线性方程组:$\begin{cases}-x_1-x_2+x_3=0\\ x_1-2x_2-x_3=0\end{cases}$,解得非零解为 $\boldsymbol{\alpha}_3=(1,0,1)^{\mathrm{T}}$,

则 $\boldsymbol{A}$ 的属于 3 的特征向量为 $k\ (1,0,1)^{\mathrm{T}}$(k 为非零常数)。

(2) 将 $\boldsymbol{\alpha}_1,\boldsymbol{\alpha}_2,\boldsymbol{\alpha}_3$ 单位化得:

$$\boldsymbol{\beta}_1=\left(-\frac{1}{\sqrt{3}},-\frac{1}{\sqrt{3}},\frac{1}{\sqrt{3}}\right)^{\mathrm{T}},\boldsymbol{\beta}_2=\left(\frac{1}{\sqrt{6}},-\frac{2}{\sqrt{6}},-\frac{1}{\sqrt{6}}\right)^{\mathrm{T}},\boldsymbol{\beta}_3=\left(\frac{1}{\sqrt{2}},0,\frac{1}{\sqrt{2}}\right)^{\mathrm{T}}$$

令 $$\boldsymbol{P}=(\boldsymbol{\beta}_1,\boldsymbol{\beta}_2,\boldsymbol{\beta}_3)=\begin{pmatrix}-\frac{1}{\sqrt{3}} & \frac{1}{\sqrt{6}} & \frac{1}{\sqrt{2}}\\ -\frac{1}{\sqrt{3}} & -\frac{2}{\sqrt{6}} & 0\\ \frac{1}{\sqrt{3}} & -\frac{1}{\sqrt{6}} & \frac{1}{\sqrt{2}}\end{pmatrix}$$

则有 $$\boldsymbol{P}^{-1}\boldsymbol{A}\boldsymbol{P}=\boldsymbol{\Lambda}=\begin{pmatrix}1 & 0 & 0\\ 0 & 2 & 0\\ 0 & 0 & 3\end{pmatrix};$$

故

$$\boldsymbol{A} = \boldsymbol{P\Lambda P}^{-1}\boldsymbol{A} = \boldsymbol{P\Lambda P}^{\mathrm{T}}$$

$$= \begin{pmatrix} -\frac{1}{\sqrt{3}} & \frac{1}{\sqrt{6}} & \frac{1}{\sqrt{2}} \\ -\frac{1}{\sqrt{3}} & -\frac{2}{\sqrt{6}} & 0 \\ \frac{1}{\sqrt{3}} & -\frac{1}{\sqrt{6}} & \frac{1}{\sqrt{2}} \end{pmatrix} \begin{pmatrix} 1 & 0 & 0 \\ 0 & 2 & 0 \\ 0 & 0 & 3 \end{pmatrix} \begin{pmatrix} -\frac{1}{\sqrt{3}} & -\frac{1}{\sqrt{3}} & \frac{1}{\sqrt{3}} \\ \frac{1}{\sqrt{6}} & -\frac{2}{\sqrt{6}} & -\frac{1}{\sqrt{6}} \\ \frac{1}{\sqrt{2}} & 0 & \frac{1}{\sqrt{2}} \end{pmatrix}$$

$$= \frac{1}{6}\begin{pmatrix} 13 & -2 & 5 \\ -2 & 10 & 2 \\ 5 & 2 & 13 \end{pmatrix}$$

习题 8

1. 设方阵 $\boldsymbol{A}$ 满足条件 $\boldsymbol{A}^{\mathrm{T}}\boldsymbol{A}=\boldsymbol{E}$，其中 $\boldsymbol{A}^{\mathrm{T}}$ 是 $\boldsymbol{A}$ 的转置矩阵，$\boldsymbol{E}$ 为单位阵。试证明所对应的特征值的绝对值等于 1。

2. 设有四阶方阵 $\boldsymbol{A}$ 满足条件 $|3\boldsymbol{I}+\boldsymbol{A}|=0$，$\boldsymbol{A}\boldsymbol{A}^{\mathrm{T}}=2\boldsymbol{I}$，$|\boldsymbol{A}|<0$，其中 $\boldsymbol{I}$ 是四阶单位方阵，求 $\boldsymbol{A}$ 的伴随矩阵 $\boldsymbol{A}^*$ 的一个特征值。

3. 假设 λ 为 n 阶可逆矩阵 $\boldsymbol{A}$ 的一个特征值，证明：

(1) $\dfrac{1}{\lambda}$ 为 $\boldsymbol{A}^{-1}$ 的特征值；

(2) $-\dfrac{|\boldsymbol{A}|}{\lambda}$ 为 $\boldsymbol{A}$ 的伴随矩阵 $\boldsymbol{A}^*$ 的特征值。

4. 设 $\boldsymbol{A}$ 为三阶实对称矩阵，且满足 $\boldsymbol{A}^2+2\boldsymbol{A}=\boldsymbol{O}$，已知 $\boldsymbol{A}$ 的秩 $R(\boldsymbol{A})=2$。

(1) 求 $\boldsymbol{A}$ 的全部特征值；

(2) 当 k 为何值时，矩阵 $\boldsymbol{A}+k\boldsymbol{E}$ 为正定矩阵，其中 $\boldsymbol{E}$ 为三阶单位矩阵。

5. (1) 已知四阶矩阵 $\boldsymbol{A}$，$\boldsymbol{B}$ 相似，矩阵 $\boldsymbol{A}$ 的特征值为：$\dfrac{1}{2}$，$\dfrac{1}{3}$，$\dfrac{1}{4}$，$\dfrac{1}{5}$，则求行列式 $|\boldsymbol{B}^{-1}-\boldsymbol{E}|$；

(2) 设 $\lambda=2$ 是非奇异矩阵 $\boldsymbol{A}$ 的一个特征值，则求矩阵 $\left(\dfrac{1}{3}\boldsymbol{A}^2\right)^{-1}$ 一个特征值。

6. 已知矩阵 $\boldsymbol{A}=\begin{pmatrix}2&0&0\\0&0&1\\0&1&x\end{pmatrix}$ 与 $\boldsymbol{B}=\begin{pmatrix}2&0&0\\0&y&0\\0&0&-1\end{pmatrix}$ 相似，

(1) 求 x 与 y；

(2) 求一个满足 $\boldsymbol{P}^{-1}\boldsymbol{A}\boldsymbol{P}=\boldsymbol{B}$ 的可逆矩阵 $\boldsymbol{P}$。

7. 求矩阵 $\boldsymbol{A}=\begin{pmatrix}-3&-1&2\\0&-1&4\\-1&0&1\end{pmatrix}$ 的实特征值及对应的特征向量。

8. 设 $\boldsymbol{A}$，$\boldsymbol{P}$ 均为 3 阶矩阵，$\boldsymbol{P}^{\mathrm{T}}$ 为 $\boldsymbol{P}$ 的转置矩阵，且 $\boldsymbol{P}^{\mathrm{T}}\boldsymbol{A}\boldsymbol{P}=\begin{pmatrix}1&1&0\\0&2&0\\0&0&2\end{pmatrix}$，若 $\boldsymbol{P}=(\boldsymbol{\alpha}_1,\boldsymbol{\alpha}_2,\boldsymbol{\alpha}_3)$，$\boldsymbol{Q}=(\boldsymbol{\alpha}_1+\boldsymbol{\alpha}_2,\boldsymbol{\alpha}_2,\boldsymbol{\alpha}_3)$，求 $\boldsymbol{Q}^{\mathrm{T}}\boldsymbol{A}\boldsymbol{Q}$。

9. 已知 $\boldsymbol{A}$ 为三阶实矩阵，$R(\boldsymbol{A})=2$，且 $\boldsymbol{A}\begin{pmatrix}1&1\\0&0\\-1&1\end{pmatrix}=\begin{pmatrix}-1&1\\0&0\\1&1\end{pmatrix}$：

（1）求 $\boldsymbol{A}$ 的特征值和特征向量；

（2）求 $\boldsymbol{A}$。

10. 证明 n 阶矩阵 $\begin{pmatrix} 1 & 1 & \cdots & 1 \\ 1 & 1 & \cdots & 1 \\ \vdots & \vdots & & 1 \\ 1 & 1 & \cdots & 1 \end{pmatrix}$ 与 $\begin{pmatrix} 0 & \cdots & 0 & 1 \\ 0 & \cdots & 0 & 2 \\ \vdots & \vdots & & \vdots \\ 0 & \cdots & 0 & n \end{pmatrix}$ 相似。

11. 设 $\boldsymbol{A}$ 为 3 阶矩阵，$\boldsymbol{P}$ 为 3 阶可逆矩阵，且 $\boldsymbol{P}^{-1}\boldsymbol{AP}=\begin{pmatrix} 1 & 0 & 0 \\ 0 & 1 & 0 \\ 0 & 0 & 2 \end{pmatrix}$，$\boldsymbol{P}=(\boldsymbol{\alpha}_1,\boldsymbol{\alpha}_2,\boldsymbol{\alpha}_3)$，$\boldsymbol{Q}=(\boldsymbol{\alpha}_1+\boldsymbol{\alpha}_2,\boldsymbol{\alpha}_2,\boldsymbol{\alpha}_3)$，则 $\boldsymbol{Q}^{-1}\boldsymbol{AQ}$。

12. 设 n 阶矩阵 $\boldsymbol{A}=\begin{bmatrix} 1 & b & \cdots & b \\ b & 1 & \cdots & b \\ \vdots & \vdots & \vdots & \vdots \\ b & b & \cdots & 1 \end{bmatrix}$

（1）求 $\boldsymbol{A}$ 的特征值和特征向量；

（2）求可逆矩阵 $\boldsymbol{P}$，使得 $\boldsymbol{P}^{-1}\boldsymbol{AP}$ 为对角矩阵。

13. （1）设矩阵 $\boldsymbol{A}$ 与 $\boldsymbol{B}$ 相似，其中 $\boldsymbol{A}=\begin{bmatrix} -2 & 0 & 0 \\ 2 & x & 2 \\ 3 & 1 & 1 \end{bmatrix}$，$\boldsymbol{B}=\begin{bmatrix} -1 & 0 & 0 \\ 0 & 2 & 0 \\ 0 & 0 & y \end{bmatrix}$，求 x 和 y 的值；

（2）求可逆矩阵 $\boldsymbol{P}$，使得 $P^{-1}\boldsymbol{AP}=\boldsymbol{B}$。

14. 设 $\boldsymbol{A}$ 为 3 阶矩阵，$\boldsymbol{\alpha}_1,\boldsymbol{\alpha}_2$ 为 $\boldsymbol{A}$ 的分别属于特征值 $-1,1$ 的特征向量，向量 $\boldsymbol{\alpha}_3$ 满足 $\boldsymbol{A\alpha}_3=\boldsymbol{\alpha}_2+\boldsymbol{\alpha}_3$，

（Ⅰ）证明 $\boldsymbol{\alpha}_1,\boldsymbol{\alpha}_2,\boldsymbol{\alpha}_3$ 线性无关；

（Ⅱ）令 $\boldsymbol{P}=(\boldsymbol{\alpha}_1,\boldsymbol{\alpha}_2,\boldsymbol{\alpha}_3)$，求 $\boldsymbol{P}^{-1}\boldsymbol{AP}$。

15. 设 $\boldsymbol{A}=\begin{bmatrix} 0 & 0 & 1 \\ x & 1 & y \\ 1 & 0 & 0 \end{bmatrix}$ 有三个线性无关的特征向量，求 x 和 y 应满足的条件。

16. 设 $\boldsymbol{A}$ 是 n 阶方阵，$2,4,6,\cdots,2n$ 是 $\boldsymbol{A}$ 的 n 个特征值，$\boldsymbol{I}$ 是 n 阶单位阵，计算行列式 $|\boldsymbol{A}-3\boldsymbol{I}|$ 的值。

17. 设三阶实对称矩阵 $\boldsymbol{A}$ 的特征值是 $1,2,3$；矩阵 $\boldsymbol{A}$ 的属于特征值 $1,2$ 的特征向量分别是 $\boldsymbol{\alpha}_1=(-1,-1,1)^{\mathrm{T}}$，$\boldsymbol{\alpha}_2=(1,-2,-1)^{\mathrm{T}}$。

（1）求 $\boldsymbol{A}$ 的属于特征值 3 的特征向量；

（2）求矩阵 $\boldsymbol{A}$。

18. 设 λ_1,λ_2 是矩阵 $\boldsymbol{A}$ 的两个不同的特征值，对应的特征向量分别是 $\boldsymbol{\alpha}_1,\boldsymbol{\alpha}_2$。证明：$\boldsymbol{\alpha}_1,\boldsymbol{A}(\boldsymbol{\alpha}_1+\boldsymbol{\alpha}_2)$ 线性无关的充分必要条件 $\lambda_2\neq 0$。

19. 已知向量 $\boldsymbol{a}=(1,k,1)^{\mathrm{T}}$ 是矩阵 $\boldsymbol{A}=\begin{pmatrix}2&1&1\\1&2&1\\1&1&2\end{pmatrix}$ 的逆矩阵 $\boldsymbol{A}^{-1}$ 的特征向量，求常数 k 的值。

20. 设 $\boldsymbol{A}=\begin{pmatrix}1&-1&-1\\-1&1&1\\0&-4&-2\end{pmatrix}$，$\boldsymbol{\xi}_1=\begin{pmatrix}-1\\1\\-2\end{pmatrix}$。

(1) 求满足 $\boldsymbol{A}\boldsymbol{\xi}_2=\boldsymbol{\xi}_1,\boldsymbol{A}^2\boldsymbol{\xi}_3=\boldsymbol{\xi}_1$ 的所有向量 $\boldsymbol{\xi}_2,\boldsymbol{\xi}_3$；

(2) 对于(1) 中的任意向量 $\boldsymbol{\xi}_2,\boldsymbol{\xi}_3$，证明 $\boldsymbol{\xi}_1,\boldsymbol{\xi}_2,\boldsymbol{\xi}_3$ 线性相关。

21. 设 $\boldsymbol{A}=\begin{pmatrix}-1&2&2\\2&-1&-2\\2&-2&-1\end{pmatrix}$

(1) 试求 $\boldsymbol{A}$ 矩阵的特征值；

(2) 利用(1) 小题的结果，求矩阵 $\boldsymbol{E}+\boldsymbol{A}^{-1}$ 的特征值，其中 $\boldsymbol{E}$ 是三阶单位矩阵。

22. 设 3 阶实对称矩阵 $\boldsymbol{A}$ 的各行元素之和均为 3，向量 $\boldsymbol{\alpha}_1=(-1,2,-1)^{\mathrm{T}},\boldsymbol{\alpha}_2=(0,-1,1)^{\mathrm{T}}$ 是线性方程组 $\boldsymbol{A}x=0$ 的两个解。

(1) 求 $\boldsymbol{A}$ 的特征值与特征向量；

(2) 求正交矩阵 $\boldsymbol{Q}$ 和对角矩阵 $\boldsymbol{\Lambda}$，使得 $\boldsymbol{Q}^{\mathrm{T}}\boldsymbol{A}\boldsymbol{Q}=\boldsymbol{\Lambda}$；

(3) 求 $\boldsymbol{A}$ 及 $\left(\boldsymbol{A}-\dfrac{3}{2}\boldsymbol{E}\right)^6$，其中 $\boldsymbol{E}$ 为 3 阶单位矩阵。

第9章 二次型

二次型的理论和方法在几何、多元函数的最值、控制理论等方面都有着很重要的应用。本章主要讨论在实数域上如何利用可逆线性变换及正交变换化二次型为标准型，并讨论了正定二次型和正定矩阵的性质。

9.1 二次型与矩阵的合同

9.1.1 二次型的概念

1. 二次型的定义

定义 9.1 含有 n 个变量 $x_1,x_2,\cdots,x_n$ 的二次齐次函数

$$
\begin{aligned}
f=f(x_1,x_2,\cdots,x_n)=&a_{11}x_1^2+a_{22}x_2^2+a_{33}x_3^2+\cdots+a_{nn}x_n^2+\\
&2a_{12}x_1x_2+2a_{13}x_1x_3+\cdots+2a_{1n}x_1x_n+\\
&2a_{23}x_2x_3+\cdots+2a_{2n}x_2x_n+\\
&\cdots+2a_{n-1,n}x_{n-1}x_n
\end{aligned}
$$

称为关于变量 $x_1,x_2,\cdots,x_n$ 的 n **元二次型**（其中 $a_{ii}x_i^2$ 称为**平方项**，$a_{ij}x_ix_j(i\neq j)$ 称为**混乘项**）。若 $a_{ij}(i,j=1,2,\cdots,n)$ 为实数，则称为**实二次型**。本书若无特殊说明，所讨论的二次型都是指实二次型。

2. 二次型的矩阵形式

在定义 9.1 中，若取 $a_{ij}=a_{ji}$，则 $2a_{ij}x_ix_j=a_{ij}x_ix_j+a_{ji}x_jx_i$，于是二次型可以写成

$$
\begin{aligned}
f=&a_{11}x_1^2+a_{12}x_1x_2+a_{13}x_1x_3+\cdots+a_{1n}x_1x_n\\
&+a_{21}x_2x_1+a_{22}x_2^2+a_{23}x_2x_3+\cdots+a_{2n}x_2x_n+\\
&\cdots\quad\cdots+\\
&a_{n1}x_nx_1+a_{n2}x_nx_2+a_{n3}x_nx_3+\cdots+a_{nn}x_n^2\\
=&x_1(a_{11}x_1+a_{12}x_2+a_{13}x_3+\cdots+a_{1n}x_n)+\\
&x_2(a_{21}x_1+a_{22}x_2+a_{23}x_3+\cdots+a_{2n}x_n)+\\
&\cdots\quad\cdots+\\
&x_n(a_{n1}x_1+a_{n2}x_2+a_{n3}x_3+\cdots+a_{nn}x_n)
\end{aligned}
$$

$$\triangleq \sum_{i=1}^{n}\left(\sum_{j=1}^{n} a_{ij}x_i x_j\right)$$

$$=(x_1,x_2,\cdots,x_n)\begin{pmatrix} a_{11}x_1+a_{12}x_2+a_{13}x_3+\cdots+a_{1n}x_n \\ a_{21}x_1+a_{22}x_2+a_{23}x_3+\cdots+a_{2n}x_n \\ \cdots\ \cdots \\ a_{n1}x_1+a_{n2}x_2+a_{n3}x_3+\cdots+a_{nn}x_n \end{pmatrix}$$

$$=(x_1,x_2,\cdots,x_n)\begin{pmatrix} a_{11} & a_{12} & \cdots & a_{1n} \\ a_{21} & a_{22} & \cdots & a_{2n} \\ \vdots & \vdots & \cdots & \vdots \\ a_{n1} & a_{n2} & \cdots & a_{nn} \end{pmatrix}\begin{pmatrix} x_1 \\ x_2 \\ \vdots \\ x_n \end{pmatrix}$$

$$=\boldsymbol{x}^{\mathrm{T}}\boldsymbol{A}\boldsymbol{x}$$

其中，$\boldsymbol{x}=\begin{pmatrix} x_1 \\ x_2 \\ \vdots \\ x_n \end{pmatrix}$，$\boldsymbol{A}=\begin{pmatrix} a_{11} & a_{12} & \cdots & a_{1n} \\ a_{21} & a_{22} & \cdots & a_{2n} \\ \vdots & \vdots & \cdots & \vdots \\ a_{n1} & a_{n2} & \cdots & a_{nn} \end{pmatrix}$，称 $f=f(x)=\boldsymbol{x}^{\mathrm{T}}\boldsymbol{A}\boldsymbol{x}$ 为**二次型的矩阵形式**。

由 $a_{ij}=a_{ji}$，故 $\boldsymbol{A}$ 为对称矩阵，即 $\boldsymbol{A}^{\mathrm{T}}=\boldsymbol{A}$。称对称矩阵 $\boldsymbol{A}$ 为该二次型的矩阵，二次型 n 称为对称矩阵 $\boldsymbol{A}$ 的二次型，对称矩阵 $\boldsymbol{A}$ 的秩 $R(\boldsymbol{A})$ 称为二次型的秩。

在这种情况下，二次型 f 与对称矩阵 $\boldsymbol{A}$ 之间通过 $f(x)=\boldsymbol{x}^{\mathrm{T}}\boldsymbol{A}\boldsymbol{x}$ 就建立起一一对应关系，故往往利用对称矩阵 $\boldsymbol{A}$ 的性质来讨论二次型 f 的性质。

3. 线性变换

关系式 $\begin{cases} x_1=c_{11}y_1+c_{12}y+\cdots+c_{1n}y_n \\ x_2=c_{21}y_1+c_{22}y+\cdots+c_{2n}y_n \\ \cdots\cdots \\ x_n=c_{n1}y_1+c_{n2}y+\cdots+c_{nn}y_n \end{cases}$，称为由变量 $x_1,x_2,\cdots,x_n$ 到变量 $y_1,y_2,\cdots,y_n$ 的线性变换，矩阵 $\boldsymbol{C}=\begin{pmatrix} c_{11} & c_{12} & \cdots & c_{1n} \\ c_{21} & c_{22} & \cdots & c_{2n} \\ \cdots & \cdots & \cdots & \cdots \\ c_{n1} & c_{n2} & \cdots & c_{nn} \end{pmatrix}$ 称为线性变换矩阵。当 $|\boldsymbol{C}|\neq 0$ 时，称该线性变换为可逆线性变换。

4. 二次型的标准形

对于二次型 $f=\boldsymbol{x}^{\mathrm{T}}\boldsymbol{A}\boldsymbol{x}=\sum_{i=1}^{n}\left(\sum_{j=1}^{n} a_{ij}x_i x_j\right)$，我们主要讨论的问题是：寻求可逆线性变换 $x=\boldsymbol{C}y$ 即

$$\begin{cases} x_1 = c_{11}y_1 + c_{12}y_2 + \cdots + c_{1n}y_n \\ x_2 = c_{21}y_1 + c_{22}y_2 + \cdots + c_{2n}y_n \\ \qquad \cdots \quad \cdots \\ x_n = c_{n1}y_1 + c_{n2}y_2 + \cdots + c_{nn}y_n \end{cases}$$

使二次型 $f(x) = \boldsymbol{x}^{\mathrm{T}}\boldsymbol{A}\boldsymbol{x}$ 化成只含有平方项，不含有混乘项的形式，即

$$f = k_1 y_1^2 + k_2 y_2^2 + \cdots + k_n y_n^2$$

这种只含有平方项的二次型，称为标准二次型，或称为二次型的标准形。

对于实二次形，若标准形中的系数 $k_1, k_2, \cdots, k_n$ 只在 0,1,−1 中取值，则将这种二次型称为规范二次型，即

$f = y_1^2 + \cdots + y_p^2 - y_{p+1}^2 - \cdots - y_r^2$，(其中 $r(\leqslant n)$ 为二次型的秩)。

9.1.2 矩阵的合同

1. 合同的定义

定义 9.2 设 $\boldsymbol{A}, \boldsymbol{B}$ 为两个 n 阶方阵，如果存在可逆矩阵 $\boldsymbol{C}$，使得 $\boldsymbol{C}^{\mathrm{T}}\boldsymbol{A}\boldsymbol{C} = \boldsymbol{B}$，则称矩阵 $\boldsymbol{A}$ **合同于**矩阵 $\boldsymbol{B}$，或称 $\boldsymbol{A}$ 与 $\boldsymbol{B}$ 为**合同矩阵**。

由以上定义可以看出，二次型 $f = f(x_1, x_2, \cdots, x_n) = \boldsymbol{x}^{\mathrm{T}}\boldsymbol{A}\boldsymbol{x}$ 的矩阵 $\boldsymbol{A}$ 与经过可逆线性变换 $x = \boldsymbol{C}y$ 得到的二次型的矩阵 $\boldsymbol{B} = \boldsymbol{C}^{\mathrm{T}}\boldsymbol{A}\boldsymbol{C}$ 是合同矩阵。

2. 合同的性质

性质 1（**自反性**） 任意方阵 $\boldsymbol{A}$ 与其自身合同；

性质 2（**对称性**） 若 $\boldsymbol{A}$ 与 $\boldsymbol{B}$ 合同，则 $\boldsymbol{B}$ 与 $\boldsymbol{A}$ 合同；

性质 3（**传递性**） 若 $\boldsymbol{A}$ 与 $\boldsymbol{B}$ 合同，$\boldsymbol{B}$ 与 $\boldsymbol{C}$ 合同，则 $\boldsymbol{A}$ 合同于 $\boldsymbol{C}$。

3. 等价、相似、合同的关系

$\boldsymbol{A}$ 经过若干次行列变换得到 $\boldsymbol{B}$，则 $\boldsymbol{A}$ 与 $\boldsymbol{B}$ 等价，即 $\boldsymbol{A}$ 与 $\boldsymbol{B}$ 等价 $\Leftrightarrow$ 存在可逆阵 $\boldsymbol{P}, \boldsymbol{Q}$ 使 $\boldsymbol{PAQ} = \boldsymbol{B}$ 成立。

$\boldsymbol{A}$ 与 $\boldsymbol{B}$ 相似 $\Leftrightarrow$ 存在可逆阵 $\boldsymbol{P}$ 使 $\boldsymbol{P}^{-1}\boldsymbol{A}\boldsymbol{P} = \boldsymbol{B}$。

$\boldsymbol{A}$ 与 $\boldsymbol{B}$ 合同 $\Leftrightarrow$ 存在可逆阵 $\boldsymbol{P}$ 使 $\boldsymbol{P}^{\mathrm{T}}\boldsymbol{A}\boldsymbol{P} = \boldsymbol{B}$。

由上述三个定义：相似矩阵一定是等价矩阵，合同矩阵一定是等价矩阵。实对称矩阵与其相似的对角矩阵既相似又合同。但等价矩阵不一定是相似矩阵，也不一定是合同矩阵。

9.1.3 典型例题

【例 1】 写出二次型 $f = -x_1^2 + 2x_1x_2 - 4x_2x_3 + 2x_3^2$ 的矩阵及矩阵表示式，并求该二次型的秩。

解：二次型的矩阵为 $\boldsymbol{A} = \begin{pmatrix} -1 & 1 & 0 \\ 1 & 0 & -2 \\ 0 & -2 & 2 \end{pmatrix}$，则二次型的矩阵表示式

$$f=\boldsymbol{X}^{\mathrm{T}}\boldsymbol{A}\boldsymbol{X}=(x_1 \quad x_2 \quad x_3)\begin{pmatrix}-1 & 1 & 0\\ 1 & 0 & -2\\ 0 & -2 & 2\end{pmatrix}\begin{pmatrix}x_1\\ x_2\\ x_3\end{pmatrix}$$

又 $|\boldsymbol{A}|=2\neq 0$，所以 $R(\boldsymbol{A})=3$，则二次型 f 的秩也等于 3。

9.2 二次型的标准形

任意二次型 $f=f(x_1,x_2,\cdots,x_n)$ 都可以经过可逆线性变换 $x=\boldsymbol{C}y$ 化成只含有平方项的形式：

$$\begin{aligned}f&=f(x)=\boldsymbol{x}^{\mathrm{T}}\boldsymbol{A}\boldsymbol{x}=(\boldsymbol{C}\boldsymbol{y})^{\mathrm{T}}\boldsymbol{A}(\boldsymbol{C}\boldsymbol{y})=\boldsymbol{y}^{\mathrm{T}}(\boldsymbol{C}^{\mathrm{T}}\boldsymbol{A}\boldsymbol{C})\boldsymbol{y}=\boldsymbol{y}^{\mathrm{T}}\boldsymbol{D}\boldsymbol{y}\\ &=k_1y_1^2+k_2y_2^2+\cdots+k_ny_n^2\end{aligned}$$

即化成二次型 f 的标准形，其中 $\boldsymbol{D}=\begin{pmatrix}k_1 & & & \\ & k_2 & & \\ & & \ddots & \\ & & & k_n\end{pmatrix}$ 为对角矩阵。

化二次型为标准形共有三种方法：对称变换法、拉格朗日配方法、正交变换法。

9.2.1 对称变换法

定义 9.3 求可逆矩阵 $\boldsymbol{C}$，使对称矩阵 $\boldsymbol{A}$ 化成对角矩阵 $\boldsymbol{D}=\boldsymbol{C}^{\mathrm{T}}\boldsymbol{A}\boldsymbol{C}$ 的过程，称为 $\boldsymbol{A}$ **合同对角化**。

定理 9.1 任一二次型都可以通过可逆线性变换化为标准形。

定理 9.2 对任一实对称矩阵 $\boldsymbol{A}$，存在非奇异矩阵 $\boldsymbol{C}$，使 $\boldsymbol{B}=\boldsymbol{C}^{\mathrm{T}}\boldsymbol{A}\boldsymbol{C}$ 为对角矩阵。即任一实对称矩阵都与一个对角矩阵合同。

对由 $\boldsymbol{A}$ 与 $\boldsymbol{E}$ 竖排而写的 $2n\times n$ 型矩阵 $\begin{pmatrix}\boldsymbol{A}\\ \boldsymbol{E}\end{pmatrix}_{2n\times n}$ 作一次相当于右乘初等矩阵 $\boldsymbol{P}$ 的列初等变换和一次相应的（即左乘矩阵 $\begin{pmatrix}\boldsymbol{P} & 0\\ 0 & \boldsymbol{E}\end{pmatrix}^{\mathrm{T}}$ 的）行初等变换合起来称为一次**对称变换**。

对称变换有如下三种：

(1) $c_i\leftrightarrow c_j$ 及相应的 $r_i\leftrightarrow r_j$；

(2) kc_i 及相应的 kr_i；

(3) c_i+kc_j 及相应的 r_i+kr_j。

综上，对称矩阵 $\boldsymbol{A}$ 合同对角化方法：

首先，写出二次型 $f(x_1,x_2,\cdots,x_n)$ 的矩阵 $\boldsymbol{A}$，让 $\boldsymbol{A}$ 与 $\boldsymbol{E}$ 构造 $2n\times n$ 矩阵 $\begin{pmatrix}\boldsymbol{A}\\ \boldsymbol{E}\end{pmatrix}_{2n\times n}$；

其次，对 $\boldsymbol{A}$ 进行初等行变换和相同的初等列变换，化成与 $\boldsymbol{A}$ 合同形式上简单的矩阵，直至将 $\boldsymbol{A}$ 化成对角矩阵 $\boldsymbol{D}$；但是对 $\boldsymbol{E}$ 只进行其中的列变换，使 $\boldsymbol{E}$ 这部分化成矩阵 $\boldsymbol{C}$。

最后，写出上一步中所进行的一系列可逆线性变换 $\boldsymbol{X}=\boldsymbol{CY}$ 化原二次型为

$$f(x_1,x_2,\cdots,x_n)=\boldsymbol{Y}^{\mathrm{T}}\boldsymbol{DY}$$

即：$\begin{pmatrix}\boldsymbol{A}\\ \boldsymbol{E}\end{pmatrix}\xrightarrow[\text{对 }\boldsymbol{E}\text{ 只进行其中的列变换}]{\text{对 }\boldsymbol{A}\text{ 进行同样的初等行、列变换}}\begin{pmatrix}\boldsymbol{D}\\ \boldsymbol{C}\end{pmatrix}$。

9.2.2 拉格朗日配方法

若二次型 $f=f(x_1,x_2,\cdots,x_n)$ 中含有平方项，按平方项的顺序配方，即若二次型含有 x_i 的平方项，则先将所有含有 x_i 项集中在一起，按下列公式

$$ax_i^2+bx_i=a\left(x_i+\frac{b}{2a}\right)^2-\frac{b^2}{4a}\text{，其中 } a \text{ 为系数，} b \text{ 中不含有 } x_i$$

配成完全平方，再对其余的变量重复上述过程直到所有变量配成平方项为止，经过可逆线性变换，就得到标准形。

若二次型 $f=f(x_1,x_2,\cdots,x_n)$ 中不含有平方项，只含有混乘项。若 $a_{ij}\neq 0(i\neq j)$，则可以先作一个可逆变换

$$\begin{cases}x_i=y_i-y_j\\ x_j=y_i+y_j\quad (k=0,1,\cdots,n\text{ 且 }k\neq i,j)\\ x_k=y_k\end{cases}$$

化二次型 f 为含有平方项的二次型，然后再按二次型 $f=f(x_1,x_2,\cdots,x_n)$ 中含有平方项的情形加以处理即可。

9.2.3 正交变换法

定理 9.3 若 $\boldsymbol{A}$ 为对称矩阵，$\boldsymbol{C}$ 为任一可逆矩阵，令 $\boldsymbol{B}=\boldsymbol{C}^{\mathrm{T}}\boldsymbol{AC}$，则 $\boldsymbol{B}$ 也为对称矩阵，且 $R(\boldsymbol{B})=R(\boldsymbol{A})$。

注 1：二次型经可逆变换 $\boldsymbol{X}=\boldsymbol{CY}$ 后，其秩不变，但 f 的矩阵由 $\boldsymbol{A}$ 变为 $\boldsymbol{B}=\boldsymbol{C}^{\mathrm{T}}\boldsymbol{AC}$。

注 2：要使二次型 f 经可逆变换 $\boldsymbol{X}=\boldsymbol{CY}$ 变成标准形，即要使 $\boldsymbol{C}^{\mathrm{T}}\boldsymbol{AC}$ 成为对角矩阵，即 $\boldsymbol{Y}^{\mathrm{T}}\boldsymbol{C}^{\mathrm{T}}\boldsymbol{ACY}=(y_1,y_2,\cdots,y_n)\begin{pmatrix}b_1&&&\\&b_2&&\\&&\ddots&\\&&&b_n\end{pmatrix}\begin{pmatrix}y_1\\y_2\\ \vdots\\y_n\end{pmatrix}=b_1y_1^2+b_2y_2^2+\cdots+$

$b_n y_n^2$

定理 9.4　任给二次型 $f=\sum_{i,j=1}^{n} a_{ij}x_i x_j (a_{ji}=a_{ij})$，总有正交变换 $\boldsymbol{X}=\boldsymbol{PY}$，使 f 化为标准形 $f=\lambda_1 y_1^2+\lambda_2 y_2^2+\cdots+\lambda_n y_n^2$，其中 $\lambda_1,\lambda_2,\cdots,\lambda_n$ 是 f 的矩阵 $\boldsymbol{A}=(a_{ij})$ 的特征值。

利用正交变换法化实二次型为标准形的基本步骤：

第一步，将实二次型 f 写成矩阵形式 $f(x)=\boldsymbol{x}^{\mathrm{T}}\boldsymbol{Ax}$，求出实对称矩阵 $\boldsymbol{A}$；

第二步，求出 $\boldsymbol{A}$ 的所有特征值 $\lambda_1,\lambda_2,\cdots,\lambda_n$，同时求出 $\boldsymbol{A}$ 的不同特征值对应的线性无关的特征向量 $\boldsymbol{\xi}_1,\boldsymbol{\xi}_2,\cdots,\boldsymbol{\xi}_n$；

第三步，将特征向量 $\boldsymbol{\xi}_1,\boldsymbol{\xi}_2,\cdots\boldsymbol{\xi}_n$ 正交化，再单位化，得向量组：$p_1,p_2,\cdots,p_n$，记 $\boldsymbol{P}=(p_1,p_2,\cdots,p_n)$，$\boldsymbol{\Lambda}=\begin{pmatrix}\lambda_1 & & & \\ & \lambda_2 & & \\ & & \ddots & \\ & & & \lambda_n\end{pmatrix}$；

第四步，作正交变换 $\boldsymbol{x}=\boldsymbol{Py}$，则

$$f=\boldsymbol{x}^{\mathrm{T}}\boldsymbol{Ax}=(\boldsymbol{Py})^{\mathrm{T}}\boldsymbol{A}(\boldsymbol{Py})=\boldsymbol{y}^{\mathrm{T}}(\boldsymbol{P}^{\mathrm{T}}\boldsymbol{AP})\boldsymbol{y}=\boldsymbol{y}^{\mathrm{T}}\boldsymbol{\Lambda y}=\lambda_1 y_1^2+\lambda_2 y_2^2+\cdots+\lambda_n {y_n}^2$$

9.2.4　典型例题

【例 1】　化二次型 $f=x_1^2-3x_2^2+4x_3^2-2x_1x_2+2x_1x_3-6x_2x_3$ 为标准形，并求所用的可逆线性变换。

解：
$$\begin{aligned}f&=(x_1^2-2x_1x_2+2x_1x_3)-3x_2^2+4x_3^2-6x_2x_3\\&=(x_1-x_2+x_3)^2-4x_2^2-4x_2x_3+3x_3^2\\&=(x_1-x_2+x_3)^2-4(x_2^2+x_2x_3)+3x_3^2\\&=(x_1-x_2+x_3)^2-4\left(x_2+\frac{1}{2}x_3\right)^2+4x^2\end{aligned}$$

令
$$\begin{cases}y_1=x_1-x_2+x_3\\ y_2=\quad x_2+\dfrac{1}{2}x_3\\ y_3=\quad x_3\end{cases}$$

即
$$\begin{pmatrix}y_1\\y_2\\y_3\end{pmatrix}=\begin{pmatrix}1 & -1 & 1\\ 0 & 1 & \dfrac{1}{2}\\ 0 & 0 & 1\end{pmatrix}\begin{pmatrix}x_1\\x_2\\x_3\end{pmatrix}$$

得可逆线性变换

$$\begin{pmatrix}x_1\\x_2\\x_3\end{pmatrix}=\begin{pmatrix}1&-1&1\\0&1&\frac{1}{2}\\0&0&1\end{pmatrix}^{-1}\begin{pmatrix}y_1\\y_2\\y_3\end{pmatrix}=\begin{pmatrix}1&1&-\frac{3}{2}\\0&1&-\frac{1}{2}\\0&0&1\end{pmatrix}\begin{pmatrix}y_1\\y_2\\y_3\end{pmatrix}$$

此时二次型的标准形 $f=y_1^2-4y_2^2+4y_3^2$。

【例 2】 求一个正交变换 $\boldsymbol{X}=\boldsymbol{QY}$，把二次型 $f=x_1^2+5x_2^2+5x_3^2+2x_1x_2-4x_1x_3$ 化为标准形。

解：二次型的矩阵 $\boldsymbol{A}=\begin{pmatrix}1&1&-2\\1&5&0\\-2&0&5\end{pmatrix}$，矩阵 $\boldsymbol{A}$ 的特征多项式

$$|\boldsymbol{A}-\lambda\boldsymbol{E}|=\begin{vmatrix}1-\lambda&1&-2\\1&5-\lambda&0\\-2&0&5-\lambda\end{vmatrix}=-\lambda(5-\lambda)(6-\lambda)$$

得 $\boldsymbol{A}$ 的特征值 $\lambda_1=0,\lambda_2=5,\lambda_3=6$。

当 $\lambda_1=0$ 时，解齐次线性方程组 $(\boldsymbol{A}-0\boldsymbol{E})\boldsymbol{X}=\boldsymbol{O}$，得基础解系 $\boldsymbol{\xi}_1=(5,-1,2)^{\mathrm{T}}$，单位化得 $\boldsymbol{\eta}_1=\left(\frac{5}{\sqrt{30}},-\frac{1}{\sqrt{30}},\frac{2}{\sqrt{30}}\right)^{\mathrm{T}}$；

当 $\lambda_2=5$ 时，解齐次线性方程组 $(\boldsymbol{A}-5\boldsymbol{E})\boldsymbol{X}=\boldsymbol{O}$，得基础解系 $\boldsymbol{\xi}_2=(0,2,1)^{\mathrm{T}}$，单位化得 $\boldsymbol{\eta}_2=\left(0,\frac{2}{\sqrt{5}},\frac{1}{\sqrt{5}}\right)^{\mathrm{T}}$；

当 $\lambda_3=6$ 时，解齐次线性方程组 $(\boldsymbol{A}-6\boldsymbol{E})\boldsymbol{X}=\boldsymbol{O}$，得基础解系 $\boldsymbol{\xi}_3=(1,1,-2)^{\mathrm{T}}$，单位化得 $\boldsymbol{\eta}_3=\left(\frac{1}{\sqrt{6}},\frac{1}{\sqrt{6}},-\frac{2}{\sqrt{6}}\right)^{\mathrm{T}}$；

令正交矩阵 $\boldsymbol{Q}=(\boldsymbol{\eta}_1,\boldsymbol{\eta}_2,\boldsymbol{\eta}_3)=\begin{pmatrix}\frac{5}{\sqrt{30}}&0&\frac{1}{\sqrt{6}}\\-\frac{1}{\sqrt{30}}&\frac{2}{\sqrt{5}}&\frac{1}{\sqrt{6}}\\\frac{2}{\sqrt{30}}&\frac{1}{\sqrt{5}}&-\frac{2}{\sqrt{6}}\end{pmatrix}$，于是正交变换 $\boldsymbol{X}=\boldsymbol{QY}$，且得二次型的标准形 $f=5y_2^2+6y_3^2$。

【例 3】 用配方法化下列二次型

(1) $f(x_1,x_2,x_3,x_4)=2x_1^2-4x_1x_2+x_2^2-4x_2x_3$

(2) $f(x_1,x_2,x_3,x_4)=x_1x_2+2x_1x_3-x_1x_3$

为标准形,并求出所用线性变换。

解:(1) $f(x_1,x_2,x_3,x_4)=2(x_1^2-2x_1x_2)+x_2^2-4x_2x_3=2(x_1-x_2)^2-(x_2^2+4x_2x_3)=2(x_1-x_2)^2-(x_2+2x_3)^2+4x_3^2$

令$\begin{cases} y_1=x_1-x_2 \\ y_2=x_2+2x_3 \\ y_3=x_3 \end{cases}$,则$\begin{bmatrix} y_1 \\ y_2 \\ y_3 \end{bmatrix}=\begin{bmatrix} 1 & -1 & 0 \\ 0 & 1 & 2 \\ 0 & 0 & 1 \end{bmatrix}\begin{bmatrix} x_1 \\ x_2 \\ x_3 \end{bmatrix}$,即

$$x=\begin{bmatrix} 1 & -1 & 0 \\ 0 & 1 & 2 \\ 0 & 0 & 1 \end{bmatrix}^{-1} y=\begin{bmatrix} 1 & 1 & -2 \\ 0 & 1 & -2 \\ 0 & 0 & 1 \end{bmatrix} y$$

使

$$f=2y_1^2-y_2^2+4y_3^2$$

(2) 令$\begin{cases} x_1=y_1-y_2 \\ x_2=y_1+y_2 \\ x_3=y_3 \end{cases}$,即 $x=\begin{bmatrix} 1 & -1 & 0 \\ 1 & 1 & 0 \\ 0 & 0 & 1 \end{bmatrix} y$,则

$$\begin{aligned} f&=y_1^2-y_2^2+2(y_1-y_2)y_3-(y_1+y_2)y_3=y_1^2+y_3y_1-y_2^2-3y_2y_3 \\ &=\left(y_1+\frac{1}{2}y_3\right)^2-\left(y_2^2+3y_2y_3+\frac{1}{4}y_3^2\right) \\ &=\left(y_1+\frac{1}{2}y_3\right)^2-\left(y_2+\frac{3}{2}y_3\right)^2+2y_3^2 \end{aligned}$$

令$\begin{cases} y_1+\frac{1}{2}y_3=z_1 \\ y_2+\frac{3}{2}y_3=z_2 \\ y_3=z_3 \end{cases}$,即$\begin{cases} y_1=z_1-\frac{1}{2}z_3 \\ y_2=z_2-\frac{3}{2}z_3 \\ y_3=z_3 \end{cases}$,即 $y=\begin{bmatrix} 1 & 0 & -\frac{1}{2} \\ 0 & 1 & -\frac{3}{2} \\ 0 & 0 & 1 \end{bmatrix} z$,于是

$$x=\begin{bmatrix} 1 & -1 & 0 \\ 1 & 1 & 0 \\ 0 & 0 & 1 \end{bmatrix}\begin{bmatrix} 1 & 0 & -\frac{1}{2} \\ 0 & 1 & -\frac{3}{2} \\ 0 & 0 & 1 \end{bmatrix} z=\begin{bmatrix} 1 & -1 & 1 \\ 1 & 1 & -2 \\ 0 & 0 & 1 \end{bmatrix} z$$,使

$f=z_1^2-z_2^2+2z_3^2$

9.3 二次型的规范形与正定性

9.3.1 二次型的规范形概念

1. 规范形的定义

显然，任意二次型 $f(x)=\boldsymbol{x}^{\mathrm{T}}\boldsymbol{A}\boldsymbol{x}$ 都可以化为标准形，虽然标准形的形式并不唯一，但是，正、负平方项的项数及 0 项的项数是唯一确定的。从而，我们可以重新安排变量的次序，使平方项的顺序分别为正平方项，负平方项和 0 项。则秩为 r 的二次型 f 的标准形可以化成

$$f=d_1x_1^2+d_2x_2^2+\cdots+d_px_p^2-d_{p+1}x_{p+1}^2-\cdots-d_rx_r^2+0+\cdots+0$$

其中 $d_i>0, i=1,2,\cdots,r, r=R(\boldsymbol{A})$ 为 f 的秩。

进而化成

$$f=(\sqrt{d_1}x_1)^2+(\sqrt{d_2}x_2)^2+\cdots+(\sqrt{d_p}x_p)^2-(\sqrt{d_{p+1}}x_{p+1})^2-\cdots-(\sqrt{d_r}x_r)^2$$

若再作可逆线性变换(这个变换通常称为开方变换)：

$$\begin{cases} y_1=\sqrt{d_1}x_1 \\ y_2=\sqrt{d_2}x_2 \\ \quad\vdots \\ y_r=\sqrt{d_r}x_r \\ y_{r+1}=x_{r+1} \\ \quad\vdots \\ y_n=x_n \end{cases}$$

则有

$$f=y_1^2+\cdots+y_p^2-y_{p+1}^2-\cdots-y_r^2$$

上式称为**二次型的规范形**。

定理 9.5 任何实二次型 $f(x)=\boldsymbol{x}^{\mathrm{T}}\boldsymbol{A}\boldsymbol{x}$ 都可以通过可逆线性变换化成规范形，且规范形是由二次型本身唯一确定(即 $+1$，-1 系数的项数及 0 项的项数是唯一确定的)，与所作的可逆线性变换无关。

2. 正、负惯性指数

通常将实二次型 $f(x)=\boldsymbol{x}^{\mathrm{T}}\boldsymbol{A}\boldsymbol{x}$ 的规范形中的正项个数 p 称为二次型 f 的**正惯性指数**，负项个数 $r-p\cong q$ 称为二次型 f 的**负惯性指数**，$s=p-q$ 称为二次型 f 的**符号差**，$p+q=r$ 正好为 f 的秩，也为 f 对应的矩阵 $\boldsymbol{A}$ 的秩 $R(\boldsymbol{A})$。

同时也可以看出：二次型 f 的正惯性指数等于 f 对应的矩阵 $\boldsymbol{A}$ 的正特征值的个数，负惯性指数 $q=r-p$ 为 $\boldsymbol{A}$ 的负特征值的个数(其中重根按重数计算)。

定理 9.6（惯性定理）　设二次型 $f(x)=\boldsymbol{x}^{\mathrm{T}}\boldsymbol{A}\boldsymbol{x}$，它的秩为 r。若有两个可逆变换 $\boldsymbol{x}=\boldsymbol{C}\boldsymbol{y}$ 及 $\boldsymbol{x}=\boldsymbol{P}\boldsymbol{z}$ 使

$$f=k_1y_1^2+k_2y_2^2\cdots+k_ry_r^2\quad(k_i\neq 0,i=1,2,\cdots,r)$$

及

$$f=\lambda_1z_1^2+\lambda_2z_+^2\cdots+\lambda_rz_r^2\quad(\lambda_i\neq 0,i=1,2,\cdots,r)$$

则 $k_1,k_2,\cdots,k_4$ 中正数的个数与 $\lambda_1,\lambda_2,\cdots,\lambda_4$ 中正数的个数是相等的，从而其中负数个数也是相同的。

由惯性定理很容易推出以下结论：

设 $f(x)=\boldsymbol{x}^{\mathrm{T}}\boldsymbol{A}\boldsymbol{x}$ 的秩为 r，则其规范形一定可以表示为

$$f=y_1^2+y_2^2+\cdots+y_p^2-y_{p+1}^2-\cdots-y_r^2+0+\cdots+0$$

9.3.2　实二次型的正定性

1. 实二次型的正定性的定义

定义 9.4　设有二次型 $f(x)=\boldsymbol{x}^{\mathrm{T}}\boldsymbol{A}\boldsymbol{x}$，$\boldsymbol{A}$ 为实对称矩阵，则

(1) 如果对任何 $x\neq 0$ 都有 $f(x)=\boldsymbol{x}^{\mathrm{T}}\boldsymbol{A}\boldsymbol{x}>0$ 成立，则称 $f(x)=\boldsymbol{x}^{\mathrm{T}}\boldsymbol{A}\boldsymbol{x}$ 为**正定二次型**，矩阵 $\boldsymbol{A}$ 称为**正定矩阵**，记作 $f>0$ 及 $\boldsymbol{A}>0$。

(2) 如果对于任何 $x\neq 0$ 都有 $f(x)=\boldsymbol{x}^{\mathrm{T}}\boldsymbol{A}\boldsymbol{x}<0$ 成立，则称 $f(x)=\boldsymbol{x}^{\mathrm{T}}\boldsymbol{A}\boldsymbol{x}$ 为**负定二次型**，矩阵 $\boldsymbol{A}$ 称为**负定矩阵**，记作 $f<0$ 及 $\boldsymbol{A}<0$。

2. 正定二次型的判定

定理 9.7（惯性指数判别法）　n 元二次型 $f(x)=\boldsymbol{x}^{\mathrm{T}}\boldsymbol{A}\boldsymbol{x}$ 为正定二次型的充分必要条件是：它的标准形的 n 个系数全为正，即它的正惯性指数 $p=n$，亦即它的规范形的 n 个系数全为 1。

定理 9.8（特征值判别法）　对称矩阵 $\boldsymbol{A}$ 为正定矩阵的充分必要条件是：矩阵 $\boldsymbol{A}$ 的特征值全为正数。

定理 9.8（顺序主子式判别法）　对称矩阵 $\boldsymbol{A}$ 为正定的充分必要条件是：$\boldsymbol{A}$ 各阶顺序主子式都为正，即

$$a_{11}>0,\begin{vmatrix}a_{11}&a_{12}\\a_{21}&a_{22}\end{vmatrix}>0,\cdots,\begin{vmatrix}a_{11}&\cdots&a_{1n}\\\cdots&\cdots&\cdots\\a_{n1}&\cdots&a_{nn}\end{vmatrix}>0$$

3. 关于正定矩阵的结论

(1) 设 $\boldsymbol{A}$ 为正定矩阵，则 $k\boldsymbol{A}(k>0)$，$\boldsymbol{A}^m$，$\boldsymbol{A}^{-1}$，$\boldsymbol{A}^*$ 也是正定矩阵；

(2) 设 $\boldsymbol{A}$，$\boldsymbol{B}$ 为正定矩阵，则 $\begin{pmatrix}\boldsymbol{A}&0\\0&\boldsymbol{B}\end{pmatrix}$ 也是正定矩阵；

(3) 实对称矩阵 $\boldsymbol{A}$ 为正定矩阵的充分必要条件是 $\boldsymbol{A}$ 与单位矩阵 $\boldsymbol{E}$ 合同且合同变换矩阵为实可逆矩阵；

(4) 实对称矩阵 $\boldsymbol{A}$ 为正定矩阵的充分必要条件是 $\boldsymbol{A}$ 具有分解 $\boldsymbol{A}=\boldsymbol{U}^{\mathrm{T}}\boldsymbol{U}$，其中 $\boldsymbol{U}$ 为实可逆矩阵。

9.3.3 典型例题

【例 1】 判别二次型 $f=-5x^2-6y^2-4z^2+4xy+4xz$ 的正定性。

解：f 的矩阵为 $\boldsymbol{A}=\begin{pmatrix}-5 & 2 & 2\\ 2 & -6 & 0\\ 2 & 0 & -4\end{pmatrix}$，各阶主子式

$$\Delta_1=-5<0,\Delta_2=\begin{vmatrix}-5 & 2\\ 2 & -6\end{vmatrix}=26>0,\Delta_3=|\boldsymbol{A}|=-80<0$$

故 f 是负定二次型。

【例 2】 设 $\boldsymbol{U}$ 为可逆矩阵，$\boldsymbol{A}=\boldsymbol{U}^{\mathrm{T}}\boldsymbol{U}$，证明二次型 $f=\boldsymbol{X}^{\mathrm{T}}\boldsymbol{A}\boldsymbol{X}$ 是正定二次型。

解：显然 $\boldsymbol{A}$ 为实对称矩阵.任给 $\boldsymbol{X}\neq 0$，因为 $\boldsymbol{U}$ 可逆，则 $\boldsymbol{U}\boldsymbol{X}\neq 0$，且

$$f=\boldsymbol{X}^{\mathrm{T}}\boldsymbol{A}\boldsymbol{X}=\boldsymbol{X}^{\mathrm{T}}\boldsymbol{U}^{\mathrm{T}}\boldsymbol{U}\boldsymbol{X}=(\boldsymbol{U}\boldsymbol{X})^{\mathrm{T}}(\boldsymbol{U}\boldsymbol{X})=||\boldsymbol{U}\boldsymbol{X}||^2>0$$

所以 $f=\boldsymbol{X}^{\mathrm{T}}\boldsymbol{A}\boldsymbol{X}$ 是正定二次型。

【例 3】 设二次型 $f(x_1,x_2,x_3)=x_1^2+x_2^2+x_3^2-2x_1x_2-2x_1x_3+2ax_2x_3$ 通过正交变换化为标准形 $f=2y_1^2+by_2^2+2y_3^2$。

(1) 求常数 a,b；

(2) 若 $\boldsymbol{x}^{\mathrm{T}}\boldsymbol{x}=3$，证明 f 的值不超过 6；

(3) 求 f 的规范形及正，负惯性指数。

解：(1) 二次型及其对应的标准形的矩阵分别为

$$\boldsymbol{A}=\begin{bmatrix}1 & -1 & -1\\ -1 & 1 & a\\ -1 & a & 1\end{bmatrix},\boldsymbol{B}=\begin{bmatrix}2 & & \\ & b & \\ & & 2\end{bmatrix}$$

因为 $\boldsymbol{A}$ 与 $\boldsymbol{B}$ 相似，所以 $\boldsymbol{A}$、$\boldsymbol{B}$ 有相同的特征值，可得

$$\mathrm{tr}(\boldsymbol{A})=\mathrm{tr}(\boldsymbol{B})$$

即 $3=4+b$，所以 $b=-1$。

由 $|\boldsymbol{A}-2\boldsymbol{I}|=0$，即 $\begin{vmatrix}-1 & -1 & -1\\ -1 & -1 & a\\ -1 & a & -1\end{vmatrix}=(a+1)^2=0$，所以 $a=-1$。故

$$a=b=-1$$

(2) 若 $\boldsymbol{x}^{\mathrm{T}}\boldsymbol{x}=3$，则必有 $\boldsymbol{y}^{\mathrm{T}}\boldsymbol{y}=3$，从而

$f=2y_1^2-y_2^2+2y_3^2\leqslant 2(y_1^2+y_2^2+y_3^2)=2\boldsymbol{y}^{\mathrm{T}}\boldsymbol{y}=6$。

（3）作线性变换$\begin{cases} y_1 = \dfrac{1}{\sqrt{2}} z_1 \\ y_2 = z_3 \\ y_3 = \dfrac{1}{\sqrt{2}} z_2 \end{cases}$，则得 f 的规范形为

$$f = z_1^2 + z_2^2 - z_3^2$$

其正惯性指数为2，负惯性指数为1，符号差为 $2-1=1$。

【例4】 设 n 阶实矩阵 $\boldsymbol{A}$ 满足 $\boldsymbol{A}^2 - 4\boldsymbol{A} + 3\boldsymbol{I} = 0$，试证 $(\boldsymbol{A} - 2\boldsymbol{I})^{\mathrm{T}}(\boldsymbol{A} - 2\boldsymbol{I})$ 为正定矩阵。

证明：设 $\boldsymbol{B} = (\boldsymbol{A} - 2\boldsymbol{I})^{\mathrm{T}}(\boldsymbol{A} - 2\boldsymbol{I})$，则

$$\boldsymbol{B}^{\mathrm{T}} = (\boldsymbol{A} - 2\boldsymbol{I})(\boldsymbol{A} - 2\boldsymbol{I})^{\mathrm{T}} = \boldsymbol{B}$$

故 $\boldsymbol{B}$ 是实对称阵。

对任一非零向量 $\boldsymbol{x} \in \mathbf{R}^n$，有

$$\boldsymbol{x}^{\mathrm{T}}\boldsymbol{B}\boldsymbol{x} = \boldsymbol{x}^{\mathrm{T}}(\boldsymbol{A} - 2\boldsymbol{I})^{\mathrm{T}}(\boldsymbol{A} - 2\boldsymbol{I})\boldsymbol{x} = [(\boldsymbol{A} - 2\boldsymbol{I})\boldsymbol{x}]^{\mathrm{T}}[(\boldsymbol{A} - 2\boldsymbol{I})\boldsymbol{x}]$$

由 $\boldsymbol{A}^2 - 4\boldsymbol{A} + 3\boldsymbol{I} = 0$，即 $(\boldsymbol{A} - 2\boldsymbol{I})^2 = \boldsymbol{I}$，可得 $\boldsymbol{A} - 2\boldsymbol{I}$ 可逆，故 $(\boldsymbol{A} - 2\boldsymbol{I})\boldsymbol{x} \neq 0$。所以有

$$\boldsymbol{x}^{\mathrm{T}}\boldsymbol{B}\boldsymbol{x} = [(\boldsymbol{A} - 2\boldsymbol{I})\boldsymbol{x}]^{\mathrm{T}}[(\boldsymbol{A} - 2\boldsymbol{I})\boldsymbol{x}] > 0$$

故 $\boldsymbol{B}$，即 $(\boldsymbol{A} - 2\boldsymbol{I})^{\mathrm{T}}(\boldsymbol{A} - 2\boldsymbol{I})$ 是正定的。

或者设 λ 是 $\boldsymbol{A}$ 的一个特征值，则 λ 必满足 $\lambda^2 - \lambda\boldsymbol{A} + 3\boldsymbol{I} = 0$，于是 $\lambda = 1$ 或 $\lambda = 3$，可知2不是 $\boldsymbol{A}$ 的特征值，故有 $|\boldsymbol{A} - 2\boldsymbol{I}| \neq 0$，所以 $\boldsymbol{A} - 2\boldsymbol{I}$ 可逆。

习题 9

1. 设二次型 $f(x_1,x_2,x_3)=\boldsymbol{X}^{\mathrm{T}}\boldsymbol{A}\boldsymbol{X}=ax_1^2+2x_2^2-2x_3{}^2+2bx_1x_3(b>0)$ 中二次型的矩阵 $\boldsymbol{A}$ 的特征值之和为 1，特征值之积为 -12。

(1) 求 a,b 的值；

(2) 利用正交变换将二次型 f 化为标准型，并写出所用的正交变换和对应的正交矩阵。

2. $f(x_1,x_2,x_3)=ax_1^2+ax_2^2+(a-1)x_3{}^2+2x_1x_3-2x_2x_3$

(1) 求二次型 f 的矩阵的所有特征值；

(2) 若二次型 f 的规范形为 $y_1^2+y_2^2$，求 a 的值。

3. 设 $f(x_1,x_2,x_3)=2(a_1x_1+a_2x_2+a_3x_3)^2+(b_1x_1+b_2x_2+b_3x_3)^2$，记

$$\boldsymbol{\alpha}=\begin{pmatrix}a_1\\a_2\\a_3\end{pmatrix},\boldsymbol{\beta}=\begin{pmatrix}b_1\\b_2\\b_3\end{pmatrix}。$$

(1) 证明二次型 f 对应的矩阵为 $2\boldsymbol{\alpha}^{\mathrm{T}}\boldsymbol{\alpha}+\boldsymbol{\beta}^{\mathrm{T}}\boldsymbol{\beta}$；

(2) 若 $\boldsymbol{\alpha},\boldsymbol{\beta}$ 正交且均为单位向量，证明二次型 f 在正交变化下的标准型为 $2y_1^2+y_2^2$。

4. 设 $\boldsymbol{A}$ 为 $m\times n$ 实矩阵，$\boldsymbol{E}$ 为 n 阶单位矩阵。已知矩阵 $\boldsymbol{B}=\lambda\boldsymbol{E}+\boldsymbol{A}^{\mathrm{T}}\boldsymbol{A}$，试证：当 $\lambda>0$ 时，$\boldsymbol{B}$ 为正定矩阵。

5. (1) 证明 $\boldsymbol{A}=\begin{pmatrix}1&2\\2&1\end{pmatrix}$ 在实数域上与 $\boldsymbol{A}$ 合同的矩阵为 $\begin{pmatrix}1&-2\\-2&1\end{pmatrix}$；

(2) 求二次型 $f(x,x_2,x_3)=(x_1+x_2)^2+(x_2-x_3)^2+(x_3+x_1)^2$ 的秩。

6. 设二次型 $f(x_1,x_2,x_3)=x_1^2+x_2^2+x_3{}^2+2\alpha x_1x_2+2\beta x_2x_3+2x_1x_3$ 经正交变换 $\boldsymbol{X}=\boldsymbol{P}\boldsymbol{Y}$ 化成 $f=y_2^2+2y_3{}^2$，其中 $\boldsymbol{X}=(x_1,x_2,x_3)^{\mathrm{T}}$ 和 $\boldsymbol{Y}=(y_1,y_2,y_3)^{\mathrm{T}}$ 是三维列向量，$\boldsymbol{P}$ 是 3 阶正交矩阵，求常数 α,β。

第10章 概率初步

10.1 随机事件与概率

10.1.1 随机试验与随机事件

为了研究随机现象的统计规律性，我们把各种科学试验和观察都称为试验。概率论约定为研究随机现象所做的**随机试验**应具备以下三个特征：

(1) 可重复性：试验在相同条件下是可重复的；

(2) 可观察性：试验的全部可能结果不止一个，且试验的所有可能结果事前已知；

(3) 不确定性：每一次试验都会出现上述可能结果中的某一个结果，至于是哪一个结果则事前无法预知。

随机试验简称为**试验**，通常用以字母 E 或 $E_1, E_2, \cdots$ 表示随机试验。以后所提到的试验都是随机试验。

在一次试验中可能发生也可能不发生，而在大量的重复试验中具有某种规律性的试验结果，称为**随机事件**，简称**事件**，常用大写英文字母 $A, B, C, D, \cdots$ 表示。

10.1.2 样本空间与事件

定义 10.1 随机试验的一切可能基本结果组成的集合称为**样本空间**，记为 $\Omega=\{\omega\}$，其中 ω 表示基本结果(不能再分解)，又称为**样本点**。

在具体问题中，给定样本空间是对随机现象进行数学描述的第一步。样本点是最基本单元，认识随机现象首先要列出随机试验的样本空间。

要成功地解决概率论中的问题，必须在具体问题中用恰当的样本空间来描述随机试验。需要注意的是：

(1) 样本空间中的元素可以是数也可以不是数；

(2) 样本空间至少有两个样本点；

(3) 从样本空间含有样本点的个数来区分，样本空间可分为有限与无限两类；

(4) 任一事件 A 是相应样本空间的一个子集；

(5) 当子集 A 中某个样本点出现了,就说事件 A 发生了。

定义 10.2 由样本空间 Ω 中的单个元素组成的子集称为**基本事件**;由样本空间 Ω 中的两个元素或两个以上元素组成的子集称为**复杂事件**;而样本空间 Ω 的最大子集(即 Ω 本身)称为**必然事件**,即每次随机试验中必然发生的事件;样本空间 Ω 的最小子集(即空集 $\varnothing$)称为**不可能事件**,即每次随机试验中不可能发生的事件。

10.1.3 事件间的关系及运算

在同一问题中,我们常常需要考察多个事件及其之间的关系。将事件表示成样本空间的子集,就可以方便地运用集合间的关系及运算来讨论事件间的关系及运算。

一个事件对应于样本空间的一个子集,因此某事件发生当且仅当它对应的子集中的某个元素(即样本点)在试验中出现。用 $A \subset \Omega$ 表示事件 A 是 Ω 的子集。事件的相互关系与集合论中集合的包含、相等以及集合的运算等概念相对应。

1. 事件的包含

若事件 A 发生必然导致事件 B 发生,即属于 A 的样本点必属于 B,则称事件 B 包含事件 A,或称事件 A 包含于事件 B,记作 $B \subset A$,或 $A \subset B$,如图 10.1 所示。

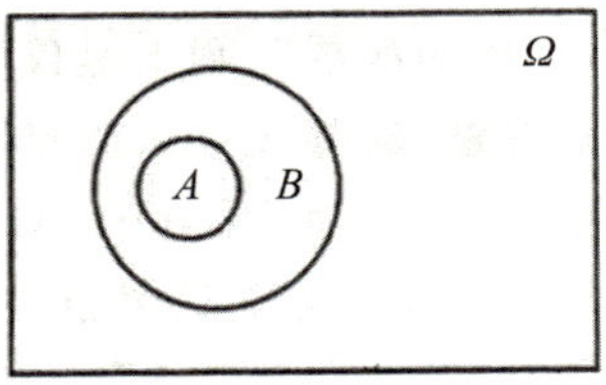

图 10.1

如果事件 A 和事件 B 满足:事件 A 发生必然导致事件 B 发生,而且事件 B 发生必然导致事件 A 发生,即 $A \subset B$ 且 $B \subset A$,则称事件 A 与事件 B **相等**,记作 $A = B$。

2. 事件的和(并)

事件 A 与事件 B 中至少有一个发生,即事件 A 与事件 B 中所有的样本点组成的新事件,称为事件 A 与事件 B 的和(并),记作 $A + B$ 或 $A \cup B$,如图 10.2 所示。

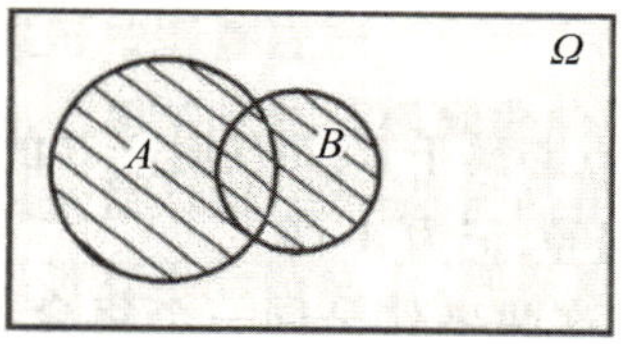

图 10.2

3. 事件的积(交)

事件 A 与事件 B 同时发生,即事件 A 与事件 B 中公共的样本点组成的新事件,称为事件 A 与事件 B 的积(交),记作 AB 或 $A \cap B$,如图 10.3 所示。

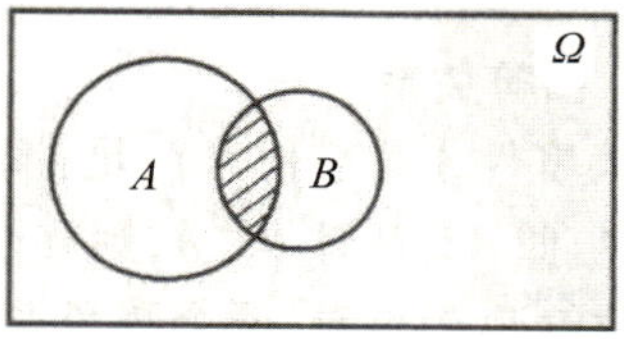

图 10.3

事件的并和交运算可推广到有限个事件 $A_1, A_2, \cdots, A_n$ 或可列个事件 A_1, $A_2, \cdots$,的情形:

n 个事件的并 $\bigcup\limits_{i=1}^{n}$ 称为有限并,表示 n 个事件 $A_1, A_2, \cdots, A_n$ 至少发生一个;

n 个事件的交 $\bigcap\limits_{i=1}^{n} A_i$ 称为有限交,表示 n 个事件 $A_1, A_2, \cdots, A_n$ 同时发生;

可列个事件 $A_1, A_2, \cdots$ 的并 $\bigcup\limits_{i=1}^{\infty} A_i$ 称为可列并,表示可列个事件 $A_1, A_2, \cdots$ 至少有一个发生;

可列个事件 $A_1, A_2, \cdots$ 的交 $\bigcap\limits_{i=1}^{\infty} A_i$ 称为可列交,表示可列个事件 $A_1, A_2, \cdots$ 同时发生。

4. 事件的差

事件 A 发生而事件 B 不发生,即由在事件 A 中而不在事件 B 中的样本点组成的新事件,称为事件 A 与事件 B 的差,记作 $A-B$,如图 10.4 所示。

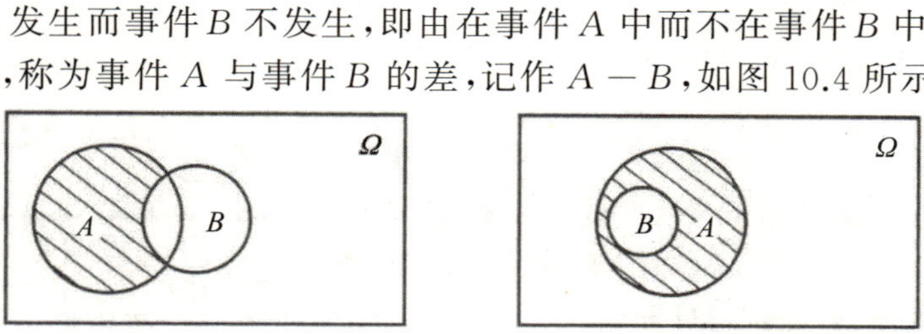

图 10.4

5. 互不相容(或互斥)

如果事件 A 与事件 B 不可能同时发生,即事件 A 与事件 B 没有共同的样本点,$AB=\varnothing$,则称事件 A 与事件 B **互不相容或互斥**,如图 10.5 所示。

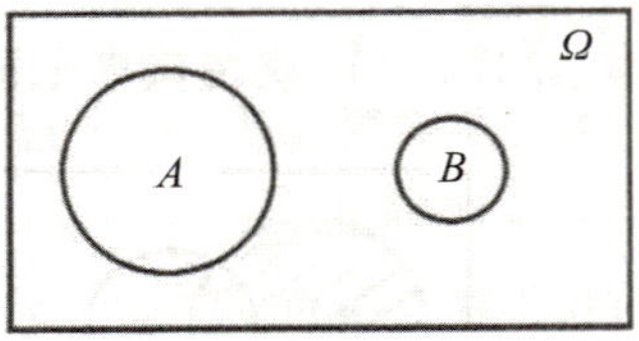

图 10.5

类似地,如果 n 个事件 $A_1,A_2,\cdots,A_n$ 中任何两个事件 A_i 与 $A_j(i\neq j,i,j=1,2,\cdots,n)$ 都互不相容,称 **n 个事件 $A_1,A_2,\cdots,A_n$ 是互不相容(或互斥)事件**;

如果可列个事件 $A_1,A_2,\cdots,A_n,\cdots$ 中任何两个事件 A_i 与 $A_j(i\neq j,i,j=1,2,\cdots)$ 都互不相容,称**可列个事件 $A_1,A_2,\cdots,A_n,\cdots$ 互不相容**。

6. 对立事件(逆事件)

事件 A 不发生,即由在 Ω 中而不在 A 中的样本点组成的新事件,称为事件 A 的**对立事件**,记作$\overline{A}$,即$\overline{A}=\{\omega:\omega\in\Omega$ 且 $\omega\notin A\}$,如图 10.6 所示。

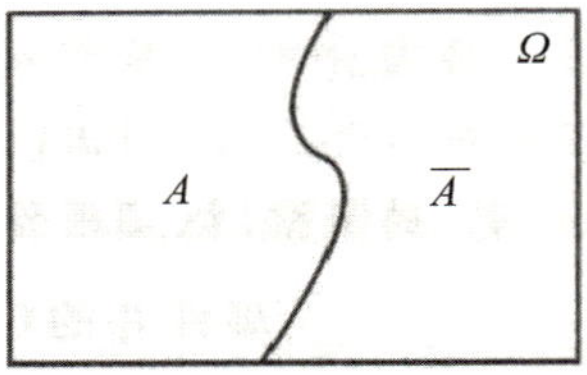

图 10.6

对立事件满足关系式:$A+\overline{A}=\Omega,A\overline{A}=\varnothing$。

7. 完备事件组

如果 n 个事件 $A_1,A_2,\cdots,A_n$ 满足:

(1) $A_1,A_2,\cdots,A_n$ 两两互不相容,即 $A_iA_j=\varnothing(1\leqslant i,j\leqslant n,i\neq j)$;

(2) 它们的和是必然事件,即 $\bigcup\limits_{i=1}^{n}A_i=\Omega$。

则称 n 个事件 $A_1,A_2,\cdots,A_n$ 构成一个完备事件组。

$A_1,A_2,\cdots,A_n$ 构成一个完备事件组的意义是在每次试验中必然发生且仅能发生 $A_1,A_2,\cdots,A_n$ 中的一个事件,当 $n=2$ 时,A_1 与 A_2 就是对立事件。

与集合运算一样,事件的运算有如下的运算性质:

(1) $A+B=B+A,AB=BA$;(交换律)

(2) $A+(B+C)=(A+B)+C, A(BC)=(AB)C$;(结合律)

(3) $(A+B)C=AC+BC, (AB)+C=(A+C)(B+C)$;(分配律)

(4) $\overline{A+B}=\overline{A}\,\overline{B}, \overline{AB}=\overline{A}+\overline{B}, \overline{\bigcup_i A_i}=\bigcap_i \overline{A_i}, \overline{\bigcap_i A_i}=\bigcup_i \overline{A_i}\ \bigcap_i \overline{A_i}$;(对偶律(德摩根公式))

(5) $\varnothing \subset A \subset \Omega$;

(6) 若 $A \subset B$,则 $A+B=B, AB=A$;

(7) $A+\varnothing=A, A+\Omega=\Omega, A\varnothing=\varnothing, A\Omega=A$;

(8) $A+B=A+\overline{A}B=B+A\overline{B}=A\overline{B}+\overline{A}B+AB$;

(9) $\overline{A}=\Omega-A, \overline{\overline{A}}=A, A-B=A\overline{B}$。

10.1.4　典型例题

【例 1】　用事件 A, B, C 的运算关系式表示下列事件:

(1) A 出现,B, C 都不出现;

(2) A, B 都出现,C 不出现;

(3) 所有三个事件 A, B, C 都出现;

(4) 三个事件 A, B, C 中至少有一个出现;

(5) 三个事件 A, B, C 都不出现;

(6) A, B, C 不多于一个事件出现;

(7) A, B, C 不多于两个事件出现;

(8) 三个事件 A, B, C 中至少有两个出现。

解:(1) $A\overline{B}\,\overline{C}$;　(2) $AB\overline{C}$;

(3) ABC;　(4) $A\cup B\cup C$;

(5) $\overline{A}\,\overline{B}\,\overline{C}$;　(6) $\overline{A}\,\overline{B}\,\overline{C}\cup A\overline{B}\,\overline{C}\cup\overline{A}B\overline{C}\cup\overline{A}\,\overline{B}C$;

(7) $\overline{ABC}=\overline{A}\cup\overline{B}\cup\overline{C}$;　(8) $AB\cup AC\cup BC$。

【例 2】　一个工人生产了 n 个零件,以事件 A_i 表示他生产的第 i 个零件是合格品($1\leqslant i\leqslant n$)。用 A_i 表示下列事件:

(1) 没有一个零件是不合格品;

(2) 至少有一个零件是不合格品;

(3) 仅仅只有一个零件是不合格品;

(4) 至少有两个零件是不合格品。

解:(1) $\bigcap_{i=1}^{n} A_i$;　(2) $\overline{\bigcap_{i=1}^{n} A_i}=\bigcup_{i=1}^{n}\overline{A_i}$;

(3) $\bigcup_{i=1}^{n}\left[\overline{A_i}\left(\bigcap_{\substack{j=1\\ j\neq i}}^{n} A_j\right)\right]$;　(4) $\bigcup_{\substack{i,j=1\\ i\neq j}}^{n} A_iA_j$。

10.2 概率的定义与性质

10.2.1 频率与概率

1. 概率的概念

定义 10.3 在相同条件下进行了 n 次试验，在这 n 次试验中事件 A 发生的次数 $n(A)$ 称为事件 A 的**频数**，比值 $n(A)/n$ 称为事件 A 发生的**频率**，并记为 $f_n(A)$，即

$$f_n(A)=\frac{n(A)}{n}$$

频率的性质，即

(1) **非负性** 任意事件 A 的频率非负：$f_n(A)\geqslant 0$；

(2) **规范性** 必然事件 Ω 的频率为 1：$f_n(\Omega)=1$；

(3) **有限可加性** 若 $A_1,A_2,\cdots,A_n$ 是一组两两互不相容的事件，则有

$$f_n\left(\sum_{i=1}^{m}A_i\right)=\sum_{i=1}^{m}f_n(A_i)$$

大量试验表明，频率具有如下一些特点：

(1) 频率的大小能体现事件发生可能性的大小，频率大则发生的可能性也大；反之，频率小则发生的可能性也小。

(2) 频率有一定的随机波动性。

(3) 当试验的次数逐渐增多时，频率又具有稳定性。

定义 10.4（概率的统计定义） 在相同条件下重复进行了 n 次试验，如果当 n 增大时，事件 A 发生的频率 $f_n(A)$ 稳定地在某一常数 p 附近摆动，且一般说来，n 越大，摆动幅度越小，则称常数 p 为事件 A 的**概率**，记作 $P(A)$。

2. 概率的性质

性质 1. 不可能事件的概率为零，即 $P(\varnothing)=0$。

性质 2.（有限可加性） 若有限个事件 $A_1,A_2,\cdots,A_n$ 互不相容，则有

$$P\left(\sum_{i=1}^{n}A_i\right)=\sum_{i=1}^{n}P(A_i)$$

特别地，若 A 与 B 互不相容，则

$$P(A+B)=P(A)+P(B)$$

性质 3. $P(B-A)=P(B)-P(AB)$

特别地，若 $A\subset B$，则有

$$P(B-A)=P(B)-P(A)$$

性质4. 若 $A\subset B$，则有 $P(A)\leqslant P(B)$。

特别地，对任何事件 A，有 $P(A)\leqslant 1$。

性质5. 如果可列个事件 $A_1,A_2,\cdots,A_n,\cdots$ 构成一个完备事件组，则有

$$P\left(\sum_{i=1}^{n}A_i\right)=1$$

特别地，对立事件的概率有

$$P(\overline{A})=1-P(A)$$

性质6. 对于任意两个事件 A,B，有

$$P(A+B)=P(A)+P(B)-P(AB)$$

10.2.2　古典概型与几何概型

定义10.5　如果随机试验具有下列特点：

(1) **有限性**：所涉及的随机试验只有有限个样本点(即基本事件总数有限)。

(2) **等可能性**：每个样本点发生的可能性相等。

(3) **完备性**：在任意一次试验中至少有一个实验结果发生。

(4) **互不相容性**：在任意一次试验中所有实验结果至多有一个发生。

则称这种随机试验为**等可能概型**，等可能概型也称为**古典概型**。

设在古典概型中共有 n 个基本事件，随机事件 A 含有 k 个样本点，则事件 A 的概率为

$$P(A)=\frac{\text{事件 }A\text{ 所含样本点的个数}}{\Omega\text{ 中所有样本点的个数}}=\frac{k}{n}$$

定义10.6　如果随机试验具有下列特点：

(1) **无限性**：所涉及的随机试验有无限多个样本点(即基本事件无限不可数)。

(2) **等可能性**：每个样本点发生的可能性相等。

(3) **完备性**：在任意一次试验中至少有一个实验结果发生。

(4) **互不相容性**：在任意一次试验中所有实验结果至多有一个发生。

则称这种随机试验称为**几何概型**。即

(1) 如果一个随机现象的样本空间 Ω 充满某个区域，其度量(长度、面积或体积等)大小可用 S_Ω 表示。

(2) 任意一点落在度量相同的子区域内是等可能的，事件 A 的概率的概率为

$$P(A)=\frac{\text{构成事件 }A\text{ 的区域长度(面积或体积)}}{\text{试验的全部结果所构成的区域长度(面积或体积)}}=\frac{S_A}{S_\Omega}$$

10.2.3 条件概率与乘法公式

定义 10.7 设 A 与 B 为两个事件,若 $P(A)>0$,则称

$$P(B|A)=\frac{P(AB)}{P(A)}$$

为在事件 A 发生的条件下事件 B 发生的**条件概率**。

可以验证,条件概率仍然满足概率的三条公理性质,即

(1) 对于每一个事件 B,有 $P(B|A)\geqslant 0$;

(2) $P(\Omega|A)=1$;

(3) 设 $B_1,B_2,\cdots$ 是两两互不相容的事件,则有

$$P\left(\sum_{i=1}^{\infty}B_i\,\Big|A\right)=\sum_{i=1}^{\infty}P(B_i|A)$$

条件概率 $P(B|A)$ 的计算可采用下列两种方案:

(1) 在缩减后的样本空间 Ω_A 中计算;

(2) 在原来的样本空间 Ω 中,直接按定义计算。

定理 10.1(乘法公式) 设 A 与 B 为两个事件,若 $P(A)>0$,则

$$P(AB)=P(A)P(B|A)$$

乘法公式推广到 n 个事件的情形:

如果 $A_1,A_2,\cdots,A_n$ 是 n 个事件,并且 $P(A_1A_2\cdots A_n)>0$,则有

$$P(A_1A_2\cdots A_n)=P(A_1)P(A_2|A_1)\cdots P(A_{n-1}|A_1A_2\cdots A_{n-2})P(A_n|A_1A_2\cdots A_{n-1})$$

10.2.4 事件的独立性

设 A,B 是两个事件,一般而言 $P(A)\neq P(A\mid B)$,这表示事件 B 的发生对事件A 的发生的概率有影响。只有当 $P(A)=P(A\mid B)$ 时,才可认为 B 的发生与否对 A 的发生毫无影响,这时就称两事件是相互独立的。所谓两个事件 A 与 B 相互独立,直观上说就是它们互不影响,即事件 A 发生与否不会影响事件B 发生的可能性,同时事件 B 发生与否也不会影响事件 A 发生的可能性。

定义 10.8 设 A 与 B 为两个事件,若下式

$$P(AB)=P(A)P(B)$$

成立,则称**事件 A 与 B 相互独立**。

注 1:由定义显然可知,概率为零的事件与任何事件 A 相互独立。

注 2:事件 A 的独立性与事件A 的互不相容是两个完全不同的概念:

如果两个概率大于零的事件 A 与 B 是互不相容的,那么它们一定是不独立的;

反之,如果两个概率大于零的事件A 与B 是相互独立的,那么A 与B 不可能互不相容。

注 3:若事件 A 与 B 相互独立,则 A 与$\overline{B}$,$\overline{A}$ 与 B,$\overline{A}$ 与$\overline{B}$ 也相互独立。

定义 10.9　对任意三个事件 A,B,C,如果如下四个等式

$$\begin{cases} P(AB)=P(A)P(B) \\ P(AC)=P(A)P(C) \\ P(BC)=P(B)P(C) \\ P(ABC)=P(A)P(B)P(C) \end{cases}$$

成立,则称**事件** A,B,C **相互独立**。

注 1:上述定义中的前三个等式成立,说明事件 A,B,C 是两两相互独立的。

注 2:显然,事件 A,B,C 是两两相互独立不同于A,B,C 相互独立。比如下面这个例子:

将一枚硬币抛掷两次,观察正面 H 和反面 T 的出现情况,则此时样本空间 $\Omega=\{HH,HT,TH,TT\}$,令

$$A=\{HH,HT\},B=\{HH,TH\},C=\{HH,TT\}。$$

则 $AB=AC=BC=ABC=\{HH\}$,$P(A)=P(B)=P(C)=\dfrac{1}{2}$,故有 $P(AB)=P(AC)=P(BC)=P(ABC)=\dfrac{1}{4}$。

显然,A,B,C 中任意两个事件都是相互独立的,但是 $P(ABC)=\dfrac{1}{4}\neq\dfrac{1}{8}=P(A)P(B)P(C)$,也就是说事件 A,B,C 并不相互独立。

10.2.5　伯努利概型

设随机试验只有两种可能的结果:事件 A 发生或事件A 不发生(记为$\overline{A}$),则称这样的试验为**伯努利**(Bermourlli) **试验**。设 $P(A)=p$,$P(\overline{A})=1-p(0<p<1)$,将伯努利试验独立地重复进行$n$ 次,称其为 n **重伯努利试验**,或简称为**伯努利概型**。

注 1:n 重伯努利试验的显著特点是:事件 A 在每次试验中发生的概率均为 p,且不受其他各次试验中 A 是否发生的影响。

注 2:在 n 重伯努利试验中,事件 A 恰好发生k 次的概率为

$$P\{X=k\}=C_n^k p^k(1-p)^{n-k}\quad(k=0,1,\cdots,n)$$

注 3:在 n 重伯努利试验中,事件 A 在第k 次试验中首次发生的概率为

$$p(1-p)^{k-1}\quad(k=0,1,\cdots,n)$$

10.2.6　典型例题

【例 1】　设事件 A,B 的概率分别为 $\frac{1}{5}$ 与 $\frac{1}{4}$，且 A,B 互斥，则求 $P(A\overline{B})$。

解：A,B 互斥，则 $A\subset\overline{B}$，$A\overline{B}=A$，所以 $P(A\overline{B})=P(A)=\frac{1}{5}$。

【例 2】　设 A,B 是两个事件，已知 $P(A)=0.5$，$P(B)=0.7$，$P(A\cup B)=0.8$，试求 $P(A-B)$ 及 $P(B-A)$。

解：由加法公式 $P(A\cup B)=P(A)+P(B)-P(AB)$，得

$P(AB)=P(A)+P(B)-P(A\cup B)=0.5+0.7-0.8=0.4$

故　$P(A-B)=P(A-AB)=P(A)-P(AB)=0.5-0.4=0.1$；$P(B-A)=P(B-AB)=P(B)-P(AB)=0.7-0.4=0.3$。

【例 3】　设事件 A,B 及 $A\cup B$ 的概率分别为 p、q 及 r，求 $P(AB)$，$P(A\overline{B})$，$P(\overline{A}B)$，$P(\overline{A}\,\overline{B})$。

解：由 $P(A\cup B)=P(A)+P(B)-P(AB)$，得

$P(AB)=P(A)+P(B)-P(A\cup B)=p+q-r$

$P(A\overline{B})=P(A-AB)=P(A)-P(AB)=r-q$

$P(\overline{A}B)=r-p$

$P(\overline{A}\,\overline{B})=P(\overline{A\cup B})=1-P(A\cup B)=1-r$

【例 4】　有五条线段，长度分别为 1，3，5，7，9。从这五条线段中任取三条，求所取三条线段能构成一个三角形的概率。

解：样本点总数为 $\binom{5}{3}=10$。所取三条线段能构成一个三角形，这三条线段必须是 3，5，7 或 3，7，9 或 5，7，9。

所以事件 A“所取三条线段能构成一个三角形”包含 3 个样本点，于是 $P(A)=\frac{3}{10}$。

【例 5】　一口袋中有 5 个红球及 2 个白球，从这袋中任取一球，看过它的颜色后放回袋中，然后，再从这袋中任取一球，设每次取球时袋中各个球被取到的可能性相同。求：

(1) 第一次、第二次都取到红球的概率；

(2) 第一次取到红球，第二次取到白球的概率；

(3) 二次取得的球为红、白各一的概率；

(4) 第二次取到红球的概率。

解：记(1)、(2)、(3)、(4)题求概率的事件分别为 A_1, A_2, A_3, A_4。

(1) $P(A_1)=\left(\dfrac{5}{7}\right)^2=\dfrac{25}{49}$　　(2) $P(A_2)=\dfrac{5\times 2}{7^2}=\dfrac{10}{49}$

(3) $P(A_3)=\dfrac{20}{49}$　　(4) $P(A_4)=\dfrac{7\times 5}{7^2}=\dfrac{35}{49}=\dfrac{5}{7}$

【例 6】　两艘轮船都要停靠同一个泊位，它们可能在一昼夜的任意时刻到达。设两船停靠泊位的时间分别为 1 小时与 2 小时，求有一艘船停靠泊位时必须等待一段时间的概率。

解：分别用 x, y 表示第一、二艘船到达泊位的时间，一艘船到达泊位时必须等待当且仅当 $0\leqslant x-y\leqslant 2, 0\leqslant y-x\leqslant 1$。

因此所求概率为 $P(A)=\dfrac{24^2-\dfrac{1}{2}\times 23^2-\dfrac{1}{2}\times 22^2}{24^2}\approx 0.121$。

【例 7】　设一质点一定落在 xOy 平面内由 x 轴、y 轴及直线 $x+y=1$ 所围成的三角形内，而落在这三角形内各点处的可能性相等，计算这质点落在直线 $x=1/3$ 的左边的概率（见图 10.7）。

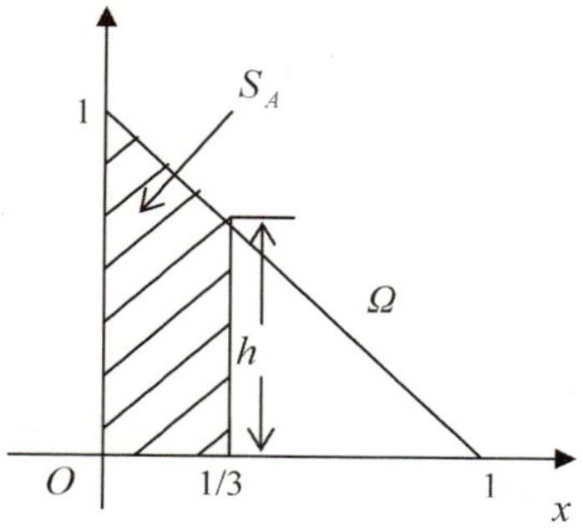

图 10.7

解：记求概率的事件为 A，则 S_A 为右图中阴影部分，而 $|\Omega|=1/2$，$|S_A|=\dfrac{1}{2}-\dfrac{1}{2}\left(\dfrac{2}{3}\right)^2=\dfrac{1}{2}\times\dfrac{5}{9}$
$=\dfrac{5}{18}$

最后由几何概型的概率计算公式可得

$P(A)=\dfrac{|S_A|}{|\Omega|}=\dfrac{5/18}{1/2}=\dfrac{5}{9}$

【例 8】　已知一个家庭中有三个小孩，且其中一个是女孩，求至少有一个男孩的概率（假设一个小孩是男孩或是女孩是等可能的）。

解：用 b, g 分别表示男孩和女孩。则样本空间为

$\Omega=\{(b,b,b),(b,b,g),(b,g,b),(g,b,b),(b,g,g),(g,b,g),(g,g,b),(g,g,g)\}$，其中样本点依年龄大小的性别排列。$A$ 表示“有女孩”，B 表示“有男孩”，则

$$P(B\mid A)=\frac{P(AB)}{P(A)}=\frac{6/8}{7/8}=\frac{6}{7}$$

【例 9】　n 个人用摸彩的方式决定谁得一张电影票，他们依次摸彩，求：

(1) 已知前 $k-1(k\leqslant n)$ 个人都没摸到，求第 k 个人摸到的概率；

(2) 第 $k(k\leqslant n)$ 个人摸到的概率。

解：设 A_i 表示"第 i 个人摸到"，$i=1,2,\cdots,n$。

(1) $P(A_k \mid \overline{A_1}\cdots\overline{A}_{k-1})=\dfrac{1}{n-(k-1)}=\dfrac{1}{n-k+1}$

(2) $P(A_k)=P(\overline{A_1}\cdots\overline{A}_{k-1}A_k)=\dfrac{n-1}{n}\cdot\dfrac{n-2}{n-1}\cdot\cdots\cdot\dfrac{1}{n-k+1}=\dfrac{1}{n}$

【例 10】 做一系列独立的试验，每次试验中成功的概率为 p，求在成功 n 次之前已失败了 m 次的概率。

解：用 A 表示"在成功 n 次之前已失败了 m 次"，B 表示"在前 $n+m-1$ 次试验中失败了 m 次"，C 表示"第 $n+m$ 次试验成功"，则

$$P(A)=P(BC)=P(B)P(C)=C_{n+m-1}^{m}p^{n-1}(1-p)^{m}\cdot p$$

$$=\binom{n+m-1}{m}p^{n}(1-p)^{m}$$

10.3 全概率公式与贝叶斯公式

10.3.1 全概率公式

在计算随机事件的概率时，为了求比较复杂事件 B 的概率，通常将它分解成若干个互不相容的简单事件 $A_1B,A_2B,\cdots,A_nB$ 之和，通过分别计算这些简单事件的概率，再利用概率的可加性与概率的乘法公式得到所需结果。

定理 10.2（全概率公式） 若 $A_1,A_2,\cdots,A_n$ 为一个完备事件组，且 $P(A_i)>0$，$i=1,2,\cdots,n$，则对任一事件 B，有

$$P(B)=\sum_{i=1}^{n}P(A_i)P(B|A_i)$$

上式称为**全概率公式**。

10.3.2 贝叶斯公式

设 $A_1,A_2,\cdots,A_n$ 是一个完备事件组，$P(A_i)>0$，$i=1,2,\cdots,n$，B 为任一事件，且 $P(B)>0$，则

$$P(A_i|B)=\frac{P(A_i)P(B|A_i)}{\sum_{i=1}^{n}P(A_i)P(B|A_i)},\quad i=1,2,\cdots,n$$

称上式为**贝叶斯公式**。

对贝叶斯公式，假定 $A_1,A_2,\cdots,A_n$ 是导致试验结果 B 发生的"原因"，$P(A_i)$ 称为**先验概率**，它反映了各种"原因"发生的可能性的大小，它往往是根

据以往的经验，在试验前就已确定的。现在若事件 B 发生了，这一信息将有助于探究事件 B 发生的“原因”。

条件概率 $P(A_i|B)$ 称为**后验概率**，它反映了试验后对各种“原因”发生的可能性大小的新见解。

因此贝叶斯公式主要用于由“结果”B 的发生来探求导致这一结果的各种“原因”A_i 发生的可能性大小，在各类推断问题中有广泛应用。

10.3.3　典型例题

【例 1】　某工厂由甲、乙、丙三个车间生产同一种产品，它们的产品占全厂产品的比例分别为 25%，35%，40%，并且它们的废品率分别是 5%，4%，2%。

(1) 今从该厂产品中任取一件问是废品的概率是多少？

(2) 如果已知取出的一件产品是废品，问它最大可能是哪个车间生产的？

解：设 $A=$“所取出的一件产品是废品”，$B_1=$“产品系甲车间生产”，

$B_2=$“产品系乙车间生产”，$B_3=$“产品系丙车间生产”

已知 $P(B_1)=0.25$，$P(B_2)=0.35$，$P(B_3)=0.4$，$P(A \mid B_1)=0.05$，$P(A \mid B_2)=0.04$，$P(A \mid B_3)=0.02$。

(1) 由全概率公式：

$$P(A)=\sum_{i=1}^{3}P(A \mid B_i)P(B_i)=0.25\times 0.05+0.35\times 0.04+0.4\times 0.02=0.0345$$

(2) 由贝叶斯公式：

$$P(B_1 \mid A)=\frac{P(A \mid B_1)P(B_1)}{P(A)}=\frac{0.25\times 0.05}{0.0345}\approx 0.3623$$

$$P(B_2 \mid A)=\frac{P(A \mid B_2)P(B_2)}{P(A)}=\frac{0.35\times 0.04}{0.0345}\approx 0.4058$$

$$P(B_3 \mid A)=\frac{P(A \mid B_3)P(B_3)}{P(A)}=\frac{0.02\times 0.4}{0.0345}\approx 0.2319$$

所以，所取出的一件废品最大可能是乙车间生产的。

【例 2】　甲、乙、丙三人同时对飞机进行射击，三人击中的概率分别为 0.4，0.5，0.7。飞机被一人击中而被击落的概率为 0.2，被两人击中而被击落的概率为 0.6，若三人都击中，飞机必定被击落，求飞机被击落的概率。

解：设 $A_i(n=0,1,2,3)$ 表示“恰有 i 人击中飞机”，B 为飞机被击落，则

$$P(A_1)=0.4\times 0.5\times 0.3+0.6\times 0.5\times 0.3+0.6\times 0.5\times 0.7=0.36$$

同理 $P(A_2)=0.4\times 0.5\times 0.3+0.6\times 0.5\times 0.7+0.4\times 0.5\times 0.7=0.41$

$P(A_3)=0.4\times 0.5\times 0.7=0.14$

易知 $P(B \mid A_0)=0, P(B \mid A_1)=0.2, P(B \mid A_2)=0.6, P(B \mid A_3)=1$

由全概率公式

$P(B)=P(B \mid A_0)P(A_0)+P(B \mid A_1)P(A_1)+P(B \mid A_2)P(A_2)+P(B \mid A_3)P(A_3)=0\times 0.09+0.2\times 0.36+0.6\times 0.41+1\times 0.14=0.458$

【例 3】 有朋友自远方来访，他乘火车、轮船、汽车、飞机来的概率分别是 0.3，0.2，0.1、0.4。如果他乘火车、轮船、汽车来的话，迟到的概率分别是 $\frac{1}{4}$，$\frac{1}{3}$，$\frac{1}{12}$，而乘飞机不会迟到。结果他迟到了，试问他是乘火车来的概率是多少？

解：用 A_1 表示“朋友乘火车来”，A_2 表示“朋友乘轮船来”，A_3 表示“朋友乘汽车来”，A_4 表示“朋友乘飞机来”，B 表示“朋友迟到了”，则

$$P(A_1 \mid B)=\frac{P(A_1)P(B \mid A_1)}{\sum_{k=1}^{4}P(A_k)P(B \mid A_k)}=\frac{1}{2}$$

【例 4】 已知甲袋中有 6 只红球，4 只白球；乙袋中有 8 只红球，6 只白球。求随机取一只袋，再从该袋中随机取一球，该球是红球的概率。

解：记 $B=\{$该球是红球$\}$，$A_1=\{$取自甲袋$\}$，$A_2=\{$取自乙袋$\}$，已知 $P(B \mid A_1)=6/10, P(B \mid A_2)=8/14$，所以由全概率公式得

$$P(B)=P(A_1)P(B \mid A_1)+P(A_2)P(B \mid A_2)=\frac{1}{2}\times\frac{6}{10}+\frac{1}{2}\times\frac{8}{14}=\frac{41}{70}$$

习题 10

1. 假设 $P(A)=0.4$，$P(A\cup B)=0.7$，那么

(1) 若 A 与 B 互不相容，求 $P(B)$。

(2) 若 A 与 B 相互独立，求 $P(B)$。

2. 设随机事件 A 与 B 相互独立，$P(B)=0.5$，$P(A-B)=0.3$，求 $P(B-A)$。

3. 已知 $P(AB)=P(\overline{A}\,\overline{B})$，$P(A)=p$，则求 $P(B)$。

4. 设随机事件 A、B 由及其事件 $A\cup B$ 的概率分别为 0.4，0.3，0.6，若 $\overline{B}$ 表示 B 的对立事件，那么求概率 $P(A\overline{B})$。

5. 设 A，B 为随机事件，$P(A)=0.7$，$P(A-B)=0.3$，求 $P\overline{(AB)}$。

6. 已知事件 $A=\{X>a\}$ 和 $B=\{Y>a\}$ 独立，且 $P(A\cup B)=\dfrac{3}{4}$，求常数 a。

7. 已知 $P(A)=P(B)=P(C)=\dfrac{1}{4}$，$P(AB)=0$，$P(AC)=P(BC)=\dfrac{1}{16}$，求事件 A，B，C 全不发生的概率。

8. 设事件 A，B，C，有 $P(A)=P(B)=P(C)=\dfrac{1}{4}$，$P(AB)=P(BC)=0$，$P(AC)=\dfrac{1}{8}$，求 A，B，C 三个事件中至少出现一个的概率。

9. 设 A、B 为任意两个事件，且 $A\subset B$，$P(B)>0$。证明 $P(A)\leqslant P(A|B)$。

10. 设 $0<P(A)<1$，$0<P(B)<1$，$P(A|B)+P(\overline{A}|\overline{B})=1$，证明事件 A 和 B 相互独立。

11. 设三次独立实验中，事件 A 出现的概率相等，若已知 A 至少出现一次的概率等于 $\dfrac{19}{27}$，则事件 A 在一次试验中出现的概率。

12. 在区间 $(0,1)$ 中随机地取两个数，求事件“两数之和小于 $\dfrac{6}{5}$”的概率。

13. 设有来自三个地区的各 10 名、15 名和 25 名考生的报名表，其中女生的报名表分别为 3 份、7 份和 5 份，随机地取一个地区的报名表，从中先后抽出两份。

(1) 求先抽到的一份是女生表的概率 p；

(2) 已知后抽到的一份是男生表，求先抽到的一份是女生表的概率 q。

14. 将一枚硬币独立的投掷两次，令 $A_1=$掷第一次出现的是正面，$A_2=$掷第二次

出现的是正面，A_3 = 正、反面各出现一次，A_4 = 正面出现两次。

证明：事件 A_1, A_2, A_3 两两独立但不相互独立，A_2, A_3, A_4 不两两独立更不相互独立。

15. 三个箱子，第一个箱子有 4 个黑球 1 个白球，第二个箱子中有 3 个白球和 3 个黑球，第三个箱子中有 3 个黑球 5 个白球，现随机地取一个箱子，再从这个箱子中取一个球。试求：

(1) 这个球为白球的概率。

(2) 已知取出的是白球，此球属于第二个箱的概率。

16. 设 10 件产品有 4 件不合格品，从中任取两件，已知所取两件产品中有一件是不合格品，证明另一件也是不合格品的概率。

17. 某学生用一台机器接连独立地制造 3 个同种零件，第 i 个零件是不合格品的概率 $p_i = \dfrac{1}{i+1}(i=1,2,3)$，以 X 表示 3 个零件中合格品的个数，求 $P(X=2)$。

18. 一批产品共 10 个正品和 2 个次品，任意抽取两次，每次抽一个，抽出后不放回，求第二次抽出的是次品的概率。

19. 在区间(0,1)中随机地取两个数，求这两个数之差的绝对数小于$\dfrac{1}{2}$的概率。

20. 考虑一元二次方程 $x^2+Bx+C=0$，其中 B, C 分别是将一枚骰子接连掷两次先后出现的点数。求方程有实根的概率 p 和有重根的概率 q。

21. 假设一批产品中一、二、三等品各占 60%，30%，10%，从中随意取出一件，结果不是三等品，求取到的是一等品的概率。

22. 从数 1,2,3,4 中任取一个数，记为 X，再从 $1, \dfrac{1}{4}, X$ 中任取一个数，记为 Y，求 $P\{Y=2\}$。

23. 将 C, C, E, E, I, N, S 这 7 个字母随机地排成一行，那么恰好排成英文单词 $SCIENCE$ 的概率是多少？

24. 从 0,1,2,…,9 十个数字中任意选出三个不同的数字，试求下列事件概率：

(1) A_1 = {三个数字中不含 5 和 0}；

(2) A_2 = {三个数字中含 0 但不含 5}。

25. 一射手对同一目标独立地进行四次射击，若至少命中一次的概率为$\dfrac{80}{81}$，则射手的命中率是多少？

第11章 随机变量及其分布

概率论是从数量上来研究随机现象统计规律性的，为了更方便地研究随机现象，需要用微积分的方法及工具，因此为了便于数学上的推导和计算，需将任意的随机事件数量化。当把一些非数量表示的随机事件用数字来表示时，就建立起了随机变量的概念。

随机变量的引入，使概率论的研究由个别随机事件扩大为随机变量所表征的随机现象的研究。正因为随机变量可以描述各种随机事件，使我们不是孤立地去研究一个随机事件，而是通过随机变量将各个事件联系起来，进而去研究其全部。在此，我们主要研究随机变量和它的分布。

11.1 随机变量及其分布

11.1.1 随机变量的概念

1. 随机变量的定义

定义 11.1 设随机试验的样本空间为 $\Omega=\{\omega\}$，如果 $X=X(\omega)$ 是定义在样本空间 $\Omega=\{\omega\}$ 上的实值函数，即对于每一个 $\omega\in\Omega$，都有唯一的实数 $X(\omega)$ 与其相对应，则称 $X=X(\omega)$ 为**随机变量**。

注 1：随机变量通常用大写英文字母 X,Y,Z 或者希腊字母 ξ,η,ζ 等表示。

注 2：有了随机变量，随机试验中的各种事件，就可以通过随机变量的关系式表达出来。

2. 随机变量的分类

随机变量按其取值可分为两大类：离散型和非离散型随机变量。

所有取值可以逐个一一列举的随机变量称为离散型随机变量，即离散型随机变量仅取数轴上的有限个或可列无穷多个点。

非离散型随机变量范围很广，情况比较复杂，其中最重要的也是实际中常遇到的连续型随机变量，连续型随机变量全部可能取值为无穷多，不能一一列举，而且是充满一个或若干个区间。如无特殊说明，本书只讨论离散型及连续型随机变量。

11.1.2 随机变量的分布函数

1. 分布函数的定义

对于随机变量 X，我们不仅要知道 X 取哪些值，还要知道 X 取这些值的概率，更重要的是要知道随机变量 X 在任意有限区间内取值的概率。即

定义 11.2 设 X 是一个随机变量，对任意实数 x，函数 $F(x)=P\{X\leqslant x\}$ 称为随机变量 X 的**分布函数**。有时为了避免混淆，也可用 $F_X(x)$ 表明是 X 的分布函数。

注：由分布函数的定义，知随机变量 X 落在区间 $(a,b]$ 的概率就等于 $F(x)$ 在此区间的增量，即

$$P\{a<X\leqslant b\}=P\{X\leqslant b\}-P\{X\leqslant a\}=F(b)-F(a)$$

2. 分布函数的性质

(1) $0\leqslant F(x)\leqslant 1$，对任意的 $x\in\mathbf{R}$；

(2) 若 $x_1<x_2$，则 $F(x_1)\leqslant F(x_2)$，即 $F(x)$ 是 x 的单调不减函数；

(3) $F(-\infty)=\lim\limits_{x\to-\infty}F(x)=0$，$F(+\infty)=\lim\limits_{x\to+\infty}F(x)=1$；

(4) $\lim\limits_{x\to x_0^+}F(x)=F(x_0)$，对任意的 $x_0\in\mathbf{R}$，即 $F(x)$ 为右连续函数。

3. 分布函数的意义

有了一个随机变量 X 的分布函数 $F(x)$，就可以计算该随机变量取值于任何一个区间的概率，即

(1) $P\{X\leqslant a\}=F(a)$

(2) $P\{X>a\}=1-F(a)$

(3) $P\{a<X\leqslant b\}=F(b)-F(a)$

(4) $P\{X<a\}=F(a^-)$

(5) $P\{X=a\}=F(a)-F(a^-)$

(6) $P\{X\geqslant a\}=1-F(a^-)$

(7) $P\{a\leqslant X\leqslant b\}=F(b)-F(a^-)$

(8) $P\{a<X<b\}=F(b^-)-F(a)$

(9) $P\{a\leqslant X<b\}=F(b^-)-F(a^-)$

从这个意义上来讲，分布函数 $F(x)$ 全面地描述了随机变量 X 的变化情况。只要知道了分布函数 $F(x)$，也就把握住了随机变量 X 取值的统计规律。

11.1.3 离散型随机变量的概率分布

1. 离散型随机变量的定义及其概率分布

定义 11.3 若某个随机变量 X 的所有可能取值是有限多个或可列无限多个，则称这个随机变量为**离散型随机变量**。

设 X 是一个离散随机变量，如果 X 的所有可能取值是 $x_1, x_2, \cdots x_n \cdots$，则称 X 取 x_i 的概率

$$p_i = p(x_i) = P(X = x_i), i = 1, 2, \cdots n, \cdots$$

为 X 的概率分布列或简称为分布列，记为 $X \sim \{p_i\}$。

分布列也可用下列形式表示：

$$\begin{pmatrix} x_1 & x_2 \cdots x_n \cdots \\ p(x_1) & p(x_2) \cdots p(x_n) \cdots \end{pmatrix}$$

或如表 11.1 所示。

表 11.1

X	x_1	x_2	$\cdots$	x_n	$\cdots$
P	p_1	p_2	$\cdots$	p_n	$\cdots$

2. 离散型随机变量概率分布的性质

由概率的性质，离散型随机变量的概率分布具有以下两个基本性质：

(1) 非负性：$0 \leqslant p_k \leqslant 1$；

(2) 规范性：$\sum\limits_{k=1}^{\infty} p_k = 1$。

可以证明，这两个性质也是判断一个数列 $p_1, p_2, \cdots, p_n, \cdots$ 能否成为某个离散型随机变量的概率分布的充分必要条件。

设 X 是离散型随机变量，则对于任意实数 x，随机事件 $\{X \leqslant x\}$ 可以表示为

$$\{X \leqslant x\} = \bigcup_{x_i \leqslant x} \{X = x_i\}$$

由于 x_i 互不相同，由概率的可加性、分布函数的定义可得离散型随机变量 X 的分布函数为

$$F(x) = P\{X \leqslant x\} = \sum_{x_k \leqslant x} P\{X = x_k\} = \sum_{x_k \leqslant x} P_k$$

注：显然，离散型随机变量 X 的分布函数是阶梯函数。

3. 常见的离散型随机变量及其概率分布

1) 0－1 分布

设随机变量的概率分布为

$$P\{X = k\} = p^k (1 - p)^{1-k}, k = 0, 1, \ 0 < p < 1$$

或如表 11.2 所示。

表 11.2

X	1	0
P	p	$1-p$

则称随机变量 X 服从参数为 p 的 $0-1$ 分布(或两点分布)。

2) 几何分布

设随机变量 X 的概率分布为

$$P\{X=k\}=(1-p)^{k-1}p, k=1,\cdots,n,\cdots$$

则称随机变量 X 服从参数为 p 的**几何分布**。

几何分布具有**无记忆性**:在已经做了 n 次失败试验的条件下,还需要继续做 m 次以上的试验的可能性,与从一开始就需要做 m 次以上试验的可能性是一样的。即

$$P\{X>n+m \mid X>n\}=P\{X>m\}$$

3) 超几何分布

设随机变量 X 的概率分布为

$$P\{X=k\}=\frac{C_M^k C_{N-M}^{n-k}}{C_N^n}, \ k=0,1,\cdots,n, \ M \leqslant N, n \leqslant M,$$

则称随机变量 X 服从参数为 N,M,n 的**超几何分布**。

从有限个元素中进行不放回抽样经常会遇到超几何分布。即:若 N 个元素共分成两类,其中有 M 个是第一类。若从中不放回地随机抽取 n 件,则其中含有的第一类元素的个件数 X 服从超几何分布。

4) 二项分布

若随机变量 X 的所有可能取值为 $0,1,\cdots,n$,且它的分布为

$$p_k=P\{X=k\}=C_n^k p^k (1-p)^{n-k}, k=0,1,\cdots,n$$

其中 $0<p<1$,则称随机变量 X 服从参数为 n,p 的**二项分布**,记作 $X \sim B(n,p)$。

显然,0-1 分布就是二项分布 $B(1,p)$,即 0-1 分布是二项分布 $n=1$ 时的特例。

使得 $P\{X=k\}$ 达到最大值的 k_0 称为该二项分布的最可能取值。可以证明:

$$k_0=\begin{cases}(n+1)p \text{ 或 } (n+1)p-1, & (n+1)p \text{ 是整数} \\ [(n+1)p], & (n+1)p \text{ 不是整数}\end{cases}$$

5) 泊松分布

若随机变量 X 的取值为非负整数,且其概率分布为

$$p_k=P\{X=k\}=\frac{\lambda^k}{k!}e^{-\lambda},k=0,1,2,\cdots$$

其中$\lambda>0$为常数，则称随机变量X服从参数为λ的**泊松分布**，记作$X\sim P(\lambda)$。

定理 11.1（泊松定理）　设$\lambda>0$是一个常数，n是任意正整数，设$np_n=\lambda$，则对于任一固定的非负整数k，有

$$\lim_{n\to+\infty}C_n^k p_n^k(1-p_n)^{n-k}=\frac{\lambda^k}{k!}e^{-\lambda},k=0,1,2,\cdots$$

意味着，当随机变量$X\sim B(n,p)$，n很大，p很小且np适中（$0.1\leqslant np\leqslant 10$时较好）时，记$np=\lambda$，则

$$P(X=k)=C_n^k p^k(1-p)^{n-k}\approx\frac{\lambda^k}{k!}e^{-\lambda},k=0,1,2,\cdots,n$$

6）$P\{X\geqslant a\}=1-F(a^-)$

11.1.4　连续型随机变量的概率分布

1. 连续型随机变量的定义及其密度函数

定义 11.4　设随机变量X的分布函数为$F(x)$，如果存在实数域上的一个非负可积函数$f(x)$，使得对任意实数x，有

$$F(x)=\int_{-\infty}^{x}f(t)\,dt$$

则称X为**连续型随机变量**，并称$f(x)$为连续型随机变量X的**概率密度函数**，简称为**密度函数**或称**概率密度**。

由定义知，连续型随机变量X具有下列性质：

性质 1　任意的$a,b(a<b)$，有$P\{a<X\leqslant b\}=F(b)-F(a)=\int_a^b f(x)\,dx$；

性质 2　任意实数a，有$P\{X=a\}=0$；

性质 3　设$F(x)$为连续型随机变量X的分布函数，则$F(x)$处处连续；

性质 4　若$f(x)$在点x处连续，则有$F'(x)=f(x)$。

2. 连续型随机变量概率分布的性质

类似于离散型随机变量，连续型随机变量X的概率密度函数$f(x)$具有性质：

（1）非负性：$f(x)\geqslant 0$；

（2）规范性：$\int_{-\infty}^{+\infty}f(x)\,dx=1$。

以上两条基本性质是密度函数必须具有的性质，也是确定或判断某个函数是否为密度函数的**充要条件**。

3. 常见的连续型随机变量及其密度函数

1）均匀分布

若连续型随机变量 X 的密度函数为

$$f(x)=\begin{cases}\dfrac{1}{b-a}, & a\leqslant x\leqslant b,\\ 0, & 其他,\end{cases}$$

则称 X 服从区间 $[a,b]$ 上的**均匀分布**，记作 $X\sim U[a,b]$。

由分布函数的性质，对于任意的 $x_1,x_2\in(a,b)$，$(x_1<x_2)$，有

$$P\{x_1<X<x_2\}=F(x_2)-F(x_1)=\frac{x_2-x_1}{b-a}$$

这表明，服从均匀分布的随机变量落入 $[a,b]$ 的任意子区间内的概率只依赖于子区间的长度，而与子区间的位置无关，这正是均匀分布的概率意义。

2）指数分布

若连续型随机变量 X 的密度函数为

$$f(x)=\begin{cases}\lambda e^{-\lambda x}, & x>0\\ 0, & x\leqslant 0\end{cases}$$

其中 $\lambda>0$ 为常数，则称 X 服从参数为 λ 的**指数分布**，记作 $X\sim E(\lambda)$。

指数分布也具有**无记忆性**：如果 $X\sim E(\lambda)$，则对任意的 $s>0,t>0$，有

$$P(X>s+t\mid X>s)=P(X>t)$$

略证：
$$\begin{aligned}P(X>s+t\mid X>s)&=\frac{P\{(X>s+t)\cap(X>s)\}}{P\{X>s\}}\\&=\frac{P\{X>s+t\}}{P\{X>s\}}\\&=\frac{1-F(s+t)}{1-F(s)}=\frac{e^{-\lambda(s+t)}}{e^{-\lambda s}}=e^{-\lambda t}\\&=P\{X>t\}\end{aligned}$$

3）正态分布

若连续型随机变量 X 的密度函数为

$$f(x)=\frac{1}{\sqrt{2\pi}\sigma}e^{-\frac{(x-\mu)2}{2\sigma^2}},x\in(-\infty,+\infty)$$

其中 μ,σ 为常数，且 $\sigma>0$，则称随机变量 X 服从参数为 μ 和 σ 的正态分布，记作 $X\sim N(\mu,\sigma^2)$。

正态分布的概率密度 $f(x)$ 的图形称为正态曲线，它具有以下性质：

性质 1 曲线位于 x 轴的上方，以直线 $x=\mu$ 为对称轴，即 $f(\mu+x)=f(\mu-x)$。

即对 $h>0$，有 $P\{\mu-h<x\leqslant\mu\}=P\{\mu<x\leqslant\mu+h\}$。

性质 2 $\max f(x)=f(\mu)=\dfrac{1}{\sqrt{2\pi}\sigma}$，即当 $x=\mu$ 时，概率密度函数取得最大值。

性质 3 在 $x=\mu\pm\sigma$ 处曲线有拐点，并以 x 轴为渐近线。

性质 4 参数 μ 确定了曲线的位置，σ 确定了曲线的形状。σ 越大，曲线越平坦；σ 越小，曲线越集中。

性质 5 整条曲线呈现"中间高，两边低"的钟形。

4）标准正态分布

当正态分布中的 $\mu=0,\sigma=1$ 时，我们得到**标准正态分布**，记作 $N(0,1)$。相应的密度函数和分布函数分别用 $\varphi(x)$ 和 $\Phi(x)$ 表示，即

$$\varphi(x)=\frac{1}{\sqrt{2\pi}}\mathrm{e}^{-\frac{x^2}{2}},x\in(-\infty,+\infty)$$

$$\Phi(x)=\frac{1}{\sqrt{2\pi}}\int_{-\infty}^{x}\mathrm{e}^{-\frac{t^2}{2}}\mathrm{d}t,x\in(-\infty,+\infty)$$

且标准正态分布 $N(0,1)$ 的分布函数 $\Phi(x)$ 具有以下性质：

性质 1 $\Phi(-x)=1-\Phi(x)$；

性质 2 $\Phi(0)=0.5$；

性质 3 $P\{|X|<c\}=2\Phi(c)-1,(c\geqslant 0)$。

定理 11.2（正态分布的标准化） 若随机变量 $X\sim N(\mu,\sigma^2)$，则 $Y=\dfrac{X-\mu}{\sigma}\sim N(0,1)$。

从而，若随机变量 $X\sim N(\mu,\sigma^2)$，则有

$$P\{a<X\leqslant b\}=\Phi\left(\frac{b-\mu}{\sigma}\right)-\Phi\left(\frac{a-\mu}{\sigma}\right)$$

$$P\{X\leqslant c\}=\Phi\left(\frac{c-\mu}{\sigma}\right)$$

11.1.5 典型例题

【例 1】 某汽车沿一街道行驶，需要通过三个均设有红绿信号灯的路口，每个信号灯为红或绿与其他信号灯为红或绿相互独立，且红绿两种信号显示的时间相等。以 X 表示汽车首次遇到红灯前已通过路口个数，求随机变量 X 的分布律及分布函数。

解：由题设可知，X 的可能取值为 0，1，2，3。设 $A_i=\{$汽车在第 i 个路口首次遇到红灯$\}(i=0,1,2,3)$。A_0,A_1,A_2,A_3 相互独立，且 $P(A_i)=P(\overline{A_i})=\dfrac{1}{2}$，所

以得

$$P\{X=0\}=P(A_1)=\frac{1}{2};P\{X=1\}=P(\overline{A_1}A_2)=P(\overline{A_1})P(A_2)=\frac{1}{2^2};$$

$$P\{X=2\}=P(\overline{A_1}\,\overline{A_2}A_3)=\frac{1}{2^3};P\{X=3\}=P(\overline{A_1}\,\overline{A_2}\,\overline{A_3})=\frac{1}{2^3}。$$

从而，X 的分布律如表 11.3 所示。

表 11.3

X	0	1	2	3
p_k	$\frac{1}{2}$	$\frac{1}{2^2}$	$\frac{1}{2^3}$	$\frac{1}{2^3}$

【例 2】 设随机变量 X 的分布律为 $P\{X=n\}=c\left(\frac{1}{4}\right)^n$，$(n=1,2,\cdots)$，试求常数 c。

解：由分布律的性质，得

$$1=\sum_{n=1}^{\infty}P\{X=n\}=\sum_{n=1}^{\infty}c\left(\frac{1}{4}\right)^n=c\cdot\frac{\frac{1}{4}}{1-\frac{1}{4}}，所以\ c=3。$$

【例 3】 设 $X\sim p(x)=\begin{cases}kx^2, & 0\leqslant x<2\\ kx, & 2\leqslant x\leqslant 3,\\ 0, & 其他\end{cases}$

求：(1) 常数 k；(2) X 的分布函数；(3) $P\left(1<X\leqslant\frac{5}{2}\right)$。

解：(1) 由密度函数的性质

$$\int_{-\infty}^{+\infty}p(x)\mathrm{d}x=1，得\int_0^2 kx^2\mathrm{d}x+\int_2^3 kx\,\mathrm{d}x=1$$

解之得 $k=\frac{6}{31}$，

$$故\quad X\sim p(x)=\begin{cases}\frac{6}{31}x^2, & 0\leqslant x<2\\ \frac{6}{31}x, & 2\leqslant x\leqslant 3\\ 0, & 其他\end{cases}$$

(2) X 的分布函数为

$$F(x)=\begin{cases}0, & x<0\\ \int_0^x \frac{6}{31}t^2\,\mathrm{d}t, & 0\leqslant x<2\\ \int_0^2 \frac{6}{31}t^2\,\mathrm{d}t+\int_2^x \frac{6}{31}t\,\mathrm{d}t, & 2\leqslant x<3\\ 1, & x\geqslant 3\end{cases}$$

故
$$F(x)=\begin{cases}0, & x<0\\ \frac{2}{31}x^3, & 0\leqslant x<2\\ \frac{3}{31}x^2+\frac{4}{31}, & 2\leqslant x<3\\ 1, & x\geqslant 3\end{cases}$$

(3) $P\left(1<X<\frac{5}{2}\right)=F\left(\frac{5}{2}\right)-F(1)=\frac{3}{31}\cdot\left(\frac{5}{2}\right)^2+\frac{4}{31}-\frac{2}{31}\cdot 1^3=\frac{83}{124}$

【例 4】 为保证设备正常工作,需要配备适量的维修工人(工人配备多了就浪费,配备少了要影响生产)。现有同类型设备 300 台,各台工作与否是相互独立的,发生故障的概率都是 0.01。在通常情况下,一台设备的故障可由一人来处理(我们也只考虑这种情况),问至少需配备多少工人,才能保证当设备发生故障但不能维修的概率小于 0.01?

解:设需要配备 N 人,记同一时刻发生故障的设备台数为 X,则 $X\sim b(300,0.01)$,所要解决的问题是确定 N,使得 $P\{X>N\}<0.01$,由泊松定理,$\lambda=np=3$,

$$P\{X>N\}=1-P\{X\leqslant N\}=1-\sum_{k=0}^{N}C_{300}^{k}\,(0.01)^k\cdot(0.99)^{300-k}$$
$$\approx 1-\sum_{k=0}^{N}\frac{3^k\mathrm{e}^{-3}}{k!}=\sum_{k=N+1}^{\infty}\frac{3^k\mathrm{e}^{-3}}{k!}<0.01$$

查表知,满足上式的最小的 N 是 8,因此需配备 8 个维修工人。

【例 5】 接连进行两次射击,以 X 表示命中目标的次数,假设已知每次射击命中目标的概率为 0.4,求 X 的分布律与分布函数。

解:X 的分布律为

X	0	1	2
p_k	0.36	0.48	0.16

由分布函数的定义 $F(x)=P\{\xi\leqslant x_i\}=\sum\limits_{x_i\leqslant x}p_i$ 得

X 的分布函数为 $F(x)=\begin{cases}0, & x<0\\ 0.36, & 0\leqslant x<1\\ 0.84, & 1\leqslant x<2\\ 1, & x\geqslant 2\end{cases}$

【例 6】 公共汽车车门的高度是按男子与车门顶碰头的机会在 0.01 以下来设计的。设男子身长 X 服从 $\mu=170\text{cm}$，$\sigma=6\text{cm}$ 的正态分布，即 $X\sim N(170,6^2)$，问车门高度应如何确定？

解：设车门高度为 $h\,\text{cm}$，按设计要求有，

$$P\{X\geqslant h\}\leqslant 0.01 \text{ 或 } P\{X<h\}\geqslant 0.99$$

因 $X\sim N(170,6^2)$，故 $P\{X<h\}=F(h)=\Phi\left(\dfrac{h-170}{6}\right)\approx 0.99$，

查表得 $\Phi(2.33)=0.9901>0.99$，

所以，$\dfrac{h-170}{6}=2.33$，即 $h=184\text{cm}$。

【例 7】 设某随机变量 X 的分布函数为

$$F(x)=\begin{cases}0, & x\leqslant -a\\ A+B\arcsin(x/2), & -a<x\leqslant a\quad (a>0)\\ 1, & x>a\end{cases}$$

求 A，B。

解：由分布函数的性质，得

$0=F(-a)=\lim\limits_{x\to -a+}F(x)=\lim\limits_{x\to -a+}(A+B\arcsin(x/a)=A+B\arcsin(-1)=$

$A-\dfrac{\pi}{2}B$

$1=\lim\limits_{x\to a+}F(x)=F(a)=A+B\arcsin(x/a)=A+\dfrac{\pi}{2}B$

解得　$A=1/\pi$，$B=1/2$。

【例 8】 设随机变量 ξ 的密度函数为 $f(x)=\begin{cases}kx(1-x), & 0<x<1\\ 0 & \text{其他}\end{cases}$ 其中常数 $k>0$，试确定 k 的值，并求概率 $p\{\xi>0.3\}$ 和 ξ 的分布函数。

解：由 $1=\int_{-\infty}^{+\infty}p(x)\mathrm{d}x=\int_0^1 kx(1-x)\mathrm{d}x=k\int_0^1(x-x^2)\mathrm{d}x=k/6\Rightarrow k=6$；

$P\{\xi>0.3\}=\int_{0.3}^{+\infty}p(x)\mathrm{d}x=\int_{0.3}^1 6x(1-x)\mathrm{d}x=0.784$；

由于密度函数为 $f(x)=\begin{cases}6x(1-x), & 0<x<1\\ 0, & \text{其他}\end{cases}$

所以分布函数 $F(x)=\begin{cases}0, & x\leqslant 0\\ \int_0^x 6t(1-t)\mathrm{d}t, & 0<x\leqslant 1\\ 1, & x>1\end{cases}$

11.2 随机变量函数的分布

11.2.1 离散型随机变量函数的分布

设 $g(x)$ 是定义在随机变量 X 的一切可能取值 x 的集合上的函数，如果当 X 取值为 x 时，随机变量 Y 的取值为 $y=g(x)$，则称 Y 是随机变量 X 的函数，记为 $Y=g(X)$。

下面我们讨论如何由已知的随机变量 X 的分布去求得它的函数的分布。

设 X 是离散型随机变量，X 的分布律如表 11.4 所示。

表 11.4

X	x_1	x_2	$\cdots$	x_n	$\cdots$
P	p_1	p_2	$\cdots$	p_n	$\cdots$

则 $Y=g(X)$ 也是一个离散型随机变量，此时 Y 的分布律如表 11.5 所示。

表 11.5

Y	$g(x_1)$	$g(x_2)$	$\cdots$	$g(x_n)$	$\cdots$
P	p_1	p_2	$\cdots$	p_n	$\cdots$

当 $g(x_1),g(x_2),\cdots,g(x_n),\cdots$ 中某些值相等时，则把那些相等的值分别合并，并把对应的概率相加即可。

11.2.2 连续型随机变量函数的分布

设 X 为连续型随机变量，其密度函数 $f_X(x)$ 已知，如果函数 $g(x)$ 是连续函数，那么随机变量 $Y=g(X)$ 也是连续型随机变量。下面介绍求 $Y=g(X)$ 的密度函数 $f_Y(y)$ 的两种方法。

1. 分布函数法

为了求 Y 的密度函数 $f_Y(y)$，先求 Y 的分布函数 $F_Y(y)$，即

$$F_Y(y)=P\{Y\leqslant y\}=P\{g(X)\leqslant y\}=P\{X\in D\}$$

其中 $D=\{x\mid g(x)\leqslant y\}$，然后 $F_Y(y)$ 对 y 求导，就得到 $f_Y(y)$，即

$$f_Y(y)=\begin{cases}\dfrac{\mathrm{d}F_Y(y)}{\mathrm{d}y}, & \text{当 } F_Y(y) \text{ 在 } y \text{ 处可导时}\\ 0, & \text{当 } F_Y(y) \text{ 在 } y \text{ 处不可导时}\end{cases}$$

2. 公式法

定理 11.3 设 X 是连续型随机变量,其密度函数为 $f_X(x)$,$y=g(x)$ 是严格单调且处处可导函数,其反函数 $h(y)$ 有连续导函数,则 $Y=g(X)$ 是连续型随机变量,其密度函数为

$$f_Y(y)=\begin{cases}f_X[h(y)]\,|h'(y)|, & a<y<b\\ 0, & \text{其他}\end{cases}$$

其中 $a=\min\{g(-\infty),g(+\infty)\}$,$b=\max\{g(-\infty),g(+\infty)\}$。

11.2.3 典型例题

【例 1】 设随机变量 X 的分布律如表 11.6 所示。

表 11.6

X	1	2	3	…	n	…
p_k	$\frac{1}{2}$	$\left(\frac{1}{2}\right)^2$	$\left(\frac{1}{2}\right)^3$	…	$\left(\frac{1}{2}\right)^n$	…

求 $Y=\sin\left(\dfrac{\pi}{2}X\right)$的分布律。

解:因 $\sin\left(\dfrac{n\pi}{2}\right)=\begin{cases}-1, & n=4k-1\\ 0, & n=2k\\ 1, & n=4k-3\end{cases}$

所以,$Y=\sin\left(\dfrac{\pi}{2}X\right)$只有三个可能取值:-1,0,1,而取得这些值的概率分别是

$$P\{Y=-1\}=\frac{1}{2^3}+\frac{1}{2^7}+\frac{1}{2^{11}}+\cdots+\frac{1}{2^{4k-1}}+\cdots=\frac{2}{15}$$

$$P\{Y=0\}=\frac{1}{2^2}+\frac{1}{2^4}+\frac{1}{2^6}+\cdots+\frac{1}{2^{2k}}+\cdots=\frac{1}{3}$$

$$P\{Y=1\}=\frac{1}{2}+\frac{1}{2^5}+\frac{1}{2^9}+\cdots+\frac{1}{2^{4k-3}}+\cdots=\frac{8}{15}$$

所以,Y 的分布律如表 11.7 所示。

表 11.7

Y	-1	0	1
p_k	$\frac{2}{15}$	$\frac{1}{3}$	$\frac{8}{15}$

【例 2】 设离散型随机变量 X 有如表 11.8 的分布律，试求随机变量 $Y=(X-3)^2+1$ 的分布律。

表 11.8

X	1	3	5	7
P	0.5	0.1	0.15	0.25

解：Y 的所有可能取值为 1,5,17

$P(Y=1)=P((X-3)^2+1=1)=P(X=3)=0.1$

$P(Y=5)=P((X-3)^2+1=5)=P(X=1)+P(X=5)=0.5+0.15=0.65$

$P(Y=17)=P((X-3)^2+1=17)=P(X=7)=0.25$

故 Y 的分布律如表 11.9 所示。

表 11.9

Y	1	5	17
P	0.1	0.65	0.25

【例 3】 设随机变量 $X \sim p_X(x)=\begin{cases} 2x, & 0<x<1 \\ 0, & 其他 \end{cases}$，求 $Y=3X+5$ 的概率密度。

解：$Y=3X+5$ 的分布函数 $F_Y(y)$：

$$F_Y(y)=P(Y \leqslant y)=P(3X+5 \leqslant y)=P\left(X \leqslant \frac{y-5}{3}\right)=\int_{-\infty}^{\frac{y-5}{3}} p_X(x)\mathrm{d}x$$

$$=\begin{cases} 0, & y<5 \\ \frac{1}{9}(y-5)^2, & 5<y<8 \\ 1, & y \geqslant 8 \end{cases}$$

Y 的概率密度函数为

$$p_Y(y)=\frac{\mathrm{d}}{\mathrm{d}y}F_Y(y)=\begin{cases} \frac{2}{9}(y-5), & 5<y<8 \\ 0 & 其他 \end{cases}$$

【例 4】 已知 $X \sim N(\mu,\sigma^2)$，求 $Y=\frac{X-\mu}{\sigma}$ 的概率密度。

解：设 Y 的分布函数为 $F_Y(y)$，于是

$$F_Y(y)=P\{Y=y\}=P\{\frac{X-\mu}{\sigma}\leqslant y\}=P\{X\leqslant \sigma y+\mu\}=F_X(\sigma y+\mu)$$

其中 $F_X(x)$ 为 X 的分布函数。

将上式两边对 y 求导，并利用概率密度是分布函数的导数的关系得

$$F'_Y(y)=f_Y(y)=[F_X(\sigma y+\mu)]'_y=f(\sigma y+\mu)\cdot\sigma$$

再将 $f(x)=\frac{1}{\sqrt{2\pi}\sigma}e^{-\frac{(x-\mu)^2}{2\sigma^2}}$ 代入，有

$$f_Y(y)=\frac{1}{\sqrt{2\pi}\sigma}e^{-\frac{[(\sigma y+\mu)-\mu]^2}{2\sigma^2}}\cdot\sigma=\frac{1}{\sqrt{2\pi}}e^{-\frac{y^2}{2}}$$

【例 5】 设随机变量 $X\sim N(\mu,\sigma^2)$ 具有概率密度 $f_X(x)$，$-\infty<x<+\infty$，求线性函数 $Y=a+bX$（a,b 为常数，且 $b\neq 0$）的概率密度。

解：因 $y=g(x)=bx+a$，故 $x=h(y)=\frac{y-a}{b}$，而 $h'(y)=\frac{1}{b}$，由定理得

$$f_Y(y)=\frac{1}{|b|}f\left(\frac{y-a}{b}\right),-\infty<y<+\infty$$

又 $f_X(x)=\frac{1}{\sqrt{2\pi}\sigma}e^{-\frac{(x-\mu)^2}{2\sigma^2}}(-\infty<x<+\infty)$，故 Y 的概率密度为

$$f_Y(y)=\frac{1}{|b|}f\left(\frac{y-a}{b}\right)\frac{1}{\sqrt{2\pi}\sigma|b|}e^{-\frac{(y-a-b\mu)^2}{2b^2\sigma^2}}$$

【例 6】 设 X 具有概率密度 $f_X(x)$，$-\infty<x<+\infty$，求 $Y=X^2$ 的概率密度。

解：$y=x^2$ 不是单调函数，故不能用定理来求。但可划分为两个单调区间 $(-\infty,0)$ 和 $(0,+\infty)$，在这两个单调区间上它的反函数分别为 $x=-\sqrt{y}$ 与 $x=\sqrt{y}$。

对于 $y>0$，Y 的分布函数为

$$F_Y(y)=P\{Y\leqslant y\}=P\{-\sqrt{y}\leqslant X\leqslant\sqrt{y}\}=\int_{-\sqrt{y}}^{\sqrt{y}}f_X(x)\mathrm{d}x$$

由于 $Y=X^2\geqslant 0$，且 $P\{Y=0\}=0$，所以当 $y\leqslant 0$ 时，其分布函数 $F_Y(y)=0$，于是 Y 的概率密度为

$$f_Y(y)=F'_Y(y)=\begin{cases}\frac{1}{2\sqrt{y}}[f_X(\sqrt{y})+f_X(-\sqrt{y})], & y>0\\ 0, & y\leqslant 0\end{cases}$$

11.3 随机变量的数字特征

11.3.1 数学期望

1. 数学期望的定义

定义 11.5　设 ξ 为一离散型随机变量，其分布律为 $P(\xi=x_i)=p_i$，$(i=1,2,\cdots)$，若级数 $\sum_{i=1}^{\infty}x_ip_i$ 绝对收敛，则称这级数为随机变量 ξ 的**数学期望**，简称期望或均值。记为 $E\xi$，即

$$E\xi=\sum_{i=1}^{\infty}x_ip_i$$

否则，称随机变量 ξ 的数学期望不存在。

定义 11.6　设 X 为一连续型随机变量，其密度函数是 $f(x)$，若广义积分 $\int_{-\infty}^{+\infty}xf(x)\mathrm{d}x$ 绝对收敛，则称广义积分 $\int_{-\infty}^{+\infty}xf(x)\mathrm{d}x$ 的值为连续型随机变量 X 的**数学期望或均值**，记为 $E(X)$，即

$$E(X)=\int_{-\infty}^{+\infty}xf(x)\mathrm{d}x$$

否则，称随机变量 X 的数学期望不存在。

2. 常见分布的期望

1）0-1 分布

设 $\xi\sim b(1,p)$，即 $P(\xi=0)=q$，$P(\xi=1)=p$，$0<p<1$，$p+q=1$。则 $E\xi=0\cdot q+1\cdot p=p$。

2）二项分布

设 $\xi\sim b(n,p)$，即 $P(\xi=i)=\mathrm{C}_n^ip^iq^{n-i}$，$i=0,1,2,\cdots n$，$0<p<1$，则

$$\begin{aligned}E\xi&=\sum_{i=0}^{n}i\cdot P(\xi=i)=\sum_{i=0}^{n}i\cdot\mathrm{C}_n^ip^iq^{n-i}\\&=\sum_{i=1}^{n}\frac{np\cdot(n-1)!}{(i-1)!\,[(n-1)-(i-1)]!}p^iq^{(n-1)-(i-1)}\\&=np\,(p+q)^{n-1}=np\end{aligned}$$

3）泊松分布

设 $\xi\sim P(\lambda)$，即 $P(\xi=i)=\frac{\lambda^i}{i!}\mathrm{e}^{-\lambda}$，$i=0,1,2,\cdots$，$\lambda>0$。则有

$$E\xi=\sum_{i=0}^{\infty}i\cdot\frac{\lambda^i}{i!}\mathrm{e}^{-\lambda}=\mathrm{e}^{-\lambda}\sum_{i=1}^{\infty}\frac{\lambda^i}{(i-1)!}=\lambda\mathrm{e}^{-\lambda}\sum_{i=1}^{\infty}\frac{\lambda^{i-1}}{(i-1)!}=\lambda\mathrm{e}^{-\lambda}\cdot\mathrm{e}^{\lambda}=\lambda$$

4）均匀分布

设 $\xi \sim U[a,b]$，即 ξ 的密度函数为 $f(x)=\begin{cases}\dfrac{1}{b-a}, & a<x<b\\ 0, & 其他\end{cases}$。则有

$$E\xi=\int_{-\infty}^{+\infty} x f(x)\mathrm{d}x=\int_a^b x\cdot\frac{1}{b-a}\mathrm{d}x=\frac{a+b}{2}$$

5）指数分布

设 $\xi \sim E(\lambda)$，即 ξ 的密度函数为 $f(x)=\begin{cases}\lambda \mathrm{e}^{-\lambda x}, & x>0\\ 0, & x\leqslant 0\end{cases}$。则有

$$E\xi=\int_{-\infty}^{+\infty} x f(x)\mathrm{d}x=\int_0^{+\infty} x\lambda \mathrm{e}^{-\lambda x}\mathrm{d}x=\int_0^{+\infty}(-x)\mathrm{d}\mathrm{e}^{-\lambda x}=\frac{1}{\lambda}$$

6）正态分布

设 $\xi \sim N(a,\sigma^2)$，即 ξ 的密度函数为 $f(x)=\dfrac{1}{\sqrt{2\pi}\sigma}\mathrm{e}^{-\frac{(x-a)^2}{2\sigma^2}}$，$-\infty<x<+\infty$，$\sigma>0$。

$$E\xi=\frac{1}{\sqrt{2\pi}\sigma}\int_{-\infty}^{\infty} x\mathrm{e}^{-\frac{(x-a)^2}{2\sigma^2}}\mathrm{d}x \xlongequal{令 u=\frac{x-a}{\sigma}} \frac{1}{\sqrt{2\pi}}\int_{-\infty}^{\infty}(a+u\sigma)\mathrm{e}^{-\frac{u^2}{2}}\mathrm{d}u$$

$$=a\cdot\frac{1}{\sqrt{2\pi}}\int_{-\infty}^{\infty}\mathrm{e}^{-\frac{u^2}{2}}\mathrm{d}u+\frac{\sigma}{\sqrt{2\pi}}\int_{-\infty}^{\infty}u\mathrm{e}^{-\frac{u^2}{2}}\mathrm{d}u=a$$

3. 数学期望的性质

根据随机变量数学期望的定义，期望具有下列性质：

性质 1　$E(c)=c$（c 为常数）；

性质 2　$E(c\xi)=cE(\xi)$（c 为常数）；

性质 3　$E(\xi+\eta)=E\xi+E\eta$；

性质 4　设 ξ、η 相互独立，则 $E(\xi\cdot\eta)=E\xi\cdot E\eta$。

4. 随机变量函数的数学期望

（1）如果 ξ 是一离散型随机变量，概率分布律为 $P(\xi=x_k)=p_k$，$(k=1,2,\cdots)$，则它的函数 $\eta=g(\xi)$ 的数学期望：

$$E\eta=E[g(\xi)]=\sum_k g(x_k)p_k$$

（2）如果 ξ 是连续型随机变量，密度函数为 $f(x)$，则 $\eta=g(\xi)$ 的数学期望：

$$E\eta=E[g(\xi)]=\int_{-\infty}^{+\infty} g(x)f(x)\mathrm{d}x$$

11.3.2　方差

1. 方差的定义

定义 11.7　设 ξ 为一随机变量，若 $E(\xi - E\xi)^2$ 存在，则称 $E(\xi - E\xi)^2$ 为随机变量 ξ 的**方差**，记为 $D\xi$ 或者 $\mathrm{var}(\xi)$，即

$$D\xi = E(\xi - E\xi)^2$$

而称 $\sqrt{D\xi}$ 为随机变量 ξ 的**标准差**或**均方差**。

由方差的定义可知，若 ξ 是离散型随机变量，设其分布律为 $P(\xi = x_i) = p_i$，$i = 1, 2, \cdots$，则

$$D\xi = \sum_{i=1}^{\infty} (x_i - E\xi)^2 p_i$$

若 ξ 是连续型随机变量，其密度函数为 $f(x)$，则

$$D\xi = \int_{-\infty}^{\infty} (x - E\xi)^2 f(x)\mathrm{d}x$$

由方差定义及数学期望的性质：

$$\begin{aligned} D\xi &= E(\xi - E\xi)^2 = E[\xi^2 - 2\xi E\xi + (E\xi)^2] \\ &= E(\xi^2) - 2E\xi \cdot E\xi + (E\xi)^2 = E(\xi^2) - (E\xi)^2 \end{aligned}$$

即

$$D\xi = E(\xi^2) - (E\xi)^2$$

这就是方差的常用计算公式。

定义 11.8　对于随机变量 ξ，如果 $E\xi$ 和 $D\xi$ 存在，且 $D\xi > 0$，令

$$\xi^* = \frac{\xi - E\xi}{\sqrt{D\xi}}$$

显然 $E\xi^* = 0$，$D\xi^* = 1$。我们称 ξ^* 为**标准化随机变量**。

2. 常见分布的方差

1）0-1 分布

设 $\xi \sim b(1, p)$，即 $P(\xi = 0) = q$，$P(\xi = 1) = p$，$0 < p < 1$，$p + q = 1$。则

$$D\xi = p - p^2 = p(1 - p) = pq$$

2）二项分布

已知 $E\xi = np$，又

$$\begin{aligned} E(\xi^2) &= \sum_{i=0}^{n} i^2 \mathrm{C}_n^i p^i q^{n-i} = \sum_{i=0}^{n} [i(i-1) + i]\mathrm{C}_n^i p^i q^{n-i} \\ &= \sum_{i=0}^{n} i(i-1)\mathrm{C}_n^i p^i q^{n-i} + \sum_{i=0}^{n} i\mathrm{C}_n^i p^i q^{n-i} \\ &= \sum_{i=0}^{n} i(i-1) \frac{n!}{i!\,(n-i)!} p^i q^{n-i} + np \end{aligned}$$

$$=\sum_{i=2}^{n}\frac{n(n-1)\cdot(n-2)!}{(i-2)!\ (n-i)!}p^2\cdot p^{i-2}\cdot q^{n-i}+np$$

$$=n(n-1)p^2\sum_{i=2}^{n}\frac{(n-2)!}{(i-2)!\ [(n-2)-(i-2)]!}p^{i-2}q^{(n-2)-(i-2)}+np$$

$$=n(n-1)p^2(p+q)^{n-2}+np=n(n-1)p^2+np$$

于是

$$D\xi=E(\xi^2)-(E\xi)^2=n(n-1)p^2+np-(np)^2=npq$$

3）泊松分布

已知 $E\xi=\lambda$，又

$$E(\xi^2)=\sum_{i=0}^{\infty}i^2\cdot\frac{\lambda^i}{i!}e^{-\lambda}=\sum_{i=0}^{\infty}[i(i-1)+i]\frac{\lambda^i}{i!}e^{-\lambda}$$

$$=\sum_{i=0}^{\infty}i(i-1)\frac{\lambda^i}{i!}e^{-\lambda}+\sum_{i=0}^{\infty}i\frac{\lambda^i}{i!}e^{-\lambda}$$

$$=\sum_{i=2}^{\infty}\frac{\lambda^i}{(i-2)!}e^{-\lambda}+\lambda=e^{-\lambda}\lambda^2\sum_{i=2}^{\infty}\frac{\lambda^{i-2}}{(i-2)!}+\lambda$$

$$=e^{-\lambda}\cdot\lambda^2\cdot e^{\lambda}+\lambda=\lambda^2+\lambda$$

于是 $D\xi=E(\xi^2)-(E\xi)^2=\lambda^2+\lambda-\lambda^2=\lambda$。

4）均匀分布

已知 $E\xi=\dfrac{a+b}{2}$，又

$$E(\xi^2)=\int_a^b x^2\cdot\frac{1}{b-a}dx=\frac{b^3-a^3}{3(b-a)}=\frac{a^2+ab+b^2}{3}$$

于是 $D\xi=E(\xi^2)-(E\xi)^2=\dfrac{a^2+ab+b^2}{3}-\left(\dfrac{a+b}{2}\right)^2=\dfrac{(b-a)^2}{12}$。

5）指数分布

已知 $E\xi=\dfrac{1}{\lambda}$，又

$$E(\xi^2)=\int_0^{\infty}x^2\cdot\lambda e^{-\lambda x}dx=-\int_0^{\infty}x^2 de^{-\lambda x}=\frac{2}{\lambda^2}$$

于是 $D\xi=E(\xi^2)-(E\xi)^2=\dfrac{2}{\lambda^2}-\left(\dfrac{1}{\lambda}\right)^2=\dfrac{1}{\lambda^2}$。

6）正态分布

已知 $E\xi=a$，有

$$D\xi=E(\xi-E\xi)^2=E(\xi-a)^2=\int_{-\infty}^{\infty}(x-a)^2\frac{1}{\sqrt{2\pi}\sigma}e^{-\frac{(x-a)^2}{2\sigma^2}}dx$$

$$\xlongequal{\text{令} u=\frac{x-a}{\sigma}} \frac{\sigma^2}{\sqrt{2\pi}}\int_{-\infty}^{\infty} u^2 e^{-\frac{u^2}{2}} du = \frac{\sigma^2}{\sqrt{2\pi}}\int_{-\infty}^{\infty} (-u) de^{-\frac{u^2}{2}} = \sigma^2$$

3. 方差的性质

类似于随机变量数学期望的性质，方差具有下列性质：

性质1 $D(c)=0$（c 为常数）；

性质2 $D(c\xi)=c^2 D\xi$（c 为常数）；

性质3 若 ξ、η 相互独立，则 $D(\xi+\eta)=D\xi+D\eta$；

性质4 若 $D\xi=0$，则 $P(\xi=E\xi)=1$。

11.3.3 矩

定义11.9 设 ξ 为随机变量，若 $E(\xi^k)$ 存在，则称 $\mu_k=E(\xi^k)$ 为 ξ 的 k 阶**原点矩**，简称 k **阶矩**；若 $E(\xi-E\xi)^k$ 存在，则称 $\nu_k=E(\xi-E\xi)^k$ 为 ξ 的 k 阶中心矩，$k=1,2,\cdots$

显然，随机变量 ξ 的数学期望 $E\xi$ 是 ξ 的一阶原点矩，即 $E\xi=\mu_1$；随机变量 ξ 的方差 $D\xi$ 是 ξ 的二阶中心矩，即 $D\xi=\nu_2$。

11.3.4 典型例题

【例1】 某人从 n 把钥匙中任取一把去试开房门，打不开则除去，另取一把再试直至房门打开。已知钥匙中只有一把能够把房门打开，求试开次数的数学期望。

解：设试开次数为 X，则分布律为

$$P\{X=k\}=\frac{1}{n},k=1,2,\cdots,n$$

从而

$$E(X)=\sum_{k=1}^{n} k\cdot\frac{1}{n}=\frac{1}{n}\cdot\frac{n(n+1)}{2}=\frac{n+1}{2}$$

【例2】 设 X 取 $x_k=(-1)^k\frac{2^k}{k}$ $(k=1,2,\cdots)$ 对应的概率为 $p_{x_k}=\frac{1}{2^k}$，证明 $E(X)$ 不存在。

证明：$p_{x_k}=\frac{1}{2^k}\geqslant 0$ 且 $\sum\limits_{k=1}^{\infty} p_{x_k}=\sum\limits_{k=1}^{\infty}\frac{1}{2^k}=1$。级数

$$\sum_{k=1}^{\infty}|x_k|p_{x_k}=\sum_{k=1}^{\infty}\frac{2^k}{k}\cdot\frac{1}{2^k}=\sum_{k=1}^{\infty}\frac{1}{k}$$

是发散的，所以 $E(X)$ 不存在，但级数

$$\sum_{k=1}^{\infty} x_k\cdot p_{x_k}=\sum_{k=1}^{\infty}(-1)^k\cdot\frac{2^k}{k}\cdot\frac{1}{2^k}=\sum_{k=1}^{\infty}\frac{(-1)^k}{k}=-\ln 2$$

【例 3】 设离散型随机变量 X 的分布律如表 11.10 所示。

表 11.10

X	-1	0	1	2
p	0.1	0.3	0.4	0.2

求随机变量 $Y=3X^2-2$ 的数学期望。

解：依题意，可得

$E(Y)=[3\times(-1)^2-2]\times 0.1+(3\times 0^2-2)\times 0.3+(3\times 1^2-2)\times 0.4+(3\times 2^2-2)\times 0.2=1.9$

【例 4】 设随机变量 X 的密度函数为

$$\varphi(x)=\begin{cases} x, & 0<x<1 \\ 2-x, & 1\leqslant x<2 \\ 0, & \text{其他} \end{cases}$$

求数学期望 $E(X)$。

解：

$$EX=\int_{-\infty}^{\infty} x\varphi(x)\mathrm{d}x=\int_{-\infty}^{0} x\cdot 0\mathrm{d}x+\int_{0}^{1} x\cdot x\,\mathrm{d}x+\int_{1}^{2} x\cdot(2-x)\mathrm{d}x+\int_{2}^{\infty} x\cdot 0\mathrm{d}x$$

$$=\frac{1}{2}+3-\frac{7}{3}=\frac{7}{6}$$

【例 5】 设随机变量 $X\sim B(n,p)$，$Y=\mathrm{e}^{2X}$，求 $E(Y)$。

解：$X\sim B(n,p)$，其分布律为 $P(X=k)=\mathrm{C}_n^k p^k q^{n-k}$，$k=0,1,2,\cdots n$

$$E(Y)=E(\mathrm{e}^{2X})=\sum_{k=0}^{n}\mathrm{e}^{2k}\cdot\mathrm{C}_n^k p^k q^{n-k}=\sum_{k=0}^{n}\mathrm{C}_n^k\cdot(p\mathrm{e}^2)^k\cdot q^{n-k}=(p\mathrm{e}^2+q)^n$$

其中 $p+q=1$。

【例 6】 设随机变量 X 的概率密度为 $p(x)=\begin{cases} x\mathrm{e}^{-x^2}, & x>0 \\ 0, & \text{其他} \end{cases}$，求 $E\left(\frac{1}{X}\right)$。

解：$E\left(\frac{1}{X}\right)=\int_{-\infty}^{+\infty}\frac{1}{x}p(x)\mathrm{d}x=\int_{0}^{+\infty}\frac{1}{x}\cdot x\mathrm{e}^{-x^2}\mathrm{d}x=\int_{0}^{+\infty}\mathrm{e}^{-x^2}\mathrm{d}x=\frac{\sqrt{\pi}}{2}$

【例 7】 随机变量 $X\sim N(0,1)$，求 $Y=X^2$ 的数学期望。

解：依题意，可得

$$E(Y)=E(X^2)=\int_{-\infty}^{+\infty}x^2 f(x)\mathrm{d}x$$

$$=\int_{-\infty}^{+\infty}x^2\frac{1}{\sqrt{2\pi}}\mathrm{e}^{-\frac{x^2}{2}}\mathrm{d}x$$

$$=\frac{1}{\sqrt{2\pi}}\int_{-\infty}^{+\infty}x\,\mathrm{d}e^{-\frac{x^2}{2}}$$

$$=\frac{1}{\sqrt{2\pi}}\left(x\,e^{-\frac{x^2}{2}}\Big|_{-\infty}^{+\infty}-\int_{-\infty}^{+\infty}e^{-\frac{x^2}{2}}\,\mathrm{d}x\right)$$

$$=\frac{1}{\sqrt{2\pi}}\int_{-\infty}^{+\infty}e^{-\frac{x^2}{2}}\,\mathrm{d}x=1$$

【例 8】 国际市场每年对我国某种商品的需求量是随机变量 X(单位:吨),它服从[2 000,4 000]上的均匀分布,已知每售出1吨商品,可挣得外汇3万元;若售不出去而积压,则每吨商品需花费库存费等共 1 万元,问需要组织多少货源,才能使国家受益期望最大?

解:设组织货源 t 吨,$t\sim U[2\,000,4\,000]$,受益为随机变量 Y(单位:万元),按照题意 Y 是需求 X 的函数:

$$Y=g(X)=\begin{cases}3X-(t-X), & \text{当 } X<t\\ 3t, & \text{当 } X\geqslant t\end{cases}$$

X 的概率密度为

$$f(x)=\begin{cases}\dfrac{1}{2\,000}, & 2\,000\leqslant x\leqslant 4\,000\\ 0, & \text{其他}\end{cases}$$

从而

$$E(Y)=E[g(X)]=\int_{-\infty}^{+\infty}g(x)f(x)\,\mathrm{d}x$$

$$=\frac{1}{2\,000}\left\{\int_{2\,000}^{t}[3x-(t-x)]\,\mathrm{d}x+\int_{t}^{4\,000}3t\,\mathrm{d}x\right\}$$

$$=\frac{1}{2\,000}[-2t^2+14\,000t-8\,000\,000]$$

当 $t=3\,500$ 时,$E(Y)$ 达到最大值,也就是说组织货源3 500吨时国家的期望受益最大。

【例 9】 袋中有 n 张卡片,编号为1,2,…,n,从中有放回地抽出 k 张卡片,求所得号码之和的方差。

解:设 ξ_i 是第 i 次摸得的卡片号码,因为抽样是有放回的,所以 $\xi_1,\xi_2,\cdots,\xi_k$ 相互独立,按方差的性质,有

$$D(\xi_1+\xi_2+\cdots+\xi_k)=D\xi_1+D\xi_2+\cdots+D\xi_k$$

易知 ξ_i 的分布律均是 $P(\xi_i=j)=\dfrac{1}{n}$,$j=1,2,\cdots,n$,从而

$$D\xi_i=\frac{n^2-1}{12}$$

$$D(\xi_1+\xi_2+\cdots+\xi_k)=\frac{k(n^2-1)}{12}$$

【例 10】 设离散型随机变量 X 的分布律如表 11.11 所示。

表 11.11

X	-1	0	1	2
p	0.1	0.3	0.4	0.2

求 $D(X)$。

解：因为 $E(X)=(-1)\times0.1+0\times0.3+1\times0.4+2\times0.2=0.7$

$E(X^2)=(-1)^2\times0.1+0^2\times0.3+1^2\times0.4+2^2\times0.2=1.3$

$D(X)=E(X^2)-[E(X)]^2=1.3-0.7^2=0.81$

【例 11】 设随机变量 $X\sim f(x)=\begin{cases}1+x, & -1\leqslant x\leqslant 0\\ 1-x, & 0<x\leqslant 1\end{cases}$，求 $D(X)$。

解：$E(X)=\int_{-1}^{0}x(1+x)\mathrm{d}x+\int_{0}^{1}x(1-x)\mathrm{d}x=0$

$$E(X^2)=\int_{-1}^{0}x^2(1+x)\mathrm{d}x+\int_{0}^{1}x^2(1-x)\mathrm{d}x=\frac{1}{6}$$

$$D(X)=E(X^2)-(EX)^2=\frac{1}{6}$$

【例 12】 设 $X_1,X_2,\cdots,X_n$ 相互独立并且服从同一分布，若

$$E(X_1)=m,D(X_1)=s^2$$

记 $\overline{X}=\frac{1}{n}\sum_{i=1}^{n}X_i$，证明：$E(\overline{X})=m,D(\overline{X})=\frac{s^2}{n}$。

证明：由数学期望的性质 $E\left(\sum_{i=1}^{n}X_i\right)=\sum_{i=1}^{n}E(X_i)=nm$

又由独立性和方差的性质知

$$D\left(\sum_{i=1}^{n}X_i\right)=\sum_{i=1}^{n}D(X_i)=ns^2$$

于是 $E(\overline{X})=m,D(\overline{X})=\frac{1}{n^2}D\left(\sum_{i=1}^{n}X_i\right)=\frac{s^2}{n}$。

习题 11

1. (1) 设 $F_1(x)$，$F_2(x)$ 为两个分布函数，其相应的概率密度 $f_1(x)$，$f_1(x)$ 是连续函数，证明：$f_1(x)F_2(x)+f_2(x)F_1(x)$ 必是概率密度。

(2) 设 $F_1(x)$ 与 $F_2(x)$ 分别为 X_1 与 X_2 的分布函数，为使 $F(x)=aF_1(x)+bF_2(x)$ 是某随机变量的分布函数，求 a，b 的值。

2. 一商店经销某种商品，每周进货的数量 X 与顾客对该种商品的需求量 Y 是相互独立的随机变量，且都服从区间[10,20]上的均匀分布。商店每售出一单位商品可以得利润 1000 元，若需求量超过了进货量，商店可从其他商店调剂供应，这时每单位商品获利润为 500 元。试计算此商店每周所得利润的期望值。

3. 假设随机变量 X 在区间 $[-1,2]$ 上服从均匀分布，随机变量 $Y=\begin{cases}1, X>0\\0, X=0\\1, X<0\end{cases}$，求 $D(Y)$。

4. 游客乘电梯从底层到电视塔顶层观光。电梯于每个正点的第 5 分钟、25 分钟和 55 分钟从底层起行。假设一游客从早晨八点的第 X 分钟到达底层候梯处，且 X 在 $[0,60]$ 上服从均匀分布，求该游客等候时间的数学期望。

5. 若随机变量 Y 的概率密度 $f(y)=\begin{cases}\dfrac{y}{a^2}e^{-\frac{y^2}{2a^2}}, y\geqslant 0\\0, y<0\end{cases}$，求随机变量 $Z=\dfrac{1}{Y}$ 的期望 $E(Z)$。

6. (1) 设 X 与 Y 均服从正态分布，$X\sim N(\mu,4^2)$，$Y\sim N(\mu,5^2)$，记 $P_1=P\{X\leqslant \mu-4\}$，$P_2=P\{Y\geqslant \mu+5\}$，试比较 P_1，P_2 的大小。

(2) 设 X_1，X_2，X_3 是随机变量，且 $X_1\sim N(0,1)$，$X_2\sim N(0,2^2)$，$X_3\sim N(5,3^2)$，则 $P_j=P\{-2\leqslant X_j\leqslant 2\}$ $(j=1,2,3)$，试比较 P_1，P_2，P_3 的大小。

7. 设随机变量 X 服从正态分布 $N(\mu,\sigma^2)$。证明：随 σ 的增大，概率 $P\{|x-\mu|<\sigma\}$ 保持不变。

8. 电源电压在不超过 200 伏、200～240 伏和超过 240 伏三种情形下，某种电子元件损坏的概率分别为 0.1，0.001 和 0.2，假设电源电压 X 服从正态分布 $N(220,25^2)$，试求：

(1) 该电子元件损坏的概率 α；

(2) 该电子元件损坏时，电源电压在 200～240 伏的概率 β。

附表(表中 $\Phi(x)$ 是标准正态分布函数)

x	0.10	0.20	0.40	0.60	0.80	1.00	1.20	1.40
$\Phi(x)$	0.530	0.579	0.655	0.726	0.788	0.341	0.335	0.919

9. 设随机变量 X 的分布函数为 $F(x)=P(X\leqslant x)=\begin{cases}0, & x<-1\\ 0.4, & -1\leqslant x<1\\ 0.8, & 1\leqslant x<3\\ 1, & x\geqslant 3\end{cases}$

求 X 的概率分布。

10. 设随机变量 X 服从均值为 10,均方差为 0.02 的正态分布。已知 $\varphi(x)=\int_{-\infty}^{x}\frac{1}{\sqrt{2\pi}}e^{-\frac{u^2}{2}}du$,$\varphi(2.5)=0.9938$,求 X 落在区间(9.95,10.05)内的概率。

11. 设随机变量 X 的概率分布为 $P(X=1)=0.2$,$P(X=2)=0.3$,$P(X=3)=0.5$,试写出 X 的分布函数 $F(x)$,并求 X 的数学期望与方差。

12. 设随机变量 X 的概率密度为$(x)=\begin{cases}\frac{1}{3}, & x\in[0,1]\\ \frac{2}{9}, & x\in[3,6]\\ 0, & 其他\end{cases}$

若 k 使得 $P\{X\geqslant k\}=\frac{2}{3}$,求 k 的取值范围。

13. 假设用 10 只同种电器元件,其中有两只废品去装配仪器,从这批元件中任取一只,如是废品,则扔掉重新任取一只,若仍是废品,则扔掉再取一只,试求在取到正品之前,已取出的废品只数的分布,数学期望和方差。

14. 设 X,Y 相互独立,都服从区间[1,3]上的均匀分布。令 $A=\{X\leqslant a\}$,$B=\{Y>a\}$。

(1) 已知 $P(A\cup B)=\frac{7}{9}$,求常数 a;

(2) 求$\frac{1}{X}$的数学期望。

15. 设随机变量 X 服从(0,2)的均匀分布,求随机变量 $Y=X^2$ 在(0,4)内密度函数 $f(x)$。

16. (1) 设随机变量 X 服从参数为 λ 的指数分布,则求概率 $P\{X>\sqrt{DX}\}$。

(2) 设已知离散型随机变量 X 服从参数为 2 的泊松分布,则随机变量 $Z=3X-2$ 的数学期望 $E(Z)$。

(3) 设随机变量 X 服从参数为 1 的指数分布,则数学期望 $E\{X+e^{-2x}\}$。

17. 设随机变量 X 的概率密度为 $f(x)=\begin{cases}2x, & 0<x<1\\ 0, & 其他\end{cases}$,以 Y 表示对 X 的三次独立重复观察中事件 $\left\{X\leqslant\dfrac{1}{2}\right\}$ 出现的次数,则求概率 $P\{Y=2\}$。

18. 设随机变量 X 服从正态分布 $N(0,1)$,对给定的 $a\in(0,1)$,u_n 满足 $P\{X>u_n\}=a$,若 $P\{|X|<x\}=a$,则求 x 的值。

19. 若随机变量 X 的概率密度函数 $f(x)=\dfrac{1}{2}e^{-|x|}$,$-\infty<x<+\infty$,求 X 的分布函数 $F(x)$。

20. 设随机变量 X 的概率密度为 $f(x)=\begin{cases}\dfrac{3}{8}x^2, & 0<x<2\\ 0, & 其他\end{cases}$,求 $\dfrac{1}{X^2}$ 的数学期望。

21. 一台设备由三大部件构成,在设备运转中各部件需要调整的概率相应为 0.10,0.20,0.30 假设各部件的状态相互独立,以 X 表示同时需要调的部件数,试求 X 的概率分布。

22. 某地抽样调查结果表明,考生的外语成绩(百分制)近似服从正态分布,平均成绩为 72 分,96 分以上的占考生总数的 2.3%,试求考生的外语成绩在 60 分至 84 分之间的概率。

附表(表中 $\Phi(x)$ 是标准正态分布函数)

x	0	0.5	1.0	1.5	2.0	2.5	3.0
$\Phi(x)$	0.500	0.692	0.841	0.933	0.977	0.994	0.999

23. 设随机变量 X 的密度函数为 $\varphi(x)$,且 $\varphi(-x)=\varphi(x)$,$F(x)$ 是 X 的分布函数,证明:对任意实数 a,有 $F(-a)=\dfrac{1}{2}-\int_0^a\varphi(x)\mathrm{d}x$。

24. 设随机变量 X 在区间(1,2)服从均匀分布。试求随机变量 $Y=e^{2x}$ 的概率密度 $f(y)$。

25. 设随机变量 X_1,X_2,X_3 相互独立,其中 X_1 在[0,6]上服从均匀分布,X_2 服从正态分布 $N(0,2^2)$,X_3 服从参数为 $\lambda=3$ 的泊松分布。记 $Y=X_1-2X_2+3X_3$,求 DY。

第12章 二维随机变量及其分布

在很多实际问题中,有一些随机试验需要用两个或两个以上的随机变量才能描述。比如,炮弹着落点的位置必须用两个坐标 X 和 Y 来描述。又如,气候情况与气温、风力、降水量等多个随机变量有关,为了准确提供气候情况,我们就完全有必要将描述天气情况的多个随机变量作为一个整体来研究。将 n 个随机变量 $X_1,X_2,\cdots,X_n$ 作为一个整体,记作$(X_1,X_2,\cdots,X_n)$,称之为 n 维随机变量(向量)。

本章主要研究二维随机变量的概率分布、边缘分布及二维随机变量的独立性等。这部分内容的讨论也可类推到 $n(n>2)$ 维随机变量的情形。

12.1 二维随机变量的联合分布

12.1.1 二维随机变量的联合分布函数

定义 12.1 设(X,Y)是二维随机变量,对于任意实数 x,y,称二元函数

$$F(x,y)=P\{X\leqslant x,Y\leqslant y\}$$

为二维随机变量(X,Y)的**联合分布函数**,它表示随机事件$\{X\leqslant x\}$与$\{Y\leqslant y\}$同时发生的概率。

将二维随机变量(X,Y)看成是平面上随机点的坐标,那么分布函数 $F(x,y)$ 在点(x,y)处的函数值就是随机点(X,Y)落在直线 $X=x$ 的左侧和直线 $Y=y$ 的下方的无穷矩形区域内的概率,如图 12.1 所示。

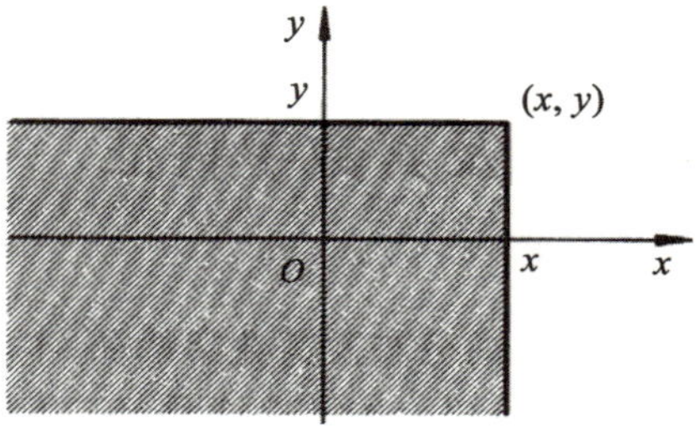

图 12.1

类似于分布函数 $F(x)$，二维联合分布函数 $F(x,y)$ 具有以下基本性质：

性质 1　$0 \leqslant F(x,y) \leqslant 1$；

性质 2　$F(x,y)$ 关于变量 x 和 y 均单调非减，且右连续；

性质 3　对于任意固定的 y，$F(-\infty,y)=\lim\limits_{x\to-\infty}F(x,y)=0$

对于任意固定的 x，$F(x,-\infty)=\lim\limits_{y\to-\infty}F(x,y)=0$

$F(-\infty,-\infty)=0$，$F(+\infty,+\infty)=1$；

性质 4　对于任意 $x_1<x_2$，$y_1<y_2$ 恒有：

$P\{x_1<X\leqslant x_2,y_1<Y\leqslant y_2\}=F(x_2,y_2)-F(x_2,y_1)-F(x_1,y_2)+F(x_1,y_1)\geqslant 0$

12.1.2　二维离散型随机变量及其分布

定义 12.2　如果二维随机变量 (X,Y) 可能取的值为有限对或可列无穷对实数，则称 (X,Y) 为二维离散型随机变量。

设二维离散型随机变量 (X,Y) 所有可能的取值为 $(x_i,y_j)(i,j=1,2,\cdots)$，且对应的概率为 $P(X=x_i,Y=y_j)=p_{ij}$，$i,j=1,2,\cdots$ 则称其为二维随机变量 (X,Y) 的联合概率分布。

联合概率分布也常用表格表示，并称为联合概率分布表(见表 12.1)：

表 12.1

X \ Y	y_1	y_2	……	y_j	……
x_1	p_{11}	p_{12}	……	p_{1j}	……
x_2	p_{21}	p_{22}	……	p_{2j}	……
⋮	⋮	⋮	……	⋮	……
x_i	p_{i1}	p_{i2}	……	p_{ij}	……
⋮	⋮		……	⋮	……

由概率的定义可知联合概率分布的两个性质：

(1) $p_{ij}\geqslant 0$，$i,j=1,2,\cdots$

(2) $\sum\limits_{i=1}^{+\infty}\sum\limits_{j=1}^{+\infty}p_{ij}=1$。

根据联合分布函数的定义，二维离散型随机变量 (X,Y) 的联合分布函数为

$$F(x,y)=P\{X\leqslant x,Y\leqslant y\}=\sum_{x_i\leqslant x}\sum_{y_j\leqslant y}p_{ij}$$

即对一切满足不等式 $x_i\leqslant x$，$y_j\leqslant y$ 的 p_{ij} 求和。

12.1.3 二维连续型随机变量及其分布

定义 12.3 设二维随机变量(X,Y)的分布函数为$F(x,y)$，如果存在非负可积的二元函数$f(x,y)$，使得对任意实数x,y，有

$$F(x,y)=P\{X\leqslant x,Y\leqslant y\}=\int_{-\infty}^{x}\int_{-\infty}^{y}f(u,v)\mathrm{d}u\mathrm{d}v$$

则称(X,Y)为二维连续型随机变量，称函数$f(x,y)$为二维随机变量(X,Y)的联合概率密度函数。

由分布函数的定义知，联合密度函数$f(x,y)$具有以下性质：

性质 1 $f(x,y)\geqslant 0$；

性质 2 $\int_{-\infty}^{+\infty}\int_{-\infty}^{+\infty}f(x,y)\mathrm{d}x\mathrm{d}y=1$（即$F(+\infty,+\infty)=1$）；

这两个性质为联合密度函数的基本性质。即，如果一个二元函数$f(x,y)$同时满足性质 1,2，则它一定是某个二维随机变量的联合概率密度函数。

性质 3 若$f(x,y)$在点(x,y)处连续，则有$\dfrac{\partial^2 F(x,y)}{\partial x\partial y}=f(x,y)$；

性质 4 设D是xOy平面上任一区域，则点(x,y)落在D内的概率为

$$P\{(X,Y)\in D\}=\iint_D f(x,y)\mathrm{d}\sigma$$

二重积分的几何意义：$P\{(X,Y)\in D\}$的值等于以D为底，曲面$Z=f(x,y)$为顶的曲顶柱体的体积。

常用的二维连续型随机变量有二维均匀分布和二维正态分布。

二维均匀分布：设D是平面上的有界区域，其面积为A，若二维随机变量(X,Y)具有概率密度函数

$$f(x,y)=\begin{cases}\dfrac{1}{A}, & (x,y)\in D\\ 0, & \text{其他}\end{cases}$$

则称(X,Y)在区域D上服从二维均匀分布。

二维正态分布：若二维随机变量(X,Y)的概率密度为

$$f(x,y)=\frac{1}{\sqrt{2\pi}\sigma_1\sigma_2\sqrt{1-\rho^2}}\exp\left\{-\frac{1}{2(1-\rho^2)}\cdot\left[\frac{(x-\mu_1)^2}{\sigma_1^2}-2\rho\frac{x-\mu_1}{\sigma_1}\cdot\frac{y-\mu_2}{\sigma_2}+\frac{(y-\mu_2)^2}{\sigma_2^2}\right]\right\}\ (-\infty<x<+\infty,-\infty<y<+\infty)$$

其中参数$\mu_1,\mu_2,\sigma_1,\sigma_2,\rho$均为常数，且$\sigma_1>0,\sigma_2>0$，$|\rho|<1$，则称$(X,Y)$服从参数为$\mu_1,\mu_2,\sigma_1,\sigma_2$及$\rho$的二维正态分布，记作$(X,Y)\sim N(\mu_1,\mu_2,\sigma_1^2,\sigma_2^2;\rho)$。

12.1.4 典型例题

【例 1】 箱子中装有 10 件产品，其中 4 件是次品，6 件是正品，不放回地从箱子中任取两次产品，每次一个。定义随机变量

$$X=\begin{cases}0,\text{第一次取到的是次品},\\1,\text{第一次取到的是正品},\end{cases}\qquad Y=\begin{cases}0,\text{第二次取到的是次品},\\1,\text{第二次取到的是正品},\end{cases}$$

求(X,Y)的分布律以及分布函数。

解：由于

$$P\{X=0,Y=0\}=P\{X=0\}P\{Y=0\mid X=0\}=\frac{4}{10}\times\frac{3}{9}=\frac{2}{15}$$

$$P\{X=0,Y=1\}=P\{X=0\}P\{Y=1\mid X=0\}=\frac{4}{10}\times\frac{6}{9}=\frac{4}{15}$$

$$P\{X=1,Y=0\}=P\{X=1\}P\{Y=0\mid X=1\}=\frac{6}{10}\times\frac{4}{9}=\frac{4}{15}$$

$$P\{X=1,Y=1\}=P\{X=1\}P\{Y=1\mid X=1\}=\frac{6}{10}\times\frac{5}{9}=\frac{5}{15}$$

所以，(X,Y)的分布律为

X \ Y	0	1
0	$\frac{2}{15}$	$\frac{4}{15}$
1	$\frac{4}{15}$	$\frac{5}{15}$

由分布函数的定义，知(X,Y)的分布函数为

$$F(x,y)=\begin{cases}0,\ x<0\text{ 或 }y<0\\\dfrac{2}{15},0\leqslant x<1,0\leqslant y<1\\\dfrac{6}{15},0\leqslant x<1,y\geqslant 1\text{ 或 }x\geqslant 1,0\leqslant y<1\\1,\ x\geqslant 1,y\geqslant 1\end{cases}$$

【例 2】 已知二维随机变量(ξ,η)具有密度函数

$$f(x,y)=\begin{cases}Ce^{-2(x+y)}, & 0<x<\infty,0<y<\infty\\0, & \text{其他}\end{cases}$$

试求：常数 C 及 $F(x,y)$。

解：由分布函数的性质，知

$$1=\int_{-\infty}^{\infty}\int_{-\infty}^{\infty}P(x,y)\mathrm{d}x\mathrm{d}y=\int_{0}^{\infty}\int_{0}^{\infty}C\mathrm{e}^{-2(x+y)}\mathrm{d}x\mathrm{d}y$$
$$=C\int_{0}^{\infty}\mathrm{e}^{-2x}\mathrm{d}x\int_{0}^{\infty}\mathrm{e}^{-2y}\mathrm{d}y=\frac{C}{4}$$

故　　$C=4$。

从而 $F(x,y)=\int_{-\infty}^{x}\int_{-\infty}^{y}f(u,v)\mathrm{d}u\mathrm{d}v$

$$=\begin{cases}\int_{-\infty}^{x}\int_{-\infty}^{y}4\mathrm{e}^{-2(u+v)}\mathrm{d}u\mathrm{d}v=(1-\mathrm{e}^{-2x})(1-\mathrm{e}^{-2y}), & x>0,y>0\\ 0, & \text{其他}\end{cases}$$

【例 3】 已知二维随机变量(X,Y)的分布函数为

$$F(x,y)=A(B+\arctan x)(C+\arctan y)\quad(-\infty<x,y<+\infty)$$

确定常数 A,B,C。

解：由分布函数的性质，有

$$\lim_{\substack{x\to+\infty\\y\to+\infty}}F(x,y)=\lim_{\substack{x\to+\infty\\y\to+\infty}}A(B+\arctan x)(C+\arctan y)$$
$$=A\left(B+\frac{\pi}{2}\right)\left(C+\frac{\pi}{2}\right)=1$$

$$\lim_{x\to-\infty}F(x,y)=\lim_{x\to-\infty}A(B+\arctan x)(C+\arctan y)$$

$$=A\left(B-\frac{\pi}{2}\right)(C+\arctan y)=0$$

$$\lim_{y\to-\infty}F(x,y)=\lim_{y\to-\infty}A(B+\arctan x)(C+\arctan y)$$

$$=A(B+\arctan x)\left(C-\frac{\pi}{2}\right)=0$$

解得

$$A=\frac{1}{\pi^2},B=\frac{\pi}{2},C=\frac{\pi}{2}$$

从而(X,Y)的分布函数为

$$F(x,y)=\frac{1}{\pi^2}\left(\frac{\pi}{2}+\arctan x\right)\left(\frac{\pi}{2}+\arctan y\right)$$

【例 4】 已知二维随机变量(X,Y)的概率密度为

$$f(x,y)=\begin{cases}cxy, & 0<x<1,0<y<1\\ 0, & \text{其他}\end{cases}$$

求：(1) 常数 c 的值；(2) $P\{X\leqslant Y\}$；(3) $F(x,y)$。

解：(1) 由 $\int_{-\infty}^{+\infty}\int_{-\infty}^{+\infty}f(x,y)\mathrm{d}x\,\mathrm{d}y=\int_0^1\int_0^1 cxy\,\mathrm{d}x\,\mathrm{d}y$

$$=c\int_0^1 x\left[\int_0^1 y\,\mathrm{d}y\right]\mathrm{d}x$$

$$=c\int_0^1 \frac{1}{2}x\,\mathrm{d}x=\frac{c}{4}=1$$

得 $c=4$。

(2) 记 $D=\{(x,y)\mid 0<x<1,0<y<1\}$，$G=\{(x,y)\mid x\leqslant y\}$(见图 12.2)，因 $f(x,y)$ 仅在区域 $D\cap G=\{(x,y)\mid 0<x<1,x\leqslant y<1\}$ 内取非零值，有

$$P\{X\leqslant Y\}=\iint\limits_{x\leqslant y}f(x,y)\mathrm{d}x\,\mathrm{d}y$$

$$=\iint\limits_{D\cap G}4xy\,\mathrm{d}x\,\mathrm{d}y$$

$$=4\int_0^1 x\,\mathrm{d}x\int_x^1 y\,\mathrm{d}y=\frac{1}{2}$$

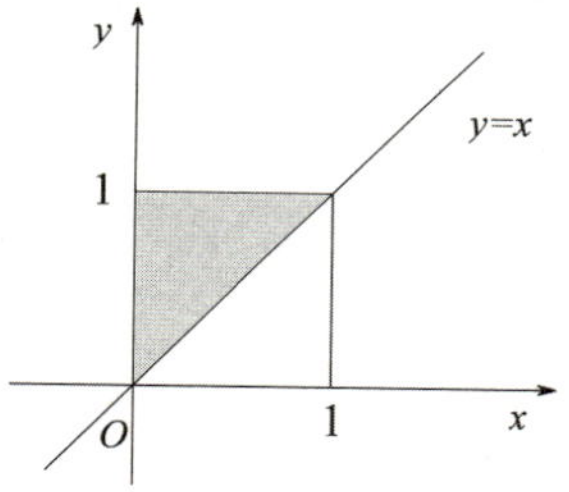

图 12.2

(3) 由分布函数的定义，$F(x,y)=\int_{-\infty}^{x}\int_{-\infty}^{y}f(s,t)\mathrm{d}s\,\mathrm{d}t$

① 当 $x<0$ 或 $y<0$ 时，$F(x,y)=0$；

② 当 $0\leqslant x<1,0\leqslant y<1$ 时，

$$F(x,y)=\int_{-\infty}^{x}\int_{-\infty}^{y}f(s,t)\mathrm{d}s\,\mathrm{d}t$$

$$=\int_0^x\left[\int_0^y 4st\,\mathrm{d}t\right]\mathrm{d}s=x^2y^2$$

③ 当 $0\leqslant x<1,y\geqslant 1$ 时，

$$F(x,y)=\int_0^x\left[\int_0^1 4st\,\mathrm{d}t\right]\mathrm{d}s=x^2$$

④ 当 $x\geqslant 1,0\leqslant y<1$ 时，

$$F(x,y)=\int_0^1\left[\int_0^y 4st\,\mathrm{d}t\right]\mathrm{d}s=y^2$$

⑤ 当 $x\geqslant 1,y\geqslant 1$ 时，$F(x,y)=\int_0^1\left[\int_0^1 4st\,\mathrm{d}t\right]\mathrm{d}s=1$

因此，$F(x,y)=\begin{cases}0, & x<0 \text{ 或 } y<0\\ x^2y^2, & 0\leqslant x<1,0\leqslant y<1\\ x^2, & 0\leqslant x<1,y\geqslant 1\\ y^2, & x\geqslant 1,0\leqslant y<1\\ 1, & x\geqslant 1,y\geqslant 1\end{cases}$

12.2 二维随机变量的边缘分布

12.2.1 二维离散型随机变量的边缘分布

二维随机变量(X,Y)作为一个整体，它具有联合分布函数$F(x,y)$。而分量X和Y也都是随机变量，从而也有其各自的概率分布和分布函数。记X和Y的分布函数为$F_X(x)$和$F_Y(y)$，分别称它们为二维随机变量(X,Y)关于X和Y的边缘分布函数。

边缘分布函数可以由(X,Y)的联合分布函数$F(x,y)$来确定：

$$F_X(x)=P\{X\leqslant x\}=P\{X\leqslant x,Y<+\infty\}=F(x,+\infty)$$

即$F_X(x)=F(x,+\infty)$。同理，$F_Y(y)=F(+\infty,y)$。

定义 12.4 设(X,Y)是二维离散型随机变量，设其联合概率分布为

$$P\{X=x_i,Y=y_j\}=p_{ij},i,j=1,2,\cdots$$

则随机变量X的**边缘概率分布**为

$$\begin{aligned}P\{X=x_i\}&=P\{X=x_i,Y=y_1\}+P\{X=x_i,Y=y_2\}+\cdots+P\{X=x_i,Y=y_j\}+\cdots\\&=\sum_{j=1}^{\infty}p_{ij}\\&\triangleq p_i(i=1,2,\cdots)\end{aligned}$$

随机变量X的**边缘分布函数**为

$$F_X(x)=F(x,+\infty)=\sum_{x_i\leqslant x}\sum_j p_{ij}$$

同理，随机变量Y的**边缘分布律**为

$$\begin{aligned}P\{Y=y_j\}&=P\{X=x_1,Y=y_j\}+P\{X=x_2,Y=y_j\}+\cdots+P\{X=x_i,Y=y_j\}+\cdots\end{aligned}$$

$$= \sum_{i=1}^{\infty} p_{ij}$$
$$\triangleq p_{\cdot j} \ (j=1,2,\cdots)$$

随机变量 Y 的**边缘分布函数**为

$$F_Y(y) = F(+\infty, y) = \sum_{y_j \leqslant y} \sum_i p_{ij}$$

12.2.2　二维连续型随机变量的边缘分布

定义 12.5　设(X,Y)是二维连续型随机变量，它的联合概率密度函数为 $f(x,y)$，则 X 的**边缘分布函数**为：$F_X(x)=F(x,+\infty)=\int_{-\infty}^{x}\left[\int_{-\infty}^{+\infty} f(x,y)\mathrm{d}y\right]\mathrm{d}x$

其**边缘密度函数**为：$f_X(x)=F'_X(x)=F'(x,+\infty)=\int_{-\infty}^{+\infty} f(x,y)\mathrm{d}y$

同理，Y 的**边缘分布函数**为 $F_Y(y)=F(+\infty,y)=\int_{-\infty}^{y}\left[\int_{-\infty}^{+\infty} f(x,y)\mathrm{d}x\right]\mathrm{d}y$

其**边缘密度函数**为 $f_Y(y)=F'_Y(y)=\int_{-\infty}^{+\infty} f(x,y)\mathrm{d}x$。

12.2.3　二维随机变量的独立性

定义 12.6　设 X,Y 是两个随机变量，如果对于任意的实数 x 和 y 有

$$P\{X \leqslant x, Y \leqslant y\} = P\{X \leqslant x\} \cdot P\{Y \leqslant y\}$$

即 $F(x,y)=F_X(x)\cdot F_Y(y)$，则称随机变量 X 与 Y 是**相互独立**的。

对于二维离散型随机变量(X,Y)，则 X 与 Y 相互独立的充要条件是

$$P\{X=x_i, Y=y_j\} = P\{X=x_i\} \cdot P\{Y=y_j\} \quad i,j=1,2,\cdots$$

即　$p_{ij}=p_{i\cdot}\cdot p_{\cdot j}, i,j=1,2,\cdots$

对于二维连续型随机变量(X,Y)，则 X 与 Y 相互独立的充要条件是：对一切的 x 和 y 有

$$f(x,y)=f_X(x)f_Y(y)$$

即联合概率密度函数等于分别为关于 X 和 Y 的边缘概率密度函数 $f_X(x)$ 和 $f_Y(y)$ 的乘积。

12.2.4　典型例题

【例 1】　已知二维随机变量(X,Y)的概率密度为

$$f(x,y)=\begin{cases} 12\mathrm{e}^{-(3x+4y)}, & x>0, y>0 \\ 0, & \text{其他} \end{cases}$$

求关于 X 和关于 Y 边缘概率密度。

解：由边缘概率密度的定义，有

$$f_X(x)=\int_{-\infty}^{\infty}f(x,y)\mathrm{d}y=\begin{cases}\int_0^{+\infty}12\mathrm{e}^{-(3x+4y)}\mathrm{d}y, & x>0\\ 0, & x\leqslant 0\end{cases}$$

$$=\begin{cases}-3\int_0^{+\infty}\mathrm{e}^{-(3x+4y)}\mathrm{d}(-3x-4y), & x>0\\ 0, & x\leqslant 0\end{cases}$$

$$=\begin{cases}3\mathrm{e}^{-3x}, & x>0\\ 0, & x\leqslant 0\end{cases}$$

关于 Y 边缘概率密度为

$$f_Y(y)=\int_{-\infty}^{\infty}f(x,y)\mathrm{d}x=\begin{cases}\int_0^{+\infty}12\mathrm{e}^{-(3x+4y)}\mathrm{d}x, & y>0\\ 0, & y\leqslant 0\end{cases}$$

$$=\begin{cases}-4\int_0^{+\infty}\mathrm{e}^{-(3x+4y)}\mathrm{d}(-3x-4y), & y>0\\ 0, & y\leqslant 0\end{cases}$$

$$=\begin{cases}4\mathrm{e}^{-4y}, & y>0\\ 0, & y\leqslant 0\end{cases}$$

【例 2】 已知二维随机变量(ξ,η)具有密度函数

$$f(x,y)=\begin{cases}c\mathrm{e}^{-2(x+y)}, & 0<x<\infty,0<y<\infty\\ 0, & \text{其他}\end{cases}$$

试求：

(1) 常数 c、$F(x,y)$ 及 $F_\xi(x)$，$F_\eta(y)$，$f_\xi(x)$，$f_\eta(y)$；

(2) $P\{(\xi,\eta)\in D\}$，其中 D 由 $x=0$，$y=0$ 及 $x+y\leqslant 1$ 围成。

解：(1) $1=\int_{-\infty}^{\infty}\int_{-\infty}^{\infty}P(x,y)\mathrm{d}x\,\mathrm{d}y=\int_0^{\infty}\int_0^{\infty}c\mathrm{e}^{-2(x+y)}\mathrm{d}x\,\mathrm{d}y$

$$=c\int_0^{\infty}\mathrm{e}^{-2x}\mathrm{d}x\int_0^{\infty}\mathrm{e}^{-2y}\mathrm{d}y=\frac{c}{4}$$

得 $c=4$。

故 $F(x,y)=\int_{-\infty}^{x}\int_{-\infty}^{y}f(u,v)\mathrm{d}u\,\mathrm{d}v$

$$=\begin{cases}\int_{-\infty}^{x}\int_{-\infty}^{y}4\mathrm{e}^{-2(u+v)}\mathrm{d}u\,\mathrm{d}v=(1-\mathrm{e}^{-2x})(1-\mathrm{e}^{-2y}), & x>0,y>0\\ 0 & \text{其他}\end{cases}$$

而 $F_\xi(x)=F(x,+\infty)=\begin{cases}\int_0^{x}\int_0^{\infty}4\mathrm{e}^{-2(u+v)}\mathrm{d}u\,\mathrm{d}v=1-\mathrm{e}^{-2x}, & x>0\\ 0, & x\leqslant 0\end{cases}$

所以 $f_\xi(x)=F'_\xi(x)=\begin{cases}2\mathrm{e}^{-2x}, & x>0\\ 0, & x\leqslant 0\end{cases}$

同理：$F_\eta(y)=\begin{cases}1-\mathrm{e}^{-2y}, & y>0\\ 0, & y\leqslant 0\end{cases}$

$$f_\eta(y)=F'_\eta(y)=\begin{cases}2\mathrm{e}^{-2y}, & y>0\\ 0, & y\leqslant 0\end{cases}$$

(2) $P\{(\xi,\eta)\in D\}=\iint\limits_D P(x,y)\mathrm{d}x\,\mathrm{d}y=\int_0^1\left(\int_0^{1-y}4\mathrm{e}^{-2(x+y)}\mathrm{d}x\right)\mathrm{d}y$

$$=\int_0^1 2\mathrm{e}^{-2y}(1-\mathrm{e}^{-2(1-y)})\mathrm{d}y=1-3\mathrm{e}^{-2}$$

【例 3】 设 G 为曲线 $y=x^2$ 与 $y=\sqrt{x}$ 围成的平面图形区域(见图 12.3)，二维随机变量 (X,Y) 在 G 上服从均匀分布，求：

(1) $P\{X>Y\}$；

(2) (X,Y) 关于 X 和关于 Y 的边缘密度。

解：区域 G 的面积为

$$S_G=\int_0^1(\sqrt{x}-x^2)\mathrm{d}x=\frac{1}{3}$$

因此，(X,Y) 的概率密度为

$$f(x,y)=\begin{cases}3, & (x,y)\notin G\\ 0, & (x,y)\in G\end{cases}$$

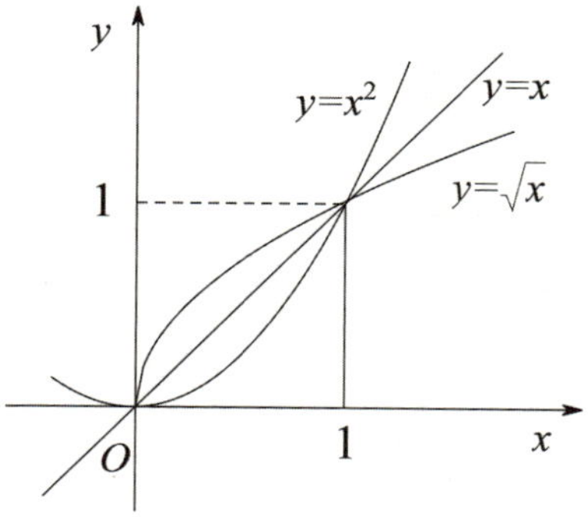

图 12.3

(1) 设 $D=\{(x,y)\mid x>y\}$，则

$$P\{X>Y\}=P\{(X,Y)\in D\}=\frac{S_{D\cap G}}{S_G}=\frac{1/6}{1/3}=\frac{1}{2}$$

(2) $f_X(x)=\int_{-\infty}^{\infty}f(x,y)\mathrm{d}y=\begin{cases}\int_{x^2}^{\sqrt{x}}3\mathrm{d}y, & 0\leqslant x\leqslant 1\\ 0, & \text{其他}\end{cases}$

$=\begin{cases}3(\sqrt{x}-x^2), & 0\leqslant x\leqslant 1\\ 0, & \text{其他}\end{cases}$

$f_Y(y)=\int_{-\infty}^{\infty}f(x,y)\mathrm{d}x=\begin{cases}\int_{y^2}^{\sqrt{y}}3\mathrm{d}x, & 0\leqslant y\leqslant 1\\ 0, & \text{其他}\end{cases}$

$=\begin{cases}3(\sqrt{y}-y^2), & 0\leqslant y\leqslant 1\\ 0, & \text{其他}\end{cases}$

【例 4】 设二维随机变量(X,Y)的分布律如下：

$X \backslash Y$	0	1
0	$\frac{1}{4}$	$\frac{1}{8}$
1	$\frac{1}{8}$	$\frac{1}{2}$

求(X,Y)关于 X 和关于 Y 的边缘分布律并判断 X 和 Y 是否相互独立。

解：(X,Y)关于 X 和关于 Y 的边缘分布律分别为

X	0	1
p	$\frac{3}{8}$	$\frac{5}{8}$

Y	0	1
p	$\frac{3}{8}$	$\frac{5}{8}$

由于

$$P\{X=0,Y=0\}\neq P\{X=0\}P\{Y=0\}=\frac{3}{8}\times\frac{3}{8}=\frac{9}{64}$$

所以，X 和 Y 不是相互独立的。

【例 5】 已知二维随机变量(X,Y)的概率密度为

$$f(x,y)=\begin{cases}24(1-x)y, & 0<x<1,0<y<x\\ 0, & \text{其他}\end{cases}$$

判断 X 和 Y 是否相互独立。

解：首先求出 X,Y 的边缘概率密度 $f_X(x)$ 和 $f_Y(y)$：

$$f_X(x)=\int_{-\infty}^{\infty}f(x,y)\mathrm{d}y=\begin{cases}\int_0^x 24(1-x)y\mathrm{d}y, & 0<x<1\\ 0, & \text{其他}\end{cases}$$

$$=\begin{cases}12(1-x)x^2, & 0<x<1\\ 0, & \text{其他}\end{cases}$$

$$f_Y(y)=\int_{-\infty}^{\infty}f(x,y)\mathrm{d}x=\begin{cases}\int_y^1 24(1-x)y\mathrm{d}x, & 0<y<1\\ 0, & \text{其他}\end{cases}$$

$$=\begin{cases}12y(y^2-2y+1), & 0<y<1\\ 0, & \text{其他}\end{cases}$$

显然有

$$f(x,y)\neq f_X(x)f_Y(y)$$

从而，X 和 Y 不是相互独立的。

12.3　二维随机变量函数的分布

12.3.1　二维离散型随机变量函数的分布

设 $z=g(x,y)$ 是一个二元函数，(X,Y) 是二维随机变量，则 $Z=g(X,Y)$ 也是一个随机变量，我们称之为二维随机变量函数。

若(X,Y) 是二维离散随机变量，那么二维随机变量函数 $Z=g(X,Y)$ 也是离散型随机变量。一般地，如果(X,Y) 的联合概率分布为 $P\{X=x_i,Y=y_i\}=p_{ij}$，$(i,j=1,2,\cdots)$，记 $z_k(k=1,2,\cdots)$ 为 $Z=g(X,Y)$ 的所有可能的取值，则 Z 的概率分布为

$$P\{Z=z_k\}=P\{g(X,Y)=Z_k\}=\sum_{g(x_i,y_j)=z_k}P\{X=x_i,Y=y_j\},k=1,2,\cdots$$

12.3.2　二维连续型随机变量函数的分布

设(X,Y) 是二维连续型随机变量，其联合概率密度函数为 $f(x,y)$。若其二维随机变量函数 $Z=g(X,Y)$ 仍然是连续型随机变量，则可类似于求一维连续型随机变量函数的分布来求 $Z=g(X,Y)$ 的概率分布，其方法是：

首先，计算 $Z=g(X,Y)$ 的分布函数

$$F_Z(z)=P\{Z\leqslant z\}=P\{g(X,Y)\leqslant z\}=P\{(X,Y)\in D_Z\}$$
$$=\iint_{D_Z} f(x,y)\mathrm{d}x\,\mathrm{d}y$$

其中 $D_Z=\{(X,Y)\mid g(X,Y)\leqslant z\}$；

其次，根据 $f_Z(z)=F'_Z(z)$ 求出 $Z=g(X,Y)$ 的概率密度函数。

两种常见的具体的随机变量函数的分布。

1. $Z=X+Y$ 的分布

设(X,Y)的联合概率密度为 $f(x,y)$，则 $Z=g(X,Y)$ 的分布函数为

$$F_Z(z)=P\{Z\leqslant z\}=\iint_{x+y\leqslant z} f(x,y)\mathrm{d}x\,\mathrm{d}y$$

由二重积分的性质和计算方法有：

$$F_Z(z)=P\{Z\leqslant z\}=\int_{-\infty}^{+\infty}\left[\int_{-\infty}^{z-y} f(x,y)\mathrm{d}x\right]\mathrm{d}y$$

固定 z 和 y，对积分 $\int_{-\infty}^{z-y} f(x,y)\mathrm{d}x$ 作变换，令 $x=u-y$，得

$$\int_{-\infty}^{z-y} f(x,y)\mathrm{d}x=\int_{-\infty}^{z} f(u-y,y)\mathrm{d}u$$

于是

$$F_Z(z)=\int_{-\infty}^{+\infty}\left[\int_{-\infty}^{z} f(u-y,y)\mathrm{d}u\right]\mathrm{d}y=\int_{-\infty}^{z}\left[\int_{-\infty}^{+\infty} f(u-y,y)\mathrm{d}y\right]\mathrm{d}u$$

由概率密度函数与分布函数的关系，可得随机变量 $Z=X+Y$ 的概率密度函数为

$$f_z(z)=\int_{-\infty}^{+\infty} f(z-y,y)\mathrm{d}y$$

由于 X,Y 的对称性，$f_z(z)$ 又可以表示为

$$f_z(z)=\int_{-\infty}^{+\infty} f(x,z-x)\mathrm{d}x$$

特别地，当随机变量 X,Y 互相独立时，且边缘概率密度分别为 $f_X(x)$ 和 $f_Y(y)$，则有

$$f_z(z)=\int_{-\infty}^{+\infty} f_X(x)f_Y(z-x)\mathrm{d}x$$
$$f_z(z)=\int_{-\infty}^{+\infty} f_X(z-y)f_Y(y)\mathrm{d}y$$

以上两个公式称为**卷积公式**。

2. $Z=X/Y$ 的分布

设(X,Y)的概率密度为 $f(x,y)$，则 $Z=X/Y$ 的分布函数为

$$F_Z(z)=P\{Z\leqslant z\}=P\{X/Y\leqslant z\}=\iint\limits_{x/y\leqslant z} f(x,y)\mathrm{d}x\,\mathrm{d}y$$

令 $u=y, v=x/y$，即 $x=uv, y=u$，而这个变换的雅可比行列式 $J=-u$。于是，代入可得

$$F_Z(z)=P\{Z\leqslant z\}=\iint\limits_{v\leqslant z} f(uv,u)|J|\,\mathrm{d}u\,\mathrm{d}v=\int_{-\infty}^{z}\left[\int_{-\infty}^{+\infty} f(uv,u)|u|\,\mathrm{d}u\right]\mathrm{d}v$$

从而有

$$f_Z(z)=\int_{-\infty}^{+\infty} f(zu,u)|u|\,\mathrm{d}u$$

特别当 X, Y 相互独立时，有

$$f_Z(z)=\int_{-\infty}^{+\infty} f_x(zu)f_y(u)|u|\,\mathrm{d}u$$

12.3.3　典型例题

【例 1】　设随机变量 X 和 Y 相互独立，且 $X\sim B\left(1,\frac{1}{4}\right), Y\sim B\left(2,\frac{1}{2}\right)$。求：

（1）$X+Y$ 的分布律；

（2）XY 的分布律。

解：X 和 Y 的分布律分别为

X	0	1
p	$\frac{3}{4}$	$\frac{1}{4}$

Y	0	1	2
p	$\frac{1}{4}$	$\frac{1}{2}$	$\frac{1}{4}$

$$P\{X+Y=0\}=P\{X=0,Y=0\}=P\{X=0\}P\{Y=0\}=\frac{3}{4}\times\frac{1}{4}=\frac{3}{16}$$

$$\begin{aligned}P\{X+Y=1\}&=P\{X=0,Y=1\}+P\{X=1,Y=0\}\\&=P\{X=0\}P\{Y=1\}+P\{X=1\}P\{Y=0\}\\&=\frac{3}{4}\times\frac{1}{2}+\frac{1}{4}\times\frac{1}{4}=\frac{7}{16}\end{aligned}$$

$$\begin{aligned}P\{X+Y=2\}&=P\{X=0,Y=2\}+P\{X=1,Y=1\}\\&=P\{X=0\}P\{Y=2\}+P\{X=1\}P\{Y=1\}\\&=\frac{3}{4}\times\frac{1}{4}+\frac{1}{4}\times\frac{1}{2}=\frac{5}{16}\end{aligned}$$

$$P\{X+Y=3\}=P\{X=1,Y=2\}=P\{X=1\}P\{Y=2\}=\frac{1}{4}\times\frac{1}{4}=\frac{1}{16}$$

$X+Y$ 的分布律为

$X+Y$	0	1	2	3
p	$\frac{3}{16}$	$\frac{7}{16}$	$\frac{5}{16}$	$\frac{1}{16}$

(2) 同理,可得 XY 的分布律为

XY	0	1	2
p	$\frac{13}{16}$	$\frac{1}{8}$	$\frac{1}{16}$

【例 2】 设 X 和 Y 是两个相互独立的随机变量,且都服从(0,1)上的均匀分布,求随机变量 $Z=X+Y$ 的概率密度。

解:由均匀分布的定义,可得 X 和 Y 的边缘密度函数:

$$f_X(x)=\begin{cases}1,0<x<1\\0,\text{其他}\end{cases},f_Y(y)=\begin{cases}1,0<y<1\\0,\text{其他}\end{cases}$$

由卷积公式,得

$$f_Z(z)=\int_{-\infty}^{+\infty}f_X(z-y)f_Y(y)\mathrm{d}y=\int_0^1 f_X(z-y)\mathrm{d}y$$

令 $z-y=t$,上式变成

$$f_Z(z)=\int_{z-1}^{z}f_X(t)\mathrm{d}t,\quad -\infty<z<+\infty$$

由于 $f_X(x)$ 在(0,1)内的值为 1,在其余点的值为 0,因此

(1) 当 $z<0$ 时,$f_Z(z)=\int_{z-1}^{z}0\mathrm{d}t=0$;

(2) 当 $0\leqslant z<1$ 时,$f_Z(z)=\int_{z-1}^{z}f_X(t)\mathrm{d}t=\int_{z-1}^{0}0\mathrm{d}t+\int_0^z 1\mathrm{d}t=z$;

(3) 当 $1\leqslant z<2$ 时,$f_Z(z)=\int_{z-1}^{z}f_X(t)\mathrm{d}t=\int_{z-1}^{1}1\mathrm{d}t+\int_1^z 0\mathrm{d}t=2-z$;

(4) 当 $z\geqslant 2$ 时,$f_Z(z)=\int_{z-1}^{z}f_X(t)\mathrm{d}t=\int_{z-1}^{z}0\mathrm{d}t=0$。

综上,随机变量 $Z=X+Y$ 的概率密度为

$$f_Z(z)=\begin{cases}z, & 0\leqslant z<1\\2-z, & 1\leqslant z<2\\0, & \text{其他}\end{cases}$$

【例 3】 假设一电路装有三个同类电器元件,其工作状态相互独立,且无故障工作时间都服从参数为 $\lambda>0$ 的指数分布,当三个元件都无故障时,电路正常工作,否则整个电路不能正常工作,求电路正常工作时间 T 的概率分布函数。

解：以 $X_i(i=1,2,3)$ 表示第 i 个电器元件无故障工作时间，则 X_1,X_2,X_3 相互独立且同分布，其分布函数为

$$F(x)=\begin{cases}1-e^{-\lambda x}, & x>0\\ 0, & x\leqslant 0\end{cases}$$

设 $G(t)$ 为工作时间 T 的分布函数，

当 $t\leqslant 0$ 时，$G(t)=0$，

当 $t>0$ 时，有

$$\begin{aligned}G(t)&=P\{T\leqslant t\}=1-P\{T>t\}\\&=1-P\{X_1>t,X_2>t,X_3>t\}\\&=1-P\{X_1>t\}\cdot P\{X_2>t\}\cdot P\{X_3>t\}\\&=1-[1-F(t)]^3\\&=1-e^{-3\lambda t}\end{aligned}$$

即

$$G(x)=\begin{cases}1-e^{-3\lambda t}, & t>0\\ 0, & t\leqslant 0\end{cases}$$

于是，T 服从参数为 3λ 的指数分布。

【例 4】　设随机变量 X 和 Y 相互独立，且有 $X\sim E(\lambda_1)$，$Y\sim E(\lambda_2)$，求随机变量 $Z=\dfrac{X}{Y}$ 的概率密度。

解：二维随机变量 (X,Y) 的概率密度为

$$f(x,y)=f_X(x)\cdot f_Y(y)=\begin{cases}\lambda_1\lambda_2 e^{-(\lambda_1 x+\lambda_2 y)}, & x>0,y>0\\ 0, & \text{其他}\end{cases}$$

由于 X,Y 均取正值，因此当 $z\leqslant 0$ 时，随机变量 $Z=\dfrac{X}{Y}$ 的分布函数 $F_Z(z)=0$，当 $z>0$ 时，有(见图 12.4)

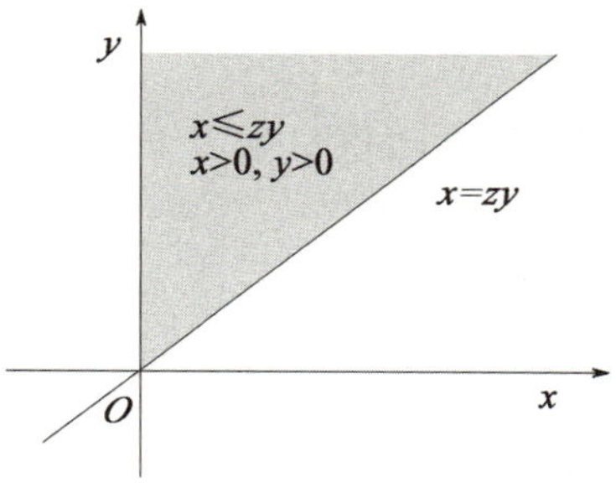

图 12.4

$$F_Z(z)=P\{Z\leqslant z\}=P\left\{\frac{X}{Y}\leqslant z\right\}$$

$$
\begin{aligned}
&= \iint_{\frac{x}{y} \leqslant z} f(x, y) \mathrm{d}x \mathrm{d}y \\
&= \int_0^{+\infty} \mathrm{d}y \int_0^{zy} \lambda_1 \lambda_2 \mathrm{e}^{-(\lambda_1 + \lambda_2)} \mathrm{d}x \\
&= \frac{\lambda_1 z}{\lambda_1 z + \lambda_2}
\end{aligned}
$$

于是，$Z = \dfrac{X}{Y}$ 的概率密度为

$$
f_Z(z) = F_Z'(z) = \begin{cases} \dfrac{\lambda_1 \lambda_2}{(\lambda_1 z + \lambda_2)^2}, & z > 0 \\ 0, & z \leqslant 0 \end{cases}
$$

12.4 二维随机变量的条件分布

12.4.1 离散型随机变量的条件概率分布

定义 12.7 设二维离散型随机变量(X, Y)其概率分布为

$$P\{X = x_i, Y = y_j\} = p_{ij} \quad i, j = 1, 2, \cdots$$

(X, Y)关于 X 和关于 Y 的边缘分布律分别为

$$P\{X = x_i\} = p_{i\cdot} \qquad i = 1, 2, \cdots$$

$$P\{Y = y_j\} = p_{\cdot j} \qquad j = 1, 2, \cdots$$

对于固定的 j，若 $p_{\cdot j} > 0$，则在事件$\{Y = y_j\}$已经发生的条件下，事件$\{X = x_i\}$发生的条件概率为

$$P\{X = x_i \mid Y = y_j\} = \frac{P\{X = x_i, Y = y_j\}}{P\{Y = y_j\}} = \frac{p_{ij}}{p_{\cdot j}} \quad i = 1, 2, \cdots$$

上式被称为在给定 $Y = y_j$ 条件下随机变量 X 的**条件概率分布**。

同理，对于固定的 i，若 $p_{i\cdot} > 0$，则称

$$P\{Y = y_j \mid X = x_i\} = \frac{P\{X = x_i, Y = y_j\}}{P\{X = x_i\}} = \frac{p_{ij}}{p_{i\cdot}} \ , j = 1, 2, \cdots$$

为在 $X = x_i$ 条件下随机变量 Y 的**条件概率分布**。

12.4.2 连续型随机变量的条件概率密度

定义 12.8 设(X, Y)为二维连续型随机变量，其相应的联合分布函数和联合概率密度分别为 $F(x, y)$ 和 $f(x, y)$，边缘概率密度 $f_X(x)$ 和 $f_Y(y)$。

在 $Y = y$ 条件下随机变量 X 的**条件概率密度**，记为 $f_{X|Y}(x \mid y)$，即

$$f_{X|Y}(x \mid y)=\frac{f(x,y)}{f_Y(y)}$$

类似地,可以定义在 $X=x$ 的条件下随机变量 Y 的**条件概率密度**为

$$f_{Y|X}(y \mid x)=\frac{f(x,y)}{f_X(x)}$$

12.4.3　典型例题

【例 1】　已知(X,Y)的分布律为

X \ Y	0	1
0	$\frac{1}{2}$	$\frac{1}{8}$
1	$\frac{3}{8}$	0

求:

(1) 在 $Y=0$ 的条件下 X 的条件分布律;

(2) 在 $X=1$ 的条件下 Y 的条件分布律。

解:由边缘分布律定义得:

X	0	1
p	$\frac{5}{8}$	$\frac{3}{8}$

Y	0	1
p	$\frac{7}{8}$	$\frac{1}{8}$

(1)) 在 $Y=0$ 的条件下,X 的条件分布律为

$$P\{X=0 \mid Y=0\}=\frac{P\{X=0,Y=0\}}{P\{Y=0\}}=\frac{1/2}{7/8}=\frac{4}{7}$$

$$P\{X=1 \mid Y=0\}=\frac{P\{X=1,Y=0\}}{P\{Y=0\}}=\frac{3/8}{7/8}=\frac{3}{7}$$

即

X	0	1
$P\{X \mid Y=0\}$	$\frac{4}{7}$	$\frac{3}{7}$

(2) 在 $X=1$ 的条件下,Y 的条件分布律为

$$P\{Y=0 \mid X=1\}=\frac{P\{X=1,Y=0\}}{P\{X=1\}}=\frac{3/8}{3/8}=1$$

$$P\{Y=1 \mid X=1\}=\frac{P\{X=1,Y=1\}}{P\{X=1\}}=\frac{0}{3/8}=0$$

即

Y	0	1
$P\{Y \mid X=1\}$	1	0

【例 2】 某射手在进行射击，击中目标的概率为 $p(0<p<1)$，射击直到击中目标两次为止。设 X 表示首次击中目标所进行的射击次数，Y 表示总共进行的射击次数，试求 X 和 Y 的联合分布律及条件分布律。

解：由题意 $Y=n$ 表示在第 n 次射击时击中目标，且在第 1 次，第 2 次，…，第 $n-1$ 次射击中恰有一次击中目标。已知各次射击是相互独立的，于是不管 $m(m<n)$ 是多少，概率 $P\{X=m,Y=n\}$ 都应等于 $p\cdot p\cdot q\cdot q\cdot\cdots\cdot q=p^2q^{n-2}$ （这里 $q=1-p$）

即得 X 和 Y 的联合分布律为

$$P\{X=m,Y=n\}=p^2q^{n-2},n=2,3,\cdots;m=1,2,\cdots,n-1$$

又 $P\{X=m\}=\sum\limits_{n=m+1}^{\infty}P\{X=m,Y=n\}=\sum\limits_{n=m+1}^{\infty}p^2q^{n-2}$

$$=p^2\sum_{n=m+1}^{\infty}q^{n-2}=\frac{p^2q^{m-1}}{1-q}=pq^{m-1},m=1,2,\cdots$$

$$P\{Y=n\}=\sum_{m=1}^{n-1}P\{X=m,Y=n\}=\sum_{m=1}^{n-1}p^2q^{n-2}=(n-1)p^2q^{n-2},n=2,3,\cdots$$

条件分布概率为

当 $n=2,3,\cdots$ 时，$P\{X=m \mid Y=n\}=\dfrac{p^2q^{n-2}}{(n-1)p^2q^{n-2}},m=1,2,\cdots,n-1$

当 $m=1,2,\cdots$ 时，$P\{Y=n \mid X=m\}=\dfrac{p^2q^{n-2}}{pq^{m-1}}=pq^{n-m-1},n=m+1,m+2,\cdots$

【例 3】 设二维随机变量 (X,Y) 的概率密度为

$$f(x,y)=\begin{cases}x\mathrm{e}^{-x(1+y)}, & x>0,y>0,\\ 0, & \text{其他}\end{cases}$$

求：

(1) $f_{X|Y}(x \mid y)$，$f_{Y|X}(y \mid x)$；

(2) $P\{Y>1 \mid X=3\}$。

解:由于

$$f_X(x)=\int_{-\infty}^{+\infty} f(x,y)\mathrm{d}y=\begin{cases}\int_0^{+\infty} x\mathrm{e}^{-x(1+y)}\mathrm{d}y, & x>0\\ 0, & x\leqslant 0\end{cases}=\begin{cases}\mathrm{e}^{-x}, & x>0\\ 0, & x\leqslant 0\end{cases}$$

$$f_Y(y)=\int_{-\infty}^{+\infty} f(x,y)\mathrm{d}x=\begin{cases}\int_0^{+\infty} x\mathrm{e}^{-x(1+y)}\mathrm{d}x, & y>0\\ 0, & y\leqslant 0\end{cases}=\begin{cases}\dfrac{1}{(y+1)^2}, & y>0\\ 0, & y\leqslant 0\end{cases}$$

(1) 当 $y>0$ 时,有

$$f_{X|Y}(x\mid y)=\frac{f(x,y)}{f_Y(y)}=\begin{cases}\dfrac{x\mathrm{e}^{-x(1+y)}}{\dfrac{1}{(y+1)^2}}, & x>0\\ 0, & x\leqslant 0\end{cases}=\begin{cases}3x\ (y+1)^2\mathrm{e}^{-x(1+y)}, & x>0\\ 0, & x\leqslant 0\end{cases}$$

当 $x>0$ 时,有

$$f_{Y|X}(y\mid x)=\frac{f(x,y)}{f_X(x)}=\begin{cases}\dfrac{x\mathrm{e}^{-x(1+y)}}{\mathrm{e}^{-x}}, & y>0\\ 0, & y\leqslant 0\end{cases}=\begin{cases}x\mathrm{e}^{-xy}, & y>0\\ 0, & y\leqslant 0\end{cases}$$

(2) 当 $X=3$ 时,有

$$P\{Y>1\mid X=3\}=\int_1^{+\infty} f_{Y|X}(y\mid 3)\mathrm{d}y=\int_1^{+\infty} 3\mathrm{e}^{-3y}\mathrm{d}y=\mathrm{e}^{-3}$$

【例 4】 设 G 为平面上的有界区域,其面积为 A,若二维随机变量 (X,Y) 具有概率密度:

$$f(x,y)=\begin{cases}\dfrac{1}{A}, & (x,y)\in G\\ 0, & (x,y)\notin G\end{cases}$$

则称 (X,Y) 在区域 G 上服从均匀分布。设二维随机变量 (X,Y) 在圆域 $x^2+y^2\leqslant 1$ 上服从均匀分布,求条件概率密度 $f_{X|Y}(x\mid y)$。

解:随机变量 (X,Y) 具有概率密度

$$f(x,y)=\begin{cases}\dfrac{1}{\pi}, & x^2+y^2\leqslant 1\\ 0, & \text{其他}\end{cases}$$

且有边缘概率密度

$$f_Y(y)=\int_{-\infty}^{+\infty} f(x,y)\mathrm{d}x=\begin{cases}\dfrac{1}{\pi}\displaystyle\int_{-\sqrt{1-y^2}}^{\sqrt{1-y^2}}\mathrm{d}x=\dfrac{1}{\pi}\sqrt{1-y^2}, & -1\leqslant y\leqslant 1\\ 0, & \text{其他}\end{cases}$$

故,当 $-1<y<1$ 时,有

$$f_{X|Y}(x \mid y)=\begin{cases}\dfrac{1/\pi}{(2/\pi)\sqrt{1-y^2}}=\dfrac{1}{2\sqrt{1-y^2}}, & -\sqrt{1-y^2}\leqslant x\leqslant\sqrt{1-y^2}\\ 0, & \text{其他}\end{cases}$$

12.5 二维随机变量的数字特征

12.5.1 二维随机变量的期望

设随机变量 Z 是随机变量 (X,Y) 的函数，$Z=g(X,Y)$，其中 g 为二元连续函数，则

(1) 如果 (X,Y) 为二维离散型随机变量，其联合概率分布为

$$P\{X=x_i, Y=y_j\}=p_{ij} \qquad i,j=1,2,\cdots$$

且 $\sum\limits_{j=1}^{\infty}\sum\limits_{i=1}^{\infty}g(x_i,y_j)p_{ij}$ 绝对收敛，则随机变量 $Z=g(X,Y)$ 的数学期望为

$$E(Z)=E[g(X,Y)]=\sum_{j=1}^{\infty}\sum_{i=1}^{\infty}g(x_i,y_j)p_{ij}$$

(2) 如果 (X,Y) 为二维连续型随机变量时，联合概率密度为 $f(x,y)$，且 $\int_{-\infty}^{+\infty}\int_{-\infty}^{+\infty}g(x,y)f(x,y)\mathrm{d}x\mathrm{d}y$ 绝对收敛，则随机变量 $Z=g(X,Y)$ 的数学期望为

$$E(Z)=E[g(X,Y)]=\int_{-\infty}^{+\infty}\int_{-\infty}^{+\infty}g(x,y)f(x,y)\mathrm{d}x\mathrm{d}y$$

12.5.2 二维随机变量的协方差

定义 12.9 设随机变量 $X\backslash Y$ 数学期望 $E(X)$，$E(Y)$ 都存在，如果 $E[X-E(X)][Y-E(Y)]$ 存在，则称之为随机变量 X 和 Y 的协方差，记作 $\operatorname{cov}(X,Y)$，即

$$\operatorname{cov}(X,Y)=E\{[X-E(X)][Y-E(Y)]\}$$

利用数学期望的性质，容易得到协方差的另一个计算公式

$$\operatorname{cov}(X,Y)=E(XY)-E(X)E(Y)$$

由协方差的定义和期望的性质知，协方差具有以下性质：

性质 1 $\operatorname{cov}(X,Y)=\operatorname{cov}(Y,X)$；

性质 2 $\operatorname{cov}(X,X)=D(X)$；

性质 3 $\operatorname{cov}(aX,bY)=ab\operatorname{cov}(X,Y)$ (a,b 为常数)；

性质 4 $\operatorname{cov}(X+Y,Z)=\operatorname{cov}(X,Z)+\operatorname{cov}(Y,Z)$；

性质 5 $D(X+Y)=D(X)+D(Y)+2\operatorname{cov}(X,Y)$。

引入协方差的目的在于度量随机变量之间关系的强弱，但由于协方差有量纲，其数值受 X 和 Y 本身量纲的影响，为了克服这一缺点，我们对随机变量进行标准化。

称 $X^* = \dfrac{X - E(X)}{\sqrt{D(X)}}$ 为随机变量 X 的标准化随机变量。

不难验证 $E(X^*) = 0, D(X^*) = 1$。

12.5.3　二维随机变量的相关系数

对随机变量 X 和 Y 的标准化随机变量求协方差，有

$$\begin{aligned}\operatorname{cov}(X^*, Y^*) &= E(X^*Y^*) - E(X^*)E(Y^*) = E(X^*Y^*)\\ &= E\left(\frac{X - E(X)}{\sqrt{D(X)}} \cdot \frac{Y - E(Y)}{\sqrt{D(Y)}}\right)\\ &= \frac{E[(X - E(X)(Y - E(Y))]}{\sqrt{D(X)}\sqrt{D(Y)}}\\ &= \frac{\operatorname{cov}(X, Y)}{\sqrt{DX}\sqrt{DY}}\end{aligned}$$

从而我们可以得到一个能更好地度量随机变量之间关系强弱的数字特征。

定义 12.10　设随机变量 X 和 Y 的方差都存在且不为零，X 和 Y 的协方差 $\operatorname{cov}(X, Y)$ 也存在，则称 $\dfrac{\operatorname{cov}(X, Y)}{\sqrt{DX}\sqrt{DY}}$ 为随机变量 X 和 Y 的**相关系数**，记作 ρ_{XY}，即

$$\rho_{XY} = \frac{\operatorname{cov}(X, Y)}{\sqrt{DX}\sqrt{DY}}$$

如果 $\rho_{XY} = 0$，则称 X 和 Y 不相关；如果 $\rho_{XY} > 0$，则称 X 和 Y 正相关；如果 $\rho_{XY} < 0$，则称 X 和 Y 负相关。特别地，如果 $\rho_{XY} = 1$，则称 X 和 Y 完全正相关；如果 $\rho_{XY} = -1$，则称 X 和 Y 完全负相关。

X 和 Y 相关系数描述的是随机变量 X 和 Y 存在某种程度的线性关系。因此，若 X 和 Y 不相关，只能说明 X 与 Y 之间不存在线性关系，但并不排除 X 和 Y 之间存在其他关系。

相关系数具有以下性质：

性质 1　$|\rho_{XY}| \leqslant 1$；

性质 2　$|\rho_{XY}| = 1$ 的充分必要条件是：存在常数 a, b 使得 $P\{Y = aX + b\} = 1$；

性质 3　下列结论是等价的：

(1) $\operatorname{cov}(X, Y) = 0$；

(2) X 和 Y 不相关；

(3) $E(XY)=E(X)E(Y)$；

(4) $D(X+Y)=D(X)+D(Y)$。

12.5.4 典型例题

【例 1】 设二维离散型随机变量(X,Y)的分布律为

X \ Y	0	1
0	0.1	0.3
1	0.4	0.2

求$E(XY)$和$E(Z)$，其中$Z=\max(X,Y)$。

解：依题意，可得

$$E(XY)=0\times0\times0.1+0\times1\times0.3+1\times0\times0.4+1\times1\times0.2=0.2$$

$$E(Z)=0\times0.1+1\times0.9=0.9$$

【例 2】 设ξ是$[-\pi,\pi]$上均匀分布的随机变量，又

$$X=\sin\xi,Y=\cos\xi$$

求X与Y之间的相关系数。

解：由于

$$E(X)=\frac{1}{2\pi}\int_{-\pi}^{\pi}\sin x\,\mathrm{d}x=0$$

$$E(Y)=\frac{1}{2\pi}\int_{-\pi}^{\pi}\cos x\,\mathrm{d}x=0$$

$$E(X^2)=\frac{1}{2\pi}\int_{-\pi}^{\pi}\sin^2 x\,\mathrm{d}x=\frac{1}{2}$$

$$E(Y^2)=\frac{1}{2\pi}\int_{-\pi}^{\pi}\cos^2 x\,\mathrm{d}x=\frac{1}{2}$$

$$E(XY)=\frac{1}{2\pi}\int_{-\pi}^{\pi}\sin x\cos x\,\mathrm{d}x=0$$

因此

$$\mathrm{cov}(X,Y)=E(XY)-E(X)E(Y)=0$$

于是

$$\rho_{XY}=\frac{\mathrm{cov}(X,Y)}{\sqrt{DX}\sqrt{DY}}=0$$

【例 3】 将一颗均匀的骰子重复投掷n次，随机变量X表示出现点数小于3的次数，Y表示出现点数不小于3的次数。

(1) 证明：X 与 Y 不相互独立；

(2) 证明：$X+Y$ 和 $X-Y$ 不相关；

(3) 求 $3X+Y$ 和 $X-3Y$ 的相关系数。

解：由于 $X \sim B\left(n,\frac{1}{3}\right), E(X)=\frac{n}{3}, D(X)=\frac{2n}{9}$

$Y=n-X \sim B\left(n,\frac{2}{3}\right), E(Y)=\frac{2n}{3}, D(Y)=\frac{2n}{9}$

(1) $\operatorname{cov}(X,Y)=\operatorname{cov}(X,n-X)=-D(X)=-\frac{2n}{9}$

因此 X 和 Y 不相互独立。

(2)
$$\begin{aligned}\operatorname{cov}(X+Y,X-Y)&=\operatorname{cov}(X,X)-\operatorname{cov}(Y,Y)\\&=D(X)-D(Y)=0\end{aligned}$$

因此，$X+Y$ 和 $X-Y$ 不相关。

(3) $D(3X+Y)=9D(X)+6\operatorname{cov}(X,Y)+D(Y)=\frac{8n}{9}$

$D(X-3Y)=D(X)-6\operatorname{cov}(X,Y)+9D(Y)=\frac{32n}{9}$

$\operatorname{cov}(3X+Y,X-3Y)=3D(X)-8\operatorname{cov}(X,Y)-3D(Y)=\frac{16n}{9}$

于是，$3X+Y$ 和 $X-3Y$ 的相关系数为

$$\rho=\frac{\operatorname{cov}(3X+Y,X-3Y)}{\sqrt{D(3X+Y)}\cdot\sqrt{D(X-3Y)}}=1$$

【例 4】 设二维随机变量 (X,Y) 在单位圆域 $D=\{(x,y)\mid x^2+y^2\leqslant 1\}$ 上服从均匀分布，

(1) 求 X 和 Y 的相关系数 ρ_{XY}；

(2) X 和 Y 是否相互独立？

解：(1) 因为 (X,Y) 在单位圆 D 上服从均匀分布，所以

$$f(x,y)=\begin{cases}\frac{1}{\pi}, & x^2+y^2\leqslant 1\\0, & 其他\end{cases}$$

因此，

$$E(XY)=\iint\limits_{x^2+y^2\leqslant 1} xy\,\frac{1}{\pi}\mathrm{d}x\,\mathrm{d}y=\int_0^{2\pi}\mathrm{d}\theta\int_0^1\frac{1}{\pi}r^3\sin\theta\cos\theta\,\mathrm{d}r=0$$

$$E(X)=\iint\limits_{x^2+y^2\leqslant 1} x\,\frac{1}{\pi}\mathrm{d}x\,\mathrm{d}y=\int_0^{2\pi}\mathrm{d}\theta\int_0^1\frac{1}{\pi}r^2\cos\theta\,\mathrm{d}r=0$$

$$E(Y)=\iint\limits_{x^2+y^2\leqslant 1} y\frac{1}{\pi}\mathrm{d}x\,\mathrm{d}y=\int_0^{2\pi}\mathrm{d}\theta\int_0^1\frac{1}{\pi}r^2\sin\theta\,\mathrm{d}r=0$$

于是

$$\operatorname{cov}(X,Y)=E(XY)-E(X)E(Y)=0$$

从而

$$\rho_{XY}=0$$

即 X 和 Y 不相关；

（2）因为

$$f_X(x)=\int_{-\infty}^{+\infty}f(x,y)\mathrm{d}y=\begin{cases}\dfrac{2\sqrt{1-x^2}}{\pi}, & -1\leqslant x\leqslant 1\\ 0, & \text{其他}\end{cases}$$

$$f_Y(y)=\int_{-\infty}^{+\infty}f(x,y)\mathrm{d}x=\begin{cases}\dfrac{2\sqrt{1-y^2}}{\pi}, & -1\leqslant y\leqslant 1\\ 0, & \text{其他}\end{cases}$$

显然

$$f(x,y)\neq f_X(x)f_Y(y)$$

因此，X 和 Y 不相互独立。

【例 5】 设二维随机变量 $(X,Y)\sim N(\mu_1,\mu_2,\sigma_1{}^2,\sigma_2{}^2,\rho)$，证明：$X$ 与 Y 相互独立的充分必要条件是 X 与 Y 不相关。

证明：(X,Y) 的概率密度为

$$f(x,y)=\frac{1}{2\pi\sigma_1\sigma_2\sqrt{1-\rho^2}}\exp\left\{-\frac{1}{2(1-\rho^2)}\left[\frac{(x-\mu_1)^2}{\sigma_1{}^2}-2\rho\frac{(x-\mu_1)(y-\mu_2)}{\sigma_1\sigma_2}+\frac{(y-\mu_2)^2}{\sigma_2{}^2}\right]\right\}$$

$$-\infty<x<+\infty,-\infty<y<+\infty$$

两个边缘概率密度为

$$f_X(x)=\frac{1}{\sqrt{2\pi}\sigma_1}\exp\left\{-\frac{(x-\mu_1)^2}{2\sigma_1{}^2}\right\},-\infty<x<+\infty$$

$$f_Y(y)=\frac{1}{\sqrt{2\pi}\sigma_2}\exp\left\{-\frac{(y-\mu_2)^2}{2\sigma_2{}^2}\right\},-\infty<y<+\infty$$

由此

$$E(X)=\mu_1,E(Y)=\mu_2,D(X)=\sigma_1^2,D(Y)=\sigma_2^2。$$

由于

$$
\begin{aligned}
\operatorname{cov}(X,Y) &= E\{[X-E(X)][Y-E(Y)]\} \\
&= \int_{-\infty}^{+\infty}\int_{-\infty}^{+\infty}(x-\mu_1)(y-\mu_2)f(x,y)\,\mathrm{d}x\,\mathrm{d}y \\
&= \frac{1}{2\pi\sigma_1\sigma_2\sqrt{1-\rho^2}}\int_{-\infty}^{+\infty}\int_{-\infty}^{+\infty}(x-\mu_1)(y-\mu_2)\cdot \\
&\quad \exp\left\{-\frac{1}{2(1-\rho^2)}\left[\frac{(x-\mu_1)^2}{\sigma_1{}^2}-2\rho\frac{(x-\mu_1)(y-\mu_2)}{\sigma_1\sigma_2}\right.\right. \\
&\quad \left.\left.+\frac{(y-\mu_2)^2}{\sigma_2{}^2}\right]\right\}\mathrm{d}x\,\mathrm{d}y \\
&= \frac{1}{2\pi\sigma_1\sigma_2\sqrt{1-\rho^2}}\int_{-\infty}^{+\infty}\int_{-\infty}^{+\infty}(x-\mu_1)(y-\mu_2)\exp\left\{-\frac{(x-\mu_1)^2}{2\sigma_1{}^2}\right\}\cdot \\
&\quad \exp\left\{-\frac{1}{2(1-\rho^2)}\left[\frac{y-\mu_2}{\sigma_2}-\rho\frac{x-\mu_1}{\sigma_1}\right]^2\right\}\mathrm{d}x\,\mathrm{d}y
\end{aligned}
$$

令 $t=\dfrac{1}{\sqrt{1-\rho^2}}\left(\dfrac{y-\mu_2}{\sigma_2}-\rho\dfrac{x-\mu_1}{\sigma_1}\right)$，$u=\dfrac{x-\mu_1}{\sigma_1}$，则有

$$
\begin{aligned}
\operatorname{cov}(X,Y) &= \frac{1}{2\pi}\int_{-\infty}^{+\infty}\int_{-\infty}^{+\infty}\sigma_1\sigma_2(\sqrt{1-\rho^2}\,tu+\rho u^2)\mathrm{e}^{-\frac{t^2}{2}}\mathrm{e}^{-\frac{u^2}{2}}\mathrm{d}t\,\mathrm{d}u \\
&= \frac{\sigma_1\sigma_2\sqrt{1-\rho^2}}{2\pi}\int_{-\infty}^{+\infty}t\,\mathrm{e}^{-\frac{t^2}{2}}\mathrm{d}t\int_{-\infty}^{+\infty}u\,\mathrm{e}^{-\frac{u^2}{2}}\mathrm{d}u+ \\
&\quad \rho\sigma_1\sigma_2\int_{-\infty}^{+\infty}\frac{1}{\sqrt{2\pi}}\mathrm{e}^{-\frac{t^2}{2}}\mathrm{d}t\int_{-\infty}^{+\infty}\frac{1}{\sqrt{2\pi}}u^2\mathrm{e}^{-\frac{u^2}{2}}\mathrm{d}u
\end{aligned}
$$

由于

$$
\int_{-\infty}^{+\infty}t\,\mathrm{e}^{-\frac{t^2}{2}}\mathrm{d}t=-\mathrm{e}^{-\frac{t^2}{2}}\Big|_{-\infty}^{+\infty}=0,\qquad \int_{-\infty}^{+\infty}u\,\mathrm{e}^{-\frac{u^2}{2}}\mathrm{d}u=0,
$$

$$
\int_{-\infty}^{+\infty}\frac{1}{\sqrt{2\pi}}\mathrm{e}^{-\frac{t^2}{2}}\mathrm{d}t=1
$$

又

$$
\begin{aligned}
\int_{-\infty}^{+\infty}\frac{1}{\sqrt{2\pi}}u^2\mathrm{e}^{-\frac{u^2}{2}}\mathrm{d}u &= -\frac{1}{\sqrt{2\pi}}\int_{-\infty}^{+\infty}u\,\mathrm{d}\mathrm{e}^{-\frac{u^2}{2}} \\
&= -\frac{1}{\sqrt{2\pi}}\left(u\,\mathrm{e}^{-\frac{u^2}{2}}\Big|_{-\infty}^{+\infty}-\int_{-\infty}^{+\infty}\mathrm{e}^{-\frac{u^2}{2}}\mathrm{d}u\right) \\
&= \frac{1}{\sqrt{2\pi}}\int_{-\infty}^{+\infty}\mathrm{e}^{-\frac{u^2}{2}}\mathrm{d}u=1
\end{aligned}
$$

因此

$$
\operatorname{cov}(X,Y)=\rho\sigma_1\sigma_2
$$

从而

$$
\rho_{XY}=\frac{\operatorname{cov}(X,Y)}{\sqrt{DX}\sqrt{DY}}=\frac{\rho\sigma_1\sigma_2}{\sigma_1\sigma_2}=\rho
$$

习题 12

1. 设随机变量 X 和 Y 相互独立，且均服从参数为 1 的指数分布，$V=\min(X,Y)$，$U=\max(X,Y)$，求：

(1) 随机变量 V 的概率密度；(2) $E(U+V)$。

2. 已知随机变量 X 和 Y 的联合密度为

$$f(x,y)=\begin{cases} e^{-(x+y)}, & 0<x<\infty, 0<y<+\infty \\ 0, & 其他 \end{cases}$$

试求：(1) $P\{X<Y\}$；(2) $E(XY)$。

3. 甲乙两人独立的各进行两次射击，假设甲的命中率为 0.2，乙的命中率为 0.5，以 X 和 Y 分别表示甲和乙的命中次数，试求 X 和 Y 的联合概率密度分布。

4. 设随机变量 X 和 Y 相互独立，且都服从区间(0,1)上的均匀分布，则计算概率 $P\{x^2+y^2\leqslant 1\}$。

5. 设(X,Y)是二维随机变量，X 的边缘概率密度为 $f_x(x)=\begin{cases} 3x^2, & 0<x<1 \\ 0, & 其他 \end{cases}$，在给定 $X=x\,(0<x<1)$ 的条件下，Y 条件概率密度为

$$f_{Y/X}(y/x)=\begin{cases} \dfrac{3y^2}{x^3}, & 0<y<x \\ 0, & 其他 \end{cases}$$

求：(1) (X,Y) 的概率密度 $f(x,y)$；(2) Y 的边缘密度 $f_y(y)$。

6. 设随机变量 X 和 Y 相互独立，且 X 服从标准正态分布 $N(0,1)$，Y 的概率分布为 $P\{y=0\}=p\{y=1\}=\dfrac{1}{2}$，记 $F_Z(Z)$ 为随机变量 $Z=XY$ 的分布函数，则求函数 $F_Z(Z)$ 的间断点个数。

7. 已知随机变量 X，Y 以及 XY 的分布律如下表所示：

X	0	1	2
P	$\frac{1}{2}$	$\frac{1}{3}$	$\frac{1}{6}$

Y	0	1	2
P	$\frac{1}{3}$	$\frac{1}{3}$	$\frac{1}{3}$

XY	0	1	2	4
P	$\frac{7}{12}$	$\frac{1}{3}$	0	$\frac{1}{12}$

求：(1) $P=(X=2Y)$；

(2) $\mathrm{cov}(X-Y,Y)$ 与 ρ_{XY}。

8. 设随机变量 X 的概率分布为 $P\{X=1\}=P\{X=2\}=\frac{1}{2}$，在给定 $X=i$ 的条件下，随机变量 Y 服从均匀分布 $U(0,i)$，$i=1,2$，求：(1) Y 的分布函数 $F_Y(y)$；(2) EY。

9. 设 ξ,η 是相互独立且独立服从同一分布的随机变量，已知 ξ 的分布律为 $P(\xi=i)=\frac{1}{3}$，$i=1,2,3$，又设 $X=\max\{\xi,\eta\}$，$Y=\min\{\xi,\eta\}$。

(1) 写出二维随机变量 (X,Y) 联合分布律；

(2) 求随机变量 X 的数学期望。

10. 设二维随机变量 (X,Y) 的概率密度为 $f(x,y)=A\mathrm{e}^{-2x^2+2xy-y^2}$ $(-\infty<x,y<+\infty)$，求常数 A 及条件概率密度 $f_{Y|X}(y\mid x)$。

11. 设二维随机变量 (X,Y) 的概率密度为 $f(x,y)=\begin{cases}\mathrm{e}^{-x}, & 0<y<x\\ 0, & \text{其他}\end{cases}$，求：

(1) 条件概率密度 $f_{Y|X}(y|x)$；(2) 条件概率 $P\{X\leqslant 1|Y\leqslant 1\}$。

12. (1) 设两个随机变量 X 与 Y 相互独立且同分布：$P\{X=-1\}=P\{Y=-1\}=\frac{1}{2}$，$P\{X=1\}=P\{Y=1\}=\frac{1}{2}$，则求概率 $P\{X=Y\}$。

(2) 设二维随机变量 (X,Y) 的概率密度为

$$f(x,y)=\begin{cases}2\mathrm{e}^{-(x+2y)}, & x>0,y>0\\ 0, & \text{其他}\end{cases}$$，求分布函数。

(3) 已知随机变量 (X,Y) 的联合概率密度为

$$\varphi(x,y)=\begin{cases}4xy, & 0\leqslant x\leqslant 1,0\leqslant y\leqslant 1\\ 0, & \text{其他}\end{cases}$$，求 (X,Y) 的联合概率分布函数 $F(x,y)$。

13. 箱内有 6 个球，其中红、白、黑球的个数分别为 1,2,3，现在从箱子中随机地取出 2 个球，设 X 为取出的红球个数，Y 为取出的白球个数，求：

(1) 随机变量 (X,Y) 概率分布；(2) $\mathrm{cov}(X,Y)$。

14. 两台同样自动记录仪，每台无故障工作的时间服从参数为 5 的指数分布；首

先开动其中一台，当其发生故障时停用而另一台自行开动。试求两台记录仪无故障工作的总时间 T 的概率密度 $f(x)$、数学期望和方差。

15. 设连续性随机变量 X_1 和 X_2 相互独立且方差均存在，X_1 和 X_2 的概率密度分别为 $f_1(x)$ 和 $f_2(x)$，随机变量 Y_1 的概率密度为 $f_{Y_1}(y)=\frac{1}{2}(f_1(y)+f_2(y))$，随机变量 $Y_2=\frac{1}{2}(X_1+X_2)$，则证明：$EY_1=EY_2, DY_1>DY_2$。

16. (1) 随机变量 $X\sim N(0,1), Y\sim N(1,4)$，且相关系数 $\rho_{xy}=1$。证明：$P\{Y=2X+1\}=1$。

(2) 设相互独立的随机变量 X、Y 具有同一分布律，且 X 的分布律为

X	0	1
p	$\frac{1}{2}$	$\frac{1}{2}$

则求随机变量 $z=\max\{X,Y\}$ 的分布律。

(3) 设二维随机变量 (X,Y) 的概率分布为

Y \ X	0	1
0	0.4	a
1	b	0.1

若随机事件 $\{X=0\}$ 与 $\{X+Y=1\}$ 相互独立，求 a,b 的值。

17. 设随机变量 X,Y 的概率分布相同，X 的概率分布为 $P\{X=0\}=\frac{1}{3}$，$P\{X=1\}=\frac{2}{3}$，且 X,Y 的相关系数 $\rho_{xy}=\frac{1}{2}$，求：(1) (X,Y) 的概率分布；(2) 求 $P\{X+Y\leqslant 1\}$。

18. 设二位随机变量 (X,Y) 的概率密度

$$f(x,y)=\begin{cases}1, 0<x<1, 0<y<2x\\ 0, \text{其他}\end{cases}$$，求：

(1) 边缘概率密度 $f_X(x), f_Y(y)$；

(2) $Z=2X-Y$ 的概率密度 $f_Z(z)$；

(3) $P=\left\{Y\leqslant\frac{1}{2}\middle|X\leqslant\frac{1}{2}\right\}$。

19. 设二维变量(X,Y)在区域$D:0<x<1,|y|<x$内服从均匀分布，求关于X的边缘概率密度函数及随机变量$Z=2X+1$的方差。

20. 设二维随机变量(X,Y)的概率密度为$f(x,y)=\begin{cases}e^{-y}, & 0<x<y\\ 0, & 其他\end{cases}$，求：

(1) 随机变量X的密度$f_X(x)$；(2) 概率$P\{X+Y\leqslant 1\}$。

21. 设随机变量X与Y独立，$X\sim N(\mu,\sigma^2)$，Y服从$[\pi,\pi]$上的均匀分布，求$Z=X+Y$的概率分布密度。(结果用标准正态分布函数$\Phi(x)$表示，其中$\Phi(x)=\frac{1}{\sqrt{2\pi}}\int_{-\infty}^{x}e^{-\frac{t^2}{2}}dt$)。

22. 设随机变量X的概率密度函数为$f_X(x)=\begin{cases}\frac{1}{2}, -1<x<0\\ \frac{1}{4}, 0\leqslant x<2\\ 0, 其他\end{cases}$，令$Y=X^2$，$F(X,Y)$为二维随机变量$(X,Y)$的分布函数。求：

(1) Y的概率密度$f_Y(y)$；

(2) $\mathrm{cov}(X,Y)$；

(3) $F\left(-\frac{1}{2},4\right)$。

23. 设随机变量X与Y相互独立，X的概率分布为$P\{X=i\}=\frac{1}{3}(i=-1,0,1)$，$Y$的概率密度为$f_Y(y)=\begin{cases}1, & 0\leqslant y\leqslant 1\\ 0, & 其他\end{cases}$，记$Z=X+Y$，求：

(1) $P\left\{Z\leqslant\frac{1}{2}\middle|X=0\right\}$；(2) Z的密度函数$f_Z(z)$。

24. 已知随机变量X和Y的联合概率分布为：

(X,Y)	$(0,0)$	$(0,1)$	$(1,0)$	$(1,1)$	$(2,0)$	$(2,1)$
$P\{X=x,Y=y\}$	0.10	0.15	0.25	0.20	0.15	0.15

求：

(1) X的概率分布；

(2) $X+Y$的概率分布；

(3) $Z=\sin\frac{\pi(X+Y)}{2}$的数学期望。

25. 设二维随机变量(X,Y)的概率密度为

$f(x,y)=\begin{cases}2-x-y, & 0<x<1,0<y<1\\0, & \text{其他}\end{cases}$,求:

(1) $P\{X>2Y\}$;

(2) $Z=X+Y$ 的概率密度 $f_Z(z)$。

26. 假设二维随机变量(X,Y)在矩形上服从均匀分布

$G=\{(x,y)\mid 0\leqslant x\leqslant 2,0\leqslant y\leqslant 1\}$,记$U=\begin{cases}0,X\leqslant Y\\1,X>Y\end{cases}$,$V=\begin{cases}0,X\leqslant 2Y\\1,X>2Y\end{cases}$,求:

(1) U 和 V 的联合分布;

(2) U 和 V 的相关系数。

27. 设随机变量 X 的概率分布密度为 $f(x)=\dfrac{1}{2}e^{-|x|}$, $-\infty<x<+\infty$。

(1) 求 X 的数学期望 EX 和方差 DX;

(2) X 与 $|X|$ 的协方差;并问 X 与 $|X|$ 是否不相关?

(3) 问 X 与 $|X|$ 是否相互独立?为什么?

28. (1) 设随机变量 X 与 Y 独立,其中 X 的概率分布为 $X\sim\begin{pmatrix}1 & 2\\0.3 & 0.7\end{pmatrix}$,而 Y 的概率密度为 $f(y)$,求随机变量 $U=X+Y$ 的概率密度 $g(u)$。

(2) 随机变量 X,Y 独立同分布,X 分布函数为$F(x)$,则 $Z=\max\{X,Y\}$ 分布函数。

(3) 随机变量 $X_i\sim\begin{bmatrix}-1 & 0 & 1\\ \dfrac{1}{4} & \dfrac{1}{2} & \dfrac{1}{4}\end{bmatrix}(i=1,2)$,且有 $P\{X_1X_2=0\}=1$,求 $P\{X_1=X_2\}$。

29. 设 A,B 为两个随机事件,且 $P(A)=\dfrac{1}{4}$,$P(B\mid A)=\dfrac{1}{3}$,$P(A\mid B)=\dfrac{1}{2}$,

令 $X=\begin{cases}1,A\text{ 发生}\\0,A\text{ 不发生}\end{cases}$,$Y=\begin{cases}1,B\text{ 发生}\\0,B\text{ 不发生}\end{cases}$。求:

(1) 二维随机变量(X,Y)的概率分布;

(2) X 与 Y 的相关系数 ρ_{XY};

(3) $Z=X^2+Y^2$ 概率分布。

30. 已知 X,Y 的概率分布如下:

X	0	1
P	1/3	2/3

Y	-1	0	1
P	1/3	1/3	1/3

且 $P(X^2=Y^2)=1$,求:

(1) (X,Y) 的分布；

(2) $Z=XY$ 的分布；

(3) ρ_{XY}。

31. 若随机变量 X 和 Y 分别服从正态分布 $N(1,3^2)$ 和 $N(0,4^2)$，且 X 和 Y 的相关系数：$\rho_{XY}=-\dfrac{1}{2}$，设 $Z=\dfrac{X}{3}+\dfrac{Y}{2}$，求：

(1) 求 Z 的数学期望 EZ 和和方差 DZ；

(2) 求 X 和 Z 的相关系数 ρ；

(3) 问 X 和 Y 是否独立？为什么？

32. 假设随机变量 X 和 Y 在圆域 $x^2+y^2\leqslant r^2$ 上服从联合均匀分布，

(1) 求 X 和 Y 的相关系数 ρ；

(2) 问 X 和 Y 是否独立？

第13章 统计初步与参数估计

13.1 大数定律与中心极限定理

我们知道，随机事件在某次试验中可能发生也可能不发生，但在大量的重复试验中随机事件的发生却呈现出明显的规律性。另外，大量随机现象的一般平均结果也具有稳定性，大数定律以严格的数学形式阐述了这种稳定性，揭示了随机现象的偶然性与必然性之间的内在联系。

客观世界中的许多随机现象都是由大量相互独立的随机因素综合作用的结果，而其中每个随机因素在总的综合影响中所起作用相对微小。可以证明，这样的随机现象可以用正态分布近似描述，中心极限定理阐述了这一原理。

13.1.1 大数定律

定义 13.1 设 $X_1, X_2, \cdots, X_n, \cdots$ 是随机变量序列，如果存在常数列 $a_1, a_2, \cdots, a_n, \cdots$，使对 $\forall \varepsilon > 0$，有

$$\lim_{n\to\infty} P\left(\left|\frac{1}{n}\sum_{i=1}^{n} X_i - a_n\right| < \varepsilon\right) = 1$$

成立，则称随机变量序列$\{X_n\}$服从大数定律。也称随机变量序列 $\left\{\frac{1}{n}\sum_{i=1}^{n} X_i\right\}$ 依概率收敛于 a_n，记作$\frac{1}{n}\sum_{i=1}^{n} X_i \xrightarrow{P} a_n$。

定理 13.1（Chebyshev 不等式） 设随机变量 X，其数学期望 $E(X)$ 和方差 $D(X)$ 都存在，则对任意给定的正数 ε，总有

$$P\{|X - E(X)| \geqslant \varepsilon\} \leqslant \frac{D(X)}{\varepsilon^2}$$

切比雪夫不等式直观的概率意义在于：随机变量 X 与它的均值 $E(X)$ 的距离大于等于 ε 的概率不超过$\frac{1}{\varepsilon^2}D(X)$。在随机变量 X 分布未知的情况下，利用切比雪夫不等式可以给出随机事件$\{|X - E(X)| < \varepsilon\}$的概率的一种估计。

定理 13.2（切比雪夫大数定律） 设 $X_1, X_2, \cdots, X_n, \cdots$ 是相互独立的随机变

量序列，其数学期望与方差都存在，且方差一致有界，即存在正数 M，对任意 $k(k=1,2,\cdots)$，有 $D(X_k)\leqslant M$。则对任意给定的正数 ε，恒有

$$\lim_{n\to\infty}P\left\{\left|\frac{1}{n}\sum_{k=1}^{n}X_k-\frac{1}{n}\sum_{k=1}^{n}E(X_k)\right|<\varepsilon\right\}=1$$

切比雪夫大数定律是 1866 年俄国数学家切比雪夫提出并证明的，它是大数定律的一个相当普遍的结果，而切比雪夫大数定律的特例就是下面的伯努利大数定律。

定理 13.3(伯努利大数定律)　设 n_A 是 n 重伯努利试验中事件 A 发生的次数，$p(0<p<1)$ 是事件 A 在一次试验中发生的概率，则对任意给定的正数 ε，有

$$\lim_{n\to\infty}P\left\{\left|\frac{n_A}{n}-p\right|<\varepsilon\right\}=1$$

由伯努利大数定律可以看出，当试验次数 n 充分大时，事件 A 发生的频率 $\frac{n_A}{n}$ 与其概率 p 能任意接近的可能性很大(概率趋近于 1)，这为实际应用中用频率近似代替概率提供了理论依据。

定理 13.4(辛钦(Khintchine)大数定律)　设随机变量序列 $X_1,X_2,\cdots,X_n,\cdots$ 相互独立且服从相同的分布，具有数学期望 $E(X_k)=\mu,k=1,2,\cdots$，则对任意给定的正数 ε，有

$$\lim_{n\to\infty}P\left\{\left|\frac{1}{n}\sum_{k=1}^{n}X_k-\mu\right|<\varepsilon\right\}=1$$

辛钦大数定律表明：n 个独立同分布的随机变量的算术平均值依概率收敛于随机变量的数学期望，这为实际问题中算术平均值的应用提供了理论依据。

13.1.2　中心极限定理

概率论中，一切关于随机变量序列 $\{X_n\}$ 的规范和 $\dfrac{\sum\limits_{k=1}^{n}X_k-\sum\limits_{k=1}^{n}EX_k}{\sqrt{\sum\limits_{k=1}^{n}DX_k}}$ 的极限分布是标准正态分布的定理，统称为**中心极限定理**。

定理 13.5(林德伯格-列维定理)　设 $\xi_1,\xi_2,\cdots$ 为相互独立的随机变量序列，各有数学期望 μ 及方差，则当 $n\to\infty$ 时

$$\zeta_n=\frac{\xi_1+\xi_2+\cdots+\xi_n-n\mu}{\sigma\sqrt{n}}$$

的分布趋于标准正态分布，也就是

$$\lim_{n\to\infty}P(\zeta_n < x)=\frac{1}{\sqrt{2\pi}}\int_{-\infty}^{x}\mathrm{e}^{-\frac{t^2}{2}}\mathrm{d}t$$

该中心极限定理表明当 n 充分大时，$\zeta_n=\dfrac{\xi_1+\xi_2+\cdots+\xi_n-na}{\sigma\sqrt{n}}$ 的分布近似于 $N(0,1)$，从而 $\xi_1+\xi_2+\cdots+\xi_n=na+\sigma\sqrt{n}\zeta_n$ 具有近似分布 $N(na,n\sigma^2)$，这意味着许多个相互独立、同分布且存在方差的随机变量之和近似服从正态分布。

该结论在数理统计的大样本理论中有着广泛的应用，同时也提供了计算独立同分布随机变量之和的近似概率的简便方法。

定理 13.6（棣莫弗-拉普拉斯极限定理） 设 μ_n 是 n 重伯努利试验中事件 A 发生的次数，而 $p(0 < p < 1)$ 是事件 A 在每次试验中发生的概率，则对任意 x，恒有

$$\lim_{n\to\infty}P\left(\frac{\mu_n-np}{\sqrt{npq}} < x\right)=\frac{1}{2\pi}\int_{-\infty}^{x}\mathrm{e}^{-\frac{t^2}{2}}\mathrm{d}t$$

成立，其中 $q=1-p$。

该定理表明，$\dfrac{\mu_n-np}{\sqrt{npq}}$ 的分布近似于 $N(0,1)$ 分布，从而 μ_n 的分布近似于 $N(np,npq)$ 分布，由于 μ_n 服从于二项分布 $b(n,p)$，因而该定理也表明二项分布收敛于正态分布，它有助于我们计算出二项分布随机变量 μ_n 落入某范围内的概率的近似值。

13.1.3 典型例题

【例 1】 对于一个学生而言，来参加家长会的家长人数是一个随机变量，设一个学生无家长、1 名家长、2 名家长来参加会议的概率分别为 0.05、0.8、0.15。若学校共有 400 名学生，设各位学生参加会议的家长数相互独立，且服从同一分布。求：

(1) 参加会议的家长数 X 超过 450 的概率；

(2) 有 1 名家长来参加会议的学生数不多于 340 的概率。

解：(1) 以 $X_k(k=1,2,\cdots,400)$ 表示第 k 个学生来参加会议的家长数，则 X_k 的分布律为

X_k	0	1	2
p_k	0.05	0.8	0.15

$E(X_k)=1.1, D(X_k)=0.19, k=1,2,\cdots,400$，故有

$$\frac{\sum_{k=1}^{400} X_k - 400 \times 1.1}{\sqrt{400}\sqrt{0.19}} = \frac{X - 400 \times 1.1}{\sqrt{400}\sqrt{0.19}}$$ 近似服从正态分布 $N(0,1)$，于是

$$P\{X > 450\} = P\left\{\frac{X - 400 \times 1.1}{\sqrt{400}\sqrt{0.19}} > \frac{450 - 400 \times 1.1}{\sqrt{400}\sqrt{0.19}}\right\}$$
$$= 1 - P\left\{\frac{X - 400 \times 1.1}{\sqrt{400}\sqrt{0.19}} \leqslant 1.147\right\}$$
$$\approx 1 - \Phi(1.147) = 0.1257$$

(2) 以 Y 记有一名家长来参加会议的学生数，则 $Y \sim b(400, 0.8)$，从而有

$$P\{Y \leqslant 340\} = P\left\{\frac{Y - 400 \times 0.8}{\sqrt{400 \times 0.8 \times 0.2}} \leqslant \frac{340 - 400 \times 0.8}{\sqrt{400 \times 0.8 \times 0.2}}\right\}$$
$$= P\left\{\frac{Y - 400 \times 0.8}{\sqrt{400 \times 0.8 \times 0.2}} \leqslant 2.5\right\}$$
$$\approx \Phi(2.5) = 0.9938$$

【例 2】　一船舶在某海区航行，已知每遭受一次波浪的冲击，纵摇角大于 3° 的概率为 $P = 1/3$，若船舶遭受到 90 000 次波浪冲击，问其中有 29 500 ～ 30 500 次纵摇角度大于 3° 的概率是多少？

解：将船舶每遭受一次波浪冲击看作是一次试验，并假定各次试验是独立的。在 90 000 次波浪冲击中纵摇角度大于 3° 的次数记为 X，则 X 是一个随机变量，且有 $X \sim b(90\,000, 1/3)$，其分布律为：

$$P\{X = k\} = \binom{90\,000}{k}\left(\frac{1}{3}\right)^k \left(\frac{2}{3}\right)^{90\,000-k}, k = 0, 1, \cdots, 90\,000$$

所求的概率为由棣莫弗-拉普拉斯定理得：

$$P\{29\,500 \leqslant X \leqslant 30\,500\}$$
$$= P\left\{\frac{29\,500 - np}{\sqrt{np(1-P)}} \leqslant \frac{X - np}{\sqrt{np(1-p)}} \leqslant \frac{30\,500 - np}{\sqrt{np(1-p)}}\right\}$$
$$\approx \int_{\frac{29\,500-np}{\sqrt{np(1-p)}}}^{\frac{30\,500-np}{\sqrt{np(1-p)}}} \frac{1}{\sqrt{2\pi}} e^{-t^2/2} dt$$
$$= \Phi\left(\frac{30500 - np}{\sqrt{np(1-p)}}\right) - \Phi\left(\frac{29500 - np}{\sqrt{np(1-p)}}\right)$$

其中 $n = 90\,000, P = 1/3$，即有

$$P\{29\,500 \leqslant X \leqslant 30\,500\} \approx \Phi(5\sqrt{2}/2) - \Phi(-5\sqrt{2}/2) = 0.9995$$

【例 3】　设随机变量 X 的数学期望 EX 和方差 DX 均存在，且 $DX = 0$，则有 $P\{X = EX\} = 1$。

解：由切比雪夫不等式 $P\{|X-EX|\geqslant\varepsilon\}\leqslant\dfrac{DX}{\varepsilon^2}$，得

$$0\leqslant P\left\{|X-EX|\geqslant\frac{1}{n}\right\}\leqslant\frac{DX}{\left(\frac{1}{n}\right)^2}=0,n=1,2,\cdots，即$$

$$P\{|X-EX|\geqslant\frac{1}{n}\}=0,n=1,2,\cdots$$

$$又\ \{|X-EX|\neq 0\}=\sum_{n=1}^{+\infty}\left\{|X-EX|\geqslant\frac{1}{n}\right\}$$

$$0\leqslant P\{|X-EX|\neq 0\}=P\left(\sum_{n=1}^{+\infty}\left\{|X-EX|\geqslant\frac{1}{n}\right\}\right)$$

$$\leqslant\sum_{n=1}^{+\infty}P\left\{|X-EX|\geqslant\frac{1}{n}\right\}=0$$

于是 $P\{|X-EX|=0\}=1$，即

$$P\{X=EX\}=1$$

【例 4】 某计算机系统有 120 个终端，每个终端有 5% 的时间在使用，若各终端使用与否是相互独立的，试求有 10 个以上的终端在使用的概率。

解：以 X 表示使用终端的个数，令

$$X_i=\begin{cases}1,第\ i\ 个终端在使用\\0,第\ i\ 个终端不使用\end{cases},i=1,2,\cdots,120$$

则 $X=X_1+X_2+\cdots+X_{120}$，

由于终端使用与否是独立的，所以 $X_1,X_2,\cdots,X_{120}$ 相互独立，且都服从相同的 (0－1) 分布，即 $P\{X_i=1\}=p=0.05,P\{X_i=0\}=1-p,i=1,2,\cdots,120$。

于是，所求概率为

$$P\{X\geqslant 10\}=1-P\{X<10\}=1-P\left\{\frac{X-np}{\sqrt{np(1-p)}}<\frac{10-np}{\sqrt{np(1-p)}}\right\}$$

由中心极限定理得

$$\begin{aligned}P\{X\geqslant 10\}&=1-P\{X<10\}\\&=1-P\left\{\frac{X-np}{\sqrt{np(1-p)}}<\frac{10-np}{\sqrt{np(1-p)}}\right\}\\&\approx 1-\Phi\left(\frac{10-np}{\sqrt{np(1-p)}}\right)\\&=1-\Phi\left(\frac{10-120\times 0.05}{\sqrt{120\times 0.05\times 0.95}}\right)\\&=1-\Phi(1.68)=1-0.9535=0.0465\end{aligned}$$

【例 5】 某城市有 30 000 人参加一家保险公司的人寿保险，每人每年付保险费 10 元。若投保人一年内死亡，则保险公司向其家属理赔 1 000 元。假设该城市人口的年死亡率为 6.4‰。试求：

(1) 保险公司亏本的概率；

(2) 保险公司一年的利润不少于 100 000 元的概率。

解：设 X 表示参保的 30 000 人中一年内死亡的人数，那么 $X \sim B(30\,000, 0.0064)$。

由中心极限定理，$n=30\,000$，$p=0.0064$，$q=1-p=0.9936$，$np=192$，$npq=190.7712$，有 $\dfrac{X-np}{\sqrt{npq}} \sim N(0,1)$。

(1) 所求概率为

$$\begin{aligned}
P\{\text{保险公司亏本}\} &= P\{1\,000X > 30\,000 \times 10\} \\
&= 1-P\{X \leqslant 300\} = 1-P\{X < 300+0.5\} \\
&= 1-P\left\{\frac{X-np}{\sqrt{npq}} < \frac{300.5-np}{\sqrt{npq}}\right\} \\
&\approx 1-\Phi\left(\frac{300.5-192}{\sqrt{190.7712}}\right) \\
&= 1-\Phi(7.855) \approx 1-1=0
\end{aligned}$$

(2) 所求概率为

$$\begin{aligned}
&P\{\text{利润不少于 }100\,000\text{ 元}\} \\
&= P\{30\,000 \times 10 - 1\,000X \geqslant 100\,000\} \\
&= P\{X \leqslant 200\} \\
&= P\{X < 200+0.5\} \\
&= P\left\{\frac{X-np}{\sqrt{npq}} < \frac{200.5-np}{\sqrt{npq}}\right\} \\
&\approx \Phi\left(\frac{200.5-192}{\sqrt{190.7712}}\right) = \Phi(0.615) = 0.7308
\end{aligned}$$

13.2 统计初步

13.2.1 总体与样本

1. 总体

在数理统计中，我们把所研究对象的全体称为**总体**，总体中的每个元素称为**个体**。

在具体问题的讨论中，我们关心的往往是研究对象的某一数量指标（如学生的体重），它又是一个随机变量，因此，总体又是指刻画研究对象某一数量指标的随机变量 X。今后，凡是提到总体就是指一个随机变量。

随机变量的分布函数以及概率分布（离散型）或概率密度函数（连续型）也称为总体的分布函数以及概率分布或概率密度函数，并统称为**总体的分布**。

2. 简单随机样本

在数理统计中，总体 X 的分布通常是未知的，或者在形式上是已知的但含有未知参数。那么为了获得总体的分布信息，从理论上讲，需要对总体 X 中的所有个体进行观察测试，但往往不可能对所有个体逐一加以观察测试，而是从总体 X 中随机抽取若干个个体进行观察测试。从总体中抽取若干个个体的过程叫做**抽样**，抽取的若干个个体称为**样本**，样本中所含个体的数量称为**样本容量**。

抽取样本是为了研究总体的性质，为了保证所抽取的样本在总体中具有代表性，抽样方法必须满足以下两个条件：

（1）随机性。每次抽取时，总体中每个个体被抽到的可能性均等；

（2）独立性。每次抽取是相互独立的，即每次抽取的结果既不影响其他各次抽取的结果，也不受其他各次抽取结果的影响。

这种随机的、独立的抽样方法称为**简单随机抽样**，由此获得的样本称为**简单随机样本**，简称样本。

从总体 X 中抽取一个个体 $X_i(i=1,2,\cdots,n)$，就是对总体 X 进行一次随机试验。重复做 n 次试验后，得到了总体的一组数据 $(x_1,x_2,\cdots,x_n)$，称为一个样本观测值。由于抽样的随机性和独立性，每个 $x_i(i=1,2,\cdots,n)$ 可以看作是某个随机变量 $X_i(i=1,2,\cdots,n)$ 的观测值，而 $X_i(i=1,2,\cdots,n)$ 相互独立且与总体 X 具有相同的分布。习惯上称 n 维随机变量 $(X_1,X_2,\cdots,X_n)$ 为来自总体 X 的简单随机样本，称 $(x_1,x_2,\cdots,x_n)$ 为简单随机样本的观测值或者样本值。

定义 13.2 设总体 X 的分布函数为 $F(x)$，若随机变量 $X_1,X_2,\cdots,X_n$ 相互独立，且都与总体 X 具有相同的分布函数，则称 $X_1,X_2,\cdots,X_n$ 是来自总体 X 的简单随机样本，简称为样本，n 称为样本容量。在对总体 X 进行一次具体的抽样并作观测之后，得到样本 $X_1,X_2,\cdots,X_n$ 的确切数值 $x_1,x_2,\cdots,x_n$，称为样本观测值，简称为样本值。

总体、样本、样本值的关系：

总体
↙　　↖推断
（个体）样本　→　样本值
抽样

在实际应用中，总体的分布一般是未知的，或虽然知道总体分布所属的类型，但其中含有未知参数。统计推断就是利用样本值对总体的分布类型、未知参数进行估计和推断。

3. 样本的联合分布函数

定义 13.3　若总体 X 的分布函数为 $F(x)$，$X_1,X_2,\cdots,X_n$ 是总体 X 的容量为 n 的样本，则由样本的定义知，$X_1,X_2,\cdots,X_n$ 的**联合分布函数**为

$$F(x_1,x_2,\cdots,x_n)=\prod_{i=1}^{n}F(x_i)$$

若总体 X 是离散型随机变量，其分布律为 $p_i=P\{X=x_i\}(i=1,2,\cdots)$，则 $X_1,X_2,\cdots,X_n$ 的联合分布律为

$$P\{X_1=x_1,X_2=x_2,\cdots,X_n=x_n\}=\prod_{i=1}^{n}P(X_i=x_i)=\prod_{i=1}^{n}p_i$$

若总体 X 是连续型随机变量，其概率密度为 $f(x)$，则 $X_1,X_2,\cdots,X_n$ 的联合概率密度为

$$f(x_1,x_2,\cdots,x_n)=\prod_{i=1}^{n}f(x_i)$$

4. 经验(样本)分布函数

定义 13.4　设总体 X 的分布函数为 $F(x)$，从总体 X 中抽取容量为 n 的样本 $X_1,X_2,\cdots,X_n$，样本值为 $x_1,x_2,\cdots,x_n$。假设样本值 $x_1,x_2,\cdots,x_n$ 中有 k 个不相同的值，按由小到大的顺序依次记作：

$$x_{(1)}\leqslant x_{(2)}\leqslant\cdots\leqslant x_{(k)}$$

并假设 $x_{(i)}$ 出现的频数为 n_i，那么 $x_{(i)}$ 出现的频率为

$$f_i=\frac{n_i}{n},i=1,2,\cdots,k,k\leqslant n$$

显然有

$$\sum_{i=1}^{k}n_i=n,\sum_{i=1}^{k}f_i=1$$

设函数

$$F_n(x)=\begin{cases}0, & x<x_{(1)}\\ \sum_{j=1}^{i} f_j, & x_{(i)}\leqslant x<x_{(i+1)}, i=1,2,\cdots,k-1\\ 1, & x\geqslant x_{(k)}\end{cases}$$

称之为总体 X 的**经验(样本)分布函数**,其图形为一阶梯形曲线。

根据经验分布函数的定义,易知 $F_n(x)$ 具有以下性质:

性质 1 $0\leqslant F_n(x)\leqslant 1$;

性质 2 $F_n(x)$ 是单调不减函数;

性质 3 $F_n(x)$ 在每个观察值 $x_{(i)}$ 处是右连续的;

性质 4 $F_n(-\infty)=0, F_n(+\infty)=1$。

显然,经验分布函数 $F_n(x)$ 与总体的分布函数具有相同的性质。

13.2.2 统计量

样本是总体的代表和反映,但在抽取样本后,由于样本只是呈现为一堆“杂乱无章”的数据,需要对样本的观测值进行加工和提炼,也就是构造统计量。

定义 13.5 设 $X_1, X_2, \cdots, X_n$ 为来自总体 X 的一个样本, $T=T(X_1, X_2, \cdots, X_n)$ 为一个 n 元连续函数,若 $T(X_1, X_2, \cdots, X_n)$ 中不含任何未知参数,则称 $T(X_1, X_2, \cdots, X_n)$ 为一个统计量。

常见的统计量

设 $X_1, X_2, \cdots, X_n$ 为来自总体 X 的样本,下列是今后经常用到的统计量。

(1) 若 $\mu_k=E(X^k)(k=1,2,\cdots)$ 存在,则称为总体 X 的 k **阶原点矩**;

(2) 若 $\nu_k=E[X-E(X)]^k(k=1,2,\cdots)$ 存在,则称为总体 X 的 k **阶中心矩**;

(3) $\overline{X}=\frac{1}{n}\sum_{i=1}^{n}X_i$, $\overline{X}$ 称为**样本均值(一阶样本原点矩)**;

(4) $S^2=\frac{1}{n-1}\sum_{i=1}^{n}(X_i-\overline{X})^2=\frac{1}{n-1}\left(\sum_{i=1}^{n}X_i^2-n\overline{X}^2\right)$, S^2 称为**样本方差**;

(3) $S=\sqrt{S^2}$, S 称为**样本标准差**;

(4) $A_k=\frac{1}{n}\sum_{i=1}^{n}X_i^k$, A_k 称为**样本 k 阶原点矩**;

(5) $B_k=\frac{1}{n}\sum_{i=1}^{n}(X_i-\overline{X})^k$, B_k 称为**样本 k 阶中心矩**。

如果取得样本$(X_1, X_2, \cdots, X_n)$的观测值$(x_1, x_2, \cdots, x_n)$,则由上述的公式可得到相应的样本矩的观测值。

13.2.3　常用统计分布

1. χ^2 分布

定义 13.6　设 $X_1, X_2, \cdots, X_n$ 为相互独立的随机变量，它们都服从标准正态 $N(0,1)$ 分布，则称随机变量

$$Y = \sum_{i=1}^{n} X_i^2$$

服从自由度为 n 的 χ^2 **分布**，记作 $Y \sim \chi^2(n)$。

χ^2 分布的性质有：

性质 1(可加性)　设 $Y_1, Y_2, \cdots Y_k$ 是 k 个相互独立的随机变量，$Y_j \sim \chi^2(n_j)$，$j = 1, 2\cdots k$，则

$$Y = \sum_{j=1}^{k} Y_j \sim \chi^2\left(\sum_{j=1}^{k} n_j\right)$$

性质 2　设 $X \sim \chi^2(n)$，则 $E(X) = n$，$D(X) = 2n$。

性质 3　设 $X \sim \chi^2(n)$，则 X 的密度函数为

$$f(x) = \begin{cases} \dfrac{1}{2^{\frac{n}{2}} \Gamma\left(\dfrac{n}{2}\right)} x^{\frac{n}{2}-1} \mathrm{e}^{-\frac{x}{2}}, & x > 0 \\ 0, & x \leqslant 0 \end{cases}$$

2. t 分布

定义 13.7　设 $X \sim N(0,1)$，$Y \sim \chi^2(n)$，X 与 Y 独立，则称随机变量

$$T = \frac{X}{\sqrt{Y/n}}$$

服从自由度为 n 的 t **分布**，又称学生(Student) 分布，记成 $T \sim t(n)$。

t 分布的密度函数

$$f(x) = \frac{\Gamma\left(\dfrac{n+1}{2}\right)}{\sqrt{n\pi}\,\Gamma\left(\dfrac{n}{2}\right)} \left(1 + \frac{x^2}{n}\right)^{-\frac{n+1}{2}}, -\infty < x < +\infty$$

3. F 分布

定义 13.8　设 $X \sim \chi^2(n_1)$，$Y \sim \chi^2(n_2)$，X 与 Y 独立，则称随机变量

$$F = \frac{X/n_1}{Y/n_2}$$

服从自由度为(n_1, n_2) 的 F **分布**，记成 $F \sim F(n_1, n_2)$。

F 分布的性质有：

性质 1　若 $F \sim F(n_1, n_2)$，则 $1/F \sim F(n_2, n_1)$；

性质 2 设 $X \sim \chi^2(n)$，则 X 的密度函数为

$$f(x)=\begin{cases}\dfrac{\Gamma\left(\dfrac{n_1+n_2}{2}\right)}{\Gamma\left(\dfrac{n_1}{2}\right)\Gamma\left(\dfrac{n_2}{2}\right)}n_1^{\frac{n_1}{2}}n_2^{\frac{n_2}{2}}\dfrac{x^{\frac{n_1}{2}-1}}{(n_1x+n_2)^{\frac{n_1+n_2}{2}}}, & x>0\\ 0, & x\leqslant 0\end{cases}$$

4. α 分位数

在统计中，我们常常需要考虑：若已给定分布函数 $F(x)$ 的值，亦即已给定事件 $\{X<x\}$ 的概率，要确定 x 取什么值。显然，对通常连续型随机变量，实际上就是求 F 的反函数。

定义 13.9 设 X 的分布函数为 $F(x)$，x_α 满足

$$F(x_\alpha)=P\{X<x_\alpha\}=\alpha, 0<\alpha<1$$

则称 x_α 为 F 的 α **分位数(点)**。

若 X 有密度函数 $f(x)$，则分位数 x_α 表示 x_α 以左的一块阴影面积为 α，如图 13.1 所示。

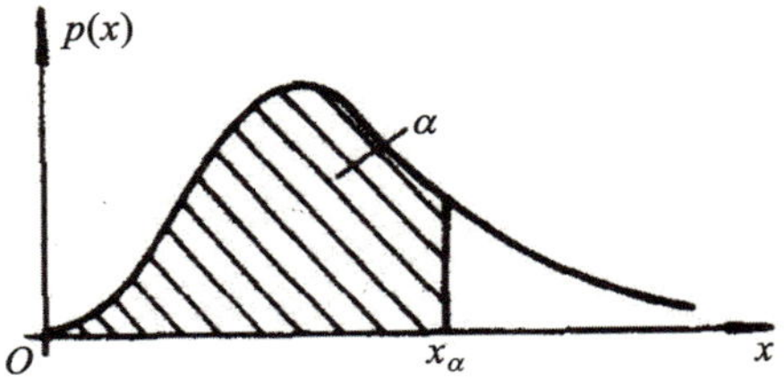

图 13.1

13.2.4 正态总体的抽样分布

1. 单个正态总体的统计量的分布

从总体 X 中抽取容量为 n 的样本 $X_1, X_2, \cdots, X_n$，样本均值与样本方差分别是 $\overline{X}=\dfrac{1}{n}\sum\limits_{i=1}^{n}X_i$，$S^2=\dfrac{1}{n-1}\sum\limits_{i=1}^{n}(X_i-\overline{X})^2$。

定理 13.7 设总体 $X \sim N(\mu,\sigma^2)$，$X_1, X_2, \cdots, X_n$ 为总体的样本，则

(1) 样本均值 $\overline{X} \sim N\left(\mu,\dfrac{\sigma^2}{n}\right)$；

(2) $\dfrac{nS^2}{\sigma^2} \sim \chi^2(n-1)$，其中 S^2 为样本方差；

(3) $\overline{X}$ 与 S^2 相互独立。

定理 13.8 设总体 X 服从正态分布 $N(\mu,\sigma^2)$，则统计量

$\chi^2=\frac{1}{\sigma^2}\sum_{i=1}^{n}(X_i-\overline{X})^2$ 服从自由度为 n 的 χ^2 分布，即

$$\chi^2=\frac{1}{\sigma^2}\sum_{i=1}^{n}(X_i-\overline{X})^2\sim\chi^2(n)$$

定理 13.9 设总体 X 服从正态分布 $N(\mu,\sigma^2)$，则统计量 $t=\frac{\overline{X}-\mu}{S/\sqrt{n}}$ 服从自由度为 $n-1$ 的 t 分布，即

$$t=\frac{\overline{X}-\mu}{S/\sqrt{n}}\sim t(n-1)$$

2. 两个正态总体的统计量的分布

从总体 X 中抽取容量为 n_x 的样本 $X_1,X_2,\cdots,X_{n_x}$，从总体 Y 中抽取容量为 n_y 的样本 $Y_1,Y_2,\cdots,Y_{n_y}$。假设所有的抽样都是相互独立的，由此得到的样本 $X_i(i=1,2,\cdots,n_x)$ 与 $Y_j(j=1,2,\cdots,n_y)$ 都是相互独立的随机变量。我们把取自两个总体的样本均值分别记作

$$\overline{X}=\frac{1}{n_x}\sum_{i=1}^{n_x}X_i,\overline{Y}=\frac{1}{n_y}\sum_{j=1}^{n_y}Y_j$$

样本方差分别记作

$$S_x^2=\frac{1}{n_x-1}\sum_{i=1}^{n_x}(X_i-\overline{X})^2,S_y^2=\frac{1}{n_y-1}\sum_{j=1}^{n_y}(Y_j-\overline{Y})^2$$

定理 13.10 设总体 X 服从正态分布 $N(\mu_x,\sigma_x^2)$，总体 Y 服从正态分布 $N(\mu_y,\sigma_y^2)$，则统计量

$$U=\frac{(\overline{X}-\overline{Y})-(\mu_x-\mu_y)}{\sqrt{\frac{\sigma_x^2}{n_x}+\frac{\sigma_y^2}{n_y}}}$$

服从标准正态分布 $N(0,1)$，即

$$U=\frac{(\overline{X}-\overline{Y})-(\mu_x-\mu_y)}{\sqrt{\frac{\sigma_x^2}{n_x}+\frac{\sigma_y^2}{n_y}}}\sim N(0,1)$$

定理 13.11 设总体 X 服从正态分布 $N(\mu_x,\sigma^2)$，总体 Y 服从正态分布 $N(\mu_y,\sigma^2)$，则统计量

$$T=\frac{(\overline{X}-\overline{Y})-(\mu_x-\mu_y)}{S_\omega\sqrt{\frac{1}{n_x}+\frac{1}{n_y}}}\sim t(n_x+n_y-2)$$

其中 $$S_\omega=\sqrt{\frac{(n_x-1)S_x^2+(n_y-1)S_y^2}{n_x+n_y-2}}$$

定理 13.12 设总体 X 服从正态分布 $N(\mu_x,\sigma_x^2)$，总体 Y 服从正态分布 $N(\mu_y,\sigma_y^2)$，则统计量

$$F=\frac{\sum_{i=1}^{n_x}(X_i-\overline{X})^2/n_x\sigma_x^2}{\sum_{j=1}^{n_y}(Y_j-\overline{Y})^2/n_y\sigma_y^2}$$

服从自由度为 (n_x,n_y) 的 F 分布，即

$$F=\frac{\sum_{i=1}^{n_x}(X_i-\overline{X})^2/n_x\sigma_x^2}{\sum_{j=1}^{n_y}(Y_j-\overline{Y})^2/n_y\sigma_y^2}\sim F(n_x,n_y)$$

13.2.5 典型例题

【例 1】 设总体 $X\sim B(N,p)$，$X_1,X_2,\cdots,X_{n_x}$ 为来自总体 X 的样本，求 $X_1,X_2,\cdots,X_{n_x}$ 的联合分布律。

解：$X_1,X_2,\cdots,X_{n_x}$ 相互独立，并且 $X_i\sim B(N,p)$，$i=1,2,\cdots,n$。

因此，X_i 的分布律为

$P\{X_i=x_i\}=C_N^{x_i}p^{x_i}(1-p)^{N-x_i}$，　$x_i=0,1,2,\cdots,N;i=1,2,\cdots,n$

所以 $X_1,X_2,\cdots,X_{n_x}$ 的联合分布律为

$$\begin{aligned}P\{X_1=x_1,X_2=x_2,\cdots,X_n=x_n\}&=\prod_{i=1}^{n}P\{X_i=x_i\}\\&=\left(\prod_{i=1}^{n}C_N^{x_i}\right)p^{\sum\limits_{i=1}^{n}x_i}(1-p)^{nN-\sum\limits_{i=1}^{n}x_i}\end{aligned}$$

$x_i=0,1,2,\cdots,N;i=1,2,\cdots,n$。

【例 2】 设 $X_1,X_2,\cdots,X_{16}$ 与 $Y_1,Y_2,\cdots,Y_{25}$ 分别来自两个独立总体 $N(0,16)$ 及 $N(1,9)$ 的样本，以 $\overline{X}$ 和 $\overline{Y}$ 表示两个样本的均值，求 $P\{|\overline{X}-\overline{Y}|>1\}$。

解：因为 $X_1,X_2,\cdots,X_{16}$ 独立同分布于 $N(0,16)$，所以 $\overline{X}\sim N(0,1)$

因为 $Y_1,Y_2,\cdots,Y_{25}$ 独立同分布于 $N(1,9)$，所以 $\overline{Y}\sim N\left(1,\frac{9}{25}\right)$

所以 $\overline{X}-\overline{Y}\sim N\left(-1,\frac{34}{25}\right)$，即 $\frac{\overline{X}-\overline{Y}+1}{\sqrt{34}/5}\sim N(0,1)$

所以 $P\{|\overline{X}-\overline{Y}|>1\}=1-P\{-1\leqslant\overline{X}-\overline{Y}\leqslant 1\}=1-\left[\Phi\left(\frac{10}{\sqrt{34}}\right)-\Phi(0)\right]=$

0.5431。

13.3 参数估计

在实际问题中，当所研究的总体分布类型已知，但分布中含有一个或多个未知参数时，根据样本来估计未知参数，这就是参数估计问题。参数估计问题分为点估计问题与区间估计问题两类。

参数估计问题的一般提法：

设有一个统计总体，总体的分布函数为 $F(x,\theta)$，其中 θ 为未知参数。现从该总体中随机地抽样，得样本

$$X_1,X_2,\cdots,X_n$$

再依据该样本对参数 θ 作出估计，或估计参数 θ 的某已知函数 $g(\theta)$。

点估计就是用某一个函数值作为总体未知参数的估计值，它包括矩估计、顺序统计量法、极大似然估计法、最小二乘估计法等，本书重点讲述矩估计和极大似然估计。

设 $X_1,X_2,\cdots,X_n$ 是取自总体 X 的一个样本，$x_1,x_2,\cdots,x_n$ 是相应的一个样本值。θ 是总体分布中的未知参数，为估计未知参数 θ，需构造一个适当的统计量

$$\hat{\theta}(X_1,X_2,\cdots,X_n)$$

然后用其观察值

$$\hat{\theta}(x_1,x_2,\cdots,x_n)$$

来估计 θ 的值。称 $\hat{\theta}(X_1,X_2,\cdots,X_n)$ 为 θ 的**估计量**。称 $\hat{\theta}(x_1,x_2,\cdots,x_n)$ 为 θ 的**估计值**。在不引起混淆的情况下，估计量与估计值统称为**点估计**，简称为**估计**，并简记为 $\hat{\theta}$。

13.3.1 矩估计

用相应的样本矩去估计总体矩的方法就称为**矩估计法**。用矩估计方法确定的估计量称为**矩估计量**。

其原理是：设总体 X 的密度函数为 $f(x,\theta_1,\theta_2,\cdots,\theta_k)$ 含有 k 个待估计参数 $\theta_i,i=1,2,\cdots,k$，$(X_1,X_2,\cdots,X_n)$ 是从总体 X 中抽取的样本。如果总体的 k 阶原点矩存在，则我们用样本的 k 阶原点矩

$$\frac{1}{n}\sum_{i=1}^{n}X_i^k$$

去估计总体 X 的 k 阶原点矩

$$\mu_l = E(X^k) = \int_{-\infty}^{+\infty} x^k f(x, \theta_1, \theta_2, \cdots, \theta_k) \mathrm{d}x$$

即
$$\begin{cases} \hat{\mu}_1(\theta_1, \theta_2, \cdots, \theta_k) = \dfrac{1}{n}\sum_{i=1}^{n} X_i \\ \hat{\mu}_2(\theta_1, \theta_2, \cdots, \theta_k) = \dfrac{1}{n}\sum_{i=1}^{n} X_i^2 \\ \quad\vdots \\ \hat{\mu}_k(\theta_1, \theta_2, \cdots, \theta_k) = \dfrac{1}{n}\sum_{i=1}^{n} X_i^k \end{cases}$$

对于 k 个参数 $\theta_i, i=1,2,\cdots,k$ 建立了 k 个方程的方程组，解上述方程组，得到 k 个解：

$$\hat{\theta}_i(X_1, X_2, \cdots, X_n), i=1,2,\cdots,k$$

称 $\hat{\theta}_i(X_1, X_2, \cdots, X_n), i=1,2,\cdots,k$ 为 $\theta_i, i=1,2,\cdots,k$ 的矩估计量。

13.3.2 极大似然估计

极大似然估计建立在极大似然原理的基础上，其应用比矩估计要广泛得多。极大似然原理的基本思想是：设总体分布的函数形式已知，但有未知参数 $\theta, \theta \in \Theta$ 可以取很多值，在一次抽样中，获得了样本 $X_1, X_2, \cdots, X_n$ 的一组观测值 $x_1, \cdots, x_n$，说明该组观测值出现的概率最大，θ 的真实值应是 θ 的全部可能取值中使样本观察值出现概率最大的那个值，以此作为 θ 的估计，记作 $\hat{\theta}$，称为 θ 的**极大似然估计**，这种求估计的方法称为**极大似然估计法**，简记为 MLE(Maximum Likelihood Estimation)。

极大似然估计(MLE)的步骤：

第一步，写出样本 $X_1, X_2, \cdots, X_n$ 联合概率分布或者联合密度函数 $L(\theta)$。

对于离散型总体 X，设它的分布律为 $p(k_i;\theta), i=1,2,\cdots$，则联合概率分布为

$$L(\theta) = \prod_{i=1}^{n} p(X_i;\theta)$$

对于连续型总体 X，设它的密度函数为 $f(x;\theta), i=1,2,\cdots$，则联合密度函数为

$$L(\theta) = \prod_{i=1}^{n} f(X_i;\theta)$$

对于固定的样本，$L(\theta)$ 是参数 θ 的函数，我们称之为**似然函数**(Likelihood Function)。

第二步，对似然函数 $L(\theta)$ 取对数，并称 $\ln L(\theta)$ 为**对数似然函数**(Logarithm likelihood function)。且易知，$L(\theta)$ 与 $\ln L(\theta)$ 在同一$\hat{\theta}$ 处达到极大，因此，这样做不会改变极大点。

第三步，对对数似然函数关于 θ_i 求导，再令之为 0，即得似然方程(组)(Likelihood equation (group))

$$\frac{\partial \ln L(\theta)}{\partial \theta_i}=0,\theta=(\theta_1,\theta_2,\cdots,\theta_m)\quad i=1,2,\cdots,m$$

解上述方程(组)，即得到 θ_i 的 MLE，$i=1,2,\cdots,m$。

13.3.3　点估计的评价标准

1. 无偏性

定义 13.10　设$\hat{\theta}=\hat{\theta}(X_1,X_2,\cdots,X_n)$是 θ 的一个估计量，若对任意的 $\theta\in\Theta$，都有 $E_\theta(\hat{\theta})=\theta$，则称$\hat{\theta}$ 是 θ 的无偏估计量。

无偏性反映了估计量的取值在真值 θ 周围摆动，显然，我们希望一个量具有无偏性。

2. 一致性(相合性)

设$\hat{\theta}=\hat{\theta}(X_1,\cdots,X_n)$为未知参数 θ 的估计量，若$\hat{\theta}$ 依概率收敛于θ，即对任意 $\varepsilon>0$，有

$$\lim_{n\to\infty}P\{|\hat{\theta}-\theta|<\varepsilon\}=1$$

或

$$\lim_{n\to\infty}P\{|\hat{\theta}-\theta|\geqslant\varepsilon\}=0$$

则称$\hat{\theta}$ 为 θ 的(弱) **相合估计量**。

3. 有效性

假设$\hat{\theta}_1$ 和$\hat{\theta}_2$ 是总体参数 θ 的两个无偏估计量，如果 $\mathrm{var}(\hat{\theta}_1)\leqslant\mathrm{var}(\hat{\theta}_2)$，则称$\hat{\theta}_1$ 比$\hat{\theta}_2$ 更有效；如果一个无偏估计量$\hat{\theta}_1$ 在所有无偏估计量中标准差最小，即：$\mathrm{var}(\hat{\theta}_1)\leqslant\mathrm{var}(\hat{\theta})$，则称$\hat{\theta}_1$ 是 θ 的**有效估计**，这里$\hat{\theta}$ 为任意一个无偏估计量。

显然，如果某总体参数具有两个不同的无偏估计量，希望确定哪一个是更有效的估计量，自然应该选择标准差小的那个。估计量的标准差愈小，根据它推断出接近于总体参数估计的值的机会愈大。

13.3.4　典型例题

【例 1】　设 X 为$[\theta_1,\theta_2]$上的均匀分布，$X_1,X_2,\cdots,X_n$ 为样本，求 θ_1,θ_2 的矩估计。

解：$\mu_1=\int_{\theta_1}^{\theta_2}\frac{x\,dx}{\theta_2-\theta_1}=\frac{\theta_2^2-\theta_1^2}{2(\theta_2-\theta_1)}=\frac{1}{2}(\theta_1+\theta_2)$

$\mu_2=\frac{1}{\theta_2-\theta_1}\int_{\theta_1}^{\theta_2}\left(x-\frac{\theta_1+\theta_2}{2}\right)^2 dx=\frac{1}{12}(\theta_2-\theta_1)^2$

令

$$\begin{cases}\overline{X}=\frac{1}{2}(\theta_1+\theta_2)\\ S^2=\frac{1}{12}(\theta_2-\theta_1)^2\end{cases}$$

解上述关于 θ_1,θ_2 的方程得

$$\begin{cases}\hat{\theta}_1=\overline{X}-\sqrt{3}S\\ \hat{\theta}_2=\overline{X}+\sqrt{3}S\end{cases}$$

【例 2】 设总体 X 服从正态分布 $N(\mu,\sigma^2)$，求总体参数 μ 和 σ^2 的矩估计。

解：总体的一阶原点矩 EX 和二阶中心矩 EX^2 可得，

$$EX=\int_{-\infty}^{+\infty}x\cdot\frac{1}{\sqrt{2\pi}}e^{-\frac{(x-\mu)^2}{2\sigma^2}}dx=\mu$$

$$EX^2=\int_{-\infty}^{+\infty}x^2\cdot\frac{1}{\sqrt{2\pi}}e^{-\frac{(x-\mu)^2}{2\sigma^2}}dx=\sigma^2+\mu^2$$

根据矩估计原理有

$$\begin{cases}\mu=\overline{X}\\ \sigma^2+\mu^2=\frac{1}{n}\sum_{i=1}^{n}X_i^2\end{cases}$$

解得总体参数 μ 和 σ^2 的矩估计为

$$\begin{cases}\hat{\mu}=\overline{X}\\ \hat{\sigma}^2=\frac{1}{n}\sum_{i=1}^{n}(X_i-\overline{X})^2\end{cases}$$

【例 3】 某种产品的质量 X 服从伯努利分布 $B(1,p)$（即两点分布），这里 $0<p<1$ 是产品质量的合格率。以“$X=1$”表示产品质量合格，“$X=0$”表示产品的质量不合格。现从总体中抽取了一个样本 $X_1,\cdots,X_n$，试求产品质量合格率 p 的极大似然估计。

解：X_i 的概率函数是 $P(X_i=x_i)=f(x_i;p)=p^{x_i}(1-p)^{1-x_i}$，$x_i=0,1$，则样本的似然函数为

$$L(p)=P(X_1=x_1,\cdots X_n=x_n)=\prod_{i=1}^{n}f(x_i,p)$$
$$=p^{x_1}(1-p)^{1-x_i}\cdots p^{x_n}(1-p)^{1-x_n}=p^{\sum x_i}(1-p)^{n-\sum x_i}$$
$$\ln(L(p))=\sum x_i\ln p+(n-\sum x_i)\ln(1-p)$$

两边对 p 求导数,并令其等于 0 得

$$\frac{\mathrm{d}\ln(L(p))}{\mathrm{d}p}=\frac{\sum x_i}{p}-\frac{(n-\sum x_i)}{1-p}=0$$

解得 $\hat{p}=\frac{1}{n}\sum_{i=1}^{n}x_i=\overline{x}$,就是 p 的极大似然估计量。

【例 4】 设 $X_1,X_2,\cdots,X_n$ 取自均匀分布总体,即

$$f(x,\theta)=\begin{cases}\frac{1}{\theta}, & 0<x<\theta\\ 0, & \text{其他}\end{cases}$$

试求 θ 的矩估计量。

解:因为　$E(X)=\int_{-\infty}^{+\infty}xf(x,\theta)\mathrm{d}x=\frac{1}{\theta}\int_0^{\theta}x\,\mathrm{d}x=\frac{\theta}{2}$

由矩估计法,令　$\frac{\hat{\theta}}{2}=E(X)=\overline{X}$

则有　$\hat{\theta}=2\overline{X}$

【例 5】 设 $X_1,X_2,\cdots,X_n$ 是 $N(\mu,\sigma^2)$ 的样本,求 μ 与 σ^2 的 MLE。

解:

$$L(\mu,\sigma^2)=\frac{1}{(2\pi)^{\frac{n}{2}}(\sigma^2)^{\frac{n}{2}}}\exp\left\{-\frac{\sum_{i=1}^{n}(X_i-\mu)}{2\sigma^2}\right\}$$

$$\ln L(\mu,\sigma^2)=-\frac{n}{2}\ln 2\pi-\frac{n}{2}\ln\sigma^2-\frac{\sum_{i=1}^{n}(X_i-\mu)^2}{2\sigma^2}$$

$$\begin{cases}\frac{\partial\ln L(\mu,\sigma^2)}{\partial\mu}=\frac{1}{\sigma^2}\sum_{i=1}^{n}(X_i-\mu)=0\\ \frac{\partial\ln L(\mu,\sigma^2)}{\partial\sigma^2}=-\frac{n}{2\sigma^2}+\frac{1}{2\sigma^4}\sum_{i=1}^{n}(X_i-\mu)^2=0\end{cases}$$

解似然方程组,即得

$$\hat{\mu}=\frac{1}{n}\sum_{i=1}^{n}X_i=\overline{X}$$

$$\hat{\sigma}^2=\frac{1}{n}\sum_{i=1}^{n}(\hat{X}_i-\overline{X})^2=S^2$$

习题 13

1. 设总体 X 的分布函数为 $F(x;\theta)=\begin{cases}1-e^{\frac{x^2}{\theta}}, & x\geqslant 0\\ 0, & x<0\end{cases}$，其中 θ 是未知参数且大于零，$X_1,X_2,\cdots,X_n$ 为来自总体 X 的简单随机样本。

(1) 求 $E(X)$ 与 $E(X^2)$；

(2) 求 θ 的最大似然估计量。

(3) 是否存在实数 a，使得对任何 $\varepsilon>0$，都有 $\lim\limits_{n\to\infty}P\{|\theta_n-a|\geqslant\varepsilon\}=0$。

2. (1) 设 X_1,X_2,X_3,X_4 为来自总体 $N(1,\sigma^2)(\sigma>0)$ 的简单随机样本，则统计量 $\dfrac{X_1-X_2}{|X_3+X_4-2|}$ 服从何种分布？

(2) 设随机变量 X 和 Y 相互独立且服从正态分布 $N(0,3^2)$，而 $X_1,\cdots,X_9$ 和 $Y_1,\cdots,Y_9$ 分别来自总体 X 和 Y 的简单随机样本，则统计量 $U=\dfrac{X_1+\cdots+X_9}{\sqrt{Y_1^2+\cdots+Y_9^{\,2}}}$ 服从何种分布？

(3) 设 $X_1,X_2,\cdots,X_9$ 是来自正态总体 X 的简单随机样本，$Y_1=\dfrac{1}{6}(X_1+\cdots+X_6)$，$Y_2=\dfrac{1}{3}(X_7+X_8+X_9)$，$S^2=\dfrac{1}{2}\sum\limits_{i=7}^{9}(X_i-Y_2)^2$，

$Z=\dfrac{\sqrt{2}(Y_1-Y_2)}{S}$，则统计量 Z 服从何种分布？

(4) 设 X_1,X_2,X_3,X_4 是来自正态总体 $N(0,2^2)$ 的简单随机样本，$X=a(X_1-2X_2)^2+b(3X_3-4X_4)^2$，若统计量 X 服从 χ^2 分布，则求 a,b 的值。

3. 设总体 X 服从参数 $\lambda(\lambda>0)$ 的泊松分布，$X_1,X_1,\cdots X_n(n\geqslant 2)$ 为来自总体的简单随机样本，统计量 $T_1=\dfrac{1}{n}\sum\limits_{i=1}^{n}X_i$，$T_2=\dfrac{1}{n-1}\sum\limits_{i=1}^{n-1}X_i+\dfrac{1}{n}X_n$。证明：$ET_1<ET_2$，$DT_1>DT_2$。

4. 设总体 $X\sim N(\mu_1,\sigma^2)$，总体 $Y\sim N(\mu_2,\sigma^2)$，$X_1,X_2,\cdots,X_{n_1}$ 和 $Y_1,Y_2,\cdots,Y_{n_2}$ 分别是来自总体 X 和 Y 的简单随机样本，则计算

$$E\left[\frac{\sum\limits_{i=1}^{n_1}(X_1-\overline{X})^2+\sum\limits_{j=1}^{n_2}(Y_j-\overline{Y})^2}{n_1+n_2-2}\right]。$$

5. 某保险公司多年的统计资料表明，在索赔户中被盗索赔户占 20%，以 X 表示

在随意抽查的 100 个索赔户中因被盗向保险公司索赔的户数。

（1）写出 X 的概率分布；

（2）利用棣莫佛-拉普拉斯定理，求出索赔户不少于 14 户且不多于 30 户的概率的近似值。

6. 设总体 X 的概率密度为 $f(x;\theta)=\begin{cases}e^{-(x-\theta)}, & x\geqslant 0\\ 0, & x<0\end{cases}$，而 $X_1,X_2,\cdots X_n$ 是来自总体 X 的简单随机样本，则未知参数 θ 的矩估计量。

7. 设总体 X 的概率密度为 $f(x;\theta)=\begin{cases}\dfrac{2x}{3\theta^2}, & \theta<x<2\theta\\ 0, & \text{其他}\end{cases}$，其中 θ 是未知参数，$X_1,X_2,\cdots,X_n$，为来自总体 X 的简单随机样本，若 $E\left(C\sum\limits_{i=1}^{n}X_i^2\right)=\theta^2$，求 C。

8. 在天平上重复称量一重为 a 的物品，假设各次称量结果相互独立且服从正态分布，$N(0,0.2^2)$，若以 $\overline{X_n}$ 表示 n 次称量结果的算术平均值，则为使 $P\{|\overline{X_N}-a|<0.1\}\geqslant 0.95$，$n$ 的最小值应不小于多少？

9. 设 $X_1,X_2,\cdots,X_n$ 是来自总体为 $N(\mu,\sigma^2)$ 的简单随机样本。记 $\overline{X}=\dfrac{1}{n}\sum\limits_{i=1}^{n}X_i$，$S^2=\dfrac{1}{n-1}\sum\limits_{i=1}^{n}(\overline{X}^2)-\dfrac{1}{n}S^2$，$T=\overline{X}^2-\dfrac{1}{n}S^2$，当 $\mu=0,\sigma=1$ 时，求 DT。

10. 设随机变量 X 的分布函数为 $F(x;\alpha,\beta)=\begin{cases}1-\left(\dfrac{\alpha}{\beta}\right)^{\beta}, & x>\alpha\\ 0, & x\leqslant\alpha\end{cases}$

其中参数 $\alpha>0,\beta>1$，设 $X_1,X_2,\cdots,X_n$ 为来自总体 X 的简单随机样本。

（1）当 $\alpha=1$ 时，求未知参数 β 的矩估计量；

（2）当 $\alpha=1$ 时，求未知参数 β 的最大似然估计量；

（3）当 $\beta=2$ 时，求未知参数 α 的最大似然估计量。

11. 设随机变量 X 的密度函数为 $f(x,\theta)=\begin{cases}\theta, & 0<x<1\\ 1-\theta, & 1\leqslant x\leqslant 2\\ 0, & \text{其他}\end{cases}$，其中 θ 是未知参数 $(0<\theta<1)$，$X_1,X_2,\cdots,X_n$ 为来自总体 X 的简单随机样本，记 N 为样本值 $x_1,x_2,\cdots,x_n$ 中小于 1 的个数。

（1）求 θ 的矩估计；

（2）求 θ 的最大似然估计。

12. （1）设总体 X 的概率密度为 $f(x)=\dfrac{1}{2}e^{-|x|}(-\infty<x<+\infty)$，$X_1,X_2,\cdots,$

X_n 为总体 X 的简单随机样本,其样本方差为 S^2,求 ES^2。

(2) $X \sim E(2)$,X_1,X_2,…,X_n 来自总体X 的简单随机样本,则当$n \to \infty$ 时,

$Y = \dfrac{1}{n}\sum_{i=1}^{n} X_i{}^2$ 依概率收敛于何值?

参考文献

[1] 赵树嫄.微积分[M].北京:中国人民大学出版社,2007.
[2] 同济大学数学系.高等数学[M].北京:高等教育出版社,2007.
[3] 袁荫棠.概率论与数理统计[M].北京:中国人民大学出版社,1990.
[4] 赵树嫄.线性代数[M].北京:中国人民大学出版社,2003.
[5] 华东师范大学数学系.数学分析[M].北京:高等教育出版社,2010.
[6] 陈天权.数学分析讲义[M].北京:北京大学出版社,2009.
[7] 斯图尔特.微积分[M].北京:中国人民大学出版社,2014.
[8] 同济大学数学系.微积分[M].北京:高等教育出版社,2010.
[9] J.Stewart.微积分[M].北京:高等教育出版社,2004.
[10] 同济大学数学系.线性代数[M].北京:高等教育出版社,2014.
[11] (美)利昂.线性代数[M].北京:机械工业出版社,2010.
[12] 居余马.线性代数[M].北京:清华大学出版社,2013.
[13] 盛骤,谢式千,潘承毅.概率论与数理统计(第四版)[M].北京:高等教育出版社,2008.
[14] (美)门登霍尔,(美)辛塞奇.统计学[M].北京:机械工业出版社,2009.
[15] 茆诗松,程依明,濮晓龙.概率论与数理统计教程[M].北京:高等教育出版社,2011.
[16] 李忠,周建莹.高等数学[M].北京:北京大学出版社,2009.
[17] 上海交通大学数学系.线性代数[M].北京:科学出版社,2015.
[18] 霍元及,冠福来.高等代数[M].北京:北京师范大学出版社,2009.
[19] 钱吉林.高等代数题解精粹[M].北京:中央民族大学出版社,2010.